iLrn™ HEINLE LEARNING CENTER

iLrn: The Dynamic All-in-One Course Management System—Saves Time and Enhances the Language Learning Experience!

iLrn Heinle Learning Center provides you with everything you need to master the skills and concepts of the course. The dynamic audio and video-enhanced learning environment includes an audio-enhanced eBook with integrated activities, companion videos, an interactive voiceboard, an online workbook and lab manual with audio, interactive enrichment activities, diagnostic activities that generate a personalized study plan, and access to a variety of online tutorial services.

Learn more & view a demo at:

www.cengage.com/ilrn

TRANSFORMING **LEARNING** TRANSFORMING **LIVES**

CENGAGE Learning

NEUE HORIZONTE

NEUE HORIZONTE

INTRODUCTORY GERMAN
Eighth Edition

David B. Dollenmayer
Worcester Polytechnic Institute

Thomas S. Hansen
Wellesley College

Student Activities Manual

Ellen W. Crocker
Massachusetts Institute of Technology

HEINLE
CENGAGE Learning

Australia • Brazil • Japan • Korea • Mexico • Singapore • Spain • United Kingdom • United States

**Neue Horizonte: Introductory German,
Eighth Edition**
David B. Dollenmayer,
Thomas S. Hansen

Vice President, Editorial Director: P.J. Boardman

Publisher: Beth Kramer

Acquiring Sponsoring Editor: Judith Bach

Development Editor: Esther Bach

Editorial Assistant: Greg Madan

Senior Media Editor: Morgen Gallo

Executive Brand Manager: Ben Rivera

Market Development Manager:
Courtney Wolstoncroft

Senior Marketing Communications Manager:
Linda Yip

Senior Content Project Manager: Tiffany Kayes

Art Director: Linda Jurras

Manufacturing Planner: Betsy Donaghey

Rights Acquisition Specialist: Jessica Elias

Production Service/Compositor:
PreMediaGlobal

Text Designer:
Susan Gilday/Carol Maglitta, One Visual Mind

Cover Designer: Harold Burch

Cover Images: top to bottom - © Rainer Martini/
LOOK/ Getty Images; © Jochen Schlenker/
Photographer's Choice RF/ Getty images;
© Hiroshi Higuchi/ Photographer's Choice/
Getty Images; © Oanh/Image Source/Corbis

For product information and technology assistance, contact us at
Cengage Learning Customer & Sales Support, 1-800-354-9706

For permission to use material from this text or product,
submit all requests online at **www.cengage.com/permissions**
Further permissions questions can be emailed to
permissionrequest@cengage.com

Library of Congress Control Number: 2012952552

ISBN-13: 978-1-111-34419-1

ISBN-10: 1-111-34419-1

Heinle
20 Channel Center Street
Boston, MA 02210
USA

Cengage Learning is a leading provider of customized learning solutions with office locations around the globe, including Singapore, the United Kingdom, Australia, Mexico, Brazil, and Japan. Locate your local office at **www.cengage.com/global**

Cengage Learning products are represented in Canada by Nelson Education, Ltd.

To learn more about Heinle, visit **www.cengage.com/heinle**

Purchase any of our products at your local college store or at our preferred online store **www.cengagebrain.com**

Instructors: Please visit **login.cengage.com** and log in to access instructorspecific resources.

Printed in the United States of America
4 5 6 7 8 9 10 21 20 19 18

David B. Dollenmayer is an emeritus professor of German at the Worcester Polytechnic Institute in Worcester, Massachusetts. He received his BA and PhD from Princeton University and was a Fulbright fellow at the University of Munich. He has written on the twentieth-century writers Alfred Döblin, Joseph Roth, Christa Wolf, and Ingeborg Bachmann and is the author of *The Berlin Novels of Alfred Döblin* (Berkeley, CA: University of California Press, 1988). He has translated works by Elias and Veza Canetti, Peter Stephan Jungk, Michael Kleeberg, Anna Mitgutsch, Perikles Monioudis, Mitek Pemper, Moses Rosenkranz, and Hansjörg Schertenleib and is the recipient of the Helen and Kurt Wolff Translator's Prize and the Austrian Cultural Forum Translation Prize.

Thomas S. Hansen is a professor of German at Wellesley College in Wellesley, Massachusetts. He received his BA from Tufts University, studied six semesters at the University of Tübingen, and received his PhD from Harvard University. His research areas include German exile literature (1933–1945), German-American literary relations, and twentieth-century book design. He is the author (with Burton R. Pollin) of *The German Face of Edgar Allan Poe: A Study of Literary References in His Works* (Columbia, SC: Camden House, 1995) and *Classic Book Jackets: The Design Legacy of George Salter* (New York: Princeton Architectural Press, 2005). His website on Salter's book design can be viewed at: http://www.wellesley.edu/German/GeorgeSalter/Documents/home.html. He has also translated German and Austrian literature into English, notably writers such as Matthias Claudius, Wilhelm Hauff, Wolf Haas, and Josef Haslinger and most recently prepared the Centennial Translation of Thomas Mann's *Death in Venice* (Boston: Lido Editions at the Club of Odd Volumes, 2012).

Ellen W. Crocker, author of the Student Activities Manual, is a senior lecturer in German at the Massachusetts Institute of Technology in Cambridge, Massachusetts. She received her BA from Skidmore College and her Magister Artium from the University of Freiburg, Germany. She is the coauthor (with Claire J. Kramsch) of *Reden, Mitreden, Dazwischenreden* (Boston, MA: Heinle, 1990), a workbook/audio CD for conversational management, and the coauthor (with Kurt E. Fendt) of *Berliner sehen* (Cambridge, MA: M.I.T., 2000), a hypermedia documentary funded by grants from the National Endowment for the Arts and the Consortium for Language Teaching and Learning. Her current research is on the design of digital learning environments based on pedagogical practice.

Contents

Einführung

Introduction 2

- Guten Tag 4
- Wie heißt du? 5
- Wer ist das? Was ist das? 7

DIALOGE, LYRIK ZUM **VORLESEN**

Kapitel 1

Wie geht es dir? 16

Dialoge 18
- In Eile
- Die Mensa
- Typisch für September

Lyrik zum Vorlesen 21
    Kinderreime
    Zungenbrecher

Kapitel 2

Familie und Freunde 42

Dialoge 44
- Wer liest die Zeitung?
- Ich hab' eine Frage
- Paul sucht ein Zimmer

Lyrik zum Vorlesen 47
    Du bist mein

Kapitel 3

Jugend und Schule 66

Dialoge 68
- Du hast es gut!
- Eine Pause
- Heute gibt's keine Chemiestunde

Lyrik zum Vorlesen 71
    Rätsel
    „Bruder Jakob"

- Auf Wiedersehen! 9
- Die Woc hentage 9
- Das Alphabet 10

- Die Zahlen 11
- Wie spät ist es bitte? 12
- Woher kommst du? 13

Almanach:
Where is German Spoken? 15

GRAMMATIK	LESESTÜCK	ALMANACH
1. Subject pronouns 22 **2.** Verbs: Infinitive and present tense 23 **3.** Nouns: Gender, pronoun agreement, noun plurals 26 **4.** Nominative case 28 **5.** The sentence: German word order 30	*Tipps zum Lesen und Lernen:* The feminine suffix **-in** 34 **Wie sagt man „***you***" auf Deutsch?** 36 *Schreibtipp:* Writing e-mails in German 38 *Vokabeln im Alltag:* Das Wetter 38	Profile of the Federal Republic of Germany 40
1. Accusative case 48 **2.** Verbs with stem-vowel change: **e → i(e)** 51 **3.** The verb **wissen** 53 **4.** Possessive adjectives 54 **5.** Cardinal numbers above 20 56	*Tipps zum Lesen und Lernen:* Compound nouns 58 **Die Familie heute** 60 *Schreibtipp:* Eine Postkarte schreiben 61 *Vokabeln im Alltag:* Familie und Freunde 62	Essen (Wochenmarkt) 64
1. The predicate 72 **2.** Modal verbs 72 **3.** Verbs with stem-vowel change **a → ä, au → äu** 79 **4.** Negation 81 **5.** The indefinite pronoun **man** 85	*Tipps zum Lesen und Lernen:* Masculine nouns ending in **-er** 86 **Eine Klassendiskussion** 88 *Schreibtipp:* Writing with modal verbs 90 *Vokabeln im Alltag:* Farben und Kleidung 91	Schools in German-Speaking Countries 94

DIALOGE, LYRIK ZUM VORLESEN

Kapitel 4

Land und Leute 96

Dialoge 98
- Am Starnberger See
- Winterurlaub in Österreich
- Morgens um halb zehn

Lyrik zum Vorlesen 101
  „Die Jahreszeiten"

Kapitel 5

Arbeit und Freizeit 126

Dialoge 128
- Der neue Bäckerlehrling
- Beim Bäcker
- Schule oder Beruf?

Lyrik zum Vorlesen 131
  Georg Weerth, 131
  „Die gold'ne Sonne"

Kapitel 6

An der Universität 154

Dialoge 156
- Alina sucht ein Zimmer
- Am Semesteranfang
- An der Universität in Tübingen

Lyrik zum Vorlesen 159
  Johann Wolfgang von Goethe,
  Wanderers Nachtlied
  Wanderer's Nightsong II

Kapitel 7

Auf Reisen 186

Dialoge 188
- Am Bahnhof
- Vor der Urlaubsreise
- Am Telefon

Lyrik zum Vorlesen 191
  Wilhelm Müller, „Das Wandern" 191

GRAMMATIK	LESESTÜCK	ALMANACH

GRAMMATIK	LESESTÜCK	ALMANACH
1. More uses of the accusative case 102 2. Suggestions and commands: the imperative 105 3. The verb **werden** 111 4. Equivalents of English *to like* 112 5. Sentence adverbs 115 6. **Gehen** + infinitive 98	*Tipps zum Lesen und Lernen:* Masculine Nouns 116 **Deutschland: Geographie und Klima** 118 *Schreibtipp:* Free writing in German 121 *Vokabeln im Alltag:* Geographie, Landschaft und Klima 122	The Common Origin of German and English 124
1. Dative case 132 2. Dative personal pronouns 135 3. Word order of nouns and pronouns 136 4. Prepositions with the dative case 137 5. Verbs with separable prefixes 139 6. Verbs with inseparable prefixes 142	*Tipps zum Lesen und Lernen:* Masculine agent nouns 143 **Drei Deutsche bei der Arbeit** 146 *Vokabeln im Alltag:* Berufe 150 *Schreibtipp:* Writing a dialogue 151	Freizeitbeschäftigungen 152
1. Simple past tense of **sein** 160 2. Perfect tense 160 3. Two-way prepositions 170 4. Masculine **N**-nouns 174	*Tipps zum Lesen und Lernen:* Strong Verbs in English and German 176 **Eine E-Mail aus Freiburg** 178 *Schreibtipp:* Einen Brief schreiben 180 *Vokabeln im Alltag:* Das Studium 181	Universities in the German-Speaking Countries 184
1. **Der**-words and **ein**-words 192 2. Coordinating conjunctions 194 3. Verbs with dative objects 196 4. Personal dative 198 5. Using **würden** + infinitive 199 6. Verbs with two-way prepositions 201 7. Official time-telling: the twenty-four-hour clock 203	*Tipps zum Lesen und Lernen:* Translating "to spend" 204 **Unterwegs mit Fahrrad, Auto und Bahn** 207 *Schreibtipp:* More on free writing 208 *Vokabeln im Alltag:* Reisen und Verkehr 209	Jugendherbergen 212

Kapitel 8

Das Leben in der Stadt 214

Dialoge 216
- Ein Stadtbummel
- Im Restaurant: Zahlen bitte!
- Die Einkaufsliste

Lyrik zum Vorlesen 219
  Marlene Dietrich „Ich hab' noch einen Koffer in Berlin"

Kapitel 9

Unsere Umwelt 248

Dialoge 250
- Recycling im Studentenwohnheim
- Ein umweltfreundliches Geburtstagsgeschenk
- Treibst du gern Sport?

Lyrik zum Vorlesen 252
  Heinrich Heine, „Ich weiß nicht, was soll es bedeuten"

Kapitel 10

Deutschland im 20. Jahrhundert 276

Dialoge 278
- Damals
- Das ärgert mich!
- Schlimme Zeiten

Lyrik zum Vorlesen 281
  Bertolt Brecht, „Mein junger Sohn fragt mich"

Kapitel 11

Deutschland nach der Mauer 306

Dialoge 308
- Am Brandenburger Tor
- Ein Unfall: Stefan bricht sich das Bein
- Anna besucht Stefan im Krankenhaus

Lyrik zum Vorlesen 311
  Hoffmann von Fallersleben, „Das Lied der Deutschen"

GRAMMATIK	LESESTÜCK	ALMANACH

GRAMMATIK

1. Subordinate clauses and subordinating conjunctions   220
2. Infinitive phrases with **zu**   225
3. The genitive case   229
4. Prepositions with the genitive case   232
5. Nouns of measure, weight, and number   233
6. Wohin? Equivalents of English *to*   235

LESESTÜCK

Tipps zum Lesen und Lernen:
Compounds with **-stadt**   238

Aspekte der Großstadt   240

Schreibtipp:
Brainstorming ideas for a topic   242

Vokabeln im Alltag:
Gebäude und Orte   243

ALMANACH

Drei Kulturstädte   246

GRAMMATIK

1. Adjective endings   254
2. Word order of adverbs: time/manner/place   261
3. Ordinal numbers and dates   262

LESESTÜCK

Tipps zum Lesen und Lernen:
Identifying noun gender   266

Unsere Umwelt in Gefahr   270

Schreibtipp:
Using adjectives in descriptions   272

Vokabeln im Alltag:
Sport   273

ALMANACH

Seid ihr schlaue Umweltfüchse?   274

GRAMMATIK

1. Simple past tense   282
2. Equivalents of "when": **als, wenn, wann**   290
3. Past perfect tense   292
4. More time expressions   293

LESESTÜCK

Tipps zum Lesen und Lernen:
Nouns ending in **-ismus**   296

Eine Ausstellung historischer Plakate aus der Weimarer Republik   297

Schreibtipp:
Using simple past tense to write about the past   302

Vokabeln im Alltag:
Politik   302

ALMANACH

German Politics and the European Union   304

GRAMMATIK

1. Reflexive verbs and pronouns   312
2. Dative pronouns with clothing and parts of the body   318
3. Adjectives and pronouns of indefinite number   320
4. Adjectival nouns   321
5. More on **bei**   326
6. Designating decades: The 90s, etc.   326

LESESTÜCK

Tipps zum Lesen und Lernen:
Country names; nouns and adjectives of nationality   328

Michael Kleeberg, „Berlin nach der Wende: Wo sind wir eigentlich?"   330

Schreibtipp:
Enhancing your writing style   336

Vokabeln im Alltag:
Aussehen   337

ALMANACH

Zeittafel zur deutschen Geschichte, 1939 bis heute   338

Kapitel 12

Erinnerungen 340

Dialoge 342
- Erinnerungen
- Klatsch
- Vor der Haustür

Lyrik zum Vorlesen 345
Joseph von Eichendorff, „Heimweh"

Kapitel 13

Die Schweiz 372

Dialoge 374
- Skifahren in der Schweiz
- Probleme in der WG: Im Wohnzimmer ist es unordentlich
- Am Informationsschalter in Basel

Lyrik zum Vorlesen 377
Eugen Gomringer, „nachwort"

Kapitel 14

Österreich 396

Dialoge 398
- Auf Urlaub in Salzburg
- An der Rezeption
- Ausflug zum Heurigen

Lyrik zum Vorlesen 401
Ernst Jandl, „ottos mops"

Kapitel 15

Kulturelle Vielfalt 424

Dialoge 426
- Wo liegt die Heimat?
- Die verpasste Geburtstagsfeier
- Vor der Post

Lyrik zum Vorlesen 429
Vier Gedichte von Mascha Kaléko

GRAMMATIK	LESESTÜCK	ALMANACH

GRAMMATIK	LESESTÜCK	ALMANACH
1. Comparison of adjectives and adverbs 346 **2.** Relative pronouns and relative clauses 355 **3.** The verb **lassen** 361 **4.** Parts of the day 363	*Tipps zum Lesen und Lernen:* The suffix **-mal** 364 The prefix **irgend-** 364 **Anna Seghers, „Zwei Denkmäler"** 366 *Schreibtipp:* Creative writing in German 368 *Vokabeln im Alltag:* Hobbys und Freizeit 369	Denkmäler 370
1. Verbs with prepositional complements 378 **2.** **da-** and **wo-**compounds 381 **3.** Future tense 383 **4.** Directional prefixes: **hin-** and **her-** 384	*Tipps zum Lesen und Lernen:* German equivalents for *only* 386 **Zwei Schweizer stellen ihre Heimat vor** 387 *Schreibtipp:* Formulating interview questions 390 *Vokabeln im Alltag:* Haus und Wohnung 392	Profile of Switzerland 394
1. Subjunctive: Present tense 402 **2.** Subjunctive: Past tense 411	*Tipps zum Lesen und Lernen:* Adverbs of time: The suffix **-lang** 414 **Zwei Österreicher stellen sich vor** 416 *Schreibtipp:* Using the subjunctive to write a speculative essay 419 *Vokabeln im Alltag:* Im Hotel 420	Profile of Austria 422
1. Passive voice 430 **2.** The present participle 437	*Tipps zum Lesen und Lernen:* German equivalents for *to think* 438 **Zafer Şenocak, „Ich bin das andere Kind"** 440 *Schreibtipp:* Choosing between the subjunctive and the indicative 441 *Vokabeln im Alltag:* Freundschaft, Partnerschaft, Ehe 442	Foreigners Living and Working in Germany 444

GRAMMATIK	LESESTÜCK	ALMANACH

Preface

Neue Horizonte, Eighth Edition, is a comprehensive first-year German program for college and university students. True to its name, the goal of *Neue Horizonte* is to guide you, the learner, across the boundaries of your first language and open new horizons onto the world of contemporary Germany, Austria, and Switzerland. The text also aims to excite your curiosity about German-speaking cultures and to help you view your own culture through the prism of another.

The main goal of the program is to help you reach a basic level of communicative competence in German. Such competence includes grammatical, lexical, and discursive knowledge of the language as well as awareness of cultural differences. You will learn to use German to understand and produce meaningful utterances and texts, communicate your thoughts and ideas, and interact with other speakers of German.

Neue Horizonte offers a variety of activities that practice the four basic skills of listening, speaking, reading, and writing. You will learn to talk and write in German about yourself, your interests, your family, and your life in college or at the university. In addition, you will encounter many aspects of German-speaking culture. *Neue Horizonte* includes a variety of texts on family life, school and university studies, and the workplace, as well as on travel and on the geography

and climate of the German-speaking countries. You will read about city life, history, and the current politics of Germany, Austria, and Switzerland. You will also learn to use different modes of address and registers of politeness, to talk and write in German about past and future occurrences, to express wishes and possibilities, and to recognize and apply differences between the active and the passive voice.

Neue Horizonte not only prepares you for intermediate German courses but gives you the basic linguistic tools you need for traveling and studying in a German-speaking country. Once you are there, you will be able to communicate in many everyday situations and continue to build on what you have learned in this course.

We subscribe to the words of the Austrian philosopher Ludwig Wittgenstein, who wrote, *"Die Grenzen meiner Sprache bedeuten die Grenzen meiner Welt"* (The boundaries of my language represent the boundaries of my world). There is no better way to expand those boundaries than to learn another language. With this course in introductory German, we encourage you to cross linguistic, geographical, and personal boundaries. Through your study of German you will begin to achieve an international intellectual identity as you discover new dimensions of the imagination.

Student Components

Student Text

Neue Horizonte consists of an introductory chapter and fifteen regular chapters. Each chapter presents and practices vocabulary (**Dialoge** and **Variationen, Wortschatz 1**) and grammar (**Grammatik**) and introduces you to poems for reading aloud (**Lyrik zum Vorlesen**). In several chapters, a cartoon or joke (**Mal was Lustiges**) punctuates the grammar presentation with a bit of humor. A prose text (**Lesestück**) introduces the cultural topic in more depth and features related vocabulary (**Leicht zu merken** and **Wortschatz 2**), reading strategies (**Einstieg in den Text**), and post-reading activities (**Nach dem Lesen** and **Vokabeln im Alltag**). The **Almanach**, illustrated with photos, maps, or realia, presents more information on the cultural theme in English. Each chapter concludes with a self-assesment (**Rückschau: Was habe ich gelernt?**) that helps you measure your own progress.

Einführung *(Introductory chapter)*

You will begin talking with your fellow students in German from the very first day of the course. In this two-day sequence (**Tag 1** and **Tag 2**) you will learn greetings and farewells as well as basic vocabulary such as the names of classroom objects, the days of the week, and the months of the year. In addition, you will learn how to spell, count to twenty, tell time, and say where you are from. In other words, after the first two days of this course, you will already be able to carry on simple conversations.

Reference Section

Neue Horizonte includes appendices that contain the English equivalents of the **Dialoge**, lists of particular categories of verbs for learning and quick reference, and brief summaries of two advanced grammar topics you will learn more about in the second year of German.

Both the German-English and the English-German end vocabularies include all the active vocabulary in the **Wortschatz** sections as well as the optional vocabulary from the **Vokabeln im Alltag** sections and the guessable cognates from **Leicht zu merken**.

For quick reference, the book ends with a comprehensive index of grammatical and communicative topics included in the text.

Text Audio Program

The Text Audio Program includes **Dialoge** (recorded at normal speed), **Lyrik zum Vorlesen**, and **Lesestücke** for each regular chapter. In addition, the mini-dialogues and basic expressions from the **Einführung** chapter are also recorded. You can access the Text Audio Program through the Companion Website www.cengage.com/german

iLrn Heinle Learning Center

With the **iLrn™ Heinle Learning Center**, everything you need to master the skills and concepts of the course is built into this dynamic learning environment. The **iLrn™ Heinle Learning Center** includes an audio-enhanced eBook, assignable textbook activities, partnered voice-recorded activities, the online SAM (Student Activities Manual) including the Workbook, Lab Manual with audio, and Video Manual with video, enrichment activities, and a diagnostic study tool to help you prepare for exams.

Student Activities Manual (SAM) and SAM Audio and Video Programs

The SAM Audio and Video Programs and their coordinated SAM Workbook, Lab Manual, and Video Manual are integral parts of *Neue Horizonte*, Eighth Edition. The Workbook and Lab Manual sections are fully integrated with the Student Textbook chapters, while the Video Manual offers thematically related situational videos and interviews.

In order to use the SAM and the SAM Audio and Video Programs to their best advantage, you should follow the sequence suggested in the marginal cross-references in your Student Textbook.

The SAM Lab Manual icon 🔊 directs you to the Lab Manual section of the SAM and the coordinated SAM Audio Program. The SAM Audio Program contains the **Dialoge** from the Student Text with accompanying comprehension checks, pronunciation practice, and self-correcting grammar exercises to help you gain proficiency in listening and speaking as you proceed through each chapter.

The red SAM Workbook icon ✎ directs you to a variety of written exercises in the Workbook section of the SAM. These exercises provide graduated practice with the grammar and vocabulary presented in each chapter.

An especially valuable feature of the Workbook is the **Zusammenfassung und Wiederholung** (*Summary and Review*) section located after every five chapters, thus after chapters 5, 10, and 15. This section contains condensed grammar summaries and reviews useful expressions. It also includes the self-correcting *Test Your Progress*, which you can use to review the preceding chapters of the textbook.

The Video Program, coordinated with the Video Manual, consists of fifteen modules, one to accompany each chapter of the Student Textbook. This two-tier video was shot on location in Germany, Austria, and Switzerland and features situational clips with recurring characters as well as interview segments. The script for these brief, colloquial scenes was written to reinforce and augment the material in the textbook. In each situational clip, a group of young people played by native German-speaking actors using idiomatic language engages in social situations related to the chapter's cultural theme.

Neue Horizonte, Eighth Edition Premium Website

The Premium Website includes a variety of resources and practice to be used as you study each chapter or as you review for quizzes and exams. Each chapter contains the following free resources:

- Vocabulary and Grammar Tutorial Quizzes
- Audio flashcards
- Web search activities
- Web links
- Text audio files
- SAM audio program
- Video Program

Acknowledgments

We wish to express our special gratitude to our colleagues and students at Wellesley College, Worcester Polytechnic Institute, and the Massachusetts Institute of Technology who have used and improved *Neue Horizonte* along with us, as well as to our users, whose comments and criticisms help improve the program from edition to edition. Thanks also to our Development Editor, Esther Bach. Special thanks to Maia Fitzstevens, Susanne Even, Kurt Fendt, Arthur Jaffe, and Alexander Simec for providing photographs and realia.

We wish to thank the following colleagues and institutions for their advice and help through the development of the Eighth Edition:

Zsuzsanna Abrams, *University of California* – Santa Cruz

Karen R. Achberger, *St. Olaf College*

Vance Byrd, *Grinnell College*

Anthony Colucci, *Penn State University*

Cori Crane, *University of Illinois* at Urbana-Champaign

Sharon DiFino, *University of Florida*

Susanne Even, *Indiana University*

Margit Grieb, *University of South Florida*

Alexandra Hagen, *Grinnell College*

Elizabeth Hamilton, *Oberlin College*

Amelia Harris, *University of Virginia*

Doris Herwig, *San Diego Mesa College*

Stefan Huber, *University of South Florida*

Robin Huff, *Georgia State University*

Dirk Johnson, *Hampden Sydney College*

Daniel Kramer, *Washington and Lee University*

Caroline Kreide, *Merced College*

Lynn Kutch, *Kutztown University of Pennsylvania*

Dr. Ute S. Lahaie, *Gardner-Webb University*

Aneka Meier, *East Stroudsburg University of Pennsylvania*

Marcel Rotter, *University of Mary Washington*

Heidi Schlipphacke, *Old Dominion University*

Karl L Stenger, *University of South Carolina Aiken*

Daniela Weinert, *Central Piedmont Community College*

Ingrid Wollank, *Long Beach City College*

We wish to thank especially the following colleagues and institutions for their advice and help through several editions of *Neue Horizonte.*

Deutsche Schule, Washington, D.C.

Prof. Ulrike Brisson, *Worcester Polytechnic Institute*

Prof. Sharon M. DiFino, *University of Florida at Gainesville*

Dr. Kurt Fendt, *Massachusetts Institute of Technology*

Prof. Anjena Hans, *Wellesley College*

Dr. Dagmar Jaeger, *Massachusetts Institute of Technology*

Prof. Wighart von Koenigswald, *Universität Bonn*

Prof. Jens Kruse, *Wellesley College*

Prof. Thomas Nolden, *Wellesley College*

Dr. Peter Weise, *Massachusetts Institute of Technology*

We welcome reactions and suggestions from instructors and students using *Neue Horizonte*. Please feel free to contact us.

Prof. David B. Dollenmayer
Department of Humanities and Arts, Worcester Polytechnic Institute, Worcester, Massachusetts 01609-2280 e-mail: *dbd@wpi.edu*

Prof. Thomas S. Hansen
Department of German, Wellesley College, Wellesley, Massachusetts 02481 e-mail: *thansen@wellesley.edu*

Ellen W. Crocker
Foreign Languages and Literatures, Massachusetts Institute of Technology, Cambridge, Massachusetts 02139 e-mail: *ecrocker@mit.edu*

Table of Equivalent Weights and Measures

Weight

1 Gramm = 0.03 ounces
1 Pfund (500 Gramm) = 1.1 pounds
1 Kilogramm *oder* Kilo (1 000 Gramm) = 2.2 pounds

1 ounce = 28 Gramm
1 pound = 0,45 Kilo
1 U.S. ton (2,000 lbs) = 900 Kilo

Liquid Measure

1/4 Liter = 0.53 pints
1/2 Liter = 1.06 pints
1 Liter = 1.06 quarts

1 pint = 0,47 Liter
1 quart = 0,95 Liter
1 gallon = 3,8 Liter

Distance

1 Zentimeter (10 Millimeter) = 0.4 inches
1 Meter (100 Zentimeter) = 39.5 inches *or* 1.1 yards
1 Kilometer (1 000 Meter) = 0.62 miles

1 inch = 2,5 Zentimeter
1 foot = 0,3 Meter
1 yard = 0,9 Meter
1 mile = 1,6 Kilometer

Temperature

0° Celsius (centigrade) = 32° Fahrenheit
100° Celsius = 212° Fahrenheit

$$°C = \frac{10\,(°F - 32)}{18}$$

$$°F = \frac{18 \times °C}{10} + 32$$

Einführung (*Introduction*)

Dan Breckwoldt/Shutterstock.com

Kommunikation (*Communication*)

- Greetings and Introductions
- Classroom Objects
- Saying Good-bye
- Days of the Week
- Alphabet and Spelling
- Counting to 20
- Telling Time
- Where do you come from?

Kultur

- **Almanach** (*Almanac*)
  Where Is German Spoken?

◀ Village in the Dolemites in South Tyrol
(Northern Italy)

Tag 1

Tag 1 = Day 1
The shaded boxes in this **Einführung** (*Introduction*) contain useful words and phrases that you should memorize. You will find a complete list of this vocabulary on p. 14.

>> Guten Tag! (*Hello!*)

German speakers greet each other in various ways depending on the time of day:

Guten Morgen!	Good morning! *(until about 10:00 AM)*
Guten Tag!	Hello! *(literally, "Good day," after about 10:00 AM)*
Guten Abend!	Good evening! *(after about 5:00 PM)*

Shorter forms are common in informal speech:

Morgen!
Tag!
n'Abend!
Hallo!

} Hi!

👪 **1** **Gruppenarbeit: Guten Tag!** (*Group work: Hello!*) Germans often shake hands when greeting each other. Greet other students in German and shake hands.

👫 **2** **Partnerarbeit: Was sagen diese Leute?** (*Partner work: What are these people saying?*) With a partner, complete the following conversations aloud.

German has no equivalent to English *Ms.* One can avoid the increasingly rare **Fräulein** (*Miss*) by using **Frau** for women of all ages. In restaurants, a waitress is frequently called by saying **Bedienung** (*service*), **bitte!**

The Lab Manual icon indicates that this material is recorded in the **SAM Audio Program** and is coordinated with exercises in the **Lab Manual**.

All the dialogues in **Tag 1** are in the **Einführung** chapter of the SAM. A complete introduction to *The Sounds of German* is at the end of the SAM Audio Program for the **Einführung**.

Herr = Mr.	
Frau = Mrs. *or* Ms.	

1. _____, Herr Lehmann!
   _____, Frau Schmidt!

2. _____, Clara!
   _____, Timm!

Credits: © Cengage Learning

3. _____, Mia!

_____, Frau Königstein!

4. _____, Peter!

_____, Julia!

5. _____, Franz!

_____, Josef!

Credits: © Cengage Learning

1–2

WIE HEIßT DU? (*WHAT'S YOUR NAME?*)

You: **du** *or* **Sie**? German has two forms of the pronoun *you*. If you're talking to a relative or good friend, use the form **du**. Students use **du** even when they're meeting for the first time. If you're talking to an adult whom you don't know well, use the formal **Sie**.

When you meet people for the first time, you want to learn their names. Listen to your instructor, and then repeat the following dialogue.

A: **Hallo, ich heiße Anna. Wie heißt du?**

Hello, my name is Anna. What's your name?

B: **Hallo, Anna. Ich heiße Thomas.**

Hello, Anna. My name's Thomas.

If you're meeting an adult who is not a fellow student, the dialogue would go like this.

A: **Ich heiße Schönhuber, und wie heißen Sie?**

B: **Guten Tag, Herr Schönhuber. Mein Name ist Meyer.**

The blue text audio icon indicates that this material is available in mp3 format on the Companion Website.

These dialogues and variations are in the **Einführung** chapter of the SAM Audio Program.

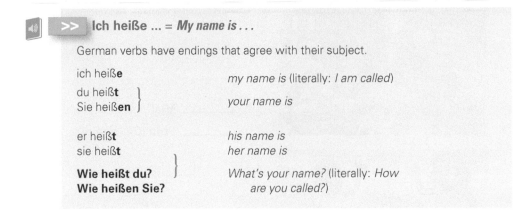

■ >> **Ich heiße ... =** *My name is . . .*

German verbs have endings that agree with their subject.

ich heiß**e**   *my name is* (literally: *I am called*)

du heiß**t**   ⎱
Sie heiß**en**   ⎰   *your name is*

er heiß**t**   *his name is*
sie heiß**t**   *her name is*

Wie heißt du?   ⎱   *What's your name?* (literally: *How*
Wie heißen Sie?   *are you called?*)

👥 **3** **Partnerarbeit: Wie heißt du?** Practice the first dialogue at the bottom of p. 5 with a partner. Use your own names and don't forget to switch roles.

👪 **4** **Gruppenarbeit: Ich heiße ...** Now introduce yourself to three or four other people you don't know. Don't forget to shake hands.

Wie heißt du?   Ich heiße Kirsten.

Wie heißt er?   Er heißt Lukas.

Wie heißt sie?   Sie heißt Martha.

Credits: © Cengage Learning

👪 **5** **Gruppenarbeit: Wie heißt ...?** Your instructor will ask you the names of other students. If you can't remember someone's name, just ask that person, **Wie heißt du?**

1. der Professor
   (der Lehrer)
2. die Professorin
   (die Lehrerin)
3. der Student
   (der Schüler)

4. die Studentin
   (die Schülerin)
5. die Tafel
6. der Tisch
7. die Uhr
8. die Wand
9. das Fenster

10. der Stuhl
11. die Tür
12. die Landkarte
13. das Poster
14. die Kreide
15. der Wischer

In items 1–4, the first word in each item refers to someone in a university classroom (professor and student), while the second word, in parentheses, refers to someone in a secondary school classroom (teacher and pupil). **Student** in German always means *university student.*

- Nouns are always capitalized in German, wherever they occur.

- The **-in** suffix denotes a female.

1. das Buch
2. das Heft
3. das Papier
4. der Bleistift
5. der Kuli
6. der Radiergummi

A: **Was ist das?**   *What is that?*
B: **Das ist der Tisch.**   *That's the table.*
   das Buch.   *the book.*
   die Tafel.   *the blackboard.*

1–3

>> the = der, das, or die

Every German noun belongs to one of three genders: *masculine, neuter,* or *feminine.* The form of the definite article (**der, das, die** = *the*) shows the noun's gender. When you learn a new noun, always learn the article along with it.

masculine	**der** Mann	*the man*
	der Stuhl	*the chair*
neuter	**das** Kind	*the child*
	das Buch	*the book*
feminine	**die** Frau	*the woman*
	die Tafel	*the blackboard*

1–4

A: **Wer ist das?**   *Who is that?*
B: **Das ist Lukas.**   *That's Lukas.*
        die Professorin.   *the (female) professor.*
        der Professor.   *the (male) professor.*
        die Studentin.   *the (female) student.*
        der Student.   *the (male) student.*

 6 Partnerarbeit: Was ist das? Wer ist das? Work together and see how many people and things in the room you can identify.

BEISPIEL: A: Was ist das?
          B: Das ist der/das/die _____.
          A: Wer ist das?
          B: Das ist _____.

Now ask each other where (**wo?**) things are. Respond by pointing to the object and saying it is there (**da**).

BEISPIEL: A: Wo ist die Uhr?
          B: Die Uhr ist da. Wo ist das Fenster?
          A: Das Fenster ...

QUESTION WORDS	
wie?	*how?*
was?	*what?*
wer?	*who?*
wo?	*where?*

AUF WIEDERSEHEN! (*GOOD-BYE!*)

There are several expressions you can use to say good-bye.

Auf Wiedersehen!	Good-bye!
Tschüs!	So long! (*informal, among friends*)
Schönes Wochenende!	(Have a) nice weekend!
Danke, gleichfalls!	Thanks, same to you! (You too!)
Bis morgen!	Until tomorrow!
Bis Montag!	Until Monday!

Tschüs is derived from Spanish *adiós*. In Austria, the informal expression **Servus** means both *Hi* and *So long*. In Switzerland, instead of **Guten Tag**, one says **Grüezi** formally and **Hoi** informally.

DIE WOCHENTAGE (*DAYS OF THE WEEK*)

Heute ist ...	Today is . . .
Montag	Monday
Dienstag	Tuesday
Mittwoch	Wednesday
Donnerstag	Thursday
Freitag	Friday
Samstag (*in southern Germany*)	Saturday
Sonnabend (*in northern Germany*)	
Sonntag	Sunday

Lab Manual Einführung, The Days of the Week.

7 **Gruppenarbeit: Auf Wiedersehen!** Turn to your neighbors and say good-bye until next time. Tell your instructor good-bye too.

Andresr/Shutterstock

Bis morgen!

Tag 2

DAS ALPHABET (*THE ALPHABET*)

Three vowels are modified by a symbol called the **Umlaut**: ä, ö, and ü. The letter **ß** (ess-tsett) represents the unvoiced s-sound. It follows long vowels and diphthongs. In Switzerland, **ss** is used instead of **ß**.

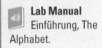 **Lab Manual**
Einführung, The Alphabet.

a	ah	**k**	kah	**u**	uh
b	beh	**l**	ell	**v**	fau
c	tseh	**m**	emm	**w**	weh
d	deh	**n**	enn	**x**	iks
e	eh	**o**	oh	**y**	üppsilon
f	eff	**p**	peh	**z**	tsett
g	geh	**q**	kuh	**ß**	ess-tsett
h	hah	**r**	err	**ä**	
i	ih	**s**	ess	**ö**	
j	jott	**t**	teh	**ü**	

8 **Partnerarbeit: Wie schreibt man das? (*How do you spell that?*)**

A. Ask each other how you spell your names. Write the name as your partner spells it, then check to see whether you've written it correctly.

BEISPIEL: A: Wie heißt du?
B: Ich heiße Christopher.
A: Wie schreibt man das?
B: C-H-R-I-S-T-O-P-H-E-R.

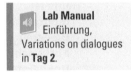 **Lab Manual**
Einführung, Variations on dialogues in **Tag 2**.

BMW = Bayerische Motorenwerke (*Bavarian Motor Works*)
MP = Militärpolizei
ISBN = Internationale Standardbuchnummer
EKG = Elektrokardiogramm
BASF = Badische Anilin- und Sodafabrik (**Baden Aniline and Soda Factory**)
EU = Europäische Union (**European Union**)

B. Now turn to the classroom objects pictured on p. 7. One partner spells the name of an object; the other partner says the word as it is spelled. Then switch roles.

9 **Gruppenarbeit: Wie sagt man das? (*How do you say that?*)** Here are some abbreviations used in both English and German. Take turns saying them in German.

VW	BMW	ISBN	BASF
IBM	MP	EKG	TNT
USA	DVD	CD	EU

Flak = acronym for **Fliegerabwehrkanone** (*anti-aircraft gun*).

10 **Gruppenarbeit: Wie spricht man das aus? (*How do you pronounce that?*)**

A. Let's move from individual letters to pronouncing entire words in German. Here are some words that English has borrowed from German. In English, their pronunciation has been anglicized. Your instructor will model the way they are pronounced in German. Repeat them, and see if you know what they mean.

Übung 10B: 1. Gabriel Daniel Fahrenheit (1686–1736), physicist. 2. Carl Gustav Jung (1875–1961), psychiatrist. 3. Rudolf Diesel (1858–1913), engineer. 4. Ludwig van Beethoven (1770–1827), composer. 5. Hermann Hesse (1877–1962), novelist. 6. Henry Kissinger (b. 1923), German-American academic and diplomat.

Angst	Hinterland	Rucksack	Wanderlust
Ersatz	Kindergarten	Schadenfreude	Weltanschauung
Flak	Kitsch	Schmalz	Zeitgeist
Gestalt	Leitmotiv	Strudel	Zwieback
Gesundheit	Poltergeist		

B. Now here are some famous people from Austria, Germany, and Switzerland. Take turns saying their names aloud. How many do you recognize without looking at the notes?

Fahrenheit	Hesse	Röntgen	Zeppelin	Porsche
Jung	Kissinger	Mozart	Bunsen	Schwarzenegger
Diesel	Freud	Nietzsche	Einstein	Goethe
Beethoven	Ohm	Luther	Bach	Merkel

DIE ZAHLEN (*THE NUMBERS*)

0 null

1	eins	11	elf
2	zwei	12	zwölf
3	drei	13	dreizehn
4	vier	14	vierzehn
5	fünf	15	fünfzehn
6	sechs	16	sechzehn
7	sieben	17	siebzehn
8	acht	18	achtzehn
9	neun	19	neunzehn
10	zehn	20	zwanzig

QUESTION WORD

wie viele?　*how many?*

Lab Manual
Einführung, The Numbers from 0 to 20.

11 Gruppenarbeit: Wie ist die Nummer? (*What's the number?*) Read these numbers aloud.

12 Partnerarbeit: Wie ist deine Handynummer?

Ask each other for your cell phone numbers.

A: Wie ist deine Handynummer?
B: Meine Handynummer ist 571-123-4567.

7. Sigmund Freud (1856–1939), psychiatrist. 8. Georg Ohm (1789–1854), physicist. 9. Wilhelm Röntgen (1845–1923), physicist. 10. Wolfgang Amadeus Mozart (1756–1791), composer. 11. Friedrich Nietzsche (1844–1900), philosopher. 12. Martin Luther (1483–1546), theologian and reformer. 13. Ferdinand von Zeppelin (1838–1917), aircraft manufacturer. 14. Robert Bunsen (1811–1899), chemist. 15. Albert Einstein (1879–1955), physicist. 16. Johann Sebastian Bach (1685–1750), composer. 17. Ferdinand Porsche (1875–1951), automotive engineer. 18. Arnold Schwarzenegger (b. 1947), Austrian-American actor and politician. 19. Johann Wolfgang von Goethe (1749–1832), writer. 20. Angela Merkel (b. 1954), politician; became first female chancellor of Germany in 2005.

These numbers include area codes beginning with 0. When dialing from outside Germany, omit the zero. For example, to dial the Wetzlar number from the United States, dial 011 (international operator), 49 (country code), then the area code 6441 (without the zero), and then the local number, 42365. The number 49 is the country code for Germany; 43 is for Austria, 41 is for Switzerland, 352 is for Luxemburg, and 423 is for Liechtenstein.

WIE SPÄT IST ES BITTE? (*WHAT TIME IS IT, PLEASE?*)

Es ist drei Uhr.

Es ist Viertel nach sieben.

Es ist Viertel vor zehn.

Es ist ein Uhr.
or Es ist eins.

Es ist elf (Minuten) nach zehn.

Es ist vierzehn vor acht.

Es ist halb acht.
"halfway to eight"

Credits: © Cengage Learning

Lab Manual
Einführung,
Variations on dialogues.

13 **Partnerarbeit: Wie spät ist es, bitte?** Take turns asking each other what time it is.

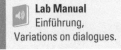

1

2

3

4

5

6

ROW 1: (l) Baloncici/Shutterstock
(c) T. Hansen
(r) T. Hansen

ROW 2: (l) T. Hansen
(c) T. Hansen
(r) T. Hansen

WOHER KOMMST DU? (*WHERE ARE YOU FROM?*)

When you meet people, you want to know where they are from. Listen to
the following dialogue and repeat it after your instructor.

A: **Woher kommst du?**   *Where do you come from?*
B: **Ich komme aus Japan.**   *I come from Japan.*

	kommen	*to come*
ich	komm**e**	*I come*
du	komm**st**	*you come*
Sie	komm**en**	*you come*
er	komm**t**	*he comes*
sie	komm**t**	*she comes*

> **QUESTION WORD**
> **woher?**   *from where?*

> **Woher kommst du?**
> connotes *Where were you born?*

††† **14** **Gruppenarbeit: Woher?** Walk around the classroom and find out what
cities, states, or countries your classmates are from. Your instructor can help
you with the German names if they are different from English.

BEISPIEL: A: Woher kommst du?
B: Ich komme aus _____.

USEFUL CLASSROOM EXPRESSIONS

> **Lab Manual**
> Einführung, *Useful
> Classroom Expressions,
> The Sounds of German.*

Wie sagt man „the book"   *How do you say "the book"*
auf Deutsch?   *in German?*
Man sagt „das Buch".   *You say "das Buch."*
Übersetzen Sie bitte.   *Please translate.*
Wiederholen Sie bitte.   *Please repeat.*
Üben wir!   *Let's practice!*
Machen Sie Nummer drei, bitte.   *Please do number three.*
Alle zusammen, bitte.   *All together, please.*
Sie sprechen zu leise.   *You're speaking too softly.*
Sprechen Sie bitte lauter.   *Please speak louder.*
Sie sprechen zu schnell.   *You're speaking too fast.*
Sprechen Sie bitte langsamer.   *Please speak slower.*
Wie bitte?   *I beg your pardon? What did
          you say?*

Antworten Sie bitte auf Deutsch!   *Please answer in German.*
Das ist richtig.   *That's correct.*
Das ist falsch.   *That's incorrect.*
Verstehen Sie das?   *Do you understand that?*

>> Wortschatz (*Vocabulary*)

Tutorial Quiz
Audio Flashcards

The following list contains all the words and expressions from the **Einführung** that you need to know, except the numbers from 1–20 and expressions for telling time.

Greetings

Guten Abend! Good evening!
Guten Morgen! Good morning!
Guten Tag! Hello!
Hallo!
Morgen!
Tag! } Hi!
n'Abend!

Partings

Auf Wiedersehen! Good-bye!
Bis morgen. Until tomorrow.
Schönes Wochenende! Have a nice weekend!
Danke, gleichfalls! Thanks, same to you!
Tschüs! So long!

Days of the week

Montag Monday
Dienstag Tuesday
Mittwoch Wednesday
Donnerstag Thursday
Freitag Friday
Samstag/Sonnabend Saturday
Sonntag Sunday

Question words

was? what?
wer? who?
wie? how?
wie viele? how many?
wo? where?
woher? from where?

Courtesy titles

Frau Mrs., Ms.
Herr Mr.

Personal questions

Wie heißen Sie? / Wie heißt du? What's your name?
Wie ist deine Handynummer? What's your cell phone number?
Woher kommst du? Where are you from?

Time and place

der Tag day
heute today
morgen tomorrow
da there
Wie spät ist es, bitte? What time is it, please?

Classroom words

der Lehrer, die Lehrerin (school) teacher
der Professor, die Professorin professor
der Schüler, die Schülerin pupil, student (*pre-college*)
der Student, die Studentin (university) student
der Bleistift pencil
der Kugelschreiber ballpoint pen
der Radiergummi rubber eraser
der Stuhl chair
der Tisch table
der Wischer blackboard eraser

das Buch book
das Fenster window
das Heft notebook
das Papier paper
das Poster poster

die Kreide chalk
die Landkarte map
die Tafel blackboard
die Tür door
die Uhr clock, watch
die Wand wall

Wie schreibt man das? How do you spell that?

Where Is German Spoken?

Web Search

eine Milliarde = (*American*) billion; eine Billion = (*American*) trillion

German is spoken in Germany, Austria, Liechtenstein, and in parts of Switzerland, Luxembourg, Belgium, Alsace in southeastern France, and South Tyrol in northern Italy. This makes it the most widely spoken first language in the European Union. Linguistic enclaves of German speakers in the United States (notably the Amish in Pennsylvania and Ohio), Canada, Brazil, Africa (especially in Namibia, once the German colony of South-West Africa), and Australia bring the number of native German speakers in the world to around 90 million. German is also a popular second language in eastern Europe and Asia.

The following statistics on world languages from the *2011 World Almanac and Book of Facts* represent estimates of the number of native speakers worldwide of various languages. Notice that the German names of almost all languages end in **-sch.**

Chinesisch (Mandarin)	845 Millionen	Russisch	144 Millionen
Spanisch	329 Millionen	Japanisch	122 Millionen
Englisch	328 Millionen	Arabisch	121 Millionen
Hindi	182 Millionen	Deutsch	90 Millionen
Bengali	181 Millionen	Französisch	68 Millionen
Portugiesisch	178 Millionen	Italienisch	62 Millionen

ray roper/iStockphoto.com

Ken Brown/iStockphoto.com

rook76 / Shutterstock.com

Anthony Baggett/Photos.com

The Art Archive at Art Resource, NY/ The Art Archive

Public Domain

Lefteris Papaulakis/Shutterstock.com

Wie geht es dir?

◄ Hallo Karin! Tag Michael!

Kommunikation

- Making statements
- Asking yes/no questions
- Asking when, who, where, what, etc.
- Talking about the weather
- Learning about Germany

Kultur (*Culture*)

- Learning about the social implications of German forms of address

In diesem Kapitel (*In this chapter*)

- **Lyrik zum Vorlesen (*Poetry for reading aloud*)**
  Kinderreime, Zungenbrecher

- **Grammatik (*Grammar*)**
  1. Subject pronouns
  2. Verbs: Infinitive and present tense
  3. Nouns: Gender, pronoun agreement, noun plurals
  4. Nominative case
  5. The sentence: German word order

- **Lesestück (*Reading*)**
  Wie sagt man „you" auf Deutsch?

- **Vokabeln im Alltag**
  Das Wetter

- **Almanach**
  Profile of the Federal Republic of Germany

Dialoge

Dialoge = dialogues

 Lab Manual Kap. (Kapitel) 1, Dialoge, Fragen, Hören Sie gut zu!, Üb. (Übung) zur Aussprache [ch].

Remember that in colloquial German, **Guten Morgen!**, **Auf Wiedersehen!**, and **Guten Tag!** are often shortened to **Morgen!**, **Wiedersehen!**, and **Tag!** You can find colloquial English equivalents of the **Dialoge** in Appendix 2.

The literal meaning of the expression **Wie geht es Ihnen?** (familiar: **Wie geht es dir?**) is "How goes it for you?" The forms **Ihnen** and **dir** (= *to* or *for you*) will be introduced in **Kapitel 5**.

 1–6 **In Eile**

HERR LEHMANN:	Guten Morgen, Frau Hauser!
FRAU HAUSER:	Morgen, Herr Lehmann. Entschuldigung, aber ich bin in Eile. Ich fliege um elf nach Wien.
HERR LEHMANN:	Wann kommen Sie wieder zurück?
FRAU HAUSER:	Am Mittwoch bin ich wieder im Büro – also dann, auf Wiedersehen!
HERR LEHMANN:	Wiedersehen! Gute Reise!

 1–7 >> **Die Mensa**

KARIN:	Tag, Michael!
MICHAEL:	Hallo, Karin! Wie ist die Suppe heute?
KARIN:	Sie ist ganz gut. Übrigens, arbeitest du viel im Moment?
MICHAEL:	Nein, nicht sehr viel. Warum fragst du?
KARIN:	Ich gehe heute Abend zu Alex. Du auch?
MICHAEL:	Ja, natürlich.
KARIN:	Super! Also, tschüs, bis dann.

 1–8 >> **Typisch für September**

FRAU BACHMANN:	Guten Tag, Frau Kuhn! Wie geht es Ihnen heute?
FRAU KUHN:	Tag, Frau Bachmann! Sehr gut, danke, und Ihnen?
FRAU BACHMANN:	Danke, auch gut. Was machen die Kinder heute?
FRAU KUHN:	Sie spielen draußen im Garten, das Wetter ist ja so schön.
FRAU BACHMANN:	Ja, endlich scheint die Sonne. Aber vielleicht regnet es morgen wieder.
FRAU KUHN:	Das ist typisch für September.

NOTE ON USAGE

The flavoring particle *ja* German adds various kinds of emphasis to sentences by using intensifying words known as *flavoring particles*. These cannot be directly translated into English, but you will become familiar with the intensity, nuance, or "flavor" they add to a sentence.

As a flavoring particle, **ja** does not mean *yes*, but rather adds the sense of *after all, really.*

| Das Wetter ist **ja** so schön. | *The weather really is so beautiful.* |
| Ich bin **ja** in Eile. | *As you can see, I'm in a hurry.* |

Tutorial Quiz
Audio Flashcards

At the beginning of some **Wortschatz** sections, words relating to a particular topic are grouped together.

Die Monate (*the months*)

Januar (im Januar = *in January*)
Februar (im Februar = *in February*, etc.)

März	**August**
April	**September**
Mai	**Oktober**
Juni	**November**
Juli	**Dezember**

The stress is on the second syllable in **April** and **August**.

Das Wetter

regnen to rain
scheinen to shine; to seem
das **Wetter** weather
die **Sonne** sun

Verben (*Verbs*)

arbeiten to work
fliegen to fly
fragen to ask
gehen to go; to walk
kommen to come
machen to make; to do
sein to be
spielen to play
wohnen to live; to dwell

Nouns are grouped by gender for easier learning. Learn the article and the plural along with the singular, i.e., not just **Kind** = *child*, but rather **das Kind, die Kinder**. Noun plurals are presented in abbreviated form: see p. 27.

Substantive (*Nouns*)

der **Abend, -e** evening
  heute Abend this evening, tonight
der **Garten, -̈** garden; yard
  im Garten in the garden
der **Herr, -en** gentleman
  Herr Lehmann Mr. Lehmann
der **Morgen, -** morning

der **Tag, -e** day
das **Büro, -s** office
  im Büro in the office
das **Kind, -er** child
(das) **Wien** Vienna

City names are neuter in German but are seldom used with the article. The article for cities is given in parentheses in the **Wortschatz**.

die **Frau, -en** woman; wife
  Frau Kuhn Mrs./Ms. Kuhn
die **Mensa** university cafeteria
die **Straße, -n** street, road
die **Suppe, -n** soup

Adjektive und Adverbien (*Adjectives and adverbs*)

German has no equivalent for the English adverbial ending -*ly*. For example, **natürlich** can mean either *natural* or *naturally*. (Similarly, **gut** = *good* or *well*.)

auch also, too
da there
dann then
draußen outside, outdoors
endlich finally
gut good; well
  ganz gut pretty good; pretty well
hier here
natürlich natural(ly); of course
schön beautiful(ly)
sehr very
typisch typical(ly)
vielleicht maybe, perhaps
wieder again

Andere Vokabeln (*Other words*)

aber but
also well
bis until; by
  bis dann until then; by then
danke thanks
für for
in in
ja yes; also an untranslatable "flavoring particle"; (see p. 18.)

nach to (*with cities and countries*)
nein no
nicht not
übrigens by the way
um (*prep.*) at (*with expressions of time*)
und (*conj.*) and
usw. (= **und so weiter**) etc. (= and so forth)
viel (*pron.*) much, a lot
wann? when?
warum? why?
wie (*conj.*) how; like, as
zu (*prep.*) to (*with people*); (*adv.*) too (*as in* "too much")
zurück back

There is a complete list of abbreviations on p. 467.

Nützliche Ausdrücke (*Useful expressions*)

am Mittwoch (Donnerstag usw.) on Wednesday (Thursday, etc.)
Entschuldigung! Pardon me! Excuse me!
Gute Reise! (Have a) good trip!
im Moment at the moment
in Eile in a hurry
Super! Terrific! Great!
Wie geht's? / Wie geht es Ihnen? How's it going? How are you?

Gegensätze (*Opposites*)

Study hint: Learn antonyms (opposites) in pairs. They are all active vocabulary.

fragen ≠ **antworten** to ask ≠ to answer
gut ≠ **schlecht** good ≠ bad
hier ≠ **da** here ≠ there
schön ≠ **hässlich** beautiful ≠ ugly
der Tag ≠ **die Nacht** day ≠ night
viel ≠ **wenig** much, a lot ≠ not much, little

Mit anderen Worten (*In other words*)

wunderschön = **sehr schön**

VARIATIONEN (*VARIATIONS*)

A **Persönliche Fragen** (*Personal questions*) Answer your instructor's questions.

1. Wo wohnen Sie?
2. Wie geht es Ihnen heute?
3. Arbeiten Sie viel im Moment?
4. Was machen Sie heute Abend?

B **Partnerarbeit: An welchem Tag?** (*Partner work: On which day?*)
Ask each other the questions below. Your partner answers with any day of the week.

Wann kommst du zurück?

Am Dienstag.

Kachalkina Veronika/Shutterstock.com

1. Wann arbeitest du?
2. Wann fliegst du nach Wien?
3. Wann gehst du zu Amelie?
4. Wann kommst du zurück?
5. Wann spielst du Tennis?

C **Partnerarbeit: Wann fliegst du?** The clock faces show departure times from the Frankfurt airport. Ask each other when you're flying to various places.

BEISPIEL: A: Wann fliegst du nach Zürich?
B: Ich fliege um halb acht.

1. nach Prag?

2. nach Moskau?

3. nach Kopenhagen?

4. nach Madrid?

5. nach Toronto?

6. nach Singapur?

© Cengage Learning

D **Gruppenarbeit: Wie heißt du?** Take turns introducing yourselves and saying where you come from and where you live.

> Ich heiße Aarti, ich komme aus Indien und ich wohne in Delhi.

© Cengage Learning

Web Link

🔊 LYRIK ZUM VORLESEN

This section presents short examples of original German poetry (**Lyrik**), rhymes, or song texts for you to read (or sing) aloud. Don't worry about understanding everything. The emphasis here is on the *sound* of German.

Kinderreime°
Children's rhymes

🔊 Traditional counting-out rhymes

1–9

Eins zwei drei, du bist frei°.	*free*
Vier fünf sechs, du bist weg°.	*out*
Sieben acht neun, du musst's sein°.	*you are it*

Ich heiße Peter, du heißt Paul.
Ich bin fleißig°, du bist faul°.   *hard-working / lazy*

🔊 Children's alphabet rhyme

1–10

A b c d e f und g,
h i j k l m n o p,
q r s t u v w,
x y z und o weh°,   *o weh = oh my*
jetzt kann ich das ABC°.   *jetzt ... now I know the ABCs*

🔊 Zungenbrecher°   *Tongue twisters*

1–11

In Ulm, um Ulm°   *In ... In Ulm, around Ulm,*
und um Ulm herum.°   *und ... and round about Ulm.*

Fischers Fritz fischt frische Fische.°   Fischers ... *Fischer's (boy) Fritz fishes fresh fish.*
Frische Fische fischt Fischers Fritz.°   Frische ... *Fresh fish is what Fischer's Fritz fishes.*

Kinderreime, Zungenbrecher

Lyrik zum Vorlesen = *Poetry for reading aloud*

Ulm lies on the Danube River in the southern German state of Baden-Württemberg. The city's famous Gothic church has the highest spire in the world at 161.6 meters (530 ft.).

Grammatik

Tutorial Quiz

>> 1. Subject pronouns (*Pronomen*)

die Grammatik =
Grammar

DEFINITION

What is a pronoun?

A *pronoun* is a word such as **er**, **es**, or **sie** that can be substituted for the name of a person or thing: **Maria ist eine Studentin.** *Sie* **ist sehr intelligent. Wo ist mein Buch?** *Es* **ist da.**

What is a subject?

The *subject* of a sentence is usually a person or thing performing the action shown by the verb: *Ich* **fliege nach Wien.**

The following German pronouns are used as the subject of a sentence.

		Singular		Plural
1st person	ich	*I*	wir	*we*
2nd person	du	*you (familiar)*	ihr	*you (familiar)*
	Sie	*you (formal)*	Sie	*you (formal)*
3rd person	er	*he, it*		
	es	*it*	sie	*they*
	sie	*she, it*		

The three ways to say *you* in German: *du, ihr,* and *Sie*

Use the familiar pronouns **du** (*singular*) and **ihr** (*plural*) when addressing fellow students, children, family members, close friends, animals, and God. Members of certain groups (students, soldiers, athletes, and often colleagues and co-workers) converse among themselves almost exclusively with **du** and **ihr.** People on a first-name basis usually use **du** with each other.

Use the formal **Sie** when addressing one or more adults who are not close friends of yours. To be safe, always allow native German speakers to be the ones who establish which form will be used.

When writing, always capitalize the pronoun **Sie** when it means *you*. Do not capitalize **sie** when it means *she* or *they* unless it is the first word of the sentence. (The pronoun **ich** is not capitalized unless it is the first word of a sentence.)

W2 Photography/Age Fotostock

>> 2. Verbs (*Verben*): Infinitive and present tense

The infinitive (*der Infinitiv*)

German dictionaries list verbs in the infinitive form.

The infinitive consists of the verb stem plus the ending **-en** or **-n**.

spiel-	**spielen**	*to play*
wander-	**wandern**	*to hike*

English infinitives are usually preceded by *to*: **to** *play*, **to** *hike*.

The present tense (*das Präsens*)

DEFINITION

What is a verb?

A *verb* is a word that expresses an action or state of being: **Ich *gehe* zu Alex. Frau Hauser *ist* in Eile.**

DEFINITION

What is tense?

Tense is a feature of verbs that reflects the time level: past, present, or future: *I ran, I run, I will run.*

A German verb in the present tense has various endings, depending on its subject.

Das Kind spiel**t** draußen.	*The child plays outside.*
Die Kinder spiel**en** draußen.	*The children play outside.*

To use a verb in the present tense, drop the infinitive ending **-en** or **-n**:

komm- ~~en~~

Then add the personal ending.

Stem + ending		Present tense		
ich	komm-**e**	ich	komme	*I come*
du	komm-**st**	du	kommst	*you come* (familiar singular)
er, es, sie	komm-**t**	er, es, sie	kommt	*he, it, she comes*
wir	komm-**en**	wir	kommen	*we come*
ihr	komm-**t**	ihr	kommt	*you come* (familiar plural)
sie, Sie	komm-**en**	sie	kommen	*they come*
		Sie	kommen	*you come* (formal singular and plural)

The verb ending helps you determine whether **sie** means *she* (**sie kommt**) or *they* (**sie kommen**).

The third-person plural (**sie kommen** = *they come*) and the polite second-person (**Sie kommen** = *you come*) are identical except for capitalization. From now on they will be listed together in verb paradigms: **sie, Sie kommen.**

Lab Manual Kap. 1, Var. (Variation) zu Gruppenarbeit 1.

Workbook Kap. 1, A

1 Gruppenarbeit: Woher kommst du? (*Group work: Where are you from?*)
Ask your fellow students where they come from.

BEISPIEL: A: Woher kommst du?
B: Ich komme aus Indiana, und du?
A: Ich komme aus ...

2 Kettenreaktion: Wo wohnst du? (*Chain reaction: Where do you live?*)
Say where you live on campus and then ask the next student. If you have an off-campus apartment, say: **Ich wohne privat**.

BEISPIEL: A: Ich wohne in Stone Hall. Wo wohnst du?
B: Ich wohne in _____.

Some verb stems end in **-d** (**schneid**-en = *to cut*), **-t** (**arbeit**-en) or a consonant cluster such as **-gn** (**regn**-en). These verbs require an extra **-e-** before some endings:

arbeiten *to work*	regnen *to rain*
stem: **arbeit-**	stem: **regn-**
du arbeit**est** ihr arbeit**et**	es regn**et**
er arbeit**et**	

🔊 **Lab Manual** Kap. 1, Üb. 3, Var. zur Partnerarbeit 4.

3 Übung: Wer arbeitet heute? Tell who is working today, using the cued pronoun or name.

BEISPIEL: wir

1. ich
2. Herr Lehmann
3. sie (*they*)
4. du
5. ihr
6. Sie (*you*)
7. wir
8. Laura

Wir arbeiten heute.

Leah-Anne Thompson/Shutterstock.com

4 Partnerarbeit: Was machst du heute? Ask each other what you're doing today.

1. Was machst du heute?
2. Ich fliege nach Wien. Was machst du heute?
3. Ich _____ draußen im Garten. Was ...?
4. Ich _____ zu Alex. Was ...?
5. Ich _____ Tischtennis. Was ...?
6. Ich _____ nach Amsterdam.

English and German present tense compared

German present tense is equivalent to three English forms:

ich gehe
$\begin{cases} I\ go \\ I\ am\ going \\ I\ do\ go \end{cases}$

The present tense in German often expresses future meaning, especially when a time phrase makes the meaning clear.

Ich **fliege** um elf nach Berlin.	*I'm flying to Berlin at eleven.*
Mittwoch **bin** ich wieder zurück.	*I'll be back Wednesday.*

The verb sein: *to be*

Like *to be* in English, the verb **sein** is irregular; its forms must be memorized.

ich	**bin**	*I am*	wir	**sind**	*we are*
du	**bist**	*you are*	ihr	**seid**	*you are*
er, es, sie	**ist**	*he, it, she is*	sie, Sie	**sind**	*they, you are*

Lab Manual Kap. 1, Var. zu Partnerarbeit 5.

Workbook Kap. 1, B.

5 Partnerarbeit: Bist du auch so? You can use the following adjectives to describe your personality. Make a list of some characteristics you and your partner share.

aktiv	kritisch
athletisch	modern
clever	naiv
elegant	objektiv
exzentrisch	optimistisch
intelligent	pessimistisch
kompetent	progressiv
konservativ	sentimental
kreativ	subjektiv

Ich bin kreativ. Bist du auch kreatv?

Nein, ich bin nicht kreativ. Ich bin ____.

6 Gruppenarbeit: Seid ihr auch so? Now go with your partner to another pair of students and find out how they describe themselves.

Wir sind kompetent. Seid ihr auch so?

>> ## 3. Nouns (*Substantive*): Gender, pronoun agreement, noun plurals

DEFINITION

What is a noun?

A *noun* is a word that denotes a person (**Frau Braun, Kind**), a place (**Wien, Marokko**), an object or animal (**Buch, Pelikan**), or an idea or quality (**Solidarität, Intelligenz**).

You have learned that the gender of a German noun is shown by the definite article (**der**, **das**, or **die**). Nouns are often replaced by pronouns (*Where is the chair? —It is here.*) In German the pronoun must have the same gender as the noun it replaces:

Wo ist **der** Stuhl?	**Er** ist hier.	*It's here.*
Wo ist **das** Buch?	**Es** ist hier.	*It's here.*
Wo ist **die** Tafel?	**Sie** ist hier.	*It's here.*

Note that **er, es,** and **sie** can all mean *it.* Note also the similarities between the definite article and its corresponding pronoun.

de**r** Stuhl → **er**
da**s** Buch → e**s**
di**e** Tafel → si**e**

Plural forms do not show gender. The definite article **die** is used with all plural nouns, and the pronoun **sie** replaces all plural nouns.

Wo sind die Stühle?
Wo sind die Bücher? } Sie sind hier.   *They are here.*
Wo sind die Tafeln?

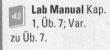

Lab Manual Kap. 1, Üb. 7; Var. zu Üb. 7.

Workbook Kap. 1, C, D.

---

7   Übung. Answer the questions affirmatively. Use a pronoun.

BEISPIEL: A: Ist Lukas heute in Eile?
  B: Ja, er ist in Eile.

1. Ist das Buch gut?
2. Spielen die Kinder draußen?
3. Ist der Lehrer da?
4. Scheint die Sonne heute?
5. Sind Karin und Michael athletisch?
6. Ist der Tag schön?

Olly/Shutterstock.com

---

8   Partnerarbeit: Hier oder da? Partner A asks where the things in the left-hand column are. Partner B answers, using a pronoun and pointing to the object. Reverse roles for the right-hand column.

BEISPIEL: A: Wo ist die Tafel?
  B: Sie ist da.

das Buch	die Wand	der Professor / die Professorin
das Heft	die Landkarte	der Tisch
die Tür	der Radiergummi	der Stuhl
der Bleistift	das Fenster	das Poster

Noun plurals (*der Plural*)

The most common plural ending for English nouns is -*s* or -*es*: chair → chairs; dish → dish*es*. However, English also forms the plural in other ways: man → *men*; mouse → *mice*; child → *children*; sheep → *sheep*.

German has a greater variety of plural forms. No one form is the most common. Here are examples of all German plural forms.

	Singular	Plural
No change	der Lehrer	die Lehrer
Umlaut added to stem vowel	die Mutter	die Mütter
Ending **-e** added	der Tisch	die Tische
Umlaut + ending **-e**	der Stuhl	die Stühle
Ending **-er** added	das Kind	die Kinder
Umlaut + ending **-er**	das Buch	die Bücher
Ending **-en** added	die Frau	die Frauen
Ending **-n** added	die Straße	die Straßen
Ending **-s** added	das Büro	die Büros

Dictionaries and vocabulary lists usually abbreviate plural forms. An umlaut above the hyphen indicates that the stem vowel (i.e., the stressed vowel) is umlauted in the plural.

Dictionary entry:	*You should learn:*
der **Lehrer**, -	der **Lehrer**, die **Lehrer**
die **Mutter**, ⸚	die **Mutter**, die **Mütter**
der **Tag**, -e	der **Tag**, die **Tage**
der **Stuhl**, ⸚e	der **Stuhl**, die **Stühle**

9 **Übung.** Practice saying these singular and plural nouns aloud, with their articles.

1. das Kind, -er
2. das Büro, -s
3. der Tisch, -e
4. die Mutter, ⸚
5. die Tafel, -n
6. die Straße, -n
7. der Stuhl, ⸚e
8. die Frau, -en

10 **Übung.** Make the subject plural. Don't forget to change the verb.

BEISPIEL: Der Herr kommt um elf.
  Die Herren kommen um elf.

1. Das Büro ist sehr schön.
2. Die Frau fliegt nach Wien.
3. Das Kind kommt heute Abend.
4. Die Straße ist sehr schön.
5. Das Buch ist gut.
6. Der Lehrer arbeitet morgen im Büro.
7. Der Tag ist schön.

Here are the nouns you learned in the **Einführung** with their plurals:

der Lehrer, - / die Lehrerin, -nen

der Professor, -en / die Professorin, -nen

der Schüler, - / die Schülerin, -nen

der Student, -en / die Studentin, -nen

der Bleistift, -e

das Buch, ⸚er

das Fenster, -

das Heft, -e

der Kugelschreiber, -

die Landkarte, -n

das Poster, -

der Stuhl, ⸚e

die Tafel, -n

der Tag, -e

der Tisch, -e

die Tür, -en

die Uhr, -en

die Wand, ⸚e

Lab Manual
Kap. 1, Üb. 9, 10.

Workbook
Kap. 1, E.

Turn to the German-English Vocabulary at the end of the book for more practice with plurals.

4. Nominative case (*der Nominativ*)

"Case" is a feature of nouns and pronouns and indicates their function in the sentence. German has four cases: nominative, accusative, dative, and genitive. These cases are shown by the form of the definite or indefinite article used with the noun. In this chapter you will learn the nominative case. It is the most frequent case and is used for the subject of a sentence. The pronouns you have learned in this chapter (**ich**, **du**, **er**, **sie**, etc.) are in the nominative.

DEFINITION

What are definite and indefinite articles?

The definite article in English is *the*. In German, the definite article shows the gender (masculine, neuter, or feminine), number (singular or plural), and case of the noun it is used with. German thus has many forms corresponding to *the* in English (**der, das, die,** etc.).

The *indefinite article* in English is *a* or *an*. In German it is **ein** and may have an ending depending on its gender and case.

Definite article in the nominative case

You have already learned the definite article (*the*) in the nominative.

	Singular	Plural
masculine	der Mann	die Männer
neuter	das Kind	die Kinder
feminine	die Frau	die Frauen

Indefinite article in the nominative case

Like the definite article, the indefinite article (*a, an*) also shows the gender and case of the noun it is used with.

	Singular	Plural
masculine	ein Mann	Männer
neuter	ein Kind	Kinder
feminine	eine Frau	Frauen

Note: Masculine and neuter singular indefinite articles are identical in the nominative: **ein** Mann, **ein** Kind. The indefinite article has no plural in German or English:

> **Hier ist ein Kind.** → **Hier sind Kinder.**
> Here is a ***child***. → Here are ***children***.

---

11 **Übung: Was ist das?** What is your instructor pointing to?

BEISPIEL: Was ist das?
           Das ist ein Fenster.

Uses of the nominative case

The subject of the sentence is always in the nominative case. Notice that the subject does not have to come at the beginning of the sentence.

Der Herr ist in Eile.	*The gentleman is in a hurry.*
Endlich kommt **die Suppe**.	*Finally the soup is coming.*
Morgen fliegt **sie** zurück.	*She's flying back tomorrow.*

A predicate nominative is a noun that follows the subject and the linking verb **sein.** It is identical with the subject:

Das ist **Frau Schmidt**.	*That is Mrs. Schmidt.*
Paul ist **ein Kind**.	*Paul is a child.*

Remember: Always use the nominative case after the verb **sein.**

DEFINITION

What is a linking verb?

A *linking verb* functions like the equals sign in an equation. **Herr Braun *ist der* Professor.** The most common linking verb in English and German is the verb *to be* (**sein**). Later you will learn the linking verbs **bleiben** *to remain;* **heißen** *to be called;* and **werden** *to become.* Like **sein**, they are all followed by the predicate nominative.

12 Gruppenspiel (*Group game*): **Was ist das? Wer ist das?** One student leads the game. The rest are divided into two teams. The leader points to an object or a person in the room and asks who or what it is. Teams take turns answering. The team with the most correct answers wins.

BEISPIEL: Wer ist das? Das ist Peter.
Was ist das? Das ist ein Stuhl.

Lab Manual Kap. 1, Var. zu Gruppenspiel 12.

Workbook Kap. 1, F.

Mal was Lustiges!

(*Comic Relief*)

Here's a chance to catch your breath with something light. Can you figure out some words from context?

°am supposed to

>> 5. The sentence (*der Satz*): German word order (*die Wortstellung*)

DEFINITION

What is a sentence?

A *sentence* is a linguistic structure containing a noun or pronoun subject and the verb that goes with it.

Statements: Verb-second word order

In English statements the subject usually comes just before the verb phrase.

    subject   *verb*

    We   **are going** to Alex's tonight.

Other elements may precede the subject-verb combination.

    Tonight **we are going** to Alex's.

In German statements the position of the verb is fixed. *The verb is always the second element.*

1	2	3	4
Wir	**gehen**	heute Abend	zu Alex.

Learn this ironclad rule: if the sentence does not begin with the subject, the verb *remains* in second position and the subject then *follows* the verb. Note the difference from English, where the subject always *precedes* the verb.

	1	2	3	4	
	Heute Abend	**gehen**	wir	zu Alex.	*Tonight we're going . . .*
	Zu Alex	**gehen**	wir	heute Abend.	

A time phrase (**heute Abend**) or a prepositional phrase (**zu Alex**) counts as *one* grammatical element.

NOTE: initial **ja**, **nein**, **und**, **denn**, and **aber** do *not* count as first elements.

0	1	2	3
Ja,	wir	gehen	zu Alex.
Aber	wir	gehen	zu Alex.

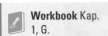

Workbook Kap. 1, G.

13 **Übung.** Restate each sentence, beginning with the element in italics.

BEISPIEL: Ich arbeite *übrigens* viel.
         Übrigens arbeite ich viel.

1. Die Lehrerin geht *morgen* zu Frau Bachmann.
2. Die Sonne scheint *endlich* wieder.
3. Es regnet *heute*.
4. Sie spielen *vielleicht* im Garten.
5. Ich arbeite viel *im Moment*.
6. Es regnet *natürlich* viel.

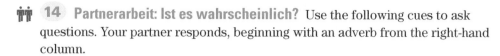

 14 Partnerarbeit: Ist es wahrscheinlich? Use the following cues to ask questions. Your partner responds, beginning with an adverb from the right-hand column.

BEISPIEL: fliegen / Berlin?

    A: Fliegst du nach Berlin?

    B: Vielleicht fliege ich nach Berlin.

Partner A		**Partner B**
gehen / zu Marion?	wohnen / hier?	Natürlich …
arbeiten / im Garten?	fliegen / nach Leipzig?	Wahrscheinlich (*probably*) …
kommen / zurück?		Vielleicht …

Questions

There are two types of questions in German, yes/no questions and information questions.

Yes/no questions are answered by **ja** or **nein**. In a yes/no question, the verb is always the first element.

Ist Andrea hier?	*Is Andrea here?*
Arbeitet sie in Berlin?	*Does she work in Berlin?*
Kommst du wieder zurück?	*Are you coming back again?*

Asking yes/no questions is a communicative goal.

15 Partnerarbeit. Use the cues to ask each other questions. Answer using **ja** or **nein**.

Lab Manual Kap. 1, Var. zu Üb. 15.

Workbook Kap. 1, H, I, J.

Wohnt Marie in Paris?

Ja, sie wohnt in Paris.

wohnen/Paris?

1. typisch für September?

2. heute?

3. nach Berlin?

4. in Eile?

5. morgen?

6. draußen?

Information questions start with a question word: *what, how, when,* etc. They have the same verb-second word order as statements.

	1	*2*		
Was	macht	er?		*What is he doing?*
Wie	geht	es Ihnen?		*How are you?*
Wann	kommen	Sie wieder zurück?		*When are you coming back again?*

Here are some question words.

FRAGEWÖRTER

wann	*when*	**Wann** kommt sie zurück?
warum	*why*	**Warum** fragst du?
was	*what*	**Was** macht er?
wer	*who*	**Wer** ist das?
wie	*how*	**Wie** geht es dir?
wo	*where*	**Wo** wohnen Sie?
woher	*from where*	**Woher** kommt ihr?

Note: Do not confuse **wer** (*who*) and **wo** (*where*)!

---

16 **Übung.** Here are some answers. What were the questions?

BEISPIEL: Das ist der Professor.
        Wer ist das?

1. Michael fliegt um elf.
2. Die Lehrer sind im Büro.
3. Das ist Frau Bachmann.
4. Das ist die Mensa.
5. Die Suppe ist gut, danke.
6. Karin kommt aus Deutschland.
7. Die Kinder spielen im Garten.

---

17 **Übung: Was machst du?** Use the cues in English to answer each question. Be sure to answer the **du**-questions using **ich** and the **ihr**-questions using **wir**. (**Was machst du? Ich fliege ... Was macht ihr? Wir fliegen ...**)

BEISPIEL: A: Was machst du morgen? (*flying to Vienna*)
        B: Ich fliege nach Wien.

1. Was macht ihr heute? (*going to Luca's*)
2. Was machst du im Moment, Hanna? (*working a lot*)
3. Was machst du, Lilli? (*playing outside*)
4. Was macht ihr am Mittwoch, Max und Emma? (*flying to Hamburg*)

18 **Schreiben wir mal.** (*Let's write.*) Answer the yes/no questions affirmatively. Use complete sentences.

BEISPIEL: Geht es Ihnen gut?
　　　　　Ja, es geht mir gut.

1. Bist du in Eile?
2. Fliegt der Professor nach New York?
3. Regnet es wieder?
4. Arbeitest du morgen?
5. Ist das Wetter typisch für September?
6. Spielen die Kinder draußen im Garten?

DEFINITION

What is an adverb?

An ***adverb*** is a word that expresses time (*when*), manner (*how*), or place (*where*) and modifies a verb, adjective, or another adverb. Manner describes how something is done: *slowly, well, clumsily,* etc.

Time before place

German adverbs such as **heute** and adverbial phrases such as **nach Wien** occur in the sequence *time before place*. The usual sequence in English is exactly the reverse: *place before time*.

	time	*place*		*place*	*time*
Sie fliegt	**morgen**	nach Wien.	*She's flying*	*to Vienna*	***tomorrow.***
Wir gehen	**heute Abend**	zu Max.	*We're going*	*to Max's*	***tonight.***

19 **Übung: Heute oder morgen?** Answer with a complete sentence, using either **heute** or **morgen**.

BEISPIEL: A: Wann gehen Sie zu Stefanie?
　　　　　B: Ich gehe heute zu Stefanie.

1. Wann fliegt Stefan nach Wien?
2. Wann geht Frau Bachmann zu Frau Kuhn?
3. Wann spielen die Kinder draußen?
4. Wann kommt Herr Lehmann zurück?

Sie fliegt morgen nach Wien.

Lesestück

Web Search

Lesestück = *Reading selection*

These pre-reading exercises help you to acquire the skill to read a text in German. Always work through them carefully before beginning the **Lesestück**. The most valuable technique is *re*reading and listening to the German text as many times as possible.

Note the stress shift: **Professor/Professorin**.

Tipps zum Vokabelnlernen *Tips for learning vocabulary*

The feminine suffix -in You've learned that German often has two different nouns to distinguish between a male and a female.

Lehrer/Lehrerin	Professor/Professorin
Partner/Partnerin	Student/Studentin

The suffix **-in** always denotes the female, and its plural is always **-innen**.

Partnerarbeit: Wie heißt der Mann, wie heißt die Frau? With a partner, fill in the blanks. Say the words aloud as you write them.

	Mann	**eine Frau?**	**zwei Frauen?**
1.	Amerikaner	*Amerikanerin*	*Amerikanerinnen*
2.	Tourist	_____	_____
3.	Lehrer	_____	_____
4.	Professor	_____	_____
5.	Schüler	_____	_____
6.	Partner	_____	_____

>> **Leicht zu merken (*Easy to remember*)**

German has many words that look and sound so much like their English equivalents that you can easily guess their meanings. Both languages have borrowed many of these words from Latin or French. You will also notice that contemporary German has borrowed a great deal of vocabulary from English, e.g., **E-Mail**, **Internet**, and **Laptop**. When such words occur in the readings, they are previewed in this special section called **Leicht zu merken**. If the German word is stressed on a different syllable than the English, this will be indicated to the right:

die **E-Mail, -s**	*pronounced as in English*
formell	for<u>mell</u>
der **Tourist, -en**	Tou<u>rist</u>
die **Universität, -en**	Universi<u>tät</u>

Lab Manual Kap. 1, Üb. zur Betonung.

Einstieg in den Text (*Getting into the text*)

Here are some tips to help you get the most out of the reading (**Lesestück**).

- Read the title. What does it tell you about the following text? (For example, **Wie sagt man „*you*" auf Deutsch?** suggests that the text will discuss the various forms of second-person address.)
- Read **Wortschatz 2** aloud. This presents new vocabulary for active mastery. Try to identify similarities between English and German forms that will help you remember the words: for example, **grüßen** (*to greet*), **Schule** (*school*), **Gruppe** (*group*), **freundlich** (*friendly*), **oft** (*often*).
- Now listen to the reading while following the text in your book.

- Read the text once aloud to yourself without referring back to the vocabulary. Do not try to translate as you read. Your purpose is to get a rough idea of content from the key words you recognize in each paragraph. For example, in the first section of the following reading, you will recognize the words **Touristen**, **Deutschland**, and **Amerikaner**. A good working assumption is that the paragraph deals with American tourists in Germany.
- Once you have a general idea of the content of each paragraph, read the text at least one more time, again without trying to translate. Your objective this time is to begin to understand the text on the level of individual sentences. The marginal glosses (marked by the raised degree sign°) will help you to understand words and phrases that are not meant for active use.
- Read and try to answer the **Antworten Sie auf Deutsch** and **Richtig oder falsch?** questions that follow the reading. Refer back to the text only if necessary.

>> Wortschatz 2

Tutorial Quiz
Audio Flashcards

Das Wetter
schneien to snow
neblig foggy
sonnig sunny
windig windy
wolkig cloudy

Verben
grüßen to greet, say hello
hören to hear; to listen
meinen to be of the opinion; to think
sagen to say; to tell
schreiben to write
sprechen to speak
studieren to attend a university; to study; to major in (*a subject*)

Substantive
der **Amerikaner, -** American (*m.*)
der **Deutsche, -n** German (man) (*m.*)
der **Schüler, -** primary or secondary school pupil (*m.*)

> Note the abbreviation *m.* (for *masculine*) or *f.* (for *feminine*) after **Amerikaner, Deutsche**, and other nouns. There is a complete list of abbreviations on p. 471, at the beginning of the German-English glossary.

der **Student, -en** university student (*m.*)
(das) **Deutschland** Germany
die **Amerikanerin, -nen** American (*f.*)
die **Deutsche, -n** German (woman) (*f.*)
die **Reise, -n** trip, journey
  eine Reise machen to take a trip
die **Schule, -n** school
die **Schülerin, -nen** primary or secondary school pupil (*f.*)
die **Studentin, -nen** university student (*f.*)
die **Touristin, -nen** tourist (*f.*)
die **Woche, -n** week
  diese Woche this week
die **Leute** (*plural only*) people

> **Leute** is often used colloquially to address a group of friends: **Hallo Leute! Was macht ihr heute Abend?**

Adjektive und Adverbien
bald soon
freundlich friendly
höflich polite(ly)
müde tired
noch still
oft often
schon already, yet

viele many
wahrscheinlich probably
ziemlich fairly, quite
zusammen together

Andere Vokabeln
bitte please
einander (*pron.*) each other
  miteinander with each other
  zueinander to each other
man (*indefinite pron.*) one
oder or

> Note on **man**: This pronoun is often best translated by *we*, *you*, or *they*. **Das sagt man oft.** = *They* (*people*) *often say that.* See p. 85 for a complete explanation.

Nützliche Ausdrücke
auf Deutsch in German
Grüß dich! Hello! Hi! (*to someone you address as **du**; mainly used in southern Germany*)
zum Beispiel for example

Gegensätze
oft ≠ **selten** often ≠ seldom
zusammen ≠ **allein** together ≠ alone

◀)) Wie sagt man „*you*" auf Deutsch?

1–12

Touristen in Deutschland sagen oft, die Deutschen sind sehr
freundlich und höflich. Das stimmt, aber wahrscheinlich meinen viele
Amerikaner auch, die Deutschen sind ziemlich formell. Kollegen° in
einer Firma° zum Beispiel sagen oft „Sie" zueinander. In einer E-Mail
5 *an seine Kollegin Frau Hauser schreibt Herr Lehmann „Sie":*

Hallo Frau Hauser,

ich höre, Sie sind schon aus Wien zurück.
War° die Reise angenehm°?
Ich habe eine kleine Bitte°: Können° wir
10 diese Woche miteinander sprechen,
zum Beispiel am Donnerstag um 10 oder
um 11 Uhr? Was meinen Sie? Sagen Sie
mir° bitte, ob das geht°.

Gruß°
15 G. Lehmann

◀)) *Wie ist es aber in der Schule und an der Universität? Schüler und*
1–13 *Studenten sagen von Anfang an° „du" zueinander. Karin, Michael*
und Jan studieren¹ zusammen. Sie sagen „du" und „ihr".
Karin ist schon bei Michael. Jan kommt gerade° aus der
20 *Uni-Bibliothek°.*

JAN:	Hallo, Leute!
KARIN:	Grüß dich, Jan. Wie ist das Wetter draußen? Schneit es noch?
JAN:	Nein, nicht mehr, aber es ist noch ziemlich kalt. Was macht ihr im Moment?
MICHAEL:	Wir hören Nachrichten°.
JAN:	Geht ihr bald essen°?
KARIN:	Ja, natürlich. Du Michael, kommst du auch mit°?
MICHAEL:	Nein, ich bin zu müde.

---

¹ Note that **studieren** means "to attend college or university" and is not used to describe the daily activity of studying. Thus, in German, "I'm studying tonight" (i.e. doing homework, preparing for class) is **Ich *arbeite* heute Abend** or **Ich *lerne* heute Abend.**

Listen to the **Lesestück** as you read the text. Practice reading out loud, following the recording.

colleagues / company

was / pleasant
eine ... a small request / can

Sagen ... Please tell me / ob ... whether that will work
Greetings

von ... from the beginning

just
university library

the news

to eat

along

In **Kapitel 5** you will learn why line 16 reads **in *der* Schule** and **an *der* Universität,** even though **Schule** and **Universität** are feminine nouns.

A Antworten Sie auf Deutsch. (*Answer in German.*)

1. Was meinen Touristen: Wie sind die Deutschen?
2. Sagen Schüler „du" zueinander? Sagt Karin „du" zu Michael?
3. Wie ist das Wetter draußen?

B Richtig oder falsch? (*True or false?*)

1. Studenten sagen „Sie" zueinander.
2. Kollegen in einer Firma sagen „Sie" zueinander.
3. Die drei Studenten gehen zusammen essen.

C Partnerarbeit: *Sie* oder *du*?

Fritzi

Frau Haček

Frau Professor Ullmann

Herr Kuhn

Karoline und Lukas Flessner

Niklas Schumacher

1. Take turns asking those pictured . . .
   a. what their names are.
   b. whether they're working at the moment.
   c. whether they're tired today.
   d. where they live.
   e. where they work.

2. Partner A plays one of the people pictured above and responds to Partner B, who asks the questions above. Then Partner B plays another of these people and answers Partner A's questions.

   BEISPIEL: A: Wo wohnen Sie, Herr Kuhn?
   B: Ich wohne in Wien.

3. Now ask each other three questions of your own invention. Use the **du**-form.

Nach dem Lesen = *After reading*

 Lab Manual Kap. 1, Diktat.

Elizabethan English still used familiar *thou* and formal *you*. Note the following exchange from *Hamlet* (III.iv) in which Gertrude addresses her son familiarly and he answers formally.

QUEEN: Hamlet, *thou* hast thy father much offended.

HAMLET: Mother, *you* have my father much offended.

Understanding the social implications of German forms of address is the cultural goal of this chapter.

D Schreiben wir mal.

1. Write a dialogue using the following cues. You will need to provide verb endings, correct word order, etc.

ULLI: Tag / Ben und Jessica! // ihr / arbeiten / morgen?

BEN: nein. // warum / du / fragen?

ULLI: morgen / ich / gehen / zu David // ihr / kommen / auch?

JESSICA: natürlich / wir / kommen

2. Send an e-mail message to another student in your German class. Describe the weather outside and say what you're doing at the moment. Ask how your friend is and what he or she is doing this evening. Don't forget to use the **du**-form. You can start your e-mail with **Hallo** and your friend's name.

See endpaper instructions for creating umlauted letters on your computer.

✏ Schreibtipp

Writing e-mails in German
Since some e-mail programs cannot write or read umlauted letters, you can indicate that a vowel is umlauted by typing an **e** after it. You can also use **ss** instead of ß.

sch**oe**n = schön   h**ae**sslich = hässlich

B**ue**ro = Büro   drau**ss**en = draußen

E Wie sagt man das auf Deutsch?

1. When are you coming back, Paul and Hülya?

2. We're coming back tomorrow.

3. Excuse me, are you in a hurry?

4. Yes, I'm going to Lilli's.

5. She says the Germans are friendly.

6. Yes, that's right.

7. How are you, Herr Beck?

8. Fine, thanks, and you?

9. The sun is shining again.

10. Good! Then we'll work in the garden.

▷ VOKABELN IM ALLTAG: DAS WETTER

Wie ist das Wetter heute?
Ist es schön? Ist es furchtbar (*terrible, awful*)?

heiß   kalt   warm   kühl

Septemberwetter
warm und klar
verheißt° ein gutes
nächstes Jahr.

Es ist _____.

Es ist _____.

Es ist _____.

Es ist _____.

°*promises*

A Partnerarbeit: Wie ist das Wetter in Europa? Work with a partner and answer the questions that follow the weather map.

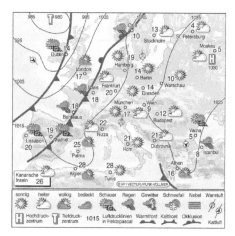

1. What season is shown on the map? (**Ist es heiß oder kalt?**)
2. Ask each other about the weather in various cities. (**Wie ist das Wetter in Hamburg?**)

Scheint die Sonne heute?

Nein, es regnet.   Ja, die Sonne scheint.

B Partnerarbeit: Wie ist das Wetter heute? Chat briefly with a partner about today's weather. Is it rainy? sunny? beautiful? cold? terrible?

C Gruppenarbeit: Im April regnet es. Im Dezember ist es ... Describe the weather that is typical for the following months.

Wie ist das Wetter im ...

Januar?

August?

September?

März?

Oktober?

heute?

Almanach

Profile of the Federal Republic of Germany

Area:	357,000 square kilometers; 138,000 square miles
Population:	81.8 million, or 229 people per square kilometer (593 per square mile)
Currency:	der Euro; 1€ = 100 Cent
Major Cities:	Berlin (largest city and capital, pop. 3.5 million) • Hamburg (pop. 1.8 million) • München (Munich, pop. 1.4 million) • Köln (Cologne, pop. 1 million) • Frankfurt am Main (pop. 680,000) • Stuttgart (pop. 607,000) • Düsseldorf (pop. 589,000) • Leipzig (pop. 523,000) • Dresden (pop. 523,000)
Religions:	Catholic: 30 % • Protestant 29.9 % • Muslim: 5 % • other or unaffiliated: 35.1 %

The Two German States, 1949–1990

Bonn

Berlin

Deutschland Demokratische Republik (DDR)

Bundesrepublik Deutschland (BRD)

When the Second World War ended in 1945, the victorious Allies divided Germany into four zones of occupation: American, British, French, and Soviet. Their intention was to denazify and reunite Germany, but in 1949 the ideological tensions of the Cold War led to the creation of two German states. The Federal Republic of Germany (FRG) in the West and the German Democratic Republic (GDR) in the East existed side by side for 41 years. The reunification of 1990 merged one of the most affluent capitalist countries in the world with one of the most prosperous socialist countries from the Eastern bloc.

But the changes brought about by reunification were not all positive. Forty years of state ownership had left eastern Germany's industry obsolete and unable to compete in the Western marketplace. Although industries in the former GDR were quickly privatized, this process caused high rates of unemployment in the East.

Today, the reunified nation has an area slightly smaller than France. Although the very low birth rate of the Federal Republic is cause for concern (8.3 live births per 1000 inhabitants compared to 13.3 in the USA), the country has one of the strongest economies in the European Union (EU).

Berlin, das Reichstagsgebäude

The FRG today faces new challenges on both a European and a global scale. As one of the EU's most important member states, Germany has a decisive voice in the development of joint EU defense, agricultural, monetary, and environmental policies. Like its EU partners, Germany struggles to find the right balance between its traditional culture and the diversity brought by immigrants from beyond the borders of the EU. It also needs to find the best way to compete in the global marketplace while retaining the high wages and excellent social services Germans have enjoyed for decades.

Rückschau: Was habe ich gelernt? (*Looking back: What have I learned?*)

Now that you have worked through the first chapter, take a moment to assess your progress. What have you learned well? What needs more work?

	No problem.	Almost there.	Needs more work.	See pages
1. I can use German verbs in the present tense.				23–25
2. I can make statements and ask questions in German with correct word order.				30–33
3. I understand the concept of case and can use nouns and pronouns in the nominative.				26–29
4. I understand when to address people with **du** and **Sie**.				22, 36
5. I can talk about the weather in German.				38–39

Familie und Freunde

◀ Drei Generationen

Kommunikation

- Talking about your family
- Saying what belongs to whom
- Counting above 20

Kultur

- German family life

In diesem Kapitel

- **Lyrik zum Vorlesen**
  Anonymous, „Du bist mein"

- **Grammatik**
  1. Accusative case **(der Akkusativ)**
  2. Verbs with stem-vowel change: $e \rightarrow i(e)$
  3. The verb **wissen**
  4. Possessive adjectives
  5. Cardinal numbers above 20

- **Lesestück**
  Die Familie heute

- **Vokabeln im Alltag**
  Familie und Freunde

- **Almanach**
  Essen (Wochenmarkt)

Lab Manual Kap. 2, Dialoge, Fragen, Hören Sie gut zu!, Üb. zur Aussprache [z,s].

🔊 1-14 >> Wer liest die Zeitung?

VATER: Niklas, ich suche meine Zeitung. Weißt du, wo sie ist?

SOHN: Deine Zeitung? Es tut mir leid, aber ich lese sie im Moment.

VATER: Schon gut. Was liest du denn?

SOHN: Ich lese einen Artikel über unsere Schule.

🔊 1-15 >> Ich hab' eine Frage

ANNA: Katrin, ich hab' eine Frage. Kennst du den Mann da drüben?

KATRIN: Wen meinst du denn?

ANNA: Er spricht mit Stefan. Ich sehe, er kennt dich.

KATRIN: Natürlich kenn' ich ihn – das ist mein Bruder Max!

ANNA: Ach stimmt, du hast auch einen Bruder! Ich kenne nur deine Schwester.

🔊 1-16 >> Paul sucht ein Zimmer

PAUL: Kennst du viele Leute in München?

SARAH: Ja, meine Familie wohnt da. Warum?

PAUL: Ich studiere nächstes Semester dort und brauche ein Zimmer.

SARAH: Unser Haus ist ziemlich groß. Sicher haben meine Eltern ein Zimmer frei.

PAUL: Fantastisch! Vielen Dank!

SARAH: Bitte sehr!

NOTES ON USAGE

Unstressed *e* and *denn*

Dropping unstressed *e* In informal conversation, the unstressed ending **-e** in the first-person singular is often dropped.

> Katrin, ich **hab'** eine Frage.
> Natürlich **kenn'** ich ihn.

The flavoring particle *denn* Probably the most frequently used flavoring particle is **denn**. It adds an element of personal interest to a question. **Denn** is never stressed and usually comes immediately after the verb and personal pronouns.

> Was liest du **denn**?
> Wen meinst du **denn**?
> Was machst du **denn**?

Tutorial Quiz
Audio Flashcards

Die Familie, -n (*family*)

der **Mann, ¨er** husband; man
die **Frau, -en** wife; woman
die **Eltern** (*pl.*)parents
der **Vater, ¨** father
die **Mutter, ¨** mother
das **Kind, -er** child
das **Enkelkind, -er** grandchild
der **Sohn, ¨e** son
der **Bruder, ¨** brother
der **Enkel, -** grandson
die **Tochter, ¨** daughter
die **Schwester, -n** sister
die **Enkelin, -nen** granddaughter

Das Essen (*food*)

der **Käse** cheese
das **Fleisch** meat
das **Gemüse** (*sing.*) vegetables
das **Obst** fruit

Verben

brauchen to need
essen (isst) to eat
haben to have
kennen to know, to be acquainted
  with
lesen (liest) to read
  lesen über (+ *acc.*) to read about
meinen to mean
nehmen (nimmt) to take
sehen (sieht) to see
sprechen (spricht) to speak; to
  talk

sprechen über (+ *acc.*) to talk
  about
suchen to look for; to seek
wissen (weiß) to know (*a fact*)

Substantive

der **Artikel, -** article
der **Freund, -e** friend
das **Haus, ¨er** house
das **Semester, -** semester
das **Zimmer, -** room
die **Frage, -n** question
die **Zeitung, -en** newspaper

Adjektive und Adverbien

(da) drüben over there
dein (*fam. sing.*) your
dort there
frei free; unoccupied
gern(e) gladly; with pleasure
  Was machst du gern? = What
  do you like to do?

> The final **-e** on **gerne** is optional; **gern**
> and **gerne** mean the same thing.

groß big; tall
mein my
nur only
sicher certain(ly), sure(ly)
unser our

Andere Vokabeln

ach oh, ah
bitte sehr you're welcome
denn *flavoring particle. See p. 44.*
mit with
über (+ *acc.*) about

> The preposition **über** means *about*
> with verbs like **sprechen, schreiben,**
> and **lesen.**

wen? whom?
wessen? whose?

Nützliche Ausdrücke

(Das) stimmt. (That's) right.
Es tut mir leid. I'm sorry.
Fantastisch! Fantastic!
nächstes Semester next
  semester
Schon gut. Fine. It's okay.
  No problem.
Vielen Dank! Many thanks.
  Thanks a lot.

Gegensätze

die **Frage, -n** ≠ die **Antwort, -en**
  question ≠ answer
danke ≠ **bitte** thank you ≠ you're
  welcome
groß ≠ **klein** big; tall ≠ little; short

Bruder und Schwester

Goodluz/Shutterstock.com

A Persönliche Fragen

1. Niklas liest die Zeitung im Moment. Lesen Sie auch eine Zeitung? Oft oder nur selten? Im Papierformat oder im Internet?
2. Katrin hat einen Bruder und eine Schwester. Haben Sie Brüder oder Schwestern? Wie viele? Wie heißen sie?
3. Sarahs Haus ist ziemlich groß. Ist Ihr Haus auch groß oder ist es klein? Wie viele Zimmer hat es?
4. Sarah kommt aus München. Woher kommen Sie?

B Partnerarbeit: Wie heißt ...? Help each other recall the names of other students in the class.

> A: Wie heißt die Studentin (*oder* der Student) da drüben?
> B: Sie/Er heißt _____.

C Partnerarbeit: Was suchst du? Tell what you're looking for. Try to remember the gender of each of these nouns, then put each one into the appropriate group.

Ich such...

Buch	Stuhl	Professor
Bleistift	Kugelschreiber	Professorin
Heft	Landkarte	Zeitung
Uhr	Artikel	Bruder

Ich suche:

meinen (*masculine*)

_____
_____
_____
_____
_____
_____

mein (*neuter*)

_____
_____

meine (*feminine*)

_____
_____
_____
_____

Ich suche...

Web Link

🔊 LYRIK ZUM VORLESEN
1-17

This is one of the earliest surviving love poems in German. It was found in the Latin text of a letter written ca. 1160 AD by a lady to her lover. The original medieval German has been translated into modern German.

Du bist mein

Du bist mein, ich bin dein.	
Des sollst du gewiss sein°.	**Des ...** = *Of that you can be certain.*
Du bist verschlossen°	*locked*
In meinem Herzen°,	*heart*
Verloren° ist das Schlüsselein°:	*lost / little key*
Du musst immer drinnen° sein.	*inside*

Life-size statues popularly known as Uta and Ekkehard, carved by the Master of Naumburg in the Naumburg Cathedral, 13th century.

akg-images / Hilbich/Newscom

Grammatik

>> 1. Accusative case (*der Akkusativ*)

Tutorial Quiz

The verb *haben*

Haben (*to have*) is one of the most frequently occurring verbs in German. Note two slightly irregular forms in the present tense: **du hast, er hat**.

haben *to have*					
stem: **hab-**					
ich	**habe**	*I have*	wir	**haben**	*we have*
du	**hast**	*you have*	ihr	**habt**	*you have*
er, es, sie	**hat**	*he, it, she has*	sie, Sie	**haben**	*they, you have*

Accusative case for the direct object (*das direkte Objekt*)

In **Kapitel 1** you learned that case is a feature of nouns and pronouns. You also learned that the subject of a sentence is in the nominative case. This chapter introduces the accusative case. The direct object of a verb is in the accusative.

The *direct object* is the thing or person acted upon, known, or possessed by the subject. Here are some examples:

Subject (nominative)			Direct object (accusative)	
Sie	lesen	→	das Buch.	*They're reading the book.*
Anna	kennt	→	meine Eltern.	*Anna knows my parents.*
Fabian	hat	→	einen Bruder.	*Fabian has a brother.*

The definite and indefinite articles in the accusative case are identical to the nominative, with the exception of their *masculine singular* forms.

	Nominative			Accusative		
masculine	Hier ist	der ein	Bleistift.	Ich habe	den einen	Bleistift.
neuter	Hier ist	das ein	Buch.	Ich habe	das ein	Buch.
feminine	Hier ist	die eine	Zeitung.	Ich habe	die eine	Zeitung.
plural	Hier sind	die meine	Bücher.	Ich habe	die meine	Bücher.

> The indefinite article **ein** has no plural form. Therefore, this book uses the possessive adjective **mein-** (*my*) to show the plural endings.

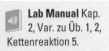
Lab Manual Kap. 2, Var. zu Üb. 1, 2, Kettenreaktion 5.

Workbook Kap. 2, A, B.

1 **Übung: Wer hat ein Deutschbuch?** Your instructor asks who has various things. Say that you have them.

BEISPIEL: Wer hat ein Deutschbuch?
Ich habe ein Deutschbuch.

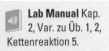

2 Partnerarbeit: Was hast du dabei? (*What do you have with you?*) Ask each other whether you have the following items with you today. Answer in the affirmative.

BEISPIEL: A: Hast du einen Bleistift dabei?

B: Ja, ich habe einen Bleistift dabei. Hast du ...?

> **das Handy** = cell phone; **der Laptop** = laptop; **der Rucksack** = backpack

NOTES ON USAGE

Es gibt + accusative = *there is, there are*

The phrase **es gibt** is always followed by the accusative case.

> In Köln gibt es **einen Dom** (*cathedral*).
> Gibt es **eine Universität** in München?
> Gibt es **viele Studenten** in Wien?

3 Übung: Was gibt es hier? Say what's in the picture.

BEISPIEL: A: Was gibt es hier?

B: Es gibt einen Tisch.

4 Gruppenarbeit: Was gibt es hier im Klassenzimmer? Now say what's in your classroom.

BEISPIEL: Hier gibt es _____.

5 Kettenreaktion: Was brauchst du? Ask other students what things they need.

BEISPIEL: A: Was brauchst du?

B: Ich brauche den/das/die _____. Und was brauchst du?

C: Ich brauche ...

Familie und Freunde **49**

Accusative personal pronouns

When pronouns are direct objects (e.g., I see *it*. Do you know *her*?), they must also be in the accusative case:

Kennst du **Philipp**?

Natürlich kenne ich **ihn**!   *Of course I know him!*

Singular			Plural		
nominative	accusative		nominative	accusative	
ich	**mich**	*me*	wir	**uns**	*us*
du	**dich**	*you*	ihr	**euch**	*you*
er	**ihn**	*him, it*			
es	**es**	*it*	sie, Sie	**sie, Sie**	*them; you*
sie	**sie**	*her, it*			

Memorize these accusative pronouns.

6 Übung: Brauchen Sie etwas? Your instructor asks whether you need something. Say that you do need it.

BEISPIEL: A: Brauchen Sie den Stuhl?

B: Ja, ich brauche ihn.

Lab Manual Kap. 2, Var. zu Üb. 6, Partnerarbeit 7.

Workbook Kap. 2, C, D, E.

FRAGEWORT

The accusative form of the question word **wer** is **wen**:

Wen kennst du in München?   *Whom do you know in Munich?*

7 Partnerarbeit: Wen kennst du hier? Ask each other whom you know in your class. Name as many people as possible.

BEISPIEL: A: Wen kennst du hier?

B: Ich kenne Daniel.

A: Ich kenne ihn auch.

B: Wen kennst *du* hier?

8 Übung: Kennst du mich? Answer affirmatively.

BEISPIEL: Kennen Sie mich?

Ja, ich kenne Sie.

Kennst du mich?

Ja, ich kenne dich.

2. Verbs with stem-vowel change *e → i(e)*

Some German verbs change their stem vowel in the **du-** and **er-**forms of the present tense.

sprechen *to speak*			
stem: **sprech-** *e → i*			
ich	spreche	wir	sprechen
du	**sprichst**	ihr	sprecht
er, es, sie	**spricht**	sie, Sie	sprechen

lesen *to read*				sehen *to see*			
stem: **les-**		*e → ie*		stem: **seh-**			
ich	lese	wir	lesen	ich	sehe	wir	sehen
du	**liest**	ihr	lest	du	**siehst**	ihr	seht
er, es, sie	**liest**	sie, Sie	lesen	er, es, sie	**sieht**	sie, Sie	sehen

> Remember that **ie** is simply the way German spells the long **ee** sound.

This stem-vowel change is shown in the **Wortschatz** sections by including the **er/es/sie-**form in parentheses following the infinitive: **sehen (sieht)**, *to see.*

Two other verbs in this group are **essen (isst)**, *to eat*; and **nehmen (nimmt)**, *to take.* Note that **nehmen** changes some consonants as well as its stem vowel.

essen *to eat*		nehmen *to take*	
stem: **ess-**	*e → i*	stem: **nehm-**	
ich	esse	ich	nehme
du	**isst**	du	**nimmst**
er, es, sie	**isst**	er, es, sie	**nimmt**

„Man ist, was man isst."

© Cengage Learning

NOTE ON SPELLING

When verb stems end in **-s**, **-ß**, or **-z**, the **du-**form ending is simply **-t** rather than **-st**.

Wie **heißt** du?
Was **liest** du denn?
Warum **grüßt** du Frau Kuhn nicht?
Was **isst** du gern?

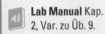
 **9** **Gruppenarbeit (*3 Personen*)**

A. Say what you like to eat, then ask the next person.

BEISPIEL: Ich esse gern Fleisch; was isst du gern?

Brot

Wurst

Joghurt

B. Say what you read, then ask the next person.

BEISPIEL: Ich lese den *Spiegel*, und was liest du?

einen Brief

eine SMS

C. Say what you see, then ask the next person.

BEISPIEL: Ich sehe eine Frau, und was siehst du?

D. Say what languages you speak and then ask the next person.

BEISPIEL: Ich spreche _____, und was sprichst du?

Chinesisch	Englisch	Schwedisch	Russisch
Arabisch	Polnisch	Spanisch	Türkisch
Italienisch	Japanisch	Deutsch	Französisch

>> 3. The verb *wissen*

The verb **wissen** (*to know*) has irregular forms, which must be memorized.

wissen *to know*		
stem: **wiss-**		
ich **weiß**	wir	wissen
du **weißt**	ihr	wisst
er, es, sie **weiß**	sie, Sie	wissen

Both the first- and the third-person singular lack endings: **ich weiß**, **er weiß**.

NOTE ON USAGE
German equivalents of *"to know"*

Both **wissen** and **kennen** can be translated as *to know*, but **wissen** means *to know a fact* and **kennen** means *to be acquainted with* and is often used with people and places.

Wissen Sie, was ich meine?	*Do you know what I mean?*
Weißt du, wer das ist?	*Do you know who that is?*
—Ja, ich **kenne** ihn sehr gut.	*—Yes, I know him very well.*
Kennen Sie Berlin, Herr Brandt?	*Do you know Berlin, Mr. Brandt?*
Kennst du den Film?	*Do you know the movie?*
—Nein, aber ich **kenne** das Buch.	*—No, but I know the book.*

The difference between **wissen** and **kennen** parallels that between the French verbs *savoir* and *connaître* and Spanish *saber* and *conocer*. Compare also Scots English *ken*: to know (a person or thing); as in the ballad "D'ye ken John Peel, with his coat so gay?"

10 **Übung:** *Wissen* oder *kennen*? Choose the correct equivalent of the verb *to know*.

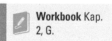 **Workbook** Kap. 2, G.

A: _____ du den Mann da drüben?

B: Natürlich _____ ich ihn.

A: _____ du, wie er heißt?

B: Ja, er heißt Maximilian Rapp.

C: Ich _____ München gut.

D: Das _____ ich. Du kommst ja aus München!

C: _____ du Julian Wegener? Er studiert dort.

D: Wirklich? Ich _____ ihn nicht gut, aber ich _____, er wohnt in München.

11 Übung: *Wissen* oder *kennen*?

BEISPIEL: ich / Georg
　　　　　Ich kenne Georg.

1. er / Niklas
2. wir / Berlin
3. Katrin / wo ich wohne
4. ihr / was sie macht
5. ich / Tom und Maja
6. du / Dresden
7. ich / wer das ist
8. die Schüler / was der Lehrer meint

>> 4. Possessive adjectives

DEFINITION

What are possessive adjectives?

Adjectives such as *my, your, her,* and *their* show possession: ***my*** *house,* ***your*** *friend,* ***her*** *eyes,* ***their*** *children.* In German: **mein Haus, dein Freund, ihre Augen, ihre Kinder.**

Memorize the possessive adjectives.

personal pronoun	possessive adjective		personal pronoun	possessive adjective	
ich	**mein**	*my*	wir	**unser**	*our*
du	**dein**	*your*	ihr	**euer**	*your*
er	**sein**	*his, its*			
es	**sein**	*its*	sie, Sie	**ihr, Ihr**	*their, your*
sie	**ihr**	*her, its*			

NOTE: formal **Ihr** (*your*) and **Sie** (*you*) are always capitalized.

Every possessive adjective agrees with the noun it precedes. That is, it must have the same case, number, and gender as the noun.

> **Meine Schwester** kommt bald zurück. (*nominative singular feminine*)
> Kennst du **meinen Bruder**? (*accusative singular masculine*)

This information is conveyed by the endings attached to the possessive adjectives. As the following table shows, their endings are the same as the endings of **ein**. Possessive adjectives are therefore called **ein**-words. In the table, **mein, ihr, unser**, and **euer** demonstrate the endings of all other possessive adjectives.

	masculine	neuter	feminine	plural
nominative	ein	ein	eine	(*no plural*)
	mein	mein	meine	meine
	ihr	ihr	ihre	ihre
	unser	unser	unsere	unsere
	euer	euer	eure	eure
accusative	einen	ein	eine	(*no plural*)
	meinen	mein	meine	meine
	ihren	ihr	ihre	ihre
	unseren	unser	unsere	unsere
	euren	euer	eure	eure

NOTE: The **-er** on **unser** and **euer** is not an ending, but part of the stem. When you add endings to **euer**, drop the **e** before the **-r**.

> Das ist **euer** Bruder.   Das ist **eure** Schwester.

NOTE: The endings for nominative and accusative possessive adjectives are identical *except in the masculine*.

Masculine nominative	Masculine accusative
Das ist mein Bruder.	Ich sehe mein**en** Bruder.
Das ist ihr Bruder.	Sie sieht ihr**en** Bruder.
Das ist unser Bruder.	Wir sehen unser**en** Bruder.
Das ist euer Bruder.	Ihr seht eur**en** Bruder.

wessen?   *whose?*

Saying what belongs to whom is a communicative goal.

Lab Manual Kap. 2, Var. zu Üb. 12.

Workbook Kap. 2, H, I, J, K.

With proper names German, unlike English, does not use an apostrophe before the **–s** to show possession: **Emilys Zeitung** = Emily's newspaper.

12 **Übung: Wessen Uhr ist das?**

A. Your instructor will ask about things that are yours.

BEISPIEL: Was ist das?
              Das ist meine Uhr.

B. Partnerarbeit Now identify your partner's possessions.

BEISPIEL: A: Das ist dein Kugelschreiber.
              B: Und das ist dein ...

C. Your instructor will ask what belongs to whom.

BEISPIEL: Wessen Uhr ist das?
              Das ist (seine / meine / ihre) Uhr.

D. Partnerarbeit Now say what belongs to Emily and what belongs to Noah.

BEISPIEL: A: Ist das Emilys Zeitung?
              B: Ja, das ist ihre Zeitung. Ist das Noahs ...?

© Cengage Learning

>> **5. Cardinal numbers above 20**

Counting above 20 is a communicative goal.

The English nursery rhyme "Sing a Song of Sixpence" contains the phrase "four-and-twenty blackbirds." German forms the cardinal numbers above twenty in the same way: 24 = **vierundzwanzig**.

20	zwanzig	30	dreißig
21	einundzwanzig	31	einunddreißig (usw.)
22	zweiundzwanzig	40	vierzig
23	dreiundzwanzig	50	fünfzig
24	vierundzwanzig	60	sechzig
25	fünfundzwanzig	70	siebzig
26	sechsundzwanzig	80	achtzig
27	siebenundzwanzig	90	neunzig
28	achtundzwanzig	100	hundert
29	neunundzwanzig	1 000	tausend

German uses a period or a space where English uses a comma to divide thousands from hundreds, etc., and a comma where English uses a decimal point. The comma is pronounced **Komma**.

German	English
4.982 oder 4 982	*4,982*
0,5 (null Komma fünf)	*0.5 (zero point five)*

German numbers above twelve (**zwölf**) are seldom written as words. When they *are* written out, however, each is written as one continuous word:
4 982 = viertausendneunhundertzweiundachtzig

Workbook Kap. 2, L.

13 Übung Read these numbers aloud in German. The numbers in the bottom row are years.

$$26 \qquad 1066 \qquad 3\,001$$
$$3,14 \qquad 533 \qquad 0,22$$
$$153 \qquad 985 \qquad 3,45$$
$$4\,772,08 \qquad 48 \qquad 71$$
$$2013 \qquad 1995 \qquad 1800$$

The number **1 995** is pronounced as **eintausendneunhundertfünfundneunzig**. The year **1995** is pronounced as **neunzehnhundertfünfundneunzig**. *Two thousand,* whether indicating a year (**2000**) or a number (**2.000**), is pronounced as **zweitausend**.

© Cengage Learning

14 Partnerarbeit: Wie weit ist es nach …? (*How far is it to . . . ?*) Take turns asking each other how far it is to the cities and towns listed on the sign.

BEISPIEL: A: Wie weit ist es nach Garmisch-Partenkirchen?
B: Es sind _____ Kilometer.

Die Ortsmitte is the center of town, where travelers' information (**i**) is available. Stress the first syllable of **der Kilometer**.

Judy Poe

Lesestück

Web Search

Tipps zum Vokabelnlernen

Compound nouns Compounds formed from two or more nouns are a distinctive feature of German. Get used to recognizing these words and identifying their component parts. You will often see similarities to English compound nouns:

Hausfrau	*housewife*	**Hausarbeit**	*housework*

Often a connecting **-(e)s-** or **-(e)n-** is inserted between the components:

das **Eigentum** + die **Wohnung** = die **Eigentumswohnung**
   (*property*)   (*apartment*)   (*condominium*)

der **Bund** (*federation*) + die **Republik** = die **Bundesrepublik**
die **Familie** + die **Diskussion** = die **Familiendiskussion**

The gender of the *last* component is *always* the gender of the entire compound.

der **Schatz** + die **Kiste** = die **Schatzkiste**
   (*treasure*)   (*chest*)

das **Wort** + der **Schatz** = der **Wortschatz**
   (*word*)   (*treasure*)   (*vocabulary*)

Lab Manual
Kap. 2, Üb. zur
Betonung.

>> **Leicht zu merken**

die **Alternative, -n**	Alternative	**relativ**	relativ
der **Konflikt, -e**	Konflikt	**sozial**	sozial
normal	normal	**traditionell**	traditionell

Einstieg in den Text

- Review the reading tips on pages 34–35 in **Kapitel 1**.
- The following text is entitled "Die Familie heute." This gives you an idea of what information to expect.
- Before reading, recall the family vocabulary you already know, e.g., **Bruder**, **Schwester**, etc.
- Guessing from context will improve your reading skills. The first sentence of a paragraph—the topic sentence—predicts what will follow. Look at page 60, line 9 of "Die Familie heute." **Die typische Familie** is the topic of this paragraph. Later in the paragraph comes these sentences:

> **Viele Familien besitzen ein Haus oder eine Eigentumswohnung. Fast alle haben ein Auto und einen Fernseher.**

The words that are probably immediately comprehensible to you are **viele Familien, Haus** and **Auto**. Knowing the topic, you can make an educated guess at the meaning of **besitzen** and **fast**. Educated guessing and finding context clues are especially important skills when reading texts in a foreign language.

Watch out! If you are tempted to think that German **fast** means the same as English *fast,* look at its position in the sentence and you will realize that it's part of the phrase **fast alle (Familien)**.

Tutorial Quiz
Audio Flashcards

>> Wortschatz 2

Die Familie

die **Großeltern** (*pl.*) grandparents
der **Großvater, ⸚** grandfather
die **Großmutter, ⸚** grandmother
der **Onkel, -** uncle
die **Tante, -n** aunt
der **Cousin, -s** cousin (*m.*)
die **Cousine, -n** cousin (*f.*)
die **Geschwister** (*pl.*) siblings;
 brothers and sisters

Verben

bedeuten to mean, signify
besitzen to own
bleiben to stay, remain
finden to find
geben (gibt) to give
kochen to cook
leben to live; to be alive

> Note the difference between the two verbs corresponding to the English *to live*: **leben** (*to be alive*) and **wohnen** (*to dwell*).

verdienen to earn

Substantive

der **Beruf, -e** profession, vocation
der **Fernseher, -** TV set
das **Auto, -s** car

das **Geld** money
das **Klischee, -s** cliché
das **Problem, -e** problem
die **Arbeit** work
die **Diskussion, -en** discussion
die **Gruppe, -n** group
die **Hausarbeit,** housework,
 household chores
die **Hausfrau, -en** housewife
die **Rolle, -n** role
die **Stelle, -n** job, position
die **Stimme, -n** voice

Adjektive und Adverbien

anders different
deutsch German

> Adjectives denoting nationality are *not* capitalized: **amerikanisch** (*American*), **deutsch** (*German*), **kanadisch** (*Canadian*), **japanisch** (*Japanese*).

fast almost
geschieden separated; divorced
jung young
manchmal sometimes
mehr more
nicht mehr no longer, not any
 more
noch ein another, an additional

sogar even, in fact
überall everywhere
wenigstens at least
wichtig important

Andere Vokabeln

alle (*pl.*) all; everybody
niemand nobody, no one
zwischen between

Nützliche Ausdrücke

das sind (*pl. of* **das ist**) those are
es gibt (+ *acc.*) there is, there are
zu Hause at home

Gegensätze

jung ≠ alt young ≠ old
niemand ≠ jemand no one ≠
 someone
wichtig ≠ unwichtig important ≠
 unimportant

Mit anderen Worten

Kinder sagen:
Mutti oder Mama = Mutter
Oma = Großmutter
Opa = Großvater
Vati oder Papa = Vater

Photo by Maia Fitzstevens

Das ist mein Cousin.

Familie und Freunde **59**

🔊 Die Familie heute

1–18

„Der Vater hat einen Beruf und verdient das Geld, die Mutter ist Hausfrau. Sie bleibt zu
Hause, kocht das Essen und versorgt° die Kinder." Die Klischees kennen wir schon. Heute
stimmen sie aber nicht mehr, wenigstens nicht für junge[1] Familien in Deutschland. Dort ist
die Rollenverteilung° oft anders. Viele Mütter haben sogar ihren eigenen° Beruf. Tagsüber° ist
5 manchmal niemand zu Hause. Oft machen der Mann und die Frau die Hausarbeit gemeinsam°
und in Familiendiskussionen haben die Kinder heute auch eine Stimme. Natürlich gibt es
auch geschiedene und alleinerziehende° Eltern. Zirka 21% aller° Familien haben nur einen
Elternteil°.

Die typische deutsche Familie ist relativ klein: Ein oder zwei Kinder, das ist normal. Manchmal
10 wohnen auch die Großeltern mit ihnen° zusammen. Viele Familien besitzen ein Haus oder eine
Eigentumswohnung°. Fast alle haben ein Auto und einen Fernseher.

Aber das bedeutet nicht, es gibt keine° Probleme. Man findet in Deutschland, wie überall,
Konflikte zwischen Eltern und Kindern. Nach dem Schulabschluss° suchen junge Leute
manchmal Alternativen wie das Zusammenleben° in Wohngemeinschaften°. Aber die traditionelle
15 Familie – Mutter, Vater und Kinder – bleibt noch eine sehr wichtige soziale Gruppe.

takes care of

division of roles / own During the day / together

single / of all parent

***mit ...** with them*
condominium
no
***Nach ...** After secondary school / living together / communal living groups*

[1]**junge:** When German adjectives are used before nouns, they have endings, most often **-e** or **-en**. Also:
geschiedene (line 7), **typische deutsche** (line 9), **junge** (line 14), **traditionelle** (line 15), **wichtige soziale**
(line 16). You will learn how to use these endings actively in **Kapitel 9.**

> Learning about
> German family life is
> the cultural goal of
> this chapter.

>> Nach dem Lesen

Lab Manual Kap.
2, Diktat.

Workbook Kap.
2, M, N, O.

Ⓐ Antworten Sie auf Deutsch

1. Was sind die Klischees über die traditionelle Familie?
2. Was haben heute viele Mütter?
3. Haben Familien in Deutschland viele Kinder?
4. Besitzen alle Familien in Deutschland ein Haus?

Ⓑ Gruppenarbeit (*3 Personen*) An exchange student from Germany
doesn't understand much English yet. Student A plays a reporter asking
questions. Student B interprets for the German visitor (student C).

BEISPIEL: A: *Where is she from?*
B: Woher kommst du denn?
C: Ich komme aus Deutschland.

1. *Where does his/her family live?*
2. *Does it often rain there?*
3. *What's his/her mother's name?*
4. *Is he/she employed?*
5. *Are his/her grandparents alive?*
6. *Whom does he/she know here?*

C **Gruppenarbeit** (*3 oder 4 Personen*) How many answers can you give to the following questions?

1. **Was liest du denn?**
   Ich lese _____.
   _____.
   _____.

2. **Wen kennst du?**
   Ich kenne _____.
   _____.
   _____.

3. **Was suchst du?**
   Ich suche _____.
   _____.
   _____.

4. **Was kochst du?**
   Ich koche _____.
   _____.
   _____.

5. **Was brauchst du?**
   Ich brauche _____.
   _____.
   _____.

6. **Was siehst du denn?**
   Ich sehe _____.
   _____.
   _____.

D **Wie sagt man das auf Deutsch?**

1. Her family is fairly typical.
2. She has two siblings. Their names are Emma and Jonas.
3. Her sister works and earns a lot of money.
4. Her brother is studying in Heidelberg next semester.
5. I'm looking for my newspaper.
6. Fritz has it at the moment.
7. He's reading an article.
8. Where are your children, Mr. Escher?
9. They're at home now.
10. When are you eating, children?
11. Probably at six.

Schreibtipp

Eine Postkarte schreiben

- Germans usually put the date at the beginning of a postcard, indicating the day, month, and year (in that order) separated by periods: 3.10.13 = October 3, 2013.
- If you're writing to a male friend, the salutation is **Lieber...** (*Dear . . .*); to a female friend it is **Liebe...**
- If you are a man, close your message with **Dein...**; if you are a woman, close with **Deine...**

Liebe Nadine,   3.10.13

kennst du meine Familie?
Ich habe drei Geschwister:
zwei Brüder und eine
Schwester. Unser Vater ist
Lehrer und unsere Mutter
ist Hausfrau. Wir wohnen in
Freiburg. Du siehst es hier
auf der Postkarte. Es ist
sehr schön, nicht wahr?

            Dein Max

Ms Nadine K
44 Yukon
Anchorage,
USA

imagebroker.net/SuperStock

➤ **Schreiben wir mal.** Write a postcard to a German pen pal telling about your family.

Die ganze Familie (*The whole family*)

Der Vater, der heißt Daniel,
der kleine Sohn heißt Michael,
die Mutter heißt Regine,
die Tochter heißt Rosine.

Der Bruder, der heißt Kristian,
der Onkel heißt Sebastian,
die Schwester heißt Johanna,
die Tante heißt Susanna.

Der Vetter°, der heißt Benjamin, Cousin
die Kusine°, die heißt Katharin, Cousine
die Oma heißt Ottilie –
nun kennst du die Familie!

Der Stammbaum   The Family Tree

A **Partnerarbeit** Take turns asking each other these questions about the family described in the poem. Then make up some questions of your own:

1. Wie heißen die Töchter von Daniel und Regine?
2. Wessen Sohn ist Sebastian?
3. Wann ist Ottilie geboren?
4. Wie heißt ...?
5. Wessen Cousine ist ...? usw.

B **Partnerarbeit: Fragebogen (*Questionnaire*)** You are a German sociologist studying family life in various countries. Use the questionnaire below to interview your partner. Be ready to report the information that you collect to the class.

BEISPIEL: **Mutter: Alter?**   **Beruf?**
       Wie alt ist deine Mutter?   Hat sie einen Beruf?
       Sie ist 39 Jahre alt.   Ja, sie ist Hausfrau.

1. Großeltern: Leben sie noch? ja / nein
2. Mutter: Wie alt? _____ Beruf? _____
3. Vater: Wie alt? _____ Beruf? _____
4. Geschwister: Wie viele Brüder? _____ Wie alt? _____ Wie viele Schwestern? _____ Wie alt? _____
5. Wie viele Cousinen? _____
6. Wer kocht das Essen? _____
7. Wer macht die Hausarbeit? _____
8. Besitzt Ihre Familie ein Haus? ja / nein

C **Familienfotos**

1. Here is Sylvie Klein with her family. Sylvie is on the far right, with her glasses pushed up. Who are the other people in the picture?
   BEISPIEL: Das ist wahrscheinlich ihr _____.
2. Patrick Müller has taken his family on a vacation to the North Sea. He's carrying his daughter on his shoulders. Who are the other people in the photo?
3. Bring photographs of your own family to class. Tell the others who's who in your picture.

Essen (Wochenmarkt)

Jiri Hubatka/imagebroker/Age Fotostock

vario images GmbH & Co.KG/Alamy

vario images GmbH & Co.KG/Alamy

E. Crocker

Rückschau: Was habe ich gelernt?
(Looking back: What have I learned?)

	No problem.	Almost there.	Needs more work.	See pages
1. I understand what a direct object is and can use nouns and pronouns in the accusative.				48–50
2. I can use possessive adjectives to say what is mine, yours, his, hers, etc.				54–55
3. I can count amounts above twenty and use numbers to measure distance.				56–57
4. I can talk about my family.				59–60, 63
5. I can talk about food and say what I like to eat.				45, 52, 64

Kapitel 3

Jugend und Schule

Clynt Garnham Education/Alamy Limited

◀ In der Englischstunde

Kommunikation

- Negating statements and questions
- Contradicting someone
- Requesting information
- Talking about clothing
- Expressing opinions

Kultur

- Schools in German-speaking countries

In diesem Kapitel

- **Lyrik zum Vorlesen**
  Rätsel (*Riddles*)
  „Bruder Jakob"

- **Grammatik**
  1. The predicate
  2. Modal verbs
  3. Verbs with the stem-vowel change
     a → ä, au → äu
  4. Negation
  5. The indefinite pronoun **man**

- **Lesestück**
  Eine Klassendiskussion

- **Vokabeln im Alltag**
  Farben und Kleidung

- **Almanach**
  Schools in German-speaking Countries

Lab Manual Kap. 3, Dialoge, Fragen, Hören Sie gut zu!, Üb. zur Aussprache [o/ö].

Two cities in Germany are named Frankfurt: Frankfurt am Main (**Frankfurt a. M.** or **Frankfurt/Main** = on the Main river) in Hessen, and Frankfurt an der Oder (**Frankfurt a. d. O.** or **Frankfurt/Oder** = on the Oder river) in Brandenburg.

Innsbruck is the capital of the mountainous Austrian province of Tyrol (German: **Tirol**). German place names often have topographical significance. The second syllable of **Innsbruck** comes from the German word **Brücke** (*bridge*). The original settlement was at the bridge over the Inn river. Cf. English *Cambridge*. See map on the page at the end of the textbook.

 >> Du hast es gut!

1–19

Luisa besucht ihre Freundin Sophie in Hinterwalden.

SOPHIE: In Frankfurt hast du es gut, Luisa!

LUISA: Wieso? Ich finde es so schön und ruhig hier in Hinterwalden.

SOPHIE: Stimmt, aber es ist immer todlangweilig.

LUISA: Dann musst du mich bald besuchen. Oder hast du keine Lust?

SOPHIE: Doch, ich möchte schon nach Frankfurt, aber ich habe leider kein Geld.

LUISA: Das verstehe ich schon. Aber kannst du bis Juni nicht genug verdienen?

 >> Eine Pause

1–20

Leon und Stefan fahren nach Innsbruck.

STEFAN: Wie lange müssen wir noch fahren?

LEON: Nur noch eine Stunde bis Innsbruck.

STEFAN: Können wir jetzt eine Pause machen? Ich möchte ein bisschen laufen.

LEON: Ich auch. Da drüben kann man halten, nicht wahr?

STEFAN: Ja. (*Sie halten.*) Mensch! Der Berg ist wahnsinnig steil!

LEON: Was ist denn los? Bist du nicht fit?

STEFAN: Doch! Das schaff' ich leicht.

>> Heute gibt's keine Chemiestunde

1–21

ANJA: Du Klaus, weißt du's schon? Heute gibt's keine Chemiestunde!

KLAUS: Wieso haben wir denn keinen Unterricht?

ANJA: Frau Helmholtz ist erkältet.

KLAUS: Toll, dann müssen wir keine Klassenarbeit schreiben!

ANJA: Richtig! Willst du einen Kaffee trinken?

KLAUS: Gerne, und dann können wir früh nach Hause.

NOTE ON USAGE

The flavoring particle *schon* Schon is often used as a flavoring particle to strengthen, confirm, or reinforce a statement. It adds the sense of *really, indeed*. In the first dialogue, Sophie protests:

Ich möchte **schon** nach Frankfurt, aber ich habe leider kein Geld.	*I really would like to go to Frankfurt, but unfortunately I don't have any money.*

Luisa answers:

Das verstehe ich **schon, aber ...**	*I certainly understand, but . . .*

Tutorial Quiz
Audio Flashcards

Verben

besuchen to visit
erkältet sein to have a cold
fahren (fährt) to drive; to go
(*by vehicle*)
halten (hält) to stop (*intrans.*)[1];
to hold (*trans.*)
laufen (läuft) to run; to go on foot,
walk (*colloq.*)
schaffen to handle, manage;
to get done (*colloq.*)
schlafen (schläft) to sleep
tragen (trägt) to carry; to wear
trinken to drink
verstehen to understand

Modalverben (*Modal verbs*)

dürfen (darf) may, to be
allowed to
können (kann) can, to be able to
ich möchte I would like to
müssen (muss) must, to have to
sollen (soll) should, to be
supposed to
wollen (will) to want to

Substantive

der Berg, -e mountain

> **Berg:** cf. English *iceberg*

der Kaffee coffee
der Unterricht instruction,
teaching; class
die Freundin, -nen friend (*f.*)
die Jugend (*sing.*) youth; young
people
die Klasse, -n class; grade
die Klassenarbeit, -en written
test, in-class examination
die Minute, -n minute
die Pause, -n break; intermission
eine Pause machen to take a
break

die Stunde, -n hour; class hour
die Chemiestunde chemistry
class
die Deutschstunde German
class

Adjektive und Adverbien

fit in shape
früh early
genug enough
immer always
jetzt now
krank sick
langweilig boring
leicht easy; light (*in weight*)
leider unfortunately
richtig right, correct
ruhig calm, peaceful
steil steep
toll (*colloq.*) great, terrific
wahnsinnig (*adv., colloq.*)
extremely, incredibly
wahr true

Andere Vokabeln

doch yes I *do*, yes I *am*, etc.
(*contradictory*, see p. 84)
kein not a, not any, no

> **Kein** has the same endings as **ein**.
> See p. 82.

nichts nothing
wie lange? how long?
wieso? how come? how's that?
what do you mean?
wohin? where to?

Nützliche Ausdrücke

ein bisschen a little; a little bit;
a little while
Ich habe keine Lust. I don't feel
like it.
Mensch! Man! Wow!
nach Hause home (*as destination*)
Ich fahre nach Hause. I'm
driving home.
nicht (wahr)? isn't it? can't you?
doesn't he? *etc.*
Was ist los? What's the matter?
What's going on?

Gegensätze

früh ≠ spät early ≠ late
immer ≠ nie always ≠ never
krank ≠ gesund sick ≠ healthy
langweilig ≠ interessant boring ≠
interesting
leicht ≠ schwer light; easy ≠
heavy; difficult
nichts ≠ etwas nothing ≠
something
richtig ≠ falsch correct ≠ false,
incorrect, wrong
ruhig ≠ unruhig calm, peaceful ≠
restless, uneasy, troubled

Mit anderen Worten

todlangweilig = sehr, sehr
langweilig
wahnsinnig (*colloq.*) = sehr, sehr

> Basic meaning of both **wahnsinnig**
> and **toll** = *crazy, mad* (**das Tollhaus**
> = *madhouse*)

© Cengage Learning

---

[1] The abbreviation *intrans.* = *intransitive*. An intransitive verb cannot take a direct object. When the verb
halten means *to stop* (**Da drüben kann man halten.**), it is intransitive. However, when it means *to hold*
(**Er hält den Bleistift in der Hand.**), it is transitive.

VARIATIONEN

A Persönliche Fragen

1. Wo sind Sie zu Hause?
2. Gibt es da viel zu tun oder ist es langweilig?
3. Haben Sie genug Geld?
4. Sind Sie fit oder nicht?
5. Müssen Sie heute eine Klassenarbeit schreiben?
6. Wollen Sie später einen Kaffee trinken?

B Übung Answer your instructor's questions.

1. Stefan möchte ein bisschen laufen. Ich möchte zu Hause bleiben.
   Was möchten Sie denn machen? Ich möchte _____.
2. Leon und Stefan wollen da drüben halten. Ich will nach Hause laufen.
   Was wollen Sie denn machen? Ich will _____.
3. Klaus und Anja können heute früh nach Hause gehen.
   Was können Sie heute machen? Ich kann _____.

C Partnerarbeit: Doch! Contradict what your partner says, using **doch**.

BEISPIEL: A: Du bist nicht fit!
           B: *Doch*, ich bin fit!

1. Du besuchst mich nicht.
2. Die Lehrerin ist nicht erkältet.
3. Du verstehst mich nicht.
4. Wir arbeiten heute nicht.
5. Die Schüler gehen nicht früh nach Hause.
6. Du hast nicht genug Geld.
7. Der Berg ist nicht steil.
8. Es ist nicht zu spät.

Diese Radfahrer sind sehr fit.

Web Link

◀)) LYRIK ZUM VORLESEN

◀)) **Rätsel (*Riddles*)**

1–22   Rhyming riddles are a very old form of popular oral literature. The solutions to these two are shown in the accompanying photos.

Rot° und gut,   *Red*
hat Fleisch und kein Blut°.   *blood*

der Hummer

Ich gehe alle Tage° aus   ***alle*** . . . *every day*
Und bleibe doch in meinem Haus.
Rätsel

die Schnecke

◀)) **„Bruder Jakob"**

1–23   This round for four voices originally comes from France but is sung by children all over the world. In French, it's called *Frère Jacques.*

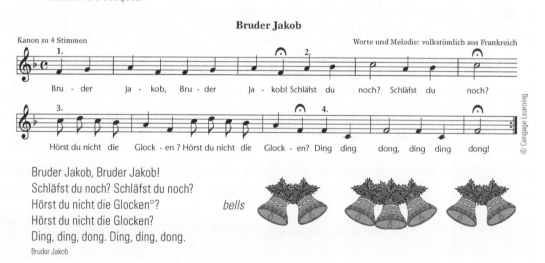

Bruder Jakob

Kanon zu 4 Stimmen   Worte und Melodie: volkstümlich aus Frankreich

Bru - der   Ja - kob,   Bru - der   Ja - kob! Schläfst du   noch? Schläfst du   noch?

Hörst du nicht die Glock - en? Hörst du nicht die Glock - en? Ding ding   dong, ding ding dong!

Bruder Jakob, Bruder Jakob!
Schläfst du noch? Schläfst du noch?
Hörst du nicht die Glocken°?   *bells*
Hörst du nicht die Glocken?
Ding, ding, dong. Ding, ding, dong.
Bruder Jakob

Grammatik

>> 1. The predicate (*Das Prädikat*)

Tutorial Quiz

In German all statements and questions contain a subject (S) and a verb with a personal ending (V).

> *S   V*
>
> Ich arbeite viel.

> *V   S*
>
> Schläfst du?

However, the verb alone does not always express the entire action or condition of the subject. For example, consider the simple statement:

> Stefan ist jung.

Stefan is the subject and **ist** is the verb. Taken by themselves, however, the words

> Stefan ist

do not make up a meaningful statement. The verb **sein** must be complemented, in this sentence, by the adjective **jung**. **Sein** could also be complemented by a noun in the nominative case:

> Stefan ist **mein Bruder**.

In both cases, the verb taken together with its complement makes up the entire verbal idea—which is called the *predicate*. That's why adjectives and nouns that follow the verb **sein** are called *predicate adjectives* and *predicate nominatives*.

Various kinds of words and phrases can complement verbs to form the predicate. For instance, in the sentence

> Ich esse Brot.

the verb **essen** is complemented by the direct object **Brot**. In the sentence

> Ich möchte laufen.

the modal verb **möchte** is complemented by the infinitive **laufen**.

DEFINITION

What is a complement?

A *complement* is a word or words used with the verb to complete the entire verbal idea: **Stefan ist *jung*. Ich trage Jeans.**

>> 2. Modal verbs (*Modalverben*)

There is a group of six verbs in German called the *modal verbs*. They all express the subject's *attitude* or *relation* to the action or condition expressed by another verb:

> Wir **müssen** noch eine Stunde **fahren**.   We still **have to drive** for an hour.

The modal verb **müssen** indicates that it is *necessary* for the subject (**wir**) to perform the action of driving (**fahren**). **Müssen** is the main verb, and the infinitive **fahren** completes the predicate. The six modal verbs are:

Modal verb	English	Express	
dürfen	to be allowed to, may	permission:	*May I . . . ?*
können	to be able to, can	ability:	*Can I . . . ?*
müssen	to have to, must	necessity:	*Must I . . . ?*
sollen	to be supposed to,	obligation:	*Shall I . . . ?*
wollen	to want to; to intend to	desire, intention:	*Do I want to . . . ?*
(ich) **möchte**	(I) would like to	inclination, desire:	*Would you like to . . . ?*

> **Möchte** (*would like to*) is a subjunctive form of the modal verb **mögen** (*to like*), which you will learn in the next chapter.

NOTE: the modal verbs take no endings in the **ich**- or **er**-forms. Most have a changed stem vowel in the singular.

dürfen *to be allowed to*			
ich	**darf**	wir	dürfen
du	**darfst**	ihr	dürft
er, es, sie	**darf**	sie, Sie	dürfen

Darf ich draußen **spielen**? *May I play outside?*

können *to be able to*			
ich	**kann**	wir	können
du	**kannst**	ihr	könnt
er, es, sie	**kann**	sie, Sie	können

Wir **können** da drüben **halten**. *We can stop over there.*

müssen *to have to*			
ich	**muss**	wir	müssen
du	**musst**	ihr	müsst
er, es, sie	**muss**	sie, Sie	müssen

Jetzt **muss** ich leider **gehen**. *Unfortunately, I have to leave now.*

Darf ich draußen spielen?

South12th Photography/Shutterstock.com

wollen *to want to*			
ich	**will**	wir	wollen
du	**willst**	ihr	wollt
er, es, sie	**will**	sie, Sie	wollen

Willst du jetzt etwas **essen**? *Do you want to eat something now?*

sollen *to be supposed to*			
ich	soll	wir	sollen
du	sollst	ihr	sollt
er, es, sie	soll	sie, Sie	sollen

> Notice that only **sollen** and **möchten** have no stem-vowel change in the singular.

Sollen wir eine Pause **machen?** *Should we take a break?*

möchten *would like to*			
infinitive: *mögen*			
ich	möchte	wir	möchten
du	möchtest	ihr	möchtet
er, es, sie	möchte	sie, Sie	möchten

Ich **möchte** dich **besuchen**. *I would like to visit you.*

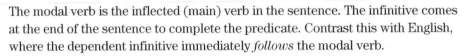

The modal verb is the inflected (main) verb in the sentence. The infinitive comes at the end of the sentence to complete the predicate. Contrast this with English, where the dependent infinitive immediately *follows* the modal verb.

Wir **können** da drüben **halten**.	We *can stop* over there.
Das **muss** ich für morgen **lesen**.	I *have to read* that for tomorrow.
Marie **soll** ihre Eltern **besuchen**.	Marie *is supposed to visit* her parents.

NOTE: This two-part predicate is a central structural feature of German.

Lab Manual Kap.
3, Var. zu Üb. 1, 4.

Workbook Kap.
3, A, B, C

1 **Übung: Was will Sophie machen?** Here are some things people in the dialogues on p. 68 are doing. Use these phrases to answer your instructor's questions.

Luisa besuchen	Geld verdienen	früh nach Hause gehen
eine Pause machen	nach Frankfurt fahren	ein bisschen laufen
da drüben halten	Kaffee trinken	

BEISPIEL: Was will Sophie machen?
　　　　　 Sie will Luisa besuchen.

1. Was möchte Sophie machen?
2. Was soll sie bis Juni machen?
3. Was möchte Stefan machen?
4. Wo können die zwei Freunde halten?
5. Was wollen Anja und Klaus trinken?
6. Was können sie heute machen?

2 **Gruppenarbeit: Was willst du machen?** (*4 Personen*) Ask each other about what you intend to do or be. The box contains some ideas. What others can you think of?

BEISPIEL: A: Was willst du denn machen?
　　　　　 B: Ich will in Deutschland studieren, und du?

eine Familie haben
nach England fahren
viel Geld verdienen
Deutschland besuchen
einen guten Job haben
sehr fit bleiben
ein großes Haus besitzen
in Wien studieren

3 **Partnerarbeit: Was möchtest du jetzt trinken?** Ask each other the following questions. The pictures will provide some ideas.

BEISPIEL: A: Was möchtest du jetzt trinken?
   B: Ich möchte Cola trinken. Und was möchtest du trinken?
   A: Ich möchte...

1. Was kannst du spielen?

Violine

Fußball

Tennis

2. Was musst du heute Abend lernen?

3. Wen willst du im Sommer besuchen?

Opa   Oma

meine Cousine
Susanne

meinen Freund
Mario

Omission of the infinitive

German speakers often omit certain clearly implied infinitives from sentences with modal verbs.

- **haben**

Möchten Sie eine Limonade?	*Would you like (to have) a soda?*

- **machen**

Das kann ich leider nicht.	*Unfortunately I can't (do that).*

- verbs of motion (**fahren, fliegen, gehen, laufen**) when destination is expressed

Ich muss jetzt nach Hause.	*I have to go home now.*

- **sprechen** in the following idiom:

Kannst du Deutsch?

Ja, ich kann Deutsch. Und ihr? Könnt ihr Deutsch?

Natürlich, und wir können auch Englisch und Spanisch.

---

4 Übung: Wie sagt man das auf Englisch?

1. Wollen Sie jetzt nach Hause?
2. Er kann das noch nicht.
3. Willst du meinen Bleistift?
4. Mein Vater will das nicht.
5. Sie können schon gut Deutsch.
6. Möchten Sie das Geld?
7. Darf man denn das?
8. Wann wollen Sie nach Amerika?

Möchtest du auch ein Eis?

Gruppenarbeit: Mit offenen Büchern (*3 oder 4 Personen*) Take turns changing each sentence by substituting the new elements provided.

BEISPIEL: Ich möchte morgen nach Berlin. (wollen)

    A: Ich will morgen nach Berlin. (Wien)

    B: Ich will morgen nach Wien. (wir)

    C: Wir wollen morgen nach Wien.

    etc.

1. Ich möchte morgen nach Berlin.

    wollen

    München

    müssen

    wir

    Kopenhagen

    nächstes Semester

3. Im Juni kannst du viel Geld verdienen.

    müssen

    September

    ich

    haben

    wollen

2. Wir können da drüben halten.

    sollen

    eine Pause machen

    ich

    möchten

    arbeiten

    zu Hause

Ich muss nach Berlin.

Guido Koppes/AGE Fotostock

6 **Partnerarbeit: Wohin willst du im Februar?** By the time their semester break comes in mid-February, many German students want to travel to a warmer climate. Which of these destinations would you like to visit?

BEISPIEL: A: Wohin willst du im Februar?

B: Ich will nach _____. Wohin willst du?

Können Sie diese Länder (*countries*) auf der Landkarte finden? (See the map on the inside back cover of the text.)

FRAGEWORT

wohin?   *where to?*

a = **Spanien**
b = **Korsika**
c = **Kreta**
d = **Puerto Rico**
e = **Griechenland**

Anibal Trejo/Shutterstock

Salajean/Shutterstock

Maugli/Shutterstock

D. Dollenmayer

T. Hansen

>> 3. Verbs with the stem-vowel change
a → ä, au → äu

Some verbs change their stem vowel in the following ways:

fahren *to drive; to go by vehicle*			
stem: **fahr-**	shift: **a → ä**		
ich	fahre	wir	fahren
du	**fährst**	ihr	fahrt
er, es, sie	**fährt**	sie, Sie	fahren

halten *to hold; to stop*			
stem: **halt-**	shift: **a → ä**		
ich	halte	wir	halten
du	**hältst**	ihr	haltet
er, es, sie	**hält**	sie, Sie	halten

Other verbs in this group are: **schlafen** (**sie schläft**), *to sleep*; **tragen** (**er trägt**), *to carry, wear.*

laufen *to run; go on foot*			
stem: **lauf-**	shift: **au → äu**		
ich	laufe	wir	laufen
du	**läufst**	ihr	lauft
er, es, sie	**läuft**	sie, Sie	laufen

††† **7** **Kettenreaktion** Say how you get home, then ask your classmates how they get home.

BEISPIEL: A: Ich fahre nach Hause. Fährst du nach Hause, oder läufst du?
B: Ich laufe nach Hause. Läufst du nach Hause, oder fährst du?
C: Ich ...

> **Lab Manual** Kap. 3, Var. zu Kettenreaktion 7.
>
> **Workbook** Kap. 3, D.

FRAGEWORT

wie lange? *how long?*

††† **8** **Kettenreaktion** Wie lange schläfst du?

BEISPIEL: A: Ich schlafe acht Stunden. Wie lange schläfst du?
B: Ich ...

9 **Gruppenarbeit: Mit offenen Büchern (*With open books*)** Tell one thing that you're wearing, then one thing the person next to you is wearing.

BEISPIEL: Ich trage ein T-Shirt und er/sie trägt heute _____.

eine Armbanduhr

Jeans

eine Brille

eine Jacke

ein T-Shirt

Sportschuhe

eine Mütze

eine Tasche

einen Rucksack

einen Rock

einen Pulli

Credits: © Cengage Learning

Nicht (not)

Nicht is used to negate a sentence.

Johanna ist meine Schwester. ———→ Johanna ist **nicht** meine Schwester.

In this example the position of **nicht** is exactly the same as that of *not* in English. In most German sentences, however, this will not be the case. Here are guidelines for the position of **nicht.**

■ **Nicht** *follows* the subject, verb, direct object, and all personal pronouns.

Es regnet **nicht.**
Ich kenne deinen Freund **nicht.**
Er sagt das **nicht.**
Wir besitzen das Auto **nicht.**
Deine Schwester kennt mich **nicht.**

■ **Nicht** *follows* expressions of definite time.

Sie können heute Abend **nicht** kommen.
Hans arbeitet jetzt **nicht.**

10 **Übung** Add **nicht** to negate these sentences.

1. Luis besucht seinen Bruder.
2. Ich kenne eure Mutter.
3. Frau Schmidt besucht uns morgen.
4. Nora macht das heute Abend.
5. Ich verstehe ihn.
6. Am Donnerstag kochst du.
7. Er liest sein Buch.
8. Mein Großvater schläft.
9. Das schafft er.

■ **Nicht** *precedes* the following elements, which are the second part of the predicate:

1. Predicate adjectives

Die Lehrerin ist **erkältet.** ————→ Die Lehrerin ist **nicht erkältet.**

2. Predicate nominatives

Das ist **Herr Blum.** ————→ Das ist **nicht Herr Blum.**

3. Adverbs of manner, indefinite time, and place

Margit und Hans laufen **schnell.** —→ Margit und Hans laufen **nicht schnell.**

Er besucht mich **oft.** ————→ Er besucht mich **nicht oft.**
Sie wohnt **hier.** ————→ Sie wohnt **nicht hier.**

4. Prepositional phrases that show destination (**nach Wien, nach Hause**) or location (**in Berlin, zu Hause**)

Sie geht **nach Hause.** ————→ Sie geht **nicht nach Hause.**
Er arbeitet **in Berlin.** ————→ Er arbeitet **nicht in Berlin.**

5. Infinitive complements to modal verbs

Er kann mich **sehen.** ————→ Er kann mich **nicht sehen.**

Negating statements and questions is a communicative goal.

For a preview and summary of German nega-tion, see **Zusam-menfassung und Wiederholung 1** in the Workbook sec-tion of your SAM.

In English, *not* al-most always imme-diately follows the inflected verb.

Some examples of definite time are: **jetzt, heute, heute Abend, morgen, am Mittwoch.**

Lab Manual Kap. 3, Üb. 10, 11.

Workbook Kap. 3, E.

Some examples of indefinite time are **bald, oft, selten, früh,** and **spät.**

11 Übung Negate these sentences by adding **nicht**.

1. Das Wetter ist schön.
2. Ich kann dich besuchen.
3. Ich möchte Berlin sehen.
4. Der Berg ist steil.
5. Wir wollen halten.

6. Frau Hans ist unsere Professorin.
7. Ich muss nach Hause gehen.
8. Johanna läuft gut.
9. Er kann mich sehen.

12 Partnerarbeit: Unsere neue Professorin Your class is getting a new instructor. Take turns asking each other questions about her. Answer in the negative.

BEISPIEL: A: Kennt die neue Professorin Berlin?
B: Nein, sie kennt Berlin nicht.

1. Kommt sie aus Dresden?
2. Ist sie unfreundlich?
3. Arbeitet sie heute Abend?
4. Studiert ihr Bruder in Leipzig?
5. Kennst du ihn?

6. Muss sie nach Hause?
7. Fährt sie bald nach Hause?
8. Schläft sie viel?
9. Ist das ihr Auto?
10. Ist sie oft krank?

Kein

Kein (*not a, not any, no*) is the negative form of **ein**. It negates nouns preceded by **ein** or not preceded by any article.

Ich mache eine Pause. ⟶ Ich mache **keine** Pause.
I'm taking a break. *I'm **not** taking a break.*
Studenten wohnen hier. ⟶ **Keine** Studenten wohnen hier.
Students live here. ***No** students live here.*

Kein is an **ein**-word and takes the same endings as **ein** and the possessive adjectives.

Das ist { **ein** Fernseher. / **kein** Fernseher. / **mein** Fernseher. } Er hat { **einen** Wagen. / **keinen** Wagen. / **meinen** Wagen. } Sie liest { **eine** Zeitung. / **keine** Zeitung. / **meine** Zeitung. }

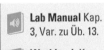
Lab Manual Kap. 3, Var. zu Üb. 13.

Workbook Kap. 3, F, G.

13 Partnerarbeit Anja and Klaus are talking about the school day. Complete their dialogue with **kein-**.

Du Klaus, schreiben wir eine Klassenarbeit?

Nein, wir schreiben _____ Klassenarbeit. Frau Helmholtz ist heute erkältet.

Wow! Dann gibt es _____ Chemiestunde. Wir können Kaffee trinken.

Ich trinke _____ Kaffee, aber vielleicht eine Cola. Hast du Geld dabei?

Leider habe ich _____ Geld. Das ist ein Problem.

Nein, das ist _____ Problem. Ich habe genug dabei.

Fantastisch!

Steven Miric/istockphoto.com;
Andreas Rodriguez/istockphoto.com

Nicht and **kein** are mutually exclusive. In any given situation, only one will be correct.

■ Negate with **nicht** when a definite article precedes the noun:

Ist das **die** Professorin? ──────────→ Nein, das ist **nicht** die Professorin.
Is that the professor? *No, that's not the professor.*

■ Negate with **nicht** when a possessive adjective precedes the noun:

Ist das **eure** Professorin?──────────→ Nein, das ist **nicht** unsere Professorin.
Is that your professor? *No, that's not our professor.*

■ Negate with **kein** when an indefinite article or no article at all precedes the noun:

Schreiben wir **eine** Klassenarbeit?─→ Nein, wir schreiben **keine** Klassenarbeit.
Are we taking a test? *No, we're not taking a test.*

Trinkst du Kaffee? ──────────────→ Nein, ich trinke **keinen** Kaffee.
Do you drink coffee? *No, I don't drink coffee.*

14 Übung Respond negatively to your instructor's questions, using **kein** or **nicht**.

BEISPIEL: A: Hat Barbara einen Freund?
            B: Nein, sie hat keinen Freund.

            A: Ist das ihr Bruder?
            B: Nein, das ist nicht ihr Bruder.

1. Haben Sie einen Freund in Oslo?
2. Haben Sie Freunde in Washington?
3. Ist das der Professor?
4. Verdient er Geld?
5. Sehen Sie das Haus?

6. Ist das seine Freundin?
7. Suchen Sie das Buch?
8. Suchen Sie ein Buch?
9. Essen Sie Käse?
10. Ist das dein Käse?

15 Partnerarbeit: Meine Familie Ask each other about your families. (For family members, see pp. 45 and 59.)

BEISPIEL: A: Hast du einen Bruder?
            B: Nein, ich habe keinen Bruder. Hast du ...?

Expecting an affirmative answer: *nicht wahr?*
Nicht wahr? (literally, *not true?*), when added to a positive statement, is a request for confirmation (English: *doesn't she? wasn't he? wasn't it? didn't you?* etc.). It can be shortened to **nicht?**

Heute ist es schön, **nicht wahr?**	*It's beautiful today, isn't it?*
Wir können eine Pause machen, **nicht?**	*We can take a break, can't we?*
Lara kennst du, **nicht wahr?**	*You know Lara, don't you?*

Nicht wahr? can follow only positive statements.

16 Übung: Das ist ein Tisch, nicht wahr? Contradict your instructor if necessary.

BEISPIEL: Das ist ein Tisch, nicht wahr?
　　　　　Nein, das ist kein Tisch, das ist ein(e) _____.

17 Übung: Wie sagt man das auf Deutsch?

1. You have a car, don't you?
2. You're learning German, aren't you?
3. You'll visit me soon, won't you?
4. He's in good shape, isn't he?
5. We can work today, can't we?
6. You can understand that, can't you?

Contradicting a negative statement or question: *doch*

To contradict a negative statement or question, use **doch** instead of **ja**.

Ich spreche nicht gut Deutsch.	*I don't speak German well.*
Doch, Sie sprechen sehr gut Deutsch!	*Yes you do, you speak German very well!*
Kennst du Ursula nicht?	*Don't you know Ursula?*
Doch, ich kenne sie sehr gut!	*Sure, I know her very well!*

Contradicting someone is a communicative goal.

Initial **Doch** does not count as the first element in determining word order. See p. 30.

18 Übung: Doch! Contradict these negative statements and questions, beginning your response with a stressed **doch.**

BEISPIEL: Schaffst du das nicht?
　　　　　Doch, ich schaffe das!

1. Wir wollen nicht halten.
2. Wir haben nicht genug Geld.
3. Hast du keinen Bruder?
4. Die Arbeit ist nicht sehr schwer.
5. Kannst du kein Deutsch?
6. Willst du nicht nach Hause?

Lab Manual Kap. 3, Var. zu Üb. 18.

Workbook Kap. 3, H.

19 Gruppenarbeit Take turns claiming that things aren't what they are. The group will contradict you.

BEISPIEL:

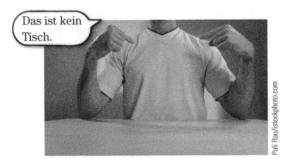

Das ist kein Tisch.

Doch! Das ist ein Tisch!

5. The indefinite pronoun *man*

The indefinite pronoun **man** refers to people in general rather than to any specific person. Although the English indefinite pronoun *one* may sometimes sound formal in everyday speech, **man** does not sound this way in German. It is often best translated into English as *people, they, you,* or even *we.*
Man can only be the subject of a sentence. The verb is always third-person singular.

In Deutschland sagt **man** das oft.	**They** *often say that in Germany.*
Das muss **man** lernen.	**You**'*ve got to learn that.*
Das weiß **man** nie.	**One** *never knows.*

Do not confuse the pronoun **man** with the noun **der Mann** (*the man*).

---

20 Übung Match the captions with the pictures.

1. Hier spricht man Deutsch.
2. Der Mann spricht Deutsch.

a. _____   b. _____

---

21 Übung Change the subject to **man.**

1. In Hinterwalden können die Leute nicht genug verdienen.
2. Um elf Uhr machen wir eine Pause.
3. Hoffentlich können wir da drüben halten.
4. Hier können Sie gut essen.
5. Dürfen wir hier schlafen?

---

22 Übung: Wie sagt man das auf Deutsch? Use **man** as the subject.

1. In America we don't say that.
2. You've got to stop here.
3. One has to do that.
4. People say there are problems here.
5. How do you say that in German?
6. Are we allowed to do that?

Lesestück

Web Search

Tipp zum Vokabelnlernen

NOTE: Resist the temptation to add an **-s** as in English to form the plural (*two computers*). Remember that *very few* German nouns take an **-s** in the plural.

***Masculine nouns ending in* -er** These nouns are identical in the singular and the plural.

Singular	Plural
der Computer	die Computer
der Europäer	die Europäer
der Kugelschreiber	die Kugelschreiber
der Lehrer	die Lehrer
der Pullover	die Pullover
der Schüler	die Schüler

➤ **Übung** Answer your instructor's questions with the plural form.

1. Wie viele Computer besitzt die Universität?
2. Wie viele Amerikaner sind hier im Zimmer?
3. Wie viele Kugelschreiber besitzen Sie?
4. Wie viele Europäer studieren hier?
5. Wie viele Pullover besitzen Sie?

Lab Manual Kap. 3, Üb. zur Betonung.

>> **Leicht zu merken**

(das) **Amerika**		die **Musik**	Mu<u>si</u>k
(das) **Englisch**		die **Pizza**	
(das) **Europa**		der **Sport**	
international	internatio<u>nal</u>	das **System, -e**	Sy<u>stem</u>
die **Jeans** (*pl.*)		das **Schulsystem**	<u>Schul</u>system
(das) **Kalifornien**		das **Theater**	The<u>a</u>ter

Einstieg in den Text

■ The speakers in the following **Klassendiskussion** express opinions about their recent trip. Notice how often they preface opinions with such phrases as **Ich finde, ...** or **Man meint, ...** (*I think . . . , People think . . .*).

■ German word order is in some ways freer than English word order. It is true that in statements, the verb must be in second position, but a wide variety of elements can occupy first position—not just the subject, but a direct object, an adverb, or some other element. Sentences beginning with the direct object are common. Here are two examples from the **Lesestück**:

Das finde ich auch.	*I think so too.* (line 10)
Den Artikel über eure Reise könnt ihr morgen schreiben.	*You can write the article about your trip tomorrow.* (line 35)

The personal ending of the verb is the key to understanding such sentences. Words like **habe** and **finde** are obviously first person and go with the subject pronoun **ich**.

Tutorial Quiz
Audio Flashcards

Kleidung (*Clothing*)

der **Pullover, -** pullover, sweater
  also: der **Pulli, -s**
der **Schuh, -e** shoe
  der **Sportschuh, -e** sneaker, gym shoe
das **Hemd, -en** shirt
die **Hose, -n** trousers, pants
die **Jacke, -n** jacket
die **Tasche, -n** pocket; bag (with handles or a shoulder strap)

Verben

besprechen (bespricht) to discuss
entscheiden to decide
hassen to hate
lachen to laugh
lernen to learn
singen to sing

Substantive

der **Europäer, -** European (*m.*)
(das) **Deutsch** German (*language*)
das **Gymnasium, die Gymnasien** secondary school (*prepares pupils for university*)

> **Gymnasium** derives from a Greek word for the place where athletes trained (from *gymnos = naked*). The meaning was later generalized to *place of study*.

die **Angst, ̈e** fear
  Angst haben to be afraid
die **Europäerin, -nen** European (*f.*)
die **Farbe, -n** color
die **Hausaufgabe, -n** homework assignment

die **Note, -n** grade
die **Pommes frites** (*pl., pron.* "**Pomm fritt**") French fries
die **Sprache, -n** language
  die **Fremdsprache** foreign language
die **Umwelt** environment
die **Welt, -en** world
die **Zeit, -en** time

> **Angst** is related to Latin *angustiae = narrowness, constriction*. English has borrowed **Angst** from German and uses it to mean *anxiety, existential fear*.

Adjektive und Adverbien

ähnlich similar
also thus, for that reason
amerikanisch American
darum therefore, for that reason
dunkel dark
ehrlich honest
eigentlich actually, in fact
fremd strange, foreign
ganz quite, fairly, rather
lustig fun; humorous
neu new
schnell fast
so so; like this

Farben

blau blue
braun brown

> **dunkelblau** = dark blue,
> **hellgrün** = light green, etc.

bunt colorful, multicolored
gelb yellow
grau gray
grün green
lila violet, lavender
orange orange
rosa pink
rot red
schwarz black
weiß white

Nützliche Ausdrücke

Das finde ich auch. I think so too.
gar nicht not at all
Stimmt schon. That's right.

Gegensätze

dunkel ≠ hell dark ≠ light
hassen ≠ lieben to hate ≠ to love
lachen ≠ weinen to laugh ≠ to cry
neu ≠ alt new ≠ old
schnell ≠ langsam fast ≠ slow
Stimmt schon. ≠ Stimmt nicht.
  That's right. ≠ That's wrong.

Mit anderen Worten

blitzschnell = sehr, sehr schnell
echt (*colloq.*) = **wirklich**
die **Klamotten** (colloq., plural only) = die **Kleidung**
nagelneu = sehr, sehr neu
uralt = sehr, sehr alt

Picture Partners/Alamy

Eine Klassendiskussion

1–24

Last spring, Class 12a[2] from the Kepler Gymnasium in Hannover visited a high school in California. Now they are discussing their trip with their teacher, Frau Beck. They also plan to write an article for their school newspaper.

5

FRAU BECK: Können wir jetzt unsere Amerikareise besprechen? Moritz, möchtest du etwas sagen? – Ach, er schläft ja wieder. (*Alle lachen.*)

MORITZ: Meinen Sie mich? Entschuldigung! Unsere Reise? Sie war° echt lustig.

10

LARA: Das finde ich auch. Die Amerikaner sind wahnsinnig freundlich und jetzt weiss ich, die Schüler in Amerika sind eigentlich gar nicht so anders. Dort trägt man ja auch die gleichen° Klamotten – Jeans und Sportschuhe – die sind international. Man hört auch die gleiche Musik und isst gern Pizza und Pommes frites.

15

FRAU BECK: Stimmt schon, aber haben die amerikanischen Schüler auch ähnliche Probleme wie ihr?

ANDREAS: Ach, wissen Sie, alle Schüler hassen Hausaufgaben! (*Alle lachen.*) Nein, aber im Ernst°, man meint, man kann später° keine Arbeit finden. Und Umweltprobleme gibt es überall – auch in Kalifornien. Darum haben wir alle manchmal ein bisschen Angst.

20

° *was*

Notice the flavoring particle **ja** (lines 6 and 12) conveying the meaning *after all.*

die gleichen the same

im ... seriously

later

Learning about German secondary schools is a cultural goal of this chapter.

Rainer Unkel/vario images GmbH & Co.KG / Alamy

[2] Class 12a is one of several parallel 12th-grade classes in the **Gymnasium.** Students stay in the same group for several years and take all their classes together. **Gymnasien** used to have 13 grades, but a countrywide reform is under way to make **Klasse 12** the final grade.

	FRAU BECK:	Das kann ich verstehen, muss ich ehrlich sagen. Aber gibt es denn keine Unterschiede° zwischen hier und dort?	*differences*

FRAU BECK: Das kann ich verstehen, muss ich ehrlich sagen. Aber gibt es denn keine Unterschiede° zwischen hier und dort?   *differences*

25 LARA: Doch, natürlich! Dort besuchen° alle Schüler die Highschool, bis sie 18 sind. Hier müssen wir aber mit 10 Jahren entscheiden: Gymnasium, Realschule oder Hauptschule.[3] Die zwei Schulsysteme sind also ganz anders.   *(here:) attend*

MORITZ: Die Noten heißen auch anders: Ein A oder ein B in Amerika ist hier eine 1 oder eine 2.

30 CHRISTA: Ich finde, der Unterricht ist auch anders, z. B. lernen wir hier früher Fremdsprachen. Viele Europäer können gut Englisch, aber relativ wenige Amerikaner lernen Fremdsprachen. Andererseits° macht man an der Schule[4] in Amerika mehr Sport, Musik und Theater.   *On the other hand*

35 FRAU BECK: Jetzt haben wir leider keine Zeit mehr. Den Artikel über eure Reise für die Schülerzeitung könnt ihr morgen schreiben. Auf Wiedersehen, bis dann.

[3] See **Almanach**, p. 94.

[4] **an der Schule** = *at school*. The article **der** indicates that **Schule** is in the dative case, which is introduced in **Kapitel 5.**

>> Nach dem Lesen

A Antworten Sie auf Deutsch

1. Was tragen Schüler in Amerika und auch in Deutschland?
2. Was isst man hier und auch dort?
3. Was hassen alle Schüler?
4. Warum haben viele Schüler manchmal Angst?
5. Wie sind die Noten und der Unterricht anders?
6. Was schreibt die Klasse für die Schülerzeitung?

Lab Manual Kap. 3, Diktat.

Workbook Kap. 3, I, J, K.

B Unterschiede und Ähnlichkeiten (*Differences and similarities*)
Which statements apply to schools in Germany, which apply to schools in America, and which apply to both (**beide**)?

	Deutschland	USA	beide
1. Die Schüler essen gern Pizza.	_____	_____	_____
2. Man trägt oft Jeans und Sportschuhe.	_____	_____	_____
3. Fremdsprachen sind sehr wichtig.	_____	_____	_____
4. Sport, Musik und Theater sind sehr wichtig.	_____	_____	_____
5. Mit zehn Jahren müssen Schüler die Schule wählen (*choose*).	_____	_____	_____

C Schreiben wir Auf Seiten 66–67 gibt es ein Foto von einer Schulklasse in Deutschland. Schreiben Sie, was man hier sieht und auch was man nicht sieht. Schreiben Sie 5–6 Sätze.

BEISPIEL: Hier sieht man eine Schülerin, aber man sieht kein(en) …

D Gruppenarbeit: Was meinen Sie? (*4 Personen*) Here are some topics of conversation and some adjectives. Using the verbs **meinen** and **finden**, take turns expressing opinions about these topics. Others in the group will agree or disagree.

BEISPIEL: A: Ich finde/meine, die Umwelt ist wichtig.
B: Das finde/meine ich auch. *oder*
Das finde/meine ich nicht.

Expressing opinions is a communicative goal.

Schulen in Amerika	schön/hässlich
Schulen in Deutschland	wichtig/unwichtig
Rockmusik	interessant/langweilig
klassische Musik	toll
die Umwelt	super
Fremdsprachen	todlangweilig
Hausaufgaben	wahnsinnig gut

Schreibtipp

Writing with modal verbs

The note you will write in the following exercise contains many modal auxiliary verbs. Remember: when using a modal verb, the second part of the predicate—the infinitive—comes at the end of the sentence.

Jessica **muss** für die Chemiestunde **lernen**.

Once you've completed your note, check it for accuracy. Have you used the correct form of the modal verb in each sentence? Are the infinitives properly placed?

➤ **Schreiben wir** Udo is throwing a party, but nobody can come. Finish writing him the following note explaining why. There are some cues to help you.

Lieber Udo,
leider kann niemand zur Party kommen. Monika muss zu Hause bleiben.
Moritz …

Moritz / müssen / für morgen / machen / seine Hausaufgaben
Ruth / möchten / fahren / nach Berlin
Peter und Alina / wollen / besuchen / ihre Tante / in Wien
Frau Beck / können / leider / finden / ihre Schuhe / nicht
Andreas / dürfen / nicht so spät / kommen / nach Hause
ich / wollen / kommen / aber / ich / können / nicht

E **Übung: Wie sagt man das auf Deutsch?**

1. Wouldn't you like to stay a bit?
2. Yes I would, but I have to work this evening.
3. What do you have to do?
4. I am supposed to read a book and an article. And you?
5. I have to study German, but I don't have much time.

6. Does Christa have a cold?
7. No, why do you ask?
8. I don't see her. Is she staying home today?
9. No, she's outside. She's taking a break.

10. You want to come to Berlin, don't you?
11. Yes. I don't want to stay here. There's no work here.

> Talking about clothing is a communicative goal.

▷ VOKABELN IM ALLTAG: FARBEN UND KLEIDUNG

die (Sonnen) brille

das Handy

das Hemd

das Sakko

die Jeans

Matthew Chattle/Alamy

die (Baseball) mütze

das Sweatshirt

der Laptop

Michael Dwyer/Alamy Limited

Jenn Huls/Shutterstock.com

Masson/Shutterstock.com

BestPhotoStudio/Shutterstock

die Handschuhe

© Cengage Learning

die (Ski)mütze

© Cengage Learning

der Regenschirm

© Cengage Learning

die Krawatte

die Armbanduhr

Stanislav Fadyukhin/iStockphoto.com

die Tasche

der Rock

Lucky Business/Shutterstock

der Pulli

die Hose

die Sandalen

Miodrag Trajkovic/Shutterstock

A Partnerarbeit: Was trägst du heute?

BEISPIEL: A: Was trägst du heute, Mary?
   B: Ich trage eine Bluse und _____.
      Was trägst du?

B Gruppenspiel: Wen meine ich?

Describe what someone in the class is wearing without looking at that person. Others have to guess whom you are describing.

BEISPIEL A: Diese Person trägt heute ein T-Shirt, eine Brille und Stiefel.
         Wen meine ich?
BEISPIEL B: Meinst du Robert?

C Partnerarbeit: Was trägst du in dieser Situation?

Take turns asking each other what you would wear in these situations.

BEISPIEL:

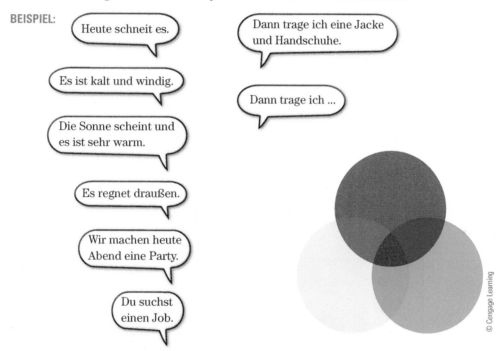

Heute schneit es.

Dann trage ich eine Jacke und Handschuhe.

Es ist kalt und windig.

Dann trage ich ...

Die Sonne scheint und es ist sehr warm.

Es regnet draußen.

Wir machen heute Abend eine Party.

Du suchst einen Job.

© Cengage Learning

D Gruppenarbeit: Was ist deine Lieblingsfarbe (*favorite color*)?

Say what your favorite color is.

BEISPIEL: Meine Lieblingsfarbe ist grün.

E Gruppenarbeit: Welche Farbe hat das?

Ask each other about the colors of various things in the classroom and of clothing people are wearing.

BEISPIEL: A: Welche Farbe hat die Landkarte?
         B: Sie ist blau, gelb und dunkelgrün.
         C: Welche Farbe hat Peters Hemd?
         D: Es ist ...

Schools in German-speaking Countries

The public school systems in Germany, Austria, and Switzerland all differ from American public schools in the degree to which they track pupils. Relatively early in their schooling, children are steered toward either apprenticeships, commercial training, or preparation for university study. In the Federal Republic of Germany, each **Land** (state) has authority over its own school system. In all **Länder** (*plural of* **Land**), children attend four years of elementary school (**Grundschule**) together. At the end of the fourth grade in most **Länder**, they are then tracked into separate schools. The decision is made on the basis of grades and conferences between teachers and parents.

There are three possibilities after the **Grundschule**: the **Hauptschule**, the **Realschule**, or the **Gymnasium**. The first two are oriented toward trades and business, respectively, and prepare the pupils for various forms of apprenticeship and job training. The **Gymnasium** is the traditional preparation for university study. After passing their final examination, called the **Abitur** in Germany and **Matura** in Austria and Switzerland, pupils may apply to a university.

There has been some experimentation in the Federal Republic with the concept of a **Gesamtschule**, a model that unifies all three types of secondary school. **Gesamtschulen** resemble American high schools in that important decisions about children's futures need not be made when they are ten, but can wait until they are sixteen. This model, however, has not become widespread.

SCHÜLERWITZ:

Moritz kommt zu spät in die Schule. Er läuft in die Schule und da sieht er plötzlich den Schuldirektor (*principal*).

„Zehn Minuten zu spät!", sagt der Direktor.

„Ich auch", sagt Moritz.

© Cengage Learning

Carolas Stundenplan (*Carola's class schedule*) Carola ist in der 12. Klasse. Hier sehen Sie ihren Stundenplan für die Woche. Schüler in Deutschland haben viele Fächer (*subjects*). Können Sie Antworten auf diese Fragen finden?

Zeit	Montag	Dienstag	Mittwoch	Donnerstag	Freitag
7⁴⁵ – 8³⁰	–	–	Französisch	Biologie	–
8³⁵ – 9²⁰	Englisch	Mathematik	Französisch	Biologie	–
9³⁰ – 10¹⁵	Religion	Politik / Erdkunde	Deutsch	Mathematik	Mathematik
10²⁰ – 11⁰⁵	Deutsch	Chemie	Deutsch	Religion	Politik / Erdkunde
11²⁵ – 12¹⁰	Sport	Biologie	Geschichte	Englisch	Englisch
12¹⁵ – 13⁰⁰	Sport	Biologie	–	Französisch	Geschichte
13⁰⁰ – 14⁰⁰	(Orchester)				
14⁰⁰ – 14⁴⁵	Biologie				
14⁵⁰ – 15³⁵	Französisch				
15⁴⁰ – 16²⁵	Französisch		Chemie		
16³⁰ – 17¹⁵			Chemie		
17²⁰ – 18⁰⁵					

1. Wie viele Fächer hat sie?
2. Welche Fremdsprachen lernt sie?
3. Wie viele Französischstunden hat sie pro Woche?
4. Welche naturwissenschaftlichen (*natural science*) Fächer hat sie?
5. Was hat sie am Montag und auch am Dienstag?
6. Welche Hausaufgaben muss sie am Mittwochabend machen?
7. Wann spielt sie Violine?
8. Wann kann sie lange schlafen?
9. Wann kann sie früh nach Hause?
10. Wann hat sie am Nachmittag keinen Unterricht?

Rückschau: Was habe ich gelernt?

	No problem.	Almost there.	Needs more work.	See pages
1. I understand the concept of the predicate (the entire verbal idea).				72
2. I know the meanings and forms of the modal verbs and how to use them.				72–74
3. I understand when to use **nicht** or **kein** to negate a sentence.				81–83
4. I understand some differences between the German and American school systems.				88–89, 94
5. I can describe the clothes people are wearing and what color things are.				80, 91–92

Kommunikation

- Making suggestions and giving commands
- Expressing preferences, likes, and dislikes
- Discussing geography and climate

Kultur

- The geography and climate of the German-speaking countries

In diesem Kapitel

- **Lyrik zum Vorlesen**

  „Die Jahreszeiten"

- **Grammatik**

  1. More uses of the accusative case
  2. Suggestions and commands: The imperative
  3. The verb **werden** (*to become*)
  4. Equivalents of English *to like*
  5. Sentence adverbs

- **Lesestück**

  Deutschland: Geographie und Klima

- **Vokabeln im Alltag**

  Geographie, Landschaft und Klima

- **Almanach**

  The Common Origin of German and English

◄ Aussichtsturm (*observation tower*)
auf dem Schlossberg (Frieburg im
Breisgau)

E.D. Torial / Alamy

>> Am Starnberger See

FRAU MÜLLER: Gehen wir noch einmal schwimmen, Frau Brinkmann?

FRAU BRINKMANN: Wissen Sie, ich bin ein bisschen müde und möchte nur faulenzen. Gehen Sie doch ohne mich.

FRAU MÜLLER: Na, dann lieber nicht. Das Wasser ist diesen Sommer auch wahnsinnig kalt!

FRAU BRINKMANN: Möchten Sie vielleicht Karten spielen?

FRAU MÜLLER: Ja, gerne!

Der Starnberger See (Lake Starnberg) is a large lake south of Munich at the foot of the Bavarian Alps.

 >> Winterurlaub in Österreich

ELIAS: Wohin möchtest du dieses Jahr im Winter?

EVA: Fahren wir doch im Januar nach Kitzbühel.

ELIAS: Hoffentlich können wir noch ein Hotelzimmer bekommen.

EVA: Ich glaube, es ist noch nicht zu spät.

Kitzbühel is a popular skiing and hiking resort in **Tirol**.

 >> Morgens um halb zehn

ANITA: Also, tschüs! Ich muss jetzt weg.

SOPHIE: Warte mal! Ohne Frühstück geht's nicht! Iss doch wenigstens ein Brötchen.

ANITA: Leider habe ich keine Zeit mehr. Jeden Montag hab' ich mein Seminar. Es beginnt um zehn. Vorher muss ich ein Heft kaufen und ich möchte pünktlich sein.

SOPHIE: Nimm doch das Brötchen mit. Später wirst du sicher hungrig.

ANITA: Ja, du hast Recht. Also, bis nachher.

Das Frühstück originally meant the piece (**das Stück**) of bread eaten early (**früh**) in the morning. **Brötchen** (called **Semmeln** in Bavaria and Austria and **Schrippen** in Berlin), crusty rolls baked fresh daily, are the most common breakfast food.

NOTES ON USAGE

1. Useful time phrases

noch nicht = *not yet*	Es ist **noch nicht** zu spät.
nicht mehr = *no longer*	Das Wasser ist **nicht mehr** warm.
kein … mehr = *no more . . .*	Ich habe **keine** Zeit **mehr**.

2. gehen + *infinitive*

Gehen wir schwimmen!	*Let's go swimming!*
Möchtest du essen gehen?	*Would you like to go eat?*

Frühmorgens am Starnberger See

>> Wortschatz 1

Tutorial Quiz
Audio Flashcards

Geographie und Klima

der **Mond** moon
der **See, -n** lake
  am See at the lake
das **Klima** climate
die **Jahreszeit, -en** season
Die vier Jahreszeiten
  der **Frühling** spring
  der **Sommer** summer
  der **Herbst** fall
  der **Winter** winter
  im Frühling, Sommer, Herbst, Winter in the spring, summer, etc.

Verben

beginnen to begin
bekommen to receive
faulenzen to be lazy, to take it easy
frühstücken to eat breakfast
glauben to believe; to think
kaufen to buy
mögen (mag) to like
schwimmen to swim
warten to wait
werden (wird) to become; to get (*in the sense of "become"*)

> Don't confuse **bekommen** (*to receive*) with **werden** (*to become*).

Substantive

der **Urlaub, -e** vacation (*from a job*)
das **Brötchen, -** roll
das **Frühstück** breakfast
  zum Frühstück for breakfast
das **Hotel, -s** hotel
das **Jahr, -e** year
(das) **Österreich** Austria
das **Seminar, -e** (*university*) seminar

> Note stress: **Seminar**

das **Wasser** water
die **Karte, -n** card; ticket; map

Adjektive und Adverbien

einmal once
  noch einmal once again, once more
Gott sei Dank thank goodness
hoffentlich I (we, etc.) hope . . .
hungrig hungry
lang(e) long; for a long time
lieber (+ *verb*) prefer to, would rather
  Ich spiele lieber Karten. I'd rather play cards.
morgens (*adv.*) in the morning(s)
nachher later on, after that
noch nicht not yet
pünktlich punctual, on time
sauer annoyed, ticked off
selbstverständlich it goes without saying that . . . ; of course
später later
super (*colloq.*) super, great
vorher before that, previously
weg away, gone

Andere Vokabeln

dies- this, these
doch (*flavoring particle with commands; see p. 106*)
jed- each, every
mal (*flavoring particle with commands; see p. 106*)
mit along (with me, us, etc.)

> **Dies-** and **jed-**: These words (*this, every*) always take endings (**dieser, jede,** etc.).

Präpositionen mit Akkusativ

bis until, by
durch through
für for
gegen against
ohne without
um around (the outside of); at (*with times*)

> These six prepositions must be followed by the accusative case. See **Grammatik,** p. 102.

Nützliche Ausdrücke

Bis nachher! See you later!
Es geht. It's all right. It's possible. It can be done.
Es geht nicht. It can't be done. It's impossible. It won't work.
Lieber nicht. I'd rather not. No thanks. Let's not.
nicht mehr no longer, not any more
  Sie wohnt nicht mehr hier. She doesn't live here any more.
kein ... mehr no more . . . , not a . . . any more
  Ich habe keine Zeit mehr. I have no more time.
  Ich bin kein Kind mehr. I'm not a child any more.
Recht haben to be right
  Du hast Recht. You're right.
Warte mal! Wait a second! Hang on!

Gegensätze

kaufen ≠ verkaufen to buy ≠ to sell
lang ≠ kurz long; for a long time ≠ short; for a short time
vorher ≠ nachher before that ≠ after that

Mit anderen Worten

super = fantastisch = prima = sehr gut
todmüde = sehr müde

A Persönliche Fragen

1. Frau Brinkmann und Frau Müller spielen gern Karten. Was machen Sie gern?
2. Spielen Sie lieber Karten oder Tischtennis?
3. Wohin wollen Sie im Winter? im Sommer?
4. Frühstücken Sie jeden Tag, oder haben Sie manchmal keine Zeit?
5. Wann beginnt die Deutschstunde?
6. Anita muss ein Heft kaufen. Was müssen Sie heute kaufen?

B Gruppenarbeit: Gegensätze (*mit offenen Büchern*) Contradict each other.

BEISPIEL: A: Fremdsprachen sind *unwichtig*.
B: Nein, sie sind *wichtig*.

1. 8.00 Uhr ist zu *früh*.
2. Dieses Buch ist *langweilig*.
3. Dieses Zimmer ist *schön*.
4. Wir kennen *jemand* in München.
5. Bernd *hasst* Rockmusik.
6. Du trägst *oft* Sportschuhe.
7. Ihr seid *immer* müde.
8. Ihr esst sehr *langsam*.

C Partnerarbeit: Wie kann man antworten? For each sentence in the left column, choose appropriate responses from the right column.

1. Gehen wir noch einmal schwimmen!	Super!
2. Das Wasser ist zu kalt!	Du hast Recht.
3. Ohne Frühstück geht's nicht.	Stimmt schon.
4. Es gibt keine Hotelzimmer mehr.	Stimmt nicht.
5. Spielen wir zusammen Karten!	Das finde ich auch.
6. Wir können ein bisschen faulenzen.	Nein, gar nicht!
7. Bist du hungrig?	Es tut mir leid.
8. Ein Hotelzimmer mit Frühstück kostet 250 Euro!	Was ist denn los?
9. Du kommst wieder zu spät.	Um Gottes Willen!
10. Mensch, bin ich müde.	Das geht leider nicht.
	Mensch!
	Fantastisch!
	Doch!
	Prima!
	Gerne!

♦♦♦ D Gruppenarbeit: Was isst und trinkst du gern zum Frühstück?
(*2 oder 3 Personen*) Tell each other what you like to eat for breakfast or what you never eat for breakfast.

Orangensaft · ein Ei · Tee · Kaffee · Muesli · Brötchen · Milch · Obstsalat · Butter · Marmelade · Honig · Aufschnitt und Käse

Since articles are not needed for this exercise, they are not included here. Some of these nouns will be introduced later as active vocabulary.

Ich esse (trinke) gern _____ zum Frühstück, und du? *oder*

Ich esse (trinke) nie _____ zum Frühstück, und du?

Web Link

🔊 **LYRIK ZUM VORLESEN**
1–28
Viele deutsche Kinder lernen dieses traditionelle Lied (*song*) über die Jahreszeiten.

Die Jahreszeiten

Es war° eine Mutter,	**Es ...** *There was*
Die hatte° vier Kinder:	**Die ...** *Who had*
Den Frühling, den Sommer,	
Den Herbst und den Winter.	
Der Frühling bringt Blumen°,	*flowers*
Der Sommer bringt Klee°,	*clover*
Der Herbst, der° bringt Trauben°,	*it / grapes*
Der Winter bringt Schnee°.	*snow*

Die Jahreszeiten

Grammatik

>> ## 1. More uses of the accusative case

Tutorial Quiz

> No German prepositions take the nominative case, which is used only for the subject of a sentence and for predicate nominatives (see pp. 26–27).

> A good mnemonic device for the prepositions with the accusative: sing them to the first phrase of "Raindrops Keep Falling on My Head."

> In spoken German, **durch**, **für**, and **um** often contract with the article **das**: **durchs, fürs, ums.**

You have learned to use the accusative case for the direct object. The accusative is also used with some prepositions and in some time phrases.

Prepositions with the accusative case (*Präpositionen mit Akkusativ*)

DEFINITION

What are prepositions and prepositional phrases?

Prepositions are a class of words that show relationships of space (*through* the mountains), time (*until* Tuesday), or other relationships (*for* my friend, *without* any money). A *prepositional phrase* consists of the preposition and the noun or pronoun object that follows it.

The accusative case is required after certain prepositions. Here is the list of prepositions that are always followed by the accusative case. Memorize this list.

bis	*until*	Wir warten **bis Dienstag**.
	by	Ich muss es **bis morgen** lesen.
durch	*through*	Er fährt **durch die Berge**.
für	*for*	Sie arbeitet **für ihren Vater**.
gegen	*against*	Was hast du **gegen mich**?
ohne	*without*	Wir gehen **ohne dich**.
um	*around* (the outside of)	Das Auto fährt **um das Hotel**.
	at (with times)	Karl kommt **um drei**.

---

1 Übung: Für wen?

1. Sie arbeiten für jemand in Ihrer Familie. Für wen arbeiten Sie?
   Ich arbeite für mein ___ _____.
2. Sie suchen eine Karte. Für wen suchen Sie sie?
   Ich suche sie für mein ___ _____.
3. Sie machen heute das Frühstück. Für wen machen Sie es?
   Ich mache es für mein ___ _____.

Lab Manual Kap. 4, Var. zu Üb. 2.

Workbook Kap. 4, A, B.

---

2 Übung: Ich mache das allein Your instructor asks if you do things with other people in your class. Using pronouns, say that you do everything without them.

1. Spielen Sie mit Richard Karten? Nein, ohne _____.
2. Arbeiten Sie morgen mit Ingrid zusammen? Nein, leider ohne _____.
3. Gehen Sie mit Robert und Susan schwimmen?
4. Frühstücken Sie am Mittwoch mit Patrick?
5. Essen Sie morgen mit uns?

3 Übung: Wohin fährt Lena? Lena is going to drive through various locations. Tell where she's driving. Use complete sentences.

BEISPIEL: Sie fährt durch _____. Dann fährt sie durch _____.

die Stadt
die Berge
das Dorf
der Wald

© Cengage Learning

4 Übung: Wann beginnt die „Tagesschau" (*news*)? Using the TV guide below, answer your instructor's questions about when shows begin. Note that official time-telling in German uses the twenty-four-hour clock instead of AM and PM. Thus, 2:45 PM is **vierzehn Uhr fünfundvierzig (14.45 Uhr)**.

BEISPIEL: Wann beginnt die „Tagesschau"?
       Sie beginnt um 15.00 Uhr.

TV - Programm

7. Juni Donnerstag

Das Erste
15:00 Tagesschau
15:10 Sturm der Liebe
16:00 Tagesschau

ZDF
15:00 heute
15:05 Topfgeldjäger (Kochshow)
16:00 heute - in Europa

3sat
14:55 Metz, da will ich hin!
15:25 unterwegs - Kalifornien
16:15 Tausend Sterne leuchten

Bayerisches Fernsehen
15:00 Meisterhaft! - Der
      Lederhosenmacher aus
      Bischofswiesen
15:30 Wir in Bayern
16:45 Rundschau

NDR Fernsehen
15:00 NDR aktuell
15:15 mareTV
16:00 NDR aktuell

Radio Bremen TV
15:00 NDR aktuell
15:15 mareTV
16:00 NDR aktuell

rbb Fernsehen
14:15 Planet Wissen
15:15 Javas Kinder des
      Feuergottes
16:00 rbb AKTUELL

SR Fernsehen
14:30 Die Eltern der Braut
16:00 Saarland aktuell

arte
14:40 Der geheime Garten
16:40 Metropolen der Welt

BR-alpha
15:00 Ralphi
15:15 Anschi, Karl-Heinz & Co.
15:30 nano
16:00 Denker des Abendlandes

tagesschau24
09:00 Tagesschau-Nachrichten
15:00 Tagesschau

Einsfestival
14:45 Hirnwäscher - wie
      gefährlich ist Scientology?
15:30 Mit Gottes und
      Allahs Segen
16:15 Wie es mir gefällt

Plus
14:15 Planet Wissen
15:15 nano
15:45 ARD-Buffet
16:30 direkt dabei

© Cengage Learning

5 Übung: Wie sagt man das auf Deutsch?

1. Are you for me or against me?
2. I'd like to take a trip around the world.
3. I hope I can do it without my parents.
4. She's looking for a card for her grandfather.
5. We want to drive through the mountains.

Time phrases in the accusative case

Some time phrases include a preposition:

Sie kommt **um** 3 Uhr.	*She's coming **at** three o'clock.*
Ich warte **bis** morgen.	*I'll wait **until** tomorrow.*

Other time phrases do not include a preposition; these phrases are always in the accusative case:

Ich studiere **dieses Semester** in Deutschland.	*I'm studying in Germany **this semester**.*
Jeden Montag hat sie ein Seminar.	***Every Monday** she has a seminar.*
Wir bleiben **einen Tag** in London.	*We're staying in London **for a day**.*
Diesen Sommer suche ich einen Job.	*I'm looking for a job **this summer**.*
Jede Woche besuchen wir Oma.	***Every week** we visit Grandma.*

Remember that expressions of time (**dieses Jahr**) precede expressions of place or destination (**in Deutschland**).

Note that the German equivalent of *for a day* is simply **einen Tag**, without a preposition.

FRAGEWÖRTER

wann?	*when?*
wie lange?	*how long?*
wie oft?	*how often?*

Workbook Kap. 4, C.

6 Partnerarbeit: Was machst du dieses Wochenende (*weekend*)?
Ask each other the following questions.

1. Was machst du dieses Wochenende?
   Dieses Wochenende _____.
2. Was musst du jede Woche machen?
   Jede Woche muss ich _____.
3. Wohin fährst du diesen Sommer?
   Diesen Sommer _____.
4. Was isst du jeden Morgen zum Frühstück?
   Jeden Morgen _____.
5. Wie lange dauert (*lasts*) die Deutschstunde? das Semester? _____.

7 **Übung: Mit offenen Büchern** Answer your instructor's questions.

Wie lange bleiben Sie in Tübingen?

Ich bleibe _____.

a. one semester, **b.** a year, **c.** only a day

Wann haben Sie Deutsch?

Ich habe _____ Deutsch.

a. every day, **b.** next semester, **c.** this week

>> # 2. Suggestions and commands: The imperative (*der Imperativ*)

"Let's do something": The *wir*-imperative

> Making suggestions and giving commands are communicative goals.

Fahren wir nach Österreich.   ***Let's go*** to Austria.
Spielen wir Karten.   ***Let's play*** cards.

The **wir**-imperative has the same word order as a yes/no question, but different intonation. Compare these intonation curves:

Gehen wir nach Hause?   Gehen wir nach Hause!

8 **Gruppenarbeit: Ja, machen wir das!** Here are some activities you could do today. Take turns suggesting them to each other.

BEISPIEL: schwimmen gehen
    A: Gehen wir heute schwimmen!
    B: Ja, machen wir das! *oder* Nein, lieber nicht.

> jetzt frühstücken   eine Reise machen
>   Karten spielen
> eine Zeitung kaufen   nach Hause laufen   eine Pause machen
>   zu Hause arbeiten   das Auto verkaufen

Now suggest other things to do today.

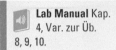

Lab Manual Kap. 4, Var. zur Üb. 8, 9, 10.

Bitte also turns an imperative into a polite request: **Gehen Sie** *bitte* **nach Hause.**

In the first dialogue on page 98, Frau Brinkmann uses the **Sie**-imperative: *Gehen Sie* **doch ohne mich.**

NOTE ON USAGE

Flavoring particles *doch* and *mal* Doch (*Why don't you . . .?*) You can soften a command to a suggestion by adding the unstressed flavoring particle **doch**.

Gehen Sie nach Hause!	*Go home!*
Gehen Sie **doch** nach Hause.	*Why don't you go home?*

Mal You can make a command more peremptory by adding the unstressed flavoring particle **mal**.

Warte!	*Wait!*
Warte **mal**!	*Wait a second!*
Hören Sie **mal**!	*Just listen here!*

"Do something": The *Sie*-imperative

Lachen Sie doch nicht.	*Please don't laugh.*
Besuchen Sie uns mal!	*You must come visit us!*

9 **Übung: Machen Sie das doch!** Encourage your indecisive neighbor Frau Klein to go ahead and do things this morning.

Was soll ich heute machen?

Gehen Sie doch schwimmen!

Brötchen kaufen

eine Pause machen

nach Bremen fahren

Tennis spielen

einen Pulli kaufen

einen Kaffee trinken

10 Übung: Machen Sie das nicht! Now tell Frau Klein what *not* to do.

Was soll ich nicht kaufen?

Was soll ich nicht essen?

Was soll ich nicht trinken?

Wen soll ich nicht besuchen?

Wohin soll ich nicht reisen?

Kaufen Sie doch keinen Pulli!

Piotr Marcinski/Shutterstock.com

11 Übung: Wie sagt man das auf Deutsch? (*mit offenen Büchern*)

Use the **Sie-** or **wir-**imperative.

1. Let's go swimming.
2. Buy a notebook.
3. Let's discuss our trip.
4. Learn a foreign language.
5. Please speak slowly.
6. Don't sleep now.
7. Let's take it easy today.
8. Please don't say that.

Arbeite nicht so hart

Pablo Calvog/Shutterstock

Imperative forms for *du*

The **du-**imperative for most verbs is simply the verb stem without an ending.

Geh ohne mich.	*Go without me.*
Frag mich nicht.	*Don't **ask** me.*
Fahr schnell nach Hause!	***Drive** home quickly!*
Sei nicht so langweilig.	*Don't **be** so boring.*

NOTE: The pronoun **du** is *not* used with the **du-**imperative!

Verb stems ending in **-d** or **-t** add an **-e** to the stem.

Arbeite nicht so viel.	*Don't work so much.*
Warte doch!	*Wait!*

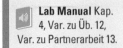

Lab Manual Kap. 4, Var. zu Üb. 12, Var. zu Partnerarbeit 13.

12 **Übung: Ja, tu das doch!** Your instructor plays the part of your friend Amelie. Tell her to go ahead and do the things she asks about.

BEISPIEL: A: Soll ich da drüben halten?

B: Ja, halte doch da drüben.

Soll ich ...

Englisch lernen?

Brötchen kaufen?

etwas singen?

Karten spielen?

schwimmen gehen?

schnell laufen?

hier warten?

eine Jacke tragen?

13 **Partnerarbeit: Sei doch (nicht) ...!** Give your partner some ideas for self-improvement. Take turns telling each other what you should (or should not) be like.

BEISPIELE:

Sei doch ehrlich!

Sei doch nicht sauer!

pünktlich
langweilig
müde
glücklich
sauer
unglücklich
freundlich
höflich
ehrlich

Du-imperative of stem-changing verbs

If a verb changes its stem vowel from **e** to **i(e)**, the *changed* stem is used for the **du**-imperative.

Verb	Statement	*du*-imperative
lesen	Du **liest** das für morgen.	**Lies** das für morgen.
geben	Du **gibst** Peter das Buch.	**Gib** Peter das Buch.
essen	Du **isst** ein Brötchen.	**Iss** ein Brötchen.
nehmen	Du **nimmst** dieses Buch **mit**.	**Nimm** dieses Buch **mit**.
sprechen	Du **sprichst** mit Gina.	**Sprich** mit Gina.

👥 **14 Partnerarbeit: Lies doch die Zeitung!** Tell your partner several things to read, eat, and take along today. The pictures will give you some ideas.

1. Was soll ich denn heute lesen?
2. Was soll ich denn essen?
3. Was soll ich heute mitnehmen?

👥 **15 Partnerarbeit: Nein, das darfst du nicht!** Ask your partner for permission to do something. Your partner tells you to do something else instead. The list below will help you get started. Then try inventing some of your own exchanges.

BEISPIEL: zu Hause bleiben? (draußen spielen)
     A: Darf ich zu Hause bleiben?
     B: Nein, spiel doch draußen!

nach Hause fahren? (zu Fuß gehen [*to go on foot*])
Tennis spielen? (deine Hausaufgaben machen)
jetzt Pizza essen? (bis heute Abend warten)

Imperative forms for *ihr*

To give commands or make suggestions to two or more people whom you address with the familiar **du**, use the **ihr**-imperative. The **ihr**-imperative is identical to the present-tense **ihr**-form but without the pronoun.

Present tense	*ihr*-imperative
Ihr **bleibt** hier.	**Bleibt** hier.
Ihr **singt** zu laut.	**Singt** nicht so laut.
Ihr **seid** freundlich.	**Seid** freundlich.

REMINDER: **Sie-** and **wir**-imperatives include the pronoun; **ihr-** and **du-** imperatives do not.

🔊 **Lab Manual** Kap. 4, Var. zu Üb. 16

16 Übung: Sollen wir das machen?

Your instructor plays one of a group of children and asks you what they all should do.

BEISPIEL: Sollen wir bald nach Hause kommen?
     Ja, kommt doch bald nach Hause.

1. Sollen wir Karten spielen?
2. Sollen wir schwimmen gehen?
3. Sollen wir nach Hause laufen?
4. Sollen wir Brötchen essen?

♛♛ 17 Partnerarbeit: Macht das bitte für uns!

A. Machen Sie zusammen eine Liste: Was können andere Studenten für Sie machen? Seien Sie kreativ!

BEISPIEL: Sie können für uns …
die Bücher tragen / einen Radiergummi kaufen /
den Kaffee machen (usw.)

B. Sie und Ihr Partner sagen jetzt zu zwei anderen Studenten, sie sollen etwas für Sie machen. Die anderen antworten **ja** oder **nein**.

BEISPIEL:

A + B: Jennifer und Brian, tragt bitte die Bücher für uns.

C + D: Ja, okay, das machen wir gern. *oder* Nein, das wollen wir nicht.

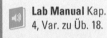

Imperative of *sein*

The verb **sein** is irregular in the **Sie-** and **wir**-imperatives (the **du-** and **ihr**-forms are regular).

Seien Sie bitte freundlich, Herr Kaiser.	*Please be friendly, Mr. Kaiser.*
Seien wir freundlich.	*Let's be friendly.*
Seid freundlich, Kinder.	*Be friendly, children.*
Sei freundlich, Simon.	*Be friendly, Simon.*

🔊 **Lab Manual** Kap.
4, Var. zu Üb. 18.

✏️ **Workbook** Kap.
4, D.

18 Übung: Sei doch …!

A. Tell the following people to be punctual.

BEISPIEL: Richard
Sei doch pünktlich, Richard!

1. Kinder   2. Herr Bachmann   3. wir   4. Barbara

B. Now tell them not to be so boring.

BEISPIEL: Herr Stolze
Seien Sie doch nicht so langweilig, Herr Stolze!

1. Leonie   2. Frau Klein   3. Thomas und Leni   4. wir

19 Übung: Wie sagt man das auf Deutsch? (*mit offenen Büchern*)

Address these commands to the people pictured.

Leonie

Be punctual.
Give Anita your notebook.
Wear a coat.

Leni und Thomas

Wait here.
Read the article.
Work together.

Frau Klein

Ask me later.
Don't be pessimistic.
Don't believe that!

Mal was Lustiges!

Geographiestunde

Was meinst du Moritz,

was ist weiter entfernt°, Berlin oder der Mond?

Hallooooo!

Kann man von hier aus° Berlin sehen?

weiter ... farther away
von ... from here

>> 3. The verb *werden*

The verb **werden** (*to become*) occurs frequently; it is irregular in the present-tense **du-** and **er-**forms.

werden *to become*			
ich	werde	wir	werden
du	**wirst**	ihr	werdet
er, es, sie	**wird**	sie, Sie	werden

The English equivalent of **werden** is *to become, get.*

Es **wird** kalt.	*It's getting cold.*
Ihre Kinder **werden** groß.	*Your children are getting big.*
Meine Schwester will Professorin **werden**.	*My sister wants to become a professor.*
Am Montag **werde** ich endlich 21.	*I'm finally turning 21 on Monday.*

The only German verbs that are irregular in the present tense are **werden, sein, haben, wissen**, and the modal verbs. You have now learned them all.

20 Übung: Wer wird müde? Say who's getting tired.

BEISPIEL: Barbara
Barbara wird müde.

1. wir
2. die Kinder
3. meine Mutter
4. ihr
5. du
6. ich

21 Übung: Wie sagt man das auf Englisch?

1. Morgen wird es heiß.
2. Wann wirst du denn zwanzig?
3. Draußen wird es warm.
4. Das Buch wird endlich interessant.
5. Meine zwei Freunde wollen Lehrer werden.

>> 4. Equivalents of English *to like*

Verb + *gern(e)* = *to like to do something*

Ich **laufe gern.**	*I like to walk.*
Sie **geht gern** schwimmen.	*She likes to swim.*
Hören Sie **gerne** Musik?	*Do you like to listen to music?*

Gern(e) generally comes immediately after the subject and verb. The negation of **gern** is **nicht gern**.

Ich schwimme **nicht gern.**	*I don't like to swim.*

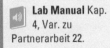

Lab Manual Kap. 4, Var. zu Partnerarbeit 22.

22 Partnerarbeit: Ich höre gern Musik Take turns saying what you like to eat (**essen**), read (**lesen**), play (**spielen**), and listen to (**hören**). Here are some suggestions.

BEISPIEL: Ich höre gern Rockmusik. Und du?

Jazz	Fußball	Frühstück
Pizza	Brötchen	Volksmusik
Mozart	Zeitungen	Bücher
Tennis	Tischtennis	Lyrik (*poetry*)

 **23** **Kettenreaktion: Was machen Sie gern? Was machen Sie lieber?**
Take turns talking with your classmates about what you like to do. Follow the model.

> A: Ich spiele gern Tennis.
> B: Sie spielt gern Tennis, aber ich lese lieber Bücher.
> C: Er liest gern Bücher, aber ich _____ lieber _____. usw.

Mögen = **to like someone or something**

Ich **mag** dich sehr.	*I like you very much.*
Ich **mag** keinen Fisch.	*I don't like fish.*

Mögen is a modal verb. Its present-tense forms are:

mögen *to like (something)*			
ich	**mag**	wir	mögen
du	**magst**	ihr	mögt
er, es, sie	**mag**	sie, Sie	mögen

Unlike the other modals, it is usually used without an infinitive.

Ich **mag** Maria.	*I like Maria.*
Mögen Sie die Suppe nicht?	*Don't you like the soup?*

> Use **mögen** or **gern** +
> *verb* to say what you
> like to eat: **Ich mag**
> **die Suppe heute.**
> and **Brötchen esse**
> **ich gern.**

 Lab Manual Kap.
4, Var. zu Üb. 24.

24 **Übung: Was mögen Sie? Wen mögen Sie?** Say which things and
people you like or dislike. Here are some ideas. Add some of your own.

Ich mag ...

> meine Freunde
> das Mensaessen
> den Winter
> Hausaufgaben

Ich mag ...

> die Uni
> meine Arbeit
> meine Geschwister
> Fremdsprachen

Möchte = **would like to**

Ich **möchte** Österreich besuchen.	*I would like to visit Austria.*
Ich **möchte** einen Kaffee, bitte.	*I would like a coffee, please.*

Möchte expresses a wish for something, while a *verb* + **gern** makes a general
statement about your likes or dislikes.

Ich **möchte** Karten spielen.	*I would like to play cards.*
Ich **spiele gern** Karten.	*I like to play cards.*

††† 25 Gruppenarbeit Say what you like and don't like about university life. Also say what you like and don't like to do. Your instructor will write your responses on the board.

BEISPIEL: A: Ich mag dieses Zimmer sehr.
B: Ich spiele gern Basketball.

26 Übung: Wie sagt man das auf Deutsch?

1. I like the soup.
2. I like to eat soup.
3. I would like the soup, please.
4. They would like to study in Germany.
5. Karl doesn't like to wait.

6. Do you like Professor Lange?
7. Our children like to play outside.
8. We would like to drive home.
9. I don't like that.
10. I like her.

Römisches Tor (*gate*) und Rekonstruktion (Carnuntum an der Donau, östlich von Wien)

T. Hansen

DEFINITION

What are adverbs?

Adverbs are words that modify a verb (She ran *quickly.*), an adjective (It was *miserably* hot.), or another adverb (The child was *often* extremely quiet.). In German, adverbs often answer the question **wie: Wie läuft sie?** – **Sie läuft schnell.**

>> 5. Sentence adverbs

Sentence adverbs modify entire sentences and express the speaker's attitude toward the content of the whole.

Natürlich bin ich morgens müde.	*Of course* I'm tired in the morning.
Du hast **sicher** genug Geld.	You *surely* have enough money.
Leider habe ich keine Zeit mehr.	*Unfortunately* I have no more time.
Gott sei Dank ist es nicht mehr so heiß.	*Thank goodness* it's not so hot any more.
Du kannst mich **hoffentlich** verstehen.	*I hope* you can understand me.
Selbstverständlich mag ich Schokolade.	*Of course* I like chocolate.
Übrigens habe ich kein Geld mehr.	*By the way*, I don't have any more money.

27 Übung: Selbstverständlich! Answer these questions emphatically. Show that your answer is obvious by beginning it with **Selbstverständlich ...** or **Natürlich ...**

BEISPIEL: Lernen Sie Deutsch?
        Selbstverständlich lerne ich Deutsch!

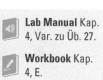

Lab Manual Kap. 4, Var. zu Üb. 27.

Workbook Kap. 4, E.

1. Frühstücken Sie bald?
2. Faulenzen Sie am Samstag?
3. Haben Sie Zeit für mich?
4. Möchten Sie nach Österreich?
5. Schwimmen Sie gern?
6. Spielen Sie gern Karten?

28 Partnerarbeit: Leider! Take turns asking each other these questions. Show that you regret having to answer yes by beginning your answer with **Ja, leider ...**

Regnet es noch? / Ja, leider regnet es noch.

1. Schneit es noch?
2. Hast du viele Fragen?
3. Bist du sehr müde?
4. Ist der Berg sehr steil?
5. Gehst du ohne mich?
6. Ist das Wasser zu kalt?

Tipps zum Vokabelnlernen

Masculine Nouns Remember that the names of the days of the week, the seasons, and the months are all masculine:

> der Montag (am Montag), der Dienstag (am Dienstag) usw.
> der Frühling (im Frühling), der Sommer (im Sommer) usw.
> der Januar (im Januar), der Februar (im Februar) usw.

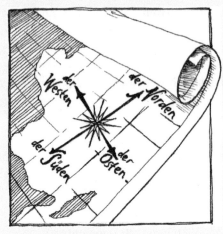

© Cengage Learning

The four points of the compass are also masculine:
> der Norden (im Norden), der Süden (im Süden), usw.

***The Prefix* Haupt-** This prefix is attached to nouns and adds the meaning *main, chief, primary, principal,* or *most important.*

die **Haupt**frage	*the main question*
die **Haupt**regionen	*the principal regions*
die **Haupt**rolle	*the leading role*
die **Haupt**stadt	*the capital city*
die **Haupt**straße	*the main street*

Lab Manual Kap. 4, Üb. zur Betonung.

Haupt is derived from Latin *caput* (head).

Remember to pronounce cognates like **mild** and **wild** according to the rules of German pronunciation.

Kolonie: Both this word and the city name Cologne (German **Köln**) are derived from Latin *colonia*. The Roman emperor Claudius named the city *Colonia Agrippinensis* in 50 AD after his wife, Agrippina. Its strategic position on the Rhine made it the capital of the Roman colony of *Germania Inferior.*

>> **Leicht zu merken**

die **Alpen**
barbarisch
die **Geographie**   Geogra*phie*
geographisch
die **Kolonie, -n**   Kolo*nie*
der **Kontrast, -e**   Kon*trast*
die **Kultur, -en**   Kul*tur*
mild
die **Region**   Regi*on*
der **Rhein**
wild
zirka

In German, rivers generally take the article **die**. Exceptions are **der Rhein, der Main, der Inn, der Lech, der Neckar,** and foreign rivers (**der Nil, der Mississippi**), except those ending in **-a** or **-e** (**die Themse, die Rhone**).

Children in Southern Germany learn this rhyme: **Iller, Isar, Lech und Inn / fließen zu der Donau hin.** See if you can find **die Isar, der Inn,** and **die Donau** on the endpaper maps.

Einstieg in den Text

Study this map of Germany and try to guess the meanings of the new words.

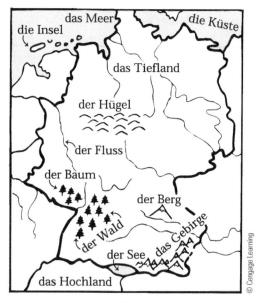

die Insel
das Meer
die Küste
das Tiefland
der Hügel
der Fluss
der Baum
der Berg
der Wald
der See
das Gebirge
das Hochland

© Cengage Learning

Was findet man im Norden? im Süden?
Wo ist die Küste? Wo ist das Hochland?

>> # Wortschatz 2

Tutorial Quiz
Audio Flashcards

Geographie und Landschaft

der **Baum, ⸚e** tree
der **Fluss, ⸚e** river
der **Hügel, -** hill
der **Wald, ⸚er** forest

> The obvious cognates in points of the compass and seasons (**der Herbst** → English *harvest*) recall common Germanic designations for time and space.

der **Norden** the North
der **Osten** the East
der **Süden** the South
der **Westen** the West
  im Süden (**im Norden usw.**) in the south (in the north, etc.)
das **Land, ⸚er** land; country
das **Meer, -e** ocean
das **Tal, ⸚er** valley
die **Landschaft, -en** landscape
die **Stadt, ⸚e** city

Verben

beschreiben to describe
fließen to flow
liegen to lie; to be situated
wandern to hike; to wander

Substantive

der **Fuß, ⸚e** foot
der **Schnee** snow
der **Wein, -e** wine
das **Bier, -e** beer
(das) **Italien** Italy
das **Klima** climate
das **Leben** life
das **Lied, -er** song
  das **Volkslied, -er** folk song
das **Märchen, -** fairy tale
die **Schweiz** Switzerland

Adjektive und Adverbien

bequem comfortable
flach flat
hoch high
immer noch / noch immer still
  (*intensification of* **noch**)
modern modern
nass wet, damp
schrecklich terrible
trocken dry

Nützlicher Ausdruck

zu Fuß gehen to go on foot

Gegensätze

bequem ≠ unbequem
  comfortable ≠ uncomfortable
modern ≠ altmodisch modern ≠
  old-fashioned
nass ≠ trocken wet ≠ dry

🔊 Deutschland: Geographie und Klima
1–29

Für die alten Römer° war° das Leben in der Kolonie Germania nicht sehr   *Romans / was*
bequem. Der Historiker° Tacitus (zirka 55 bis 115 n. Chr.°) beschreibt das Land   *historian / **n. Chr.** =*
als° kalt und neblig. Über die Germanen° schreibt er: „Sie sind ohne Kultur, haben   ***nach Christus** (AD)*
keine Städte und leben im Wald. Sie sind wild und barbarisch, wie ihr Land."   */ as / Germanic tribes*

5   Das moderne Deutschland liegt in Mitteleuropa und die „wilden Germanen[1]"
wohnen heute zum größten Teil° in der Stadt. Es gibt keinen Urwald° mehr,   ***zum...** for the most part*
aber der Wald ist immer noch typisch und wichtig für die Landschaft in   */ primeval forest*
Deutschland, Österreich und der Schweiz. Am Sonntag wandert man gern zu
Fuß durch die Wälder und die Kinder hören auch heute noch gern Märchen wie
10 „Hänsel und Gretel" oder „Schneewittchen[2]". In solchen° Märchen und auch in   *such*
deutschen Volksliedern spielt der Wald eine große Rolle.

    Auch das Klima in Deutschland ist Gott sei Dank nicht so schrecklich,
wie° Tacitus schreibt. Selbstverständlich ist es nicht so warm und sonnig   ***so ... wie** = as . . . as*
wie in Italien, aber das deutsche Klima ist eigentlich ziemlich mild. In den
15 Flusstälern wird es zum Beispiel im Winter nicht sehr kalt. Die großen Flüsse
– der Rhein, die Weser, die Elbe und die Oder – fließen durch das Land von°   *from*
Süden nach Norden. Nur die Donau° fließt von Westen nach Osten. Am Rhein   *the Danube River*
und an der° Donau trinkt man gern Wein; die Römer brachten° den Weinbau°   ***am** and **an der** = on the /*
nach Deutschland. Die Deutschen trinken also nicht nur Bier.   *brought / viniculture*

20   Es gibt in
Deutschland drei
geographische
Hauptregionen.
Im Norden ist das
25 Land flach und
fruchtbar° und ohne   *fertile*
viele Bäume. Hier
beeinflusst° das Meer   *influences*
– die Nordsee und die
30 Ostsee – Landschaft
und Klima. Diese
Region nennt man°   ***nennt ...** one calls*
das Norddeutsche
Tiefland°. In der Mitte   ***Norddeutsche ...** North German lowlands*

> Learning about the climate and geography of Germany is the cultural goal of this chapter.

Karl-Heinz Haenel/Bridge/Corbis

Weinberge (*Vineyards*) und Burgruine (*castle ruins*)
Landshut an der Mosel (Bernkastel-Kues)

> The word **Wein** (Latin *vinum*) is not of Germanic origin, but was introduced along with Roman viniculture. The word **Bier** comes from the Latin *bibere* (*to drink*). The Germanic word for *beer* is preserved in the English word *ale*, which was brewed without hops. It was the medieval cloister breweries that first added hops to the beverage.

[1] **Die Germanen** were the ancient tribes that the Romans called collectively *germani*. The word **Deutsch** comes from Old High German **diot** (*people*). The French applied the name of one tribe, the *alemanni*, to the whole people: *les Allemands*.
[2] *Snow White*. Other famous fairy tales are **Dornröschen** (*Sleeping Beauty*), **Rotkäppchen** (*Little Red Riding Hood*), **Aschenputtel** (*Cinderella*), and **Der Froschkönig** (*The Frog Prince*).

³⁵ des Landes° gibt es aber viele Hügel und kleine Berge. Diese Region heißt das Mittelgebirge°. Im Süden liegt das Hochgebirge° – die Alpen. Hier gibt es natürlich viel Schnee im Winter, denn° die Berge sind sehr hoch. Man sieht also, in Deutschland gibt es viele Kontraste: Stadt und Land, Wald und Feld°, Berge und Meer.

In ... In the middle of the country / central mountains / high mountains / because / field

Familienwanderung im Regen

Colin Monteath/ Age Fotostock/First Light

 Lab Manual Kap. 4, Diktat.

 Workbook Kap. 4, F, G, H.

>> Nach dem Lesen

A Antworten Sie auf Deutsch

1. Wie beschreibt Tacitus die Kolonie Germania?
2. Was ist immer noch typisch für die Landschaft in Deutschland?
3. Was macht man gern am Sonntag?
4. Wie ist das Klima in Deutschland?
5. Ist es so warm und sonnig wie in Italien?
6. Wie ist die Landschaft im Norden?
7. Wo gibt es im Winter viel Schnee?
8. Wie heißen die drei geographischen Hauptregionen?

👥 B Partnerarbeit: Märchen Take turns reading aloud these descriptions of well-known **Märchen**. Then match the descriptions with the silhouettes below. Use context to help you guess unknown vocabulary.

1. Vier Freunde – ein Esel, ein Hund, eine Katze und ein Hahn – sind alt und können nicht mehr arbeiten. Also gehen sie zusammen nach Bremen. Dort wollen sie Straßenmusikanten werden und so ihr Brot verdienen.

2. Eine Frau isst Rapunzeln (*lamb's lettuce, a leafy salad vegetable*) aus dem Garten ihrer Nachbarin. Diese Nachbarin ist aber eine Hexe. Die Hexe nimmt die erstgeborene Tochter der Frau und schließt sie in einen Turm.

3. Ein kleines Mädchen bringt ihrer kranken Großmutter Kuchen und Wein. Sie muss durch einen Wald, aber im Wald wartet ein Wolf. Der Wolf frisst die Großmutter und das Mädchen auf.

4. Eine Familie ist sehr arm und hat nicht genug zu essen. Die Stiefmutter zwingt den Vater, seine Kinder im Wald zu lassen. Bruder und Schwester finden dort ein kleines Haus aus Brot, Kuchen und Zucker. Dort wohnt aber eine böse Hexe und sie will die Kinder essen.

Scherenschnitte (*silhouettes*) von Dora Polster, 1911

Free writing in German

This is the first time you will write a short essay in German.

► Expect your writing to be on a much simpler level than in English.
► Do not first think of what you want to say in English and then translate it into German. This never produces good writing.
► Instead, try to formulate your thoughts in German from the outset, using structures and vocabulary you know. In the following essay, for instance, you will have to confine yourself to the present tense.
► Begin by reviewing vocabulary you have recently learned and see how you can incorporate it into your essay.

➤ **Schreiben wir mal: Fantasiefrage – Tacitus modern** Write in the voice of the Roman historian Tacitus. You have updated your impressions of ancient *Germania* to reflect modern **Deutschland**. Write half a page on the country, telling what people in Germany still (**noch**) do or no longer (**nicht mehr**) do (refer to **Note on Usage**, p. 98). What plays a role in modern life? How do you like the cities, the wine, etc.? (Do not confuse the ancient **Germanen** with **die Deutschen** of today.)

NOTE ON SPELLING

You can create special characters using Microsoft Word for either Windows or Macintosh using one of these methods.

Method 1

	Windows	Macintosh
ä, ö, ü	(CTRL + [shift] + colon) + a, o, *or* u	(OPTION + u) + a, o, *or* u
Ä, Ö, Ü	(CTRL + [shift] + colon) + [shift] + a, o, *or* u	(OPTION + u) + [shift] + a, o, *or* u
ß	(CTRL + [shift] + &) + s	(OPTION + s)

Method 2

Alternatively, you can use the following combinations on any computer with a number pad, as long as "NumLock" is on:

ä = ALT + 132   Ö = ALT + 153

ö = ALT + 148   Ü = ALT + 154

ü = ALT + 129   ß = ALT + 225

Ä = ALT + 142   € (Euro symbol) = ALT + 0128

C **Wie sagt man das auf Deutsch?**

1. The sun is shining and the water is warm. Let's go swimming.
2. I don't want to go swimming yet. Go without me.
3. But I don't like to swim alone.
4. Do you like the winter, Stefan?
5. No, I don't like it any more.
6. I don't like to walk through the snow.
7. Wait here, Elias and Eva.
8. We don't want to wait.
9. I hope that you still have money.
10. Unfortunately, I don't have any more money.
11. Can you do something for me?
12. Gladly, but I have to go home at three o'clock.

Discussing weather, climate, and landscape is a communicative goal.

This vocabulary focuses on an everyday topic or situation. Words you already know from the **Wortschatz** sections are listed without English equivalents; new supplementary vocabulary is listed with definitions. Your instructor may assign some supplementary vocabulary for active mastery.

▷ VOKABELN IM ALLTAG: GEOGRAPHIE, LANDSCHAFT UND KLIMA

You already know some of these words from **Kapitel 1**.

Klima und Wetter

der **Nebel** *fog, mist*
  neblig
der **Regen** *rain*
  regnerisch *rainy*
  Es regnet.
der **Schnee**
  Es schneit.
die **Luft** *air*
die **Sonne**
  sonnig
der **Wind** *wind*
  windig
die **Wolke** *cloud*
  wolkig
kalt ≠ heiß
mild
nass ≠ trocken *wet ≠ dry*
warm ≠ kühl

Geographie und Landschaft

der **Baum, ¨e**
der **Berg, -e**
  bergig *mountainous*
der **Hügel**
  hügelig *hilly*
der **Wald, ¨er**
das **Meer, -e**
das **Tal, ¨er**
die **Insel, -n** *island*

A Gruppenarbeit: Sprechen wir über Klima und Landschaft Beschreiben wir diese vier Landschaften.

B Partnerarbeit: Landschaft und Klima, wo ich wohne Find out where your partner comes from and ask about the climate and geography there.

BEISPIEL: Woher kommst du?
Wie ist das Klima ...?
Und im Sommer ...?
Wie ist die Landschaft dort?

Schloss Lichtenstein (auf der Schwäbischen Alp, Baden-Württemberg)

Web Search

The Common Origin of German and English

Although Tacitus thought the Germanic tribes had "always been there," in fact, they originated in the region of southern Scandinavia and the North Sea around the second millennium BC. Later, as the Roman Empire began to collapse in the fourth century AD, the Germanic peoples migrated farther south and west, a movement that continued for nearly two hundred years. The Romans temporarily halted Germanic expansion southward with fortifications called the **limes**, literally the "limits" or boundaries of their empire. Remains of the **limes** can still be seen today. Contemporary dialects and regional differences within the German-speaking countries have their origins in the various Germanic tribes of the early Middle Ages.

Thanks to the migration of the Germanic Angles and Saxons to the British Isles in the fifth century AD, the Germanic language that was to evolve into modern English was introduced there. German and English thus share a common origin. Some other languages included in the Germanic family are Dutch, Flemish, Norwegian, Swedish, Danish, Icelandic, and Yiddish. You will easily recognize cognates (words that have the same etymological root) in English and German, although different meanings may have developed. These words can be readily identified once you know about some regularly occurring consonant shifts. Try guessing the English equivalents for the words on the next page:

Schulstunde in Germania (römisches Relief aus Neumagen an der Mosel)

German	English	Related words
z	t	zehn = *ten*
		Herz =
ss	t	Wasser =
		groß =
pf	p	Pflanze =
ff	p or pp	Schiff =
		Pfeffer und Salz =
ch	k	machen =
		Milch =
t	d	Tag =
		Tür =
d	th	du =
		drei =
		Pfad =

Trajan's Column (Rome) was erected in 113 A.D. to commemorate the emperor Trajan's victory over the Dacians who inhabited the lower Danube region.

Hochdeutsch (*High German*) is the official, standardized language of the German-speaking countries. It is the language of the media, the law, and education, and is based on written German (**Schriftdeutsch**). Educated native speakers are bi-dialectal, knowing their local dialect and High German, which they speak with various regional accents.

Rückschau: Was habe ich gelernt?

	No problem.	Almost there.	Needs more work.	See pages
1. I know which prepositions take the accusative case.				102
2. I can use time phrases in the accusative case to say when, for how long, and how often things happen.				104
3. I can make suggestions and give commands to a close friend, a group of friends, and to adults I don't know well.				105–110
4. I can talk about things I like and say what I like to do.				112–113
5. I know some basic facts about German geography and can describe climate and landscape.				116–119, 122

Kapitel 5

Arbeit und Freizeit

Henry Schmitt/Fotolia LLC

Kommunikation

- Asking about prices
- Showing, giving, and telling things to people
- Talking about work, careers, and free time

Kultur

- How Germans spend their work and leisure time

In diesem Kapitel

- **Lyrik zum Vorlesen**
  Georg Weerth, „Die gold'ne Sonne"

- **Grammatik**
  1. Dative case
  2. Dative personal pronouns
  3. Word order of nouns and pronouns
  4. Prepositions with the dative case
  5. Verbs with separable prefixes
  6. Verbs with inseparable prefixes

- **Lesestück**
  Drei Deutsche bei der Arbeit

- **Vokabeln im Alltag**
  Berufe

- **Almanach**
  Freizeitbeschäftigungen (*leisure activities*)

◀ In der Buchhandlung

Lehrling = *apprentice*, colloquially called **Azubi** (acronym for the official term **Auszubildender** = *person to be trained*). The nouns **Lehrling** and **Azubi**, both masculine, apply to both males and females. In the German-speaking countries, there is an extensive system of apprenticeship in jobs not requiring higher education. Young people who are not going on to the university, whether they want to go into retail sales or to become skilled craftsmen, divide their week between classes in trade school and apprenticeships in business and industry.

€ 6,75 is pronounced **sechs Euro fünfundsiebzig.**

1–30

>> Der neue Bäckerlehrling

Morgens um 6.00. Georg macht die Bäckerei auf.

LUKAS: Morgen. Ich heiße Lukas Holst. Ich fange heute bei euch an.

GEORG: Freut mich. Mein Name ist Georg. Den Chef lernst du gleich kennen.

LUKAS: Alles klar. Seit wann arbeitest du denn hier?

GEORG: Erst seit einem Jahr. Komm jetzt mit und ich zeige dir den Laden.

1–31

>> Beim Bäcker

VERKÄUFERIN: Was darf's sein, bitte?

KUNDIN: Geben Sie mir bitte sechs Brötchen und ein Bauernbrot.

VERKÄUFERIN: (*Sie gibt ihr das Brot.*) So, bitte sehr. Sonst noch etwas?

KUNDIN: Sind diese Brezeln frisch?

VERKÄUFERIN: Selbstverständlich, von heute Morgen.

KUNDIN: Dann nehme ich sechs Stück. Wie viel kostet das bitte?

VERKÄUFERIN: Das macht zusammen € 6,75, bitte sehr.

KUNDIN: Danke. Auf Wiedersehen.

VERKÄUFERIN: Wiedersehen.

>> Schule oder Beruf?
1–32

VATER: Warum willst du denn jetzt die Schule verlassen? Deine Noten sind ja ganz gut und du hast nur noch ein Jahr.

TOM: Aber das Abitur brauch' ich nicht. Ich will ja Automechaniker werden.

VATER: Sei nicht so dumm! Als Lehrling verdienst du wenig.

TOM: Aber ich hab' die Nase einfach voll. Ich möchte lieber mit den Händen arbeiten.

VATER: Quatsch! Du schaffst das Abitur und ich schenke dir ein Motorrad. Einverstanden?

TOM: Hmmm.

NOTE ON USAGE

Seit wann? For a situation that began in the past but still continues, English uses the perfect tense (*have worked*). German uses the present (**arbeitest**).

Seit wann **arbeitest** du hier?   *How long **have** you **been working** here?*
    *How long **have** you **worked** here?*

>> Wortschatz 1

Tutorial Quiz
Audio Flashcards

Berufe

der **Automechaniker, -** / die
Automechanikerin, -nen auto
mechanic (*m./f.*)
der **Bäcker, -** / die **Bäckerin, -nen**
baker (*m./f.*)
der **Bauer, -n** / die **Bäuerin, -nen**
farmer (*m./f.*)
der **Chef, -s** / die **Chefin, -nen**
boss (*m./f.*)
der **Job, -s** job
der **Lehrling, -e** apprentice (*m./f.*)
der **Verkäufer, -** / die **Verkäuferin,
-nen** salesperson (*m./f.*)

Verben

See p. 139 for an explanation of the
raised dot in **an·fangen** and other
verbs.

an·fangen (fängt an) to begin,
start
an·kommen to arrive
an·rufen to call up
auf·hören (mit etwas) to cease,
stop (doing something)
auf·machen to open
auf·stehen to stand up; to get up;
to get out of bed
kennen·lernen to get to know;
to meet
kosten to cost
mit·kommen to come along
schenken to give (*as a gift*)
stehen to stand
verlassen (verlässt) (*trans.*) to
leave (*a person or place*)
zeigen to show

Substantive

der **Euro, -s** euro (€)
der **Kunde, -n** customer (*m.*)
der **Laden, ⸚** shop, store
der **Name, -n** name
Wie ist Ihr Name? What is your
name?

das **Abitur** *final secondary school
examination*
das **Brot, -e** bread
das **Bauernbrot** country rye
bread
das **Motorrad, ⸚er** motorcycle
das **Stück, -e** piece
sechs Stück six (*of the same
item*)
die **Bäckerei, -en** bakery
die **Brezel, -n** soft pretzel
die **Hand, ⸚e** hand
die **Kundin, -nen** customer (*f.*)
die **Nase, -n** nose
die **Note, -n** grade

Adjektive und Adverbien

dumm dumb
einfach simple, easy
erst not until; only
fertig (mit) done, finished (with);
ready
frisch fresh
gleich right away, immediately
heute Morgen this morning
voll full

Präpositionen mit Dativ

These eight prepositions are
followed by the dative case. See
Grammatik: 1. Dative case.

aus out of; from
außer except for; besides, in
addition to
bei at; at the home of
bei euch with you, at your place
(*i.e., where you work or live*)
mit with
nach after; to (*a city or country*)
seit since (*temporal*)
von from; of; by
zu to

Andere Vokabeln

als as a
als Lehrling as an apprentice
als Kind as a child
dir (to *or* for) you
euch (to *or* for) you (*pl.*)
wem? (to *or* for) whom?
wie viel? how much?

Nützliche Ausdrücke

Alles klar. (*colloq.*) all right; okay
Bitte sehr. Here it is.; There you
are.
Das macht zusammen ... All
together that comes to . . .
Einverstanden. Agreed. It's a
deal. O.K.
(Es) freut mich. Pleased to meet
you.
Ich habe die Nase voll. I'm fed
up. I've had it up to here.
Sonst noch etwas? Will there be
anything else?
Quatsch! Nonsense!
Was darf es sein? What'll it be?
May I help you?

Gegensätze

an·fangen ≠ **auf·hören** to start ≠
to stop
auf·machen ≠ **zu·machen** to
open ≠ to close
dumm ≠ **klug** dumb ≠ smart,
bright
einfach ≠ **schwierig** simple ≠
difficult
voll ≠ **leer** full ≠ empty

Mit anderen Worten

das Abi = **das Abitur**
(*Schülerslang*)
blöd = **dumm**

A Persönliche Fragen

1. Um sechs Uhr morgens macht Georg die Bäckerei auf. Was machen Sie um sechs Uhr morgens?
2. Lukas lernt den Chef gleich kennen. Wen möchten *Sie* kennenlernen?
3. Sechs Brötchen, sechs Brezeln und ein Bauernbrot kosten € 6,75. Was kosten zwölf Brötchen, zwölf Brezeln und zwei Bauernbrote?
4. Tom hat nur noch ein Jahr und dann ist er mit der Schule fertig. Wie viele Jahre haben Sie noch an der Universität?
5. Tom sagt, das Abitur braucht er nicht. Was brauchen *Sie* nicht?
6. Tom arbeitet gern mit den Händen. Arbeiten Sie auch gern mit den Händen?
7. Der Vater schenkt Tom ein Motorrad. Was schenkt Ihnen Ihr Vater? Er schenkt mir _____.

B Partnerarbeit: Hoffentlich habe ich genug Geld. Das neue Semester beginnt bald. Sie müssen viel kaufen, aber Sie haben nur €150. Was wollen Sie denn kaufen? (Partner A spielt den Verkäufer oder die Verkäuferin, Partner B spielt die Kundin oder den Kunden.)

Asking about prices is a communicative goal.

A: Guten Tag. Was darf's denn sein, bitte?

B: Zeigen Sie mir bitte _____.

A: Bitte sehr.

B: Was kostet denn _____?

A: Das kostet _____.

B: Ich möchte gern _____, _____ und _____ kaufen.

A: Das macht zusammen € _____, bitte sehr.

€130

€26,-

€4,20

der Füller

€2,10

€75,-

Das Große Kochbuch

€ 19,50

C **Gruppenarbeit: Mit anderen Worten.** The class forms two teams. The instructor says a sentence, and the first team to think of a more colorful or colloquial way to say the same thing gets a point.

BEISPIEL: Heute ist es *sehr, sehr* kalt.

Heute ist es *wahnsinnig* kalt.

1. Der Film ist *sehr langweilig*.
2. Ich schenke meiner *Großmutter* ein Foto von mir.
3. Barbaras VW ist *sehr* alt.
4. Die Autos fahren *sehr schnell* durch die Stadt.
5. Heute bin ich *sehr, sehr müde*.
6. Die Berge in Österreich sind *sehr schön*.

Web Link

🔊 LYRIK ZUM VORLESEN
1–33

Georg Weerth (1822–1856) was the son of a Lutheran pastor. He worked for a textile firm and lived in England for three years, where he became a friend of Friedrich Engels. Weerth was sympathetic to the plight of factory workers during the Industrial Revolution and when he returned to Europe, he also met and befriended Karl Marx. Weerth died of a fever while on a business trip to Cuba and is buried in Havana.

Die gold'ne Sonne

Die gold'ne Sonne hat	*The golden sun has*
Sich nun hinwegbegeben,	*now gone away,*
Und über der grauen Stadt	*And above the gray town*
Die Abendwolken schweben.	*The evening clouds are floating.*
Die Glocken, groß und klein,	*The bells, large and small,*
Geben ein lieb Geläute -	*Give a sweet ringing—*
Laßt nun die Arbeit sein,	*Now leave off your work,*
Es ist genug für heute.	*It is enough for today.*

—Georg Weerth, *Die gold'ne Sonne.*

George Weerth

Grammatik

>> 1. Dative case (*der Dativ*)

Tutorial Quiz

The word *dative* comes from **datus**, a form of the Latin verb **dare** (*to give*). This etymology highlights a main function of the dative: to designate the receiver of something given.

DEFINITION

What is an indirect object?

An *indirect object* is the person or thing *for* whom an action is performed or *to* whom it is directed.

The dative case is the case of the indirect object in German:

Sie gibt **ihr** das Brot.
{ *She gives **her** the bread.*
{ *She gives the bread **to her**.*

Ich zeige **meinem Freund** den Laden.
{ *I'm showing **my friend** the store.*
{ *I'm showing the store **to my friend**.*

English can designate the indirect object in two ways: *gives **her** the bread, shows **him** the store*, OR *gives the bread **to her**, shows the store **to him**.* German does *not* use a preposition ("to" in English) to show the indirect object, which is signaled by the dative case alone.

1 **Übung** Identify the direct object and the indirect object in the following English sentences.

1. We owe him a debt of gratitude.
2. I bought my father a necktie.
3. Tell me what you think.
4. We're cooking spaghetti for the kids.
5. Peel me an apple.
6. To whom did you say that?

Here are some German verbs you already know that can take a dative and an accusative object in the same sentence: **sagen (Sag mir etwas), geben (Ich gebe dir 2 Euro), kochen, tragen, schreiben, singen, kaufen, verkaufen, beschreiben, schenken, zeigen.**

Showing, giving, and telling things to people are communicative goals.

The indirect object in German (*das indirekte Objekt*)
Here are a few more examples of sentences with indirect objects:

Ich kaufe **dir** einen Laptop.
{ *I'll buy **you** a laptop.*
{ *I'll buy a laptop **for you**.*

Sag **der Lehrerin** guten Morgen.
{ *Tell **the teacher** good morning.*
{ *Say good morning **to the teacher**.*

Er gibt **seinem Sohn** das Geld.
{ *He's giving **his son** the money.*
{ *He's giving the money **to his son**.*

The German case system allows great flexibility in word order. The following sentences all say basically the same thing, with some minor shifts in emphasis.

Sie gibt **ihrer Tochter das Geld.**
Sie gibt **das Geld ihrer Tochter.**
Das Geld gibt sie **ihrer Tochter.**
Ihrer Tochter gibt sie **das Geld.**

In order to find your way through such sentences, you need to learn the forms of the dative case—essentially three new endings for articles and possessive adjectives, as well as the dative forms of the pronouns.

Dative endings

This table shows the three dative endings (**-em** for both masculine and neuter, **-er** for feminine, and **-en** for plural). The nominative and accusative articles are included for comparison.

Dative case	masculine	neuter	feminine	plural
nominative accusative	der Vater den Vater	das Kind	die Frau	die Leute
dative	-em **dem** Vater dies**em** Vater ein**em** Vater unser**em** Vater	-em **dem** Kind dies**em** Kind ein**em** Kind dein**em** Kind	-er **der** Frau dies**er** Frau ein**er** Frau sein**er** Frau	-en -n **den** Leut**en** dies**en** Leut**en** kein**en** Leut**en** mein**en** Leut**en**

> Note that **-em** is the dative ending for both masculine and neuter articles.

All nouns in the dative plural add an **-n** to the noun itself (**den** Leute**n**, **den** Hände**n**), except for those plural nouns already ending in **-n** (**den** Fraue**n**) or **-s** (**den** Hotel**s**).

FRAGEWÖRTER

wer?	*who?*
wen?	*whom?* (direct object)
wessen?	*whose?*
wem?	*to* or *for whom?* (indirect object)

Wem geben Sie das Geld?
- **To whom** are you giving the money?
- **Who(m)** are you giving the money to?

Berlin, das Reichstagsgebäude

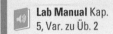

Lab Manual Kap.
5, Var. zu Üb. 2

2 **Übung: Wem soll sie es geben?**

A. Nadine kann ihr Brötchen nicht essen. Wem soll sie es geben?

BEISPIEL: die Lehrerin
Sie soll es der Lehrerin geben.

Feminine nouns

1. ihre Freundin
2. ihre Schwester
3. die Professorin
4. die Chefin

B. Hasan hat ein neues Auto. Wem will er es zeigen?

BEISPIEL: sein Kind
Er will es seinem Kind zeigen.

Neuter and masculine nouns

1. sein Freund
2. der Lehrer
3. sein Onkel
4. der Automechaniker

C. Pawel geht einkaufen (*shopping*). Wem soll er etwas kaufen?

BEISPIEL: die Lehrer
Er soll den Lehrern etwas kaufen.

Nouns in the plural

1. diese Leute
2. die Studenten
3. seine Freunde
4. seine Eltern

3 **Kettenreaktion: Wem schenkst du den Pulli?** Sie kaufen einen schönen Pulli für jemand in Ihrer Familie. Wem schenken Sie ihn?

BEISPIEL: A: Wem schenkst du den Pulli?
B: Meiner Schwester. Wem schenkst *du* den Pulli?
C: Mein- _____. Wem ...?

To review family
vocabulary, see
pp. 45, 59.

4 **Übung: Wie sagt man das auf Deutsch?** Benutzen Sie (*Use*) den **du**-Imperativ.

BEISPIEL: Buy the child a book. **Kauf dem Kind ein Buch.**

1. Buy your sister a book.
2. Give my parents the money.
3. Describe the problem to the mechanic.
4. Write your mother a card.
5. Cook the food for your friends.
6. Show my friend the city.

>> 2. Dative personal pronouns

This table of dative personal pronouns includes the nominative and accusative forms for comparison.

Singular				Plural			
nom.	acc.	dat.		nom.	acc.	dat.	
ich	mich	**mir**	to/for me	wir	uns	**uns**	to/for us
du	dich	**dir**	to/for you	ihr	euch	**euch**	to/for you
er	ihn	**ihm**	to/for him				
es	es	**ihm**	to/for it	sie	sie	**ihnen**	to/for them
sie	sie	**ihr**	to/for her	Sie	Sie	**Ihnen**	to/for you

Note the similarities between the third-person dative pronouns and the dative endings of articles.

ihm → **dem** Mann
ihr → **der** Frau
ihnen → **den** Freunden

5 **Übung: Wem kaufen Sie es?** Sie wollen einem Freund oder einer Freundin ein Poster kaufen. Ihre Professorin möchte wissen, **wem** Sie es kaufen.

BEISPIEL: Wem kaufen Sie das Poster? (*points to a male student*)
Ich kaufe es *ihm*.

Lab Manual Kap. 5, Var. zu Üb. 5.

Workbook Kap. 5, A, B, C.

6 **Gruppenarbeit: Was zeigst du mir?** (*4 oder 5 Personen*) Use a verb from the list below to ask other students what they are going to do for you. Other students use a noun from the list to answer. After asking each person in the group, a new questioner starts over with a different verb.

BEISPIEL:

Was kaufst du mir?

Ich kaufe dir einen Fernseher.

Monkey Business Images, 2009/Used under license from Shutterstock.com

beschreiben	5 Euro	Brezel	Uhr
geben	Fotos	Suppe	Buch
kaufen	Reise nach	Brot	Motorrad
kochen	Berlin	Hemd	Zeitung
schenken	Auto	Tasche	
verkaufen	Frühstück	Brötchen	
zeigen	Stadt	Mantel	

Arbeit und Freizeit **135**

3. Word order of nouns and pronouns

Verbs like **geben**, **schenken**, **sagen**, and **zeigen** often have two objects. The indirect object in the dative usually comes first, followed by the direct object in the accusative.

Ich zeige **meiner Freundin** **den Laden**.	*I'm showing my girlfriend the shop.*

However, if one of the objects is a pronoun, it comes first, as in English.

Ich zeige **ihr den Laden**.	*I'm showing her the shop.*
Ich zeige **ihn meiner Freundin**.	*I'm showing it to my girlfriend.*

If both objects are pronouns, the direct object comes first—again, as in English.

Ich zeige **ihn ihr**.	*I'm showing it to her.*

Personal pronouns that are not in the first position come *immediately after the verb*.

Note the 3rd example: the direct-object pronoun **uns** even precedes the noun subject.

Ich gebe **ihm** mein Buch.	*I'll give **him** my book.*
Ich gebe **es** meinem Bruder.	*I'll give **it** to my brother.*
Kann **uns** dein Opa anrufen?	*Can your grandpa phone **us**?*

Personal pronouns following the verb come in the order *nominative, accusative, dative*. Again, this is just like English word order: *subject pronoun, direct-object pronoun, indirect-object pronoun*.

Ich gebe **es Ihnen** heute.	*I'll give **it to you** today.*
Heute gebe **ich es Ihnen**.	*Today **I'll** give **it to you**.*

Lab Manual Kap. 5, Var. zu Üb. 7.

Workbook Kap. 5, D.

7 **Übung: Wem schenken Sie das Buch?** You've bought copies of your favorite novel as presents. Your instructor will ask to whom you're giving them. Answer the questions affirmatively, using pronouns.

BEISPIEL: Wem schenken Sie das Buch? Schenken Sie es Ihrer Mutter?
    Ja, ich schenke es ihr.

Wem schenken Sie das Buch? Schenken Sie es ...

1. Ihrem Vater?	3. Ihrem Freund?	5. mir?
2. den Kindern?	4. Ihrer Cousine?	6. uns?

Remember that **nicht** follows all personal pronouns (see p. 81): **Ich gebe** *sie dir* **nicht.**

8 **Partnerarbeit: Gibst du mir etwas?** Take turns asking each other for various things. Your partner is either willing or unwilling to give them to you.

Gibst du mir deine Uhr?

Ja, ich gebe sie dir.

oder:

Nein, ich gebe sie dir nicht.

4. Prepositions with the dative case (*Präpositionen mit Dativ*)

The dative case is also used for the object of the following prepositions.

> As with the list of accusative prepositions (p. 102), learn the list of dative prepositions, below, until you can repeat it in your sleep. Mnemonic: you can sing this list to the tune of the *Blue Danube Waltz.*

aus	*out of*	Sie sieht **aus dem Fenster.**	*She's looking out of the window.*
	from (native country, city, or region)	Ich komme **aus Toronto.**	*I'm from Toronto.*
außer	*except for*	**Außer ihm** sind wir alle hier.	*We're all here except for him.*
	besides, in addition to	**Außer ihm** wohnt auch sein Bruder hier.	*In addition to him, his brother lives here too.*
bei	*in the home of*	Ich wohne **bei meiner Tante.**	*I live at my aunt's.*
	at	Er ist **bei der Arbeit.**	*He's at work.*
mit	*with*	Ich arbeite **mit den Händen.**	*I work with my hands.*
nach	*after*	**Nach der Arbeit** faulenze ich oft gern.	*After work I often like to take it easy.*
	to (with country and city names)	Wir fahren **nach England.**	*We're going to England.*
seit	*since* (referring to time)	**Seit dem Tag** esse ich nur noch vegetarisch.	*Since that day I've been a vegetarian.*
von	*from*	Das Buch habe ich **von meiner Mutter.**	*I got that book from my mother.*
	of	Er ist ein Freund **von mir.**	*He's a friend of mine.*
	by	Das ist ein Buch **von Hermann Hesse.**	*That's a book by Hermann Hesse.*
zu	*to* (people and some locations)	Ich gehe **zur Schule** und dann komme ich **zu dir.**	*I'm going to school and then I'll come to your house.*

> For more on **seit**, see *Note on Usage*, p 128.

Contractions

The following contractions are standard.

bei dem	→	**beim**	Brezeln kaufe ich immer **beim** Bäcker.
von dem	→	**vom**	Ich komme gerade **vom** Chef.
zu dem	→	**zum**	Ich muss schnell **zum** Professor.
zu der	→	**zur**	Ich gehe jetzt **zur** Schule.

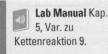

Lab Manual Kap.
5, Var. zu
Kettenreaktion 9.

Workbook Kap.
5, E.

9   Kettenreaktion: Zu wem gehst du? Say whom you are going to see, then ask another student.

BEISPIEL: A: Zu wem gehst du?
  B: Ich gehe zu meiner Familie. Zu wem gehst *du*?
  C: Ich gehe zum Bäcker. Zu wem ...?

Automechaniker	Bäckerin	Freund
Professorin	Automechanikerin	Chefin
Professor	Eltern	Familie
Chef	Freundin	Bäcker

10   Partnerarbeit: Bei wem wohnst du? Sie sind alle Studenten in Tübingen. Sie wohnen aber nicht im Studentenwohnheim (*dormitory*). Sagen Sie Ihrem Partner, bei wem Sie wohnen.

BEISPIEL: A: Bei wem wohnst du?
  B: Bei meinem Onkel.

Tante	Freundin	Bruder	Großeltern
Familie	Vater	Freund	Frau König

11   Übung: Mit wem gehen Sie schwimmen? Sie gehen mit Freunden aus der Deutschstunde schwimmen. Sagen Sie, mit wem Sie schwimmen gehen.

BEISPIEL: PROFESSOR/IN: Mit wem gehen Sie schwimmen?
  STUDENT/IN: (*points to one or more other students in the class or to teacher*) Mit ihr/ihm/ihnen/Ihnen.

12   Übung Fill in the blanks in this narrative with the correct dative ending or dative personal pronoun.

Ich wohne seit ein-_____ Monat bei mein-_____ Tante in Tübingen. Mit _____ (*her*) gehe ich fast jeden Tag einkaufen. Sie bekommt oft Briefe von ihr-_____ Freunden und ihr-_____ Bruder. Sie schreibt _____ (*them*) oft Postkarten mit Fotos von d-_____ Stadt. Nach d-_____ Seminar gehe ich mit mein-_____ Freunden Fußball spielen.

>> 5. Verbs with separable prefixes

The meanings of many English verbs are changed or modified by the addition of another word.

to find → to find out
to hang → to hang around
to look → to look up

The meanings of many German verbs are also modified—or even changed completely—by the addition of a prefix.

stehen	to stand	→	**auf**stehen	to stand up; get out of bed
kommen	to come	→	**mit**kommen	to come along
hören	to hear	→	**auf**hören	to cease, stop
fangen	to catch	→	**an**fangen	to begin

Similarly:

ankommen	to arrive	**kennen**lernen	to get to know, meet
anrufen	to call up	**zurück**kommen	to come back
aufmachen	to open		

In pronunciation, the primary stress falls on the prefix (**án**kommen, **áuf**hören). In the present tense and the imperative, the prefix is *separated* from the verb and placed at the end of the sentence or clause.

Ich **stehe** morgen sehr früh **auf**.	*I'm getting up very early tomorrow.*
Wann **stehst** du **auf**?	*When are you getting up?*
Stehen Sie bitte **auf**!	*Please get up!*
Steht ihr denn bald **auf**?	*Are you getting up soon?*

The prefix is *not* separated in the infinitive form of the verb, e.g. when it is used with a modal verb:

Without a modal
Er **fängt** morgen **an**.
Sie **kommt** bald **zurück**.

With a modal
Er soll morgen **anfangen**.
Sie möchte bald **zurückkommen**.

"The Germans have an inhuman way of cutting up their verbs. Now a verb has a hard enough time of it in this world when it's all together. It's downright inhuman to split it up. But that's just what those Germans do. They take part of a verb and put it down here, like a stake, and they take the other part of it and put it away over yonder like another stake, and between these two limits they just shovel in German."

Mark Twain

from: *The Disappearance of Literature (1900)*

Matthew W. Hansen

Separable prefixes are indicated in the **Wortschatz** sections by a raised dot between the prefix and the root verb: **an•fangen**. This symbol is used throughout the textbook whenever new separable-prefix verbs are introduced. (Note that this dot is not part of the word, and it is not used in German spelling.)

Lab Manual Kap.
5, Var. zu Üb.
13, 14,

Workbook Kap.
5, F, G.

13 **Übung** Ihre Professorin sagt, Sie sollen etwas machen. Antworten Sie, Sie können es nicht machen.

BEISPIEL: Fangen Sie doch heute an.
　　　　Ich kann heute nicht anfangen.

1. Hören Sie doch auf.
2. Kommen Sie doch mit.
3. Machen Sie das Fenster auf.

4. Rufen Sie doch Ihre Mutter an.
5. Stehen Sie bitte auf.
6. Kommen Sie heute zurück.

14 **Übung** Ihr Professor sagt, Sie müssen etwas machen. Sie antworten, Sie sind einverstanden.

BEISPIEL: Sie müssen um sieben aufstehen.
　　　　Alles klar! Ich stehe um sieben auf.

1. Sie müssen jetzt anfangen.
2. Sie müssen früh aufstehen.
3. Sie müssen um acht aufmachen.

4. Sie müssen Helena anrufen.
5. Sie müssen aufhören.
6. Sie müssen gleich mitkommen.

15 **Partnerarbeit: Mach das bitte für mich.**

A. Aufmachen Partner A asks partner B to open (**aufmachen**) various things, and B agrees.

BEISPIEL: A: Mach doch _____ auf.
　　　　　B: Gut, ich mache _____ auf.

B. Anrufen Partner B tells A to call up (**anrufen**) various relatives and friends. Partner A doesn't want to.

> Ruf doch deine Tante an!

> Aber ich will meine Tante nicht anrufen.

Onkel	Chefin	Freundin	Lehrer
Bruder	Schwester	Großeltern	Professorin
Mutter	Vater	Geschwister	

C. Um 7 Uhr Partner A wants to know when B is going to do various things. Partner B answers with the time.

BEISPIEL: A: Wann kommst du denn zurück?
B: Ich komme um 7 zurück.

ankommen	mit deiner Arbeit aufhören
zurückkommen	morgen aufstehen
anfangen (fängst ... an)	den Chef kennenlernen

16 **Schreiben wir mal: Der Arbeitstag** Jannik hat einen neuen Job. Er schreibt seinen Eltern und beschreibt ihnen einen typischen Arbeitstag. (*Use the cues to reconstruct his letter.*)

aufstehen / morgens / 7.00
Arbeit / anfangen / 8.30
ich / arbeiten / mit / mein Freund Luca / zusammen
Laden / zumachen / 6.00
nach / Arbeit / ich / gehen / Bier / trinken
nach / Essen / anrufen / meine Freundin Katrin
abends / ich / sein / todmüde

Liebe Mutti, lieber Vati,

_____

_____

_____

_____

_____

_____

_____

Euer Jannik

>> 6. Verbs with inseparable prefixes

There are also German verbs with *inseparable* prefixes. These prefixes *never* separate from the root verb. You can tell them from separable prefixes in these ways:

- They are *never* stressed: **bed<u>eu</u>ten**, **verd<u>ie</u>nen**.
- The prefixes have no independent meaning. (Separable prefixes usually resemble other parts of speech, such as prepositions [**mit**kommen] or adverbs [**zurück**kommen]).

The inseparable prefixes are: **be-**, **emp-**, **ent-**, **er-**, **ge-**, **ver-**, and **zer-**. Here are the verbs with inseparable prefixes that you have already learned:

bedeuten	besitzen	verdienen
beginnen	besprechen	verlassen
bekommen	besuchen	verstehen
beschreiben	entscheiden	

---

17 **Übung** Say these verb pairs aloud to practice the difference between stressed separable prefixes and unstressed inseparable prefixes. Then complete the following sentences with the appropriate verb.

Inseparable	**Separable**
verstehen	**auf**stehen
beschreiben	**auf**schreiben (*to write down*)
gehören (*to belong to*)	**auf**hören
bekommen	**mit**kommen
erfahren (*to find out*)	**ab**fahren (*to depart*)

1. Ich _____ dich nicht.   (*understand*)
   Ich _____ um 7 Uhr _____.   (*get up*)
2. _____ Sie es bitte!   (*describe*)
   _____ Sie es bitte _____!   (*write down*)
3. Emma _____ heute einen Laptop.   (*is getting*)
   Leon _____ heute _____.   (*is coming along*)
4. Das Motorrad _____ dem Chef.   (*belongs to*)
   _____ endlich mit deiner Arbeit _____!   (*stop*)

Steh auf und komm mit!

Lesestück

Web Search

>> **Tipps zum Lesen und Lernen**

Tipps zum Vokabelnlernen

Masculine agent nouns Nouns that denote a person who performs an action (an agent) end in **–er** in both English and German. If the agent is a woman, the German ending is **-erin**.

arbeiten	→ **der Arbeiter / die Arbeiterin**	*to work*	→ *worker*
lesen	→ **der Leser / die Leserin**	*to read*	→ *reader*

Sometimes an umlaut is added in the agent noun.

anfangen	→ **Anfänger**	*to begin*	→	*beginner*
backen	→ **Bäcker**	*to bake*	→	*baker*
handeln	→ **Buchhändler**	*to trade, deal*	→	*bookseller*
tragen	→ **Briefträger**	*to carry*	→	*letter carrier*

> Remember that singular masculine nouns ending in **-er** have the same form in the plural: **der Arbeiter, die Arbeiter**. Feminine forms ending in **-erin**, however, have a separate plural ending: **die Arbeiterin, die Arbeiterinnen**.

A **Übung** Was machen diese Leute?

1. Die Frau arbeitet in der Fabrik. Sie ist _____.

2. Die Schüler wandern gern am Sonntag. Sie sind _____.

3. Die Mädchen spielen Klavier. Sie sind _____.

4. Diese Herren lesen die Zeitung. Sie sind _____.

Adverbs of time   To show that things happen regularly or habitually on the same day or at the same time of day, German uses these adverbs. Add an **–s** to the day or part of the day:

morgens	*in the mornings, every morning*
nachmittags	*in the afternoons, every afternoon*
abends	*in the evenings, every evening*
nachts	*at night, every night*
montags	*Mondays, every Monday*
dienstags	*Tuesdays, every Tuesday*

 B **Partnerarbeit: Was machst du samstags?** Use the adverbs of time to ask each other what you do at different times and on different days. Write down your answers and report to the class.

BEISPIEL: A: Was machst du denn samstags?

B: Samstags schlafe ich bis 9 Uhr, dann _____.

>> **Leicht zu merken**

die **Boutique, -n**	
das **Café, -s**	
der **Computer, -**	
campen	(*pronounced* **kämpen**)
der **Journalist, -en**	Journa<u>list</u>
(das) **Kanada**	
der **Korrespondent, -en**	Korrespon<u>dent</u>
das **Marketing**	
der **Partner, -**	
perfekt	per<u>fekt</u>
realistisch	
der **Stress**	
der **Supermarkt**	
die **USA** (*pl.*)	

Einstieg in den Text

The title **Drei Deutsche bei der Arbeit** tells you that the reading will focus on three individuals and their work. Before reading the whole text, take a moment to skim the third portrait and see if you can quickly find answers to the following questions:

Wie heißt dieser Mann?

Wie alt ist er?

Was macht er?

Wo wohnt er?

Wer sind die anderen (*other*) Menschen in seiner Familie?

Let these questions guide your reading for information as you work through the entire text.

Verben

ab·holen to pick up, fetch, get
aus·sehen (sieht aus) to appear, look (*happy, tired, fit, etc.*)
  Du siehst schrecklich aus. You look terrible.
berichten to report
ein·kaufen to shop (*for something*)
  einkaufen gehen to go shopping
fern·sehen (sieht fern) to watch TV
genießen to enjoy
reisen to travel
schließen to close

> **schließen:** *synonym* = **zumachen**

sitzen to sit
spazieren gehen to go for a walk
vergessen (vergisst) to forget
verlieren to lose

Substantive

der Arbeiter, - worker; industrial worker (*m.*)
der Fußball soccer
der Kollege, -n colleague, co-worker (*m.*)
der Roman, -e novel
der Stadtplan, ¨e city map
das Bild, -er picture; image
das Dorf, ¨er village
das Geschäft, -e business; store

das Mittagessen midday meal, lunch
das Schaufenster, - store window
das Wochenende, -n weekend
  am Wochenende on the weekend
das Wort word (*2 plural forms:*
  die Worte = words in a context;
  die Wörter = words in a list, as in a dictionary)
das Wörterbuch, ¨er dictionary
die Altstadt, ¨e old city center
die Arbeiterin, -nen worker; industrial worker (*f.*)
die Buchhandlung, -en bookstore
die Firma, Firmen company, firm
die Freizeit free time
die Kollegin, -nen colleague, co-worker (*f.*)
die Mitte middle
  Mitte August in mid-August
die Muttersprache, -n native language
die Postkarte, -n postcard
die Türkei Turkey
die Wanderung, -en hike
die Zeitschrift, -en magazine
die Lebensmittel (*pl.*) groceries

> **Die Türkei**, like **die Schweiz**, is always used with the definite article: **Er kommt aus der Türkei.**

Adjektive und Adverbien

abends (in the) evenings
aktuell current, topical
berufstätig employed
besonders especially
drinnen inside, indoors
fleißig industrious, hardworking
meistens mostly, usually
türkisch Turkish
zufrieden pleased, satisfied

Andere Vokabeln

ein paar a couple (of), a few

Gegensätze

drinnen ≠ draußen inside ≠ outside
fleißig ≠ faul hardworking ≠ lazy

Mit anderen Worten

stressig (*colloq.*) = **mit viel Stress**

Abends sieht die Familie fern.

Brocreative/Shutterstock.com

Drei Deutsche bei der Arbeit

Learning about how Germans spend their work and leisure time is the cultural goal of this chapter.

Man sagt über die Deutschen, sie leben für ihre Arbeit. Vielleicht stimmt das, aber sie genießen auch ihre Freizeit.

1–34

Christine Sauermann, Buchhändlerin°

bookseller

5　Christine Sauermann ist 35 Jahre alt, geschieden°, und hat einen kleinen Sohn Oliver (10 Jahre alt). Sie ist seit sieben Jahren berufstätig und besitzt seit fünf Jahren eine Buchhandlung in der Altstadt von Tübingen.[1]

divorced

10　Zwei Angestellte° arbeiten für sie im Laden.

employees

Das Geschäft geht gut, denn° viele Touristen gehen durch die Altstadt spazieren und Studenten kaufen oft bei ihr ein. Mit den neuesten° Romanen und Kinderbüchern sieht ihr Schaufenster immer bunt aus, und drinnen gibt es ein paar Sessel°, da kann

because

newest

easy chairs

15　man bequem sitzen und lesen. Den Studenten verkauft sie Wörterbücher und Nachschlagewerke°, Eltern kaufen Bilderbücher für ihre Kinder und die Touristen kaufen meistens Stadtpläne und Postkarten.

reference works

Morgens macht sie um 9 Uhr auf und abends um 6 Uhr zu. Von 1 Uhr bis 3 Uhr macht sie Mittagspause°. Sie schließt den Laden, holt Oliver von der

midday break

20　Schule ab und geht mit ihm nach Hause. Dort kocht sie das Mittagessen und kauft später dann noch Lebensmittel im Supermarkt ein.[2]

Außer sonntags arbeitet Christine Sauermann jeden Tag sehr fleißig in ihrem Laden. In ihrer Freizeit will sie natürlich keinen Stress. Darum macht sie diesen Sommer eine Wanderung mit ihrem Sohn zusammen. Mitte August

25　gehen sie zusammen in Schottland° campen.

Scotland

1–35

Hasan Turunç (52 Jahre alt), Grafiker°

graphic artist

Hasan Turunç lebt seit 1971 in Dortmund.[3] Mit 10 Jahren kam° er mit seiner Familie nach Deutschland. Seit 1980 arbeitet er als

came

30　Grafiker in einer großen Marketing-Firma. Mit seinem Beruf ist er sehr zufrieden und die Arbeit ist gut bezahlt°. Seine Frau Zehra arbeitet halbtags° als Verkäuferin in einer Boutique. Nach der Arbeit sieht er oft mit seinen Kindern fern, und am

***gut** ... well paid*

half days

35　Wochenende spielt er mit ein paar Kollegen aus der Firma Fußball.

---

[1] Most German cities and towns have a central **Altstadt**, which often dates from the Middle Ages. This is often a pedestrian zone. **Tübingen** is a university town on the Neckar River, about twenty miles south of Stuttgart. The university was founded in 1477.

[2] Many small shops and businesses close from 1:00 to 2:30 or 3:00 PM, but this practice is less common nowadays in large cities. The noon meal is traditionally the main meal of the day.

[3] **Dortmund**: An industrial city in North Rhine-Westphalia. See map on the inside front cover.

Hasan Turunç ist noch türkischer Staatsbürger°, aber nach so viel Zeit in Deutschland spricht er perfekt Deutsch. Seine Kinder sind natürlich völlig zweisprachig°. Die Tochter Saliha ist 2000 geboren und hat die doppelte Staatsbürgerschaft.[4] Aber mit 23 Jahren muss sie sich entscheiden: Will sie
40 deutsche oder türkische Staatsbürgerin sein?

Wie die meisten° Deutschen hat Turunç fünf Wochen Urlaub im Jahr. In den Schulferien° fliegt die Familie fast immer in die Türkei und besucht dort ihre Verwandten°. Die Kinder sprechen ein paar Wochen lang nur Türkisch und so vergessen sie ihre Muttersprache nicht. Sie verlieren auch den Kontakt mit der
45 Kultur nicht.

citizen

völlig ... *completely bilingual*

most
school vacations
relatives

1–36 ## Klaus Ostendorff (40 Jahre alt), Journalist

Klaus Ostendorff ist Korrespondent bei der Deutschen Presseagentur° in Nordamerika. Seit sechs Jahren berichtet er über die USA
50 und Kanada für Zeitungen und Zeitschriften in Deutschland. Seine Artikel geben den Lesern ein aktuelles Bild von beiden° Ländern.

Im Moment schreibt Ostendorff einen Artikel über Klimawandel und Energiepolitik° in den USA. Dieses Thema ist
55 auch für deutsche Zeitungsleser sehr interessant.

Ostendorff lebt mit seiner Frau Martina und den drei Kindern in Washington. Die Kinder besuchen das deutsche Gymnasium in Washington. Die ganze° Familie macht gern Wassersport. In Washington kann man sehr gut schwimmen, segeln und rudern°. Im Sommer reisen sie nach Deutschland
60 und machen bei Oma und Opa in den Bayerischen° Alpen Urlaub.

Ralph Orlowski/Getty Images

wire service

both

Klimawandel ... *climate change and energy policy*

whole

segeln und ... *sail and row/Bavarian*

[4] **doppelte Staatsbürgerschaft** = *dual citizenship.* Children born in Germany to foreign residents after January 1, 2000, are eligible for German citizenship if one parent has lived in Germany legally for at least eight years. By the age of 23, they must choose which citizenship they want to hold.

>> ## Nach dem Lesen

A Antworten Sie auf Deutsch.

1. Wo arbeitet Christine Sauermann?
2. Wie lange ist sie schon berufstätig?
3. Wer sind ihre Kunden und was kaufen sie bei ihr?
4. Wie sieht ein typischer Tag für Frau Sauermann aus?
5. Was macht sie gern in ihrer Freizeit?
6. Seit wann lebt Hasan Turunç in Deutschland?
7. Was macht er mit seinen Kindern gern?
8. Was macht er oft am Wochenende?
9. Was schreibt Klaus Ostendorff im Moment?
10. Was macht Familie Ostendorff gern in ihrer Freizeit?

Lab Manual Kap. 5, Diktat.

Workbook Kap. 5, H, I.

👥 B Partnerarbeit: Nein, das stimmt nicht! (*Mit offenen Büchern*)
Take turns contradicting each other.

BEISPIEL: Dieses Auto ist *neu*!
          Nein, das stimmt nicht. Dieses Auto ist *alt*!

1. Wir holen die Kinder *früh* ab.
2. Hamburg liegt in *Süddeutschland*.
3. Jetzt *fangen* wir *an*.
4. Der Lehrling *schließt* den Laden.
5. Der Chef möchte *etwas* sagen.
6. Wir essen *viel*.
7. Ich glaube, *jemand* wohnt da drüben.
8. Meine Nase ist *hässlich*.
9. Diese Jacke ist *altmodisch*.
10. Diese Übung ist *schwer*.

C Die Deutsche Schule Washington Klaus Ostendorffs Kinder besuchen die Deutsche Schule Washington. Hier sehen Sie die Fächer (*subjects*) für Klasse 11. Suchen Sie Antworten auf diese Fragen.

1. Welche (*which*) Fremdsprachen müssen die Schüler in Klasse 11 lernen?
2. Welches Fach lernt man auf Englisch?
3. Wie viele Stunden pro Woche haben die Schüler Sport? Deutsch? Englisch? Informatik?
4. Wie viele Stunden hat man maximal in Klasse 11?

> All students must choose a **Wahlpflichtfach** (*required elective*) from group 1 and at least one from group 2. Additional electives may be chosen from group 2, but the total hours may not exceed 42 hours per week.

Pflichtfächer = *required courses*
Wochenstunden = *hours per week*
2. Fremdsprache = *second foreign language*
Sozialkunde = *social studies*
Naturwissenschaft = *natural science*
Vortragsreihe = *lecture series*
Kunst = *art*
Informatik = *computer science*

Pflichtfächer	Wochenstunden	Summe
Deutsch	4	
Englisch	5	
2. Fremdsprache (Französisch oder Latein)	3	
Sozialkunde	3	
US History	3	
Mathematik	4	
1. Naturwissenschaft	2	
2. Naturwissenschaft	2	
Sport	2	
Vortragsreihe	1	
		29
Wahlpflichtfächer 1		
Kunst oder Musik	2	
		31
Wahlpflichtfächer 2		
3. Naturwissenschaft	2	
Informatik	2	
Spanisch	4	
Latein	3	
Mindestzahl für alle Schüler:		*33*
Maximale Stundenzahl in Klasse 11:		*42*

Reprinted by permission of
Deutsche Schule Washington.

DEUTSCHE GERMAN
SCHULE SCHOOL
WASHINGTON D.C.

German School Washington, D.C.

50 Jahre Deutsche Schule Washington, DC
DAS BESTE ZWEIER WELTEN - THE BEST OF TWO WORLDS

50 years
1961-2011
GERMAN SCHOOL
Washington D.C.

D Wie sagt man das auf Deutsch?

1. When are you getting up tomorrow?
2. At six. I have to leave the house early.
3. Why? What are you doing?
4. I'm driving to Munich with my girlfriend.
5. Have a good trip!

6. What are you doing on the weekend?
7. I don't know yet. Why do you ask?
8. Can you come to my house? A student from Germany is visiting me.
9. Gladly. I'd like to meet him.
10. I want to show him the city tomorrow.
11. I'm working until ten, then I'll come to your place.
12. It's a deal. Until then.

Arbeit und Freizeit **149**

Was sind Sie von Beruf?   *What is your profession?*

Here are some careers you've already learned:

der **Automechaniker**, -	die **Automechanikerin**, -nen
der **Bäcker**, -	die **Bäckerin**, -nen
der **Bauer**, -n	die **Bäuerin**, -nen
der **Buchhändler**, -	die **Buchhändlerin**, -nen
der **Grafiker**, -	die **Grafikerin**, -nen
der **Hausmann**, ¨er	die **Hausfrau**, -en
der **Journalist**, -en	die **Journalistin**, -nen
der **Lehrer**, -	die **Lehrerin**, -nen
der **Professor**, -en	die **Professorin**, -nen
der **Verkäufer**, -	die **Verkäuferin**, -nen

This sign is a rebus, a visual play on words; Zahn = *tooth*. **Wie sagt man dentist auf Deutsch?**

T. Hansen

Here are some additional careers:

der **Arzt**, ¨e	die **Ärztin**, -nen	*physician*
der **Elektrotechniker**, -	die **Elektrotechnikerin**, -nen	*electrical engineer*
der **Geschäftsmann**	die **Geschäftsfrau**, -en	*businessman/*
pl. **Geschäftsleute**		*businesswoman*
der **Ingenieur**, -e	die **Ingenieurin**, -nen	*engineer*
der **Kellner**, -	die **Kellnerin**, -nen	*waiter/waitress*
der **Krankenpfleger**, -	die **Krankenschwester**, -n	*nurse*
der **Künstler**, -	die **Künstlerin**, -nen	*artist*
der **Landwirt**, -e	die **Landwirtin**, -nen	*farmer*
der **Politiker**, -	die **Politikerin**, -nen	*politician*
der **Rechtsanwalt**, ¨e	die **Rechtsanwältin**, -nen	*lawyer*
der **Schriftsteller**, -	die **Schriftstellerin**, -nen	*writer*

This vocabulary focuses on an everyday topic or situation. Words you already know from **Wortschatz** sections are listed without English equivalents; new supplementary vocabulary is listed with definitions. Your instructor may assign some supplementary vocabulary for active mastery.

Talking about work and professions is a communicative goal.

A **Was wissen Sie über diese Berufe?**

1. Wer muss für seinen Beruf an der Universität studieren?
2. Wer macht eine Lehre (*apprenticeship*)?
3. Wer verdient viel? Wer verdient nicht so viel?
4. Wer hat flexible Arbeitszeiten?
5. Wer arbeitet oft nachts / morgens / abends?
6. Wer arbeitet draußen? Wer arbeitet drinnen?
7. Wer braucht vielleicht einen Computer bei der Arbeit?
8. Wer arbeitet meistens allein, wer mit anderen Menschen zusammen?
9. Wer arbeitet zu Hause?
10. Wer ist sehr kreativ bei der Arbeit?
11. Wer spricht viel bei der Arbeit?

NOTE ON USAGE

Stating profession, career, or nationality German does not use an indefinite article before the noun.

Ich will Automechaniker werden.   *I want to become **an** auto mechanic.*

Frau Gerhard ist Amerikanerin.   *Ms. Gerhard is **an** American.*

B **Gruppendiskussion: Wir suchen eine Stelle. (*4 Personen*)** Ihre Gruppe sucht Jobs für den Sommer. Hier sehen Sie einige Stellenangebote (*job offers, help-wanted ads*) aus deutschen Zeitungen. Besprechen Sie sie zusammen: Was möchten Sie gern machen? Was möchten Sie lieber nicht machen?

Credits: © Cengage Learning

Schreibtipp

Writing a dialogue

When writing a dialogue in German, be sure to use the second-person forms appropriate to the situation. Would you use **du** or **Sie** when talking to a job counselor?

➤ **Schreiben wir mal: Berufsberatung (*career counseling*)** You are a career counselor giving advice to Johanna Schneider, who is about to finish her studies. Write both sides of the dialogue. Find out the following:

- what she is studying
- something about her family
- what her parents do for a living
- what she likes to do in her free time
- whether she likes to work alone or with people
- whether she prefers to work at night or during the day
- how much she would like to earn
- where she would like to live

At the end of the dialogue, say what career you think she should choose.

Web Search

Freizeitbeschäftigungen (*Leisure activities*)

Germans work hard but also make sure they reserve time for vacations and leisure activities. A poll in 2010 found that in addition to the activities pictured below, 78% of Germans like to listen to music in their free time. 71% like to spend it with friends. 67% enjoy reading books, 65% like to go for walks or hikes, and 55% spend their free time surfing the Internet. Fewer than 52% watch television in their free time, only 44% regularly play a sport, and 39% like to go to the movies.

campen

wandern

Fußball spielen

inlineskaten

Segeln

ein Instrument spielen

Schach spielen

Rad fahren

Kochen

Many Americans are surprised to discover widespread interest among the Germans in Native American tribes. There are Indianerklubs (Indian Clubs) whose members adopt the name of a particular tribe and learn as much as they can about its history and culture.

This interest stems at least in part from the enormous and continuing popularity of the adventure novels of Karl May (1842–1912), most of which are set in the American West. In Winnetou, the most famous of these, a German immigrant to America nicknamed Old Shatterhand, becomes the blood brother of the noble Apache chief Winnetou. There is an annual Karl May Festival in the town of Bad Segeberg and a number of films have been based on his novels. Ironically, Karl May himself never set foot in North America.

INTERFOTO/Alamy Limited

Rückschau: Was habe ich gelernt?

	No problem.	Almost there.	Needs more work.	See pages
1. I understand what an indirect object is.				132
2. I know the dative endings and can use them to express the indirect object.				133
3. I have learned the dative pronouns in German.				135
4. I know the list of dative prepositions by heart				137
5. I understand verbs with separable prefixes and can use them in sentences.				139
6. I know the names of some professions and careers in German and can talk about work and free time.				146–147, 150, 152–154

With this chapter you have completed the first third of *Neue Horizonte*. For a concise review of the grammar and idiomatic phrases in **Kapitel 1–5**, consult the **Zusammenfassung und Wiederholung 1** (*Summary and Review 1*) in the Workbook section of your SAM. The review section is followed by a self-correcting test.

Kapitel 6 An der Universität

Kommunikation

- Talking about events in the past
- Writing an extended e-mail in German

Kultur

- German student life and the university system

In diesem Kapitel

- **Lyrik zum Vorlesen**
  Johann Wolfgang von Goethe, „Wanderers Nachtlied"
- **Grammatik**
  1. Simple past tense of **sein**
  2. Perfect tense
  3. Two-way prepositions
  4. Masculine N-nouns
- **Lesestück**
  Eine E-Mail aus Freiburg
- **Vokabeln im Alltag**
  Das Studium
- **Almanach**
  Universities in the German-speaking Countries

◀ Der Frühling is da! Studenten an der Humboldt-Universitat (Berlin)

Dialoge

Lab Manual Kap. 6, Dialoge, Fragen, Hören Sie gut zu!, Üb. zur Aussprache (**b, d, g/p, t, k**).

1–37 >> **Alina sucht ein Zimmer**

DANIEL: Hast du endlich ein Zimmer gefunden?

ALINA: Leider nicht, ich suche noch. Im Studentenwohnheim habe ich keinen Platz bekommen.

DANIEL: Du! Kennst du die Nora in unserer WG? Sie ist am Wochenende ausgezogen.

ALINA: Wird denn bei euch ein Zimmer frei? Braucht ihr eine neue Mitbewohnerin?

DANIEL: Willst du zu uns?

ALINA: Echt? Ist das möglich?

DANIEL: Selbstverständlich!

1–38 >> **Am Semesteranfang**

KLARA: Wo warst du denn so lange?

EMILIA: In der Uni-Bibliothek und nachher im Supermarkt.

KLARA: Hast du uns eine Zeitung mitgebracht?

EMILIA: Ja, und auch deine Gummibären. Ich hab' sie auf den Schreibtisch gelegt.

KLARA: Ach ja, da liegen sie unter der Zeitung. Danke, nett von dir!

Flexmedia/Fotolia, LLC

> Students in Europe calculate time spent at the university in semesters rather than years.

1–39 >> **An der Universität in Tübingen**

LEONIE: Sag mal, hast du den Peter schon kennengelernt?

KLAUS: Ist das der Austauschstudent aus Kanada?

LEONIE: Ja. Er kann fantastisch Deutsch, nicht?

KLAUS: Ich glaube, er hat schon zwei Semester in Konstanz studiert.

LEONIE: Ach, darum!

> **Konstanz** is a city on Lake Constance (**der Bodensee**) with a university founded in 1966.

NOTE ON USAGE

Definite article with names In informal colloquial speech, especially in southern Germany and Austria, Germans often use the definite article with proper names. The dialogues contain two examples of this.

Kennst du **die** Nora in unserer WG? — *Do you know Nora in our apartment?*

Hast du **den** Peter schon kennengelernt? — *Have you met Peter yet?*

Tutorial Quiz
Audio Flashcards

An der Universität

der **Austauschstudent, -en, -en**[1]
  exchange student (*m.*)
der **Mitbewohner, -** roommate (*m.*)
das **Studentenwohnheim, -e**
  student dormitory
die **Austauschstudentin, -nen**
  exchange student (*f.*)
die **Bibliothek, -en** library
die **Mitbewohnerin, -nen** roommate (*f.*)
die **Universität, -en** university
  an der Universität at the university

Verben

aus·ziehen, ist ausgezogen[2]
  to move out
bringen, hat gebracht[2] to bring
mit·bringen, hat mitgebracht
  to bring along, take along
legen to lay, put down
ziehen, hat gezogen[2] to pull

Substantive

der **Anfang, ˚e** beginning
  am Anfang in the beginning, at the
  beginning
  am Semesteranfang at the
  beginning of the semester
der **Mensch, -en, -en**[1] person, human
  being
der **Platz, ˚e** place; space;
  city square
der **Schreibtisch, -e** desk
das **Bett, -en** bed
die **Wohngemeinschaft, -en**
  communal living group, shared
  apartment

Adjektive und Adverbien

gestern yesterday
möglich possible
nett nice
wirklich real; really

Präpositionen mit Dativ oder Akkusativ

an to, toward; at, alongside of
auf onto; on, upon, on top of
hinter behind
in into, to; in
neben beside, next to
über over, across; above
unter under; beneath
vor in front of
zwischen between

Gegensätze

am Anfang ≠ am Ende at the
  beginning ≠ at the end
ausziehen ≠ einziehen
  to move out ≠ to move in
möglich ≠ unmöglich possible
  ≠ impossible

Mit anderen Worten

die **Uni, -s** (*colloq.*) = **Universität**
die **WG, -s** (*colloq.*) =
  Wohngemeinschaft

---

[1]For an explanation of the second ending, see **Grammatik**, p. 174.
[2]For an explanation of the forms **ist ausgezogen**, **hat gebracht**, and **hat gezogen**, see **Grammatik**,
  pp. 164–171.

A Persönliche Fragen

1. Wo wohnen Sie: im Studentenwohnheim, privat [*off-campus*] oder zu Hause bei Ihren Eltern?

2. Daniel wohnt in einer WG. Kennen Sie Studenten in WGs? Was ist dort anders als im Studentenwohnheim?

3. Emilia kauft eine Zeitung und Gummibären. Was müssen Sie am Semesteranfang kaufen?

4. An der Uni in Tübingen gibt es viele Austauschstudenten. Gibt es auch an Ihrer Uni Austauschstudenten? Woher kommen sie?

B Übung: Das möchte ich auch. Your instructor tells you something he or she has done. Say you would like to do that too.

BEISPIEL: Ich habe in Berlin gewohnt.
　　　　　　Ich möchte auch in Berlin wohnen.

1. Ich habe einen Sportwagen gekauft.
2. Ich habe um acht Uhr gefrühstückt.
3. Ich habe Karten gespielt.
4. Ich habe Schwedisch gelernt.
5. Ich habe eine Reise gemacht.

C Übung: Was meinen Sie? Antworten Sie mit dem Gegensatz.

BEISPIEL: Finden Sie den Film *gut?*
　　　　　　Nein, ich finde ihn *schlecht.*

1. Willst du *spät* aufstehen?
2. Ist dieses Klassenzimmer zu *groß?*
3. Sind Fremdsprachen *unwichtig?*
4. Ist Deutsch *schwer?*
5. Ist er *immer* in Eile?
6. Spricht der Professor zu *langsam?*
7. Willst du *allein* arbeiten?
8. Sind die Studenten hier meistens *faul?*

ullstein bild/The Granger Collection

🔊 LYRIK ZUM VORLESEN

1–40

This brief poem from 1780 is perhaps the most famous in the German language. Goethe first wrote it on the wall of a forest hut where he was spending the night. The simplicity of its three main images (mountains, trees, and birds) and the evocative language of stillness make this a profound statement on the relationship between man and nature.

Wanderers Nachtlied

Über allen Gipfeln°	*mountain peaks*
Ist Ruh°,	*peace*
In allen Wipfeln°	*treetops*
Spürest° du	*feel*
kaum° einen Hauch°;	*hardly / breath*
Die Vögelein° schweigen° im Walde.	*little birds / are silent*
Warte nur, balde°	**balde = bald**
Ruhest° du auch.	*will rest*

Johann Wolfgang von Goethe (1749–1832)

> Many composers have set this text to music. One of the most famous settings is Franz Schubert's Opus 96, No. 3 (D 768).

Wanderer's Nightsong II

O'er all the hill-tops
Is quiet now,
In all the tree-tops
Hearest thou
Hardly a breath;
The birds are asleep in the trees:
Wait; soon like these
Thou too shall rest.

J. W. von Goethe, translated by H. W. Longfellow, 1871

Wanderers Nachtlied, Johann Wolfgang von Goethe

Grammatik

>> 1. Simple past tense of *sein* (*das Imperfekt, das Präteritum*)

Tutorial Quiz

> Talking about events in the past is a communicative goal.

You have been using the present tense to talk about events in the present and future:

Leni **ist** nicht zu Hause. *Leni is not at home.*
Ich **bin** morgen in Berlin. *I'll be in Berlin tomorrow.*

German also has a one-word form called the *simple past tense* to talk about events in the past:

Leni **war** nicht zu Hause. *Leni was not at home.*
Ich **war** gestern in Berlin. *I was in Berlin yesterday.*

Because the simple past of the verb **sein** is used so frequently, you should learn it now. (The simple past tense of other verbs will be introduced in **Kapitel 10.**)

sein *to be*					
ich	**war**	*I was*	wir	**waren**	*we were*
du	**warst**	*you were*	ihr	**wart**	*you were*
er, es, sie	**war**	*he, it, she was*	sie, Sie	**waren**	*they, you were*

> **Lab Manual** Kap. 6, Var. zu Üb. 1.
>
> **Workbook** Kap. 6, A.

 1 **Partnerarbeit: Wo waren sie?** Tell each other where people were last summer. Turn to the map at the back of the book and report on their vacation travels.

BEISPIEL: A: Wo war Eva?
  B: Sie war in Belgien.

1. Wo war Klara?
2. Wo war Hasan?
3. Wo warst du?
4. Wo waren die Studenten?
5. Wo war ich?
6. Wo wart ihr?
7. Wo waren wir?
8. Wo waren Sie?

>> 2. Perfect tense (*das Perfekt*)

With most verbs, spoken German uses the *perfect tense* to talk about events in the past. The perfect is a compound tense consisting of an *auxiliary* ("helping") *verb* (**haben** or **sein**) and a form of the main verb called the *past participle.*

DEFINITION

What is a compound tense?

A *compound tense* is made up of two words: **Ich *habe* ein Zimmer *gefunden*.** The examples below show a contrast between German and English. Spoken German uses the perfect tense for events in the past; English uses the simple past (one-word form):

Sie **sind** gestern nach Berlin *They **flew** to Berlin*
  geflogen. *yesterday.*
Ich **habe** die Zeitung um sieben *I **read** the newspaper*
  gelesen. *at seven.*

Sie sind geflogen is the equivalent of four English past-tense forms:

Sie sind geflogen. {
They flew.
They have flown.
They were flying.
They did fly.
}

In the perfect tense, the auxiliary verb (**haben** or **sein**) agrees with the subject of the sentence. The past participle comes at the end of the sentence and its form does not change.

Ich **habe** endlich ein Zimmer **gefunden**.
Du **hast** endlich ein Zimmer **gefunden**.

Gestern **ist** die Nora **ausgezogen**.
Gestern **sind** wir **ausgezogen**.

Conjugation with *haben*

Most German verbs use **haben** as their auxiliary. Here is a sample conjugation:

auxiliary	*participle*	
Ich **habe** das Buch **gekauft**.	*I bought the book.* (OR: *I have bought the book.*)
Du **hast** es **gekauft**.	*You bought it.*
Sie **hat** es **gekauft**.	*She bought it.*
Wir **haben** es **gekauft**.	*We bought it.*
Ihr **habt** es **gekauft**.	*You bought it.*
Sie **haben** es **gekauft**.	*They bought it.*

Past participles of weak verbs (*schwache Verben*)

There are two main classes of verbs in German, called the *weak* verbs and the *strong* verbs. They are distinguished by the way they form their past participles.

The weak verbs form their past participle by adding the unstressed prefix **ge-** and the ending **-t** or **-et** to the verb stem. Here are some examples of weak verbs you have already learned.

> REMINDER: Drop **-en** or **-n** from the infinitive to get the verb stem. Stems ending in **-d** or **-t** add **-et**: **arbeit-** (stem), **gearbeitet** (past participle).

Infinitive	Stem	Auxiliary + past participle
arbeiten	arbeit-	hat **gearbeitet**
haben	hab-	hat **gehabt**
kaufen	kauf-	hat **gekauft**
kosten	kost-	hat **gekostet**
legen	leg-	hat **gelegt**
meinen	mein-	hat **gemeint**

2 **Übung: Warum warst du gestern nicht da?** Leonie gave a birthday party yesterday. Use the cues to say why you didn't come.

BEISPIEL: keine Zeit
Ich habe keine Zeit gehabt.

1. keine Freizeit
2. kein Auto
3. kein Geschenk (*present*)
4. kein Geld
5. keine Lust

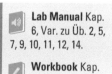

Lab Manual Kap. 6, Var. zu Üb. 2, 5, 7, 9, 10, 11, 12, 14.

Workbook Kap. 6, B–F.

3 **Übung: Was haben Sie gekauft und was hat das gekostet?** You went on a shopping spree yesterday. Your instructor wants to know what you bought and how much it cost.

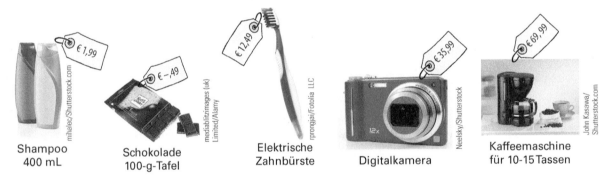

Shampoo 400 mL

Schokolade 100-g-Tafel

Elektrische Zahnbürste

Digitalkamera

Kaffeemaschine für 10-15 Tassen

€ 1,99 — € −,49 — € 12,49 — € 35,99 — € 69,99

Past participles of verbs ending in *-ieren*

Verbs ending in **-ieren** are *always* weak verbs. They do *not* add the prefix **ge-** to the past participle, but only add a **-t** to the stem.

| studieren → studier- → hat **studiert** | Er hat in Freiburg **studiert**. *He studied in Freiburg.* |

4 **Partnerarbeit: Austauschstudenten** Tell your partner where the exchange students come from and where they studied.

BEISPIEL: A: Nicole kommt aus Frankreich und sie hat in Leipzig studiert.
B: Yukiko ...

Name	Heimat (*homeland*)	Universitätsstadt
Nicole	Frankreich	Leipzig
Yukiko	Japan	Tübingen
Pedro	Spanien	Zürich
Cathleen	Irland	Wien
Matthew	Kanada	Berlin
Pawel	Polen	Frankfurt an der Oder

Past participles of strong verbs (*starke Verben*)

Strong verbs form their past participle by adding the prefix **ge-** and the suffix **-n** or **-en** to the verb stem. Many strong verb participles also have changes in their stem vowels and sometimes in their consonants as well. For this reason, *the past participle of each strong verb must be memorized.* Here are some examples:

Infinitive	Auxiliary + past participle
geben	hat **gegeben**
sehen	hat **gesehen**
sitzen	hat **gesessen**
stehen	hat **gestanden**
trinken	hat **getrunken**

Johann Wolfgang
GOETHE
10
DDR
GOETHEHAUS IN WEIMAR   D.D.

akva/Shutterstock.com

> Beginning in **Wort-schatz 1** of this chapter, the past participle (and present-stem vowel change, when applicable) of each new strong verb is given following the infinitive.

5 Gruppenarbeit: Was haben Sie gesehen?

Was haben Sie gestern gesehen? Sagen Sie es der Gruppe.

BEISPIEL: Sagen Sie uns, was Sie gestern gesehen haben.

Ich habe _____, _____ und _____ gesehen.

6 Kettenreaktion: Was hast du getrunken? You and your friends were thirsty yesterday. Say what you drank and then ask the next person.

BEISPIEL: A: Gestern habe ich _____ getrunken.
                 Was hast du getrunken?
         B: Ich habe _____ getrunken.

Mineralwasser

Cola

ROW 1: (l) ImageSource/Jupiter Images
       (lc) Julian Rovagnati/Shutterstock
       (rc) Chamille White/Shutterstock.com
       (r) Lawton/Glow Images,Inc.

Orangensaft

Tee

Milch

ROW 2: (l) Arkady/Shutterstock
       (lc) gresei/Shutterstock
       (rc) Vladir09/Shutterstock.com
       (r) ValentynVolkov/Shutterstock

Conjugation with *sein*

Some verbs use **sein** instead of **haben** as the auxiliary in the perfect tense.

> Gestern **ist** Nora ausgezogen.   *Nora moved out yesterday.*

Every verb that fulfills the following conditions uses **sein** as its auxiliary:

1. It must be *intransitive* (that is, it *cannot* take a direct object), and
2. It must indicate a *change of location or condition* (see two exceptions below).

Here are some examples of verbs with **sein** as their auxiliary.

For the forms **ausgezogen** and **aufgestanden**, see p. 170.

Infinitive	Auxiliary + past participle	
ausziehen	**ist ausgezogen**	
fliegen	**ist geflogen**	
gehen	**ist gegangen**	*change of location*
reisen	**ist gereist**	
wandern	**ist gewandert**	
aufstehen	**ist aufgestanden**	*change of condition*
werden	**ist geworden**	

As you can see, verbs with **sein** may be either weak (**ist *gereist***) or strong (**ist *geflogen***).

Two frequent verbs are exceptions to the second rule: **sein** itself and **bleiben**. In the perfect tense, these verbs use **sein** as their auxiliary, even though they *do not* show a change of location or condition.

> Ich bin nie in Istanbul **gewesen**.   *I have never been in Istanbul.*
> Marianne ist bei Freunden **geblieben**.   *Marianne stayed with friends.*

---

7   **Kettenreaktion: Wohin bist du gereist?**   Alle haben sicher schon einmal eine Reise gemacht. Wohin sind *Sie* einmal gereist?

BEISPIEL:

Wohin bist du gereist?

Nach Mexiko. Wohin bist du gereist?

Nach...

Refer to the list of professions in **Kapitel 5**, p. 150.

8   **Übung: Was ist sie geworden?**   You've all lost touch with your old school friend, Karoline. Tell your instructor what you think she became (i.e., what profession she entered).

BEISPIEL: Was macht Karoline heute? Was glauben *Sie*?
              Ich glaube, sie ist Ärztin geworden.

Table of strong verbs

The following table contains all the strong verbs that you have learned so far.[3] Review your knowledge of the infinitives and stem-vowel changes in the present tense.

Infinitive	Stem-vowel change in present tense[4]	Auxiliary + past participle	English
anfangen	fängt an	hat angefangen	to begin
anrufen		hat angerufen	to call up
beginnen		hat begonnen	to begin
besitzen		hat besessen	to possess
bleiben		ist geblieben	to stay
entscheiden		hat entschieden	to decide
essen	isst	hat gegessen	to eat
fahren	fährt	ist gefahren	to drive
finden		hat gefunden	to find
fliegen		ist geflogen	to fly
fließen		ist geflossen	to flow
geben	gibt	hat gegeben	to give
gehen		ist gegangen	to go
halten	hält	hat gehalten	to hold; to stop
heißen		hat geheißen	to be called
kommen		ist gekommen	to come
laufen	läuft	ist gelaufen	to run
lesen	liest	hat gelesen	to read
liegen		hat gelegen	to lie
nehmen	nimmt	hat genommen	to take
scheinen		hat geschienen	to shine; to seem
schlafen	schläft	hat geschlafen	to sleep
schließen		hat geschlossen	to close
schreiben		hat geschrieben	to write
schwimmen		ist geschwommen	to swim
sehen	sieht	hat gesehen	to see
sein	ist	ist gewesen	to be
singen		hat gesungen	to sing
sitzen		hat gesessen	to sit
sprechen	spricht	hat gesprochen	to speak
stehen		hat gestanden	to stand
tragen	trägt	hat getragen	to carry; to wear
trinken		hat getrunken	to drink
vergessen	vergisst	hat vergessen	to forget
verlassen	verlässt	hat verlassen	to leave (trans.)
verlieren		hat verloren	to lose
werden	wird	ist geworden	to become
ziehen		hat gezogen	to pull

There are about two hundred strong or irregular verbs in German, many of low frequency. In **Neue Horizonte** you will learn about seventy frequently-used ones. The strong verb forms are the result of a linguistic development in the Germanic languages that was completed hundreds of years ago. New verbs coined in German today are always regular weak verbs, often borrowed from English: **interviewen (hat interviewt), formattieren (hat formattiert).**

[3]Except for **anfangen, anrufen, besitzen, entscheiden, vergessen,** and **verlassen,** this list includes only the basic verb (e.g., **stehen** but not **aufstehen** or **verstehen**). See pp. 170–171 for the formation of past participles of verbs with separable and inseparable prefixes.

[4]Note that verbs with a present-tense stem-vowel change in the **du-** and **er-**forms (see pp. 51 and 79) are all strong verbs. However, not all strong verbs have a stem-vowel change.

9 **Partnerarbeit: Was hast du gestern gemacht?** Fragen Sie einander, was Sie gestern gemacht haben.

BEISPIEL: A: Was hast du gestern getragen?
B: Ich habe einen Pullover getragen.

1. Was hast du gestern getragen?
2. Was hast du gestern gelesen?
3. Was hast du gestern gegessen?
4. Was hast du gestern getrunken?
5. Mit wem hast du gestern gesprochen?
6. Wohin bist du gestern gegangen?
7. Wen hast du gestern gesehen?
8. Was hast du gestern verloren?
9. Was hast du gestern vergessen?
10. Was hast du gestern gesungen?

10 **Übung: Heute und gestern** Ihre Professorin sagt etwas über heute. Sie sagen, auch gestern ist es so gewesen.

BEISPIEL: I: Heute scheint die Sonne.
S: Auch gestern hat die Sonne geschienen.

1. Heute liegt die Zeitung da.
2. Heute singt er zu laut.
3. Heute nimmt Vater das Auto.
4. Heute schließe ich den Laden.
5. Heute steht unser Auto hier.
6. Heute Abend wird es kalt.
7. Heute finde ich das Wetter schön.
8. Heute schlafen wir bis acht.
9. Heute laufe ich durch den Wald.
10. Heute kommt ihr um neun Uhr.
11. Heute gebe ich dir ein Brötchen.
12. Heute hält das Auto hier.

To review separable prefixes, see p. 139.

Past participles of separable-prefix verbs

Verbs with separable, stressed prefixes form their past participles by inserting **-ge-** *between* the prefix and the verb stem.

| anfangen | → | hat **angefangen** |
| aufmachen | → | hat **aufgemacht** |

Das Konzert hat um acht Uhr **angefangen**.   *The concert began at eight o'clock.*

Wann bist du denn **aufgestanden**?   *When did you get up?*

Wer hat den Laden **aufgemacht**?   *Who opened the store?*

11 **Übung: Ich habe das schon gemacht!** Ihre Mitbewohnerin Sarah sagt Ihnen, Sie sollen etwas tun. Sagen Sie, Sie haben es schon gemacht.

Steh doch auf!
Mach doch die Tür zu!
Mach doch das Fenster auf!
Ruf doch Lilli an!
Fang doch deine Hausaufgaben an!
Kauf doch Brötchen ein!

Ich bin schon aufgestanden!

wavebreakmedia ltd/Shutterstock.com

Past participles of inseparable-prefix verbs

Verbs with inseparable, unstressed prefixes do *not* add the prefix **ge-** in the past participle.

To review inseparable prefixes, see p. 142.

$$berichten \rightarrow \text{hat } \textbf{berichtet}$$
$$verstehen \rightarrow \text{hat } \textbf{verstanden}$$

Sie hat uns über Amerika **berichtet**.	*She reported to us about America.*
Das habe ich nicht **verstanden**.	*I didn't understand that.*

---

12 Übung: Wen hast du im Sommer besucht? Ihr Professor hat ein paar Fragen. Antworten Sie auf Deutsch.

1. Wen haben Sie im Sommer besucht?
2. Wie viel haben Sie letztes Jahr verdient?
3. Was haben Sie zum Geburtstag bekommen?
4. Haben Sie heute etwas vergessen? Was denn?

Perfect tense of mixed verbs

A handful of German verbs have the weak participle form **ge—t** but also change their stem. They are called "mixed verbs." The ones you have learned so far are:

bringen	hat **gebracht**
mitbringen	hat **mitgebracht**
kennen	hat **gekannt**
wissen	hat **gewusst**

---

13 Partnerarbeit: Das habe ich schon gewusst! Take turns telling each other things. Respond either that you did or did not know that already.

BEISPIEL: A: Peter kommt aus Kanada.
B: Das habe ich schon gewusst! (*oder*) Das habe ich nicht gewusst.

---

14 Kettenreaktion: Was hast du heute mitgebracht? Say what you've brought with you to class today, then ask what the next student has brought.

BEISPIEL: A: Ich habe heute einen Bleistift mitgebracht. Was hast du mitgebracht?
B: Ich habe ein- _____ _____ mitgebracht.

15 **Gruppenarbeit: Was hat Marie letzte Woche gemacht?** Marie studiert Philosophie an der Uni in Tübingen. Sie ist sehr gut organisiert. Das sieht man an ihrem Terminkalender für letzte Woche. Wo war sie letzte Woche und was hat sie gemacht?

BEISPIEL: Am Montag hat sie mit Thomas im Café Völter Kaffee getrunken. Dann ist sie ... und dort hat sie ...

Übung 15: Note the shorthand style of Marie's diary entries. You will need to supply verbs where she omits them. Try to include all of her activities.

Oktober	Oktober
Montag 7 9¹⁵: mit Thomas Kaffee trinken (Café Völter) Dann zur Bibliothek: Referat anfangen	**Freitag** 11 Mutti hat Geburtstag: anrufen! 20⁰⁰: Konzert in der Stiftskirche
Dienstag 8 14⁰⁰ Claudia vor der Mensa abholen; miteinander Schwimmen gehen	**Samstag** 12 Wein für die Party einkaufen 19³⁰: Party bei Helmut
Mittwoch 9 Tag der Deutschen Einheit 11⁰⁰: Volleyball spielen 12³⁰: in der Mensa essen	**Sonntag** 13 13⁰⁰: Waldwanderung nach Bebenhausen Am Abend: Briefe schreiben
Donnerstag 10 Nicht vergessen! Konzertkarten kaufen 14⁰⁰: Thomas kommt vorbei; Referat besprechen	**NOTIZEN**

154　　　　　AStA 155

© Cengage Learning

16 **Gruppenarbeit: Was haben Sie letzte Woche gemacht?** (*3 oder 4 Personen*) Jetzt machen Sie *Ihren* Terminkalender auf. Was haben *Sie* letzte Woche gemacht?

17 **Was habe ich letzte Woche gemacht?** Now that you have described both Marie's activities and your own, write a paragraph describing what you did last week.

T. Hansen

NOTE ON USAGE

Modal verbs in the perfect tense Instead of using a past participle, modal verbs form the perfect tense with a structure called a *double infinitive*.

Ich habe Tanja **anrufen müssen**.	*I had to call Tanja.*
Wir haben nach Hause **gehen wollen**.	*We wanted to go home.*

Mal was Lustiges!

"Warum stehen Studenten schon um sieben Uhr auf?" "Weil der Supermarkt um acht zumacht."

© Cengage Learning

> In several German **Bundesländer** super-markets must, by law, close by 8:00 PM.

>> 3. Two-way prepositions (*Wechselpräpositionen*)

You have learned that some prepositions take the accusative case (**bis**, **durch**, **für**, etc.), while others take the dative case (**aus**, **außer**, **bei**, etc.). A third group, called the *two-way prepositions*, all show spatial relationships in their basic meanings. They are followed by the *accusative* case when they signal *destination*:

Ich fahre **in die** Stadt.

and by the *dative* when they signal *location*:

Ich arbeite **in der** Stadt.

In the example sentences above and in the table below, notice how the verb determines location or destination. Verbs like **arbeiten** and **sein** show location (*dative*); verbs like **fahren** and **gehen** show destination (*accusative*).

> Review accusative prepositions, p. 102, and dative prepositions, p. 137. Memorize the list of two-way prepositions that follows.

> Some two-way prepositions can also show nonspatial relationships, e.g., **über** + *accusative* = *about:* **Wir haben** *über* **unsere Amerikareise gesprochen.**

Preposition	Destination (accusative): answers *wohin?*	Location (dative): answers *wo?*
an	*to, toward* Ich gehe **ans Fenster**. *I'm going to/toward the window.*	*at, alongside of* Ich stehe **am Fenster**. *I'm standing at the window.*
auf	*on, onto* Wohin legt Sascha das Buch? Er legt es **auf den Tisch**. *He's putting it on the table.*	*on, on top of* Wo liegt das Buch? Es liegt **auf dem Tisch**. *It's lying on the table.*
hinter	*behind* Das Kind läuft **hinter das Haus**. *The child is running (to a spot) behind the house.*	*behind* Das Kind spielt **hinter dem Haus**. *The child is playing behind the house.*
in	*into, in* Wo gehen die Studenten hin? Sie gehen **in die Mensa**. *They're going to the university cafeteria.*	*in* Wo sind die Studenten? Sie sind **in der Mensa**. *They're in the cafeteria.*
neben	*beside, next to* Leg dein Buch **neben die Zeitung**. *Put your book next to the newspaper.*	*beside, next to* Dein Buch liegt **neben der Zeitung**. *Your book is next to the newspaper.*
über	*over, across* Wir fliegen **über das Meer**. *We're flying across the ocean.*	*over, above* Die Sonne scheint **über dem Meer**. *The sun is shining over the ocean.*
unter	*under* Die Katze läuft **unter das Bett**. *The cat runs under the bed.*	*under, beneath* Die Katze schläft **unter dem Bett**. *The cat sleeps under the bed.*
vor	*in front of* Der Bus fährt **vor das Hotel**. *The bus is driving up in front of the hotel.*	*in front of* Der Bus hält **vor dem Hotel**. *The bus is stopping in front of the hotel.*
zwischen	*between* Er läuft **zwischen die Bäume**. *He's running between the trees.*	*between* Er steht **zwischen den Bäumen**. *He's standing between the trees.*

FRAGEWÖRTER

The question words **wohin** and **woher** can be separated in the following way:

Wohin gehst du?	*oder*	**Wo** gehst du **hin**?
Woher kommen Sie?	*oder*	**Wo** kommen Sie **her**?

Contractions

The prepositions **an** and **in** are regularly contracted with the articles **das** and **dem** in the following way:

an das	→	**ans**	in das	→	**ins**
an dem	→	**am**	in dem	→	**im**

 Lab Manual Kap. 6, Var. zu Üb. 22.

Workbook Kap. 6, G–J.

18 **Übung:** *Wo* **oder** *wohin*? Ihre Professorin fragt Sie, **wo** einige (*some*) Leute sind oder **wohin** sie gehen. Antworten Sie mit **In der Mensa** oder **In die Mensa**.

1. Wo ist Hülja?
2. Wo geht ihr jetzt hin?
3. Wo habt ihr gestern gegessen?
4. Wo sind David und Lara?
5. Wo hast du Wolf gesehen?
6. Wohin läuft Tom so schnell?

19 **Partnerarbeit:** *Wo* **oder** *wohin*? (***Mit offenen Büchern***) Ask each other questions about where things are lying or where they are being placed. Answer with **Auf dem Tisch** or **Auf den Tisch** as appropriate.

1. Wo liegt meine Zeitung?
2. Wohin soll ich das Geld legen?
3. Wohin hast du das Buch gelegt?
4. Wo liegen die Karten für heute Abend?
5. Wo liegt denn meine Brille?

20 **Übung: Wo war Martina heute?** Martina war heute viel unterwegs (*on the go*). Sagen Sie, wo sie war.

BEISPIEL: Sie war in der Stadt.

Credits: © Cengage Learning

† † † 21 Gruppenarbeit (*Mit offenen Büchern*) Take turns replacing the verbs in the sentences below with new verbs from the box. Change the case of the prepositional object: does the verb you use show destination or location? Choose three or four new verbs for each sentence.

BEISPIEL: Julian läuft in den Wald.
  Julian liest im Wald.

gehen	sein	lesen	liegen	laufen	
halten	warten	arbeiten	fahren	wohnen	

1. Wir fahren in die Stadt.
2. Jutta steht hinter dem Haus.
3. Das Kind läuft unter den Tisch.
4. Hans steht am Fenster.
5. Wir sind im Zimmer.
6. Ich lese im Bett.

More about the prepositions *an* and *auf*

The prepositions **an** and **auf** do not correspond exactly to any specific English prepositions.

- **an** generally signals motion *toward* or location *at* a border, edge, or vertical surface.

Gehen Sie bitte **an die Tafel**.	*Please go to the blackboard.*
Wir fahren **ans Meer**.	*We're driving to the ocean.*
Sie steht **am Tisch**.	*She's standing at the table.*

- **auf** generally signals motion *onto* or location *upon* a horizontal surface.

Leg das Heft **auf den Tisch**.	*Put (or lay) the notebook on the table.*
Das Heft liegt **auf dem Tisch**.	*The notebook is (lying) on the table.*

22 Übung: Wo ist Dennis? Wohin geht er? Sagen Sie, wohin Hans geht oder wo er steht.

23 **Übung:** *an oder auf?* Complete each sentence with **an** or **auf** and the appropriate article.

A. Wohin? Antworten Sie mit Präposition + Artikel im Akkusativ.

1. Karl geht _____ Tafel.
2. Legen Sie Ihren Mantel _____ Stuhl.
3. Nele fährt im Sommer _____ Meer.
4. Ich habe die Zeitung _____ Schreibtisch gelegt.

B. Wo? Antworten Sie mit Präposition + Artikel im Dativ.

5. Das Kind sitzt _____ Stuhl.
6. Martin wartet _____ Tür.
7. Das Haus liegt _____ Meer.
8. Das Essen steht schon _____ Tisch.

24 **Übung: Wo im Klassenzimmer?** Answer the questions about where the people and things are located in the classroom shown below. Then describe the locations of other people and objects.

BEISPIEL: Wo sitzt Herr Schröder?
      Er sitzt auf dem Tisch (vor Anna, usw.).

1. Wo sitzt Marie?
2. Wo steht Anna?
3. Wo steht Karl?
4. Wo steht Gertrud?

5. Wo sitzt der Lehrer?
6. Wo steht Fabian?
7. Wo liegt die Zeitung?
8. Wo sind diese Leute?

© Cengage Learning

25 **Gruppenarbeit: Unser Klassenzimmer** Jetzt beschreiben Sie *Ihr* Klassenzimmer. Wo stehen oder sitzen die Menschen?

26 **Gruppenarbeit** Here is another picture of the same classroom as in exercise 24. Now everyone is moving around and doing things. Tell where they are going and what they are doing. Describe any other actions you can.

1. Wohin legt Gertrud ihr Buch?
2. Wo geht Karl hin?
3. Wohin legt der Lehrer das Buch?
4. Wo geht Fabian hin?
5. Wo geht Anna hin?

4. Masculine N-nouns

A few masculine nouns take the ending **-en** or **-n** in all cases except the nominative singular. They are called *N-nouns:*

	Singular	Plural
nominative	der Student	die Studenten
accusative	den Studenten	die Studenten
dative	dem Studenten	den Studenten

Nominative: **Dieser Student** kennt München sehr gut.
Accusative: Kennst du **diesen Studenten**?
Dative: Ich habe **diesem Studenten** einen Stadtplan verkauft.

Rule of thumb: masculine nouns designating a person and whose plural ends in **-en** or **-n** are N-nouns. Here are the N-nouns you have already learned. The first ending is for the singular (*except* nominative); the second ending is for the plural. From now on, when you see two endings, you will know the noun is an *N-noun.*

der **Bauer**, -n, -n	*farmer*
der **Herr**, -n, -en	*gentleman; Mr.*
der **Journalist**, -en, -en	*journalist*
der **Kollege**, -n, -n	*colleague, co-worker*
der **Kunde**, -n, -n	*customer*
der **Mensch**, -en, -en	*person, human being*
der **Student**, -en, -en	*student*
der **Tourist**, -en, -en	*tourist*

> When **Herr** is used as a title (*Mr.*), it must also have the N-noun singular ending: **Das ist Herr Weiß.**; *but* **Kennen Sie Herrn Weiß?**

27 Partnerarbeit: Wer ist das? Ich kenne ihn nicht. Partner A asks who one of these men is; partner B answers. Partner A says he/she doesn't know this person. Switch roles for the next man.

> **Lab Manual** Kap. 6, Var. zu Üb. 27.
>
> **Workbook** Kap. 6, K, L.

BEISPIEL:
A: Wer ist das?
B: Das ist ein Bauer.
A: Ich kenne diesen _____ nicht.
B: Wer ist das? (usw.)

Credits: © Cengage Learning

Tipps zum Vokabelnlernen

Strong Verbs in English and German   Both English and German have strong and weak verbs. Since they are related languages, you can frequently guess the meaning of a strong verb in German from its context and the similarity of its English cognate. Here are some sentences containing strong verbs you will learn in subsequent chapters. See if you can guess their meanings and their infinitive forms:

> Sie hat den Weltrekord im 100-Meter-Lauf **gebrochen**.
> Wir haben 500 Euro **gewonnen**.
> Jemand hat mein Auto **gestohlen**.

>> **Leicht zu merken**

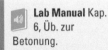

Lab Manual Kap. 6, Üb. zur Betonung.

automatisch	
der **Film, -e**	
finanzieren	finan<u>zie</u>ren
das **Foto, -s**	
das **Konzert, -e**	Kon<u>zert</u>
die **Party, -s**	
die **Philosophie**	Philoso<u>phie</u>
praktisch	
privat	pri<u>vat</u>
das **Programm, -e**	Pro<u>gramm</u>

Einstieg in den Text

Eine E-Mail lesen   In this e-mail the German student Claudia is answering an e-mail message from her American friend, Michael, who is coming to Germany as an exchange student. Such informal communication between friends is more loosely structured and associative than formal prose. It tends to be midway between spoken and written style. For example, she uses conversational phrases and slang (e.g., "**Das finde ich klasse!**" or "**sag mal...**"). It is clear that she is responding to what Michael has written her. She refers to his e-mail with the following phrases:

> "vielen Dank für deine Mail!" (line 2)
> "Du willst ..." (lines 2–3)

Claudia also asks Michael some questions:

> "Wie finanzierst du ...?" (line 18)

How might Michael respond in his next e-mail to her?

Tutorial Quiz
Audio Flashcards

Das Studium

belegen to take (*a university course*)

der **Ausweis, -e** ID card
  der **Studentenausweis** student ID

das **Hauptfach, ¨er** major field (*of study*)

das **Nebenfach, ¨er** minor field (*of study*)

das **Referat, -e** oral report

das **Stipendium, Stipendien** scholarship, stipend

das **Studium** (university) studies

die **Hausarbeit, -en** term paper, essay

die **Klausur, -en** written test

die **Vorlesung, -n** university lecture

die **Ferien** (*pl.*) (school or university) vacation
  die **Semesterferien** semester break

> **Der Urlaub** is a vacation from a job. **Die Ferien** (always plural) is the term for school and university vacations.

Verben

aus·geben, hat ausgegeben to spend (*money*)

bezahlen to pay for

erzählen to tell, recount

feiern to celebrate; to party

schicken to send

Substantive

der **Brief, -e** letter

der **Krieg, -e** war

das **Ende, -n** end
  das **Semesterende** the end of the semester

das **Glück** happiness; luck
  Glück haben to be lucky

> **Glück haben** means *to be lucky*, but **glücklich sein** means *to be happy*.

das **Haar, -e** hair

das **Kino, -s** movie theater
  ins Kino gehen to go to the movies

das **Tempo** pace, tempo

die **Geschichte, -n** story; history

die **Kneipe, -n** tavern, bar

die **Wohnung, -en** apartment

Adjektive und Adverbien

billig inexpensive, cheap

damals at that time, back then

gerade just, at this moment

je ever

kostenlos free of charge

schlimm bad

sofort immediately, right away

sonst otherwise, apart from that

verantwortlich (für) responsible (for)

wohl probably

Andere Vokabeln

alles (*sing.*) everything

einige some

selber *or* **selbst** by oneself (myself, yourself, ourselves, etc.)

> Remember: **alle** (*pl.*) = *everybody.*

Nützliche Ausdrücke

das heißt that means, in other words
  d. h. i.e. (= that is)

Herzlich willkommen! Welcome! Nice to see you!

letzte Woche last week

Gegensätze

billig ≠ **teuer** cheap ≠ expensive

Glück haben ≠ **Pech haben** to be lucky ≠ to be unlucky

je ≠ **nie** ever ≠ never

der Krieg ≠ **der Frieden** war ≠ peace

Mit anderen Worten

klasse = super, prima

die **Mail** = die **E-Mail**

Kevin Galvin

Wo möchte dieser Student wohnen? Kann man ihn anrufen?

◀)) Eine E-Mail aus Freiburg
1–41

Claudia Martens hat gerade eine E-Mail von ihrem amerikanischen Freund Michael Hayward bekommen. Ein Jahr lang war Claudia Austauschschülerin an Michaels Schule in Atlanta. Sie schickt ihm sofort eine Antwort.

Learning about German student life and the university system is the cultural goal of this chapter.

Von: Claudia Martens
An: mxh5793@aol.com
Datum: 20.02.13
Betreff: Gruß aus Freiburg!

Hallo Michael,

vielen Dank für deine Mail! Du schreibst, du willst zwei Semester an der Uni in Freiburg[5] Geschichte studieren, das finde ich klasse! Ich studiere auch Geschichte, aber nur im Nebenfach. Mein Hauptfach ist Philosophie. Letztes° Semester habe ich   *Last*
5 ein Seminar über den Ersten Weltkrieg belegt. Es war sehr interessant. Im Herbst gibt es eine Vorlesung über Bismarck[6]. Vielleicht können wir sie zusammen besuchen.

Habe ich dir je von unserem Universitätssystem erzählt? Die Semesterferien[7] haben gerade begonnen. Das Wintersemester beginnt erst im Oktober und läuft bis Mitte Februar, also ganz anders als bei euch. Das Studium hier ist nicht so stressig: Ihr
10 schreibt mehr Klausuren und Hausaufgaben, aber bei uns ist es nicht so schlimm. Das Tempo ist etwas langsamer und man kann abends in der Bibliothek sitzen und lernen oder mit Freunden in die Kneipe gehen. Erst am Semesterende muss man für das Seminar eine Hausarbeit schreiben. Bei einer Vorlesung gibt es weder Referate noch°   ***weder ... noch** = neither*
Klausuren!   *. . . nor*

15 Vielleicht weißt du schon, unsere Unis sind staatlich°. Das bedeutet, sie sind viel   *state-supported*
billiger für die Studenten als° Unis in Amerika. Also muss man praktisch nur für   ***billiger... als** cheaper*
Wohnung, Essen, Bücher und Kleidung Geld ausgeben. Viele Studenten bekommen   *than*
auch das sogenannte° Bafög[8]. Wie finanzierst du eigentlich dein Jahr in Deutschland?   *so-called*
Mit einem Stipendium, oder musst du alles selber bezahlen?

20 Das Essen in der Mensa ist immer billig und relativ gut, und man kann im Studentenwohnheim wohnen oder privat, z.B. in einer WG. Sag mal, bekommst du durch das Austauschprogramm einen Platz im Studentenwohnheim? Wenn nicht°,   ***Wenn ...** If not*
dann hast du Glück: Du kannst zu uns in die WG! Wir haben nächstes Semester ein Zimmer frei und du bist herzlich willkommen.

25 Michael, wir sind damals in Atlanta oft ins Kino und ins Konzert gegangen. Das machen wir nächstes Jahr hoffentlich auch. Mit dem Studentenausweis kann man billige Karten für Filme und Konzerte bekommen.

---

[5] **Freiburg:** City in Baden-Württemberg between the Black Forest and the Rhine. The Albert-Ludwigs-Universität in Freiburg was founded in 1457.

[6] **Otto von Bismarck** (1815–1898): German statesman and Prussian chancellor, under whose leadership the German states were united as the German Empire in 1871.

[7] The German academic year has a **Wintersemester** that begins in mid-October and ends in mid-February. The **Sommersemester** begins in late April and ends in mid-July. The **Semesterferien** are the periods between the two semesters, so they come twice a year.

[8] Inexpensive government loans for university students in Germany are mandated by the Federal Education Support Law, or **Bundesausbildungsförderungsgesetz**, the acronym for which is **Bafög**.

Das ist eine lange Mail geworden! Jetzt muss ich aber für eine Party einkaufen. Wir feiern heute Abend das Semesterende. Also, genug für heute, aber ich schreibe dir bald

30 wieder. Viele herzliche Grüße° an dich und deine Familie.

Viele … Many cordial greetings

Deine Claudia

P.S. Übrigens habe ich ein neues Foto von mir angehängt°. Kennst du mich noch mit kurzen Haaren? Lustig, nicht?

attached

„Kennst du mich noch mit kurzen Haaren?"

>> Nach dem Lesen

Lab Manual Kap. 6, Diktat.

Workbook Kap. 6, Üb.M.

A Antworten Sie auf Deutsch.

1. Wo hat Claudia Michael kennengelernt?
2. Was will Michael in Freiburg studieren?
3. Was für ein (*What kind of*) Tempo hat das Studentenleben in Freiburg?
4. Warum kostet das Studium in Deutschland nicht sehr viel?
5. Wo kann Michael in Freiburg wohnen?
6. Was schickt ihm Claudia mit der E-Mail zusammen?
7. Was ist für Michael neu auf dem Foto von Claudia?

✐ Schreibtipp

Einen Brief schreiben

In **Kapitel 2** you learned how to write a simple postcard in German (see page 62). When writing an informal letter, Germans often include the place before the date. Also notice that if you are writing to two friends, one male and one female, you must repeat the salutation with the correct adjective ending for each one. (One cannot write ~~Liebe Sabine und Markus~~; one must write **Liebe Sabine, lieber Markus**.) You should be able to read the handwritten letter below, despite some differences between English and German handwriting. Note especially that the letters **u** and **n** can often look very similar in German.

Place and date: day / month / year

Salutation: -e with a female name, -er with a male name

Jena, den 20.05.12

Liebe Sabine, lieber Markus!

Hallo! Wie geht's euch denn? Gestern sind wir hier angekommen und haben schon eure Cousine Gertrud besucht. Sie und ihre Freunde sind wahnsinnig nett und haben uns sehr viel von Jena gezeigt.
Morgen fahren wir nach Berlin und sind dann Freitag wieder zu Hause.

Bis dann

Standard closing = *many cordial greetings*

Viele herzliche Grüße von Tanja und Fabian

© Cengage Learning

➤ **Schreiben wir mal: „Liebe Claudia, …"** Claudias E-Mail an Michael Hayward haben Sie schon gelesen. In dieser Mail hat sie ihm das Studentenleben in Freiburg beschrieben. Jetzt spielen Sie die Rolle von Michael Hayward und schreiben Sie eine Antwort an Claudia. Beantworten Sie ihre Fragen und schreiben Sie über das Studentenleben bei Ihnen. Haben Sie andere Fragen an Claudia über Freiburg und das Studium dort?

B Wie sagt man das auf Deutsch?

1. I've brought you the novel for your seminar.
2. Thanks a lot. Did it cost much?
3. No, it was cheap. Shall I put it on the desk?

4. The lecture started at ten o'clock.
5. Unfortunately, I didn't arrive until quarter past ten.
6. I stood behind my friends and didn't hear anything.

7. What did you study in Freiburg?
8. History was my major but I also studied German.

9. Tonight we're going to the movies together.
10. I hope you haven't forgotten your student I.D.
11. No, it's in my pocket.
12. Good, let's go! We have to be there before eight o'clock.

▷ VOKABELN IM ALLTAG: DAS STUDIUM

Das Studentenzimmer

> This vocabulary focuses on an everyday topic or situation. Words you already know from **Wortschatz** sections are listed without English equivalents; new supplementary vocabulary is listed with definitions. Your instructor may assign some supplementary vocabulary for active mastery.

Die Möbel *(pl.) furniture*
Dieses Zimmer ist **möbliert** (*furnished*).

> Singular of **Möbel** is **das Möbelstück**.

1. der Boden, ⸚
2. der Teppich, -e
3. die Lampe, -n
4. der Wecker, -
5. der MP3-Spieler, -
6. das Bett, -en
7. das Poster, -
8. der Spiegel, -
9. das Bücherregal, -e
10. die Decke, -n
11. der Kleiderschrank, ⸚e
12. der Computer, -
13. der Schlüssel, -
14. das Handy, -s

An der Uni

Einige Wörter kennen Sie schon.

studieren an (+ *dat.*)	*to study at*
Ich studiere an der Uni Freiburg.	
das **Hauptfach**, das **Nebenfach**	
das **Labor, -s**	*lab*
das **Referat, -e**	
ein Referat halten	*to give an oral report*
das **Semester, -**	
das **Sommersemester**	*spring term (usually April to July)*
das **Wintersemester**	*fall term (usually October to February)*
das **Seminar, -e**	
die **Bibliothek, -en**	
die **Hausarbeit**	
eine Hausarbeit schreiben	*to write a paper*
die **Klausur, -en**	
die **Vorlesung, -en**	
die **Wissenschaft, -en**	*science; scholarship; field of knowledge*

Einige Studienfächer

Note that most academic disciplines are feminine.

die **Anglistik**	Anglistik	*English studies*
die **Betriebswirtschaft**		*management, business*
die **Biologie**	Biologie	*biology*
die **Chemie**	Chemie	*chemistry*
die **Elektrotechnik**		*electrical engineering*
die **Germanistik**	Germanistik	*German studies*
die **Geschichte**		*history*
die **Informatik**	Informatik	*computer science*
Jura (*used without article*)		*law*
die **Kunstgeschichte**		*art history*
die **Linguistik**	Linguistik	*linguistics*
der **Maschinenbau**		*mechanical engineering*
die **Mathematik**	Mathematik	*mathematics*
die **Medizin**	Medizin	*medicine*
die **Musikwissenschaft**		*musicology*
die **Pädagogik**	Pädagogik	*education*
die **Philosophie**	Philosophie	*philosophy*
die **Physik**	Physik	*physics*
die **Politikwissenschaft**		*political science*
die **Psychologie**	Psychologie	*psychology*
die **Soziologie**	Soziologie	*sociology*
die **Wirtschaftswissenschaft**		*economics*

A **Gruppenarbeit: Beschreiben wir das Zimmer auf Seite 181.** Wie finden Sie dieses Zimmer? Ist es typisch für die Studentenzimmer bei Ihnen? Kann man hier gut wohnen? Wie sieht *Ihr* Zimmer aus? Was gibt es zum Beispiel *nicht* bei Ihnen?

B **Gruppenarbeit: Was studierst du?**

1. Welche (*which*) Studienfächer auf der Liste kann man auch an Ihrer Uni studieren? Gibt es Studienfächer bei Ihnen, die nicht auf der Liste stehen?
2. Was ist Ihr Hauptfach und was belegen Sie dieses Semester?

BEISPIEL: A: Mein Hauptfach ist _____. Dieses Semester belege ich Deutsch,
_____, _____ und _____. Und du?

B: Ich studiere _____ im Hauptfach und ...

C **Partnerarbeit: Welches Fach ist das?** Arbeiten Sie mit einem Partner zusammen. Finden Sie die richtige Beschreibung (*description*) rechts von jedem Hauptfach links.

Im Hauptfach studiert man ...	**... und was macht man genau an der Uni?**
Philosophie	Man studiert Lerntheorien und will später in der Schule lehren.
Germanistik	Man liest und schreibt über die Vergangenheit (*past*) und interpretiert sie.
Informatik	Man studiert die Theorien von Newton und Einstein.
Biologie	Man vergleicht (*compares*) politische Systeme.
Politikwissenschaft	Man studiert Sprache, Literatur, Geschichte und Kultur in den deutschsprachigen Ländern.
Pädagogik	Man studiert Organismen: Tiere (*animals*) und Pflanzen (*plants*).
Geschichte	Man studiert und analysiert große Denker wie Kant und Wittgenstein.
Physik	Man schreibt Programme und entwickelt (*develops*) Software für Computer.

Whisson/Jordan/Fancy/Jupiter images

Universities in the German-speaking Countries

The university systems in all the German-speaking countries are similar. All but a few institutions of higher learning (**Hochschulen**) in Austria, Germany, and Switzerland are state-run and financed by taxes. Successful completion of the **Abitur** examination (called **Matura** in Austria and Switzerland) entitles a student to enroll in any university in the country. German universities do not have the general education or distribution requirements common at American colleges and universities; students begin their studies in a particular major. Some specialized schools (e.g., **Musikhochschulen**, **Kunsthochschulen**) and majors in high demand (e.g., medicine and management) have restricted enrollments, and students' **Abitur** grades determine whether and how long they have to wait for a place in the major of their choice.

Educational reforms in the 1960s and 1970s led to both an increase in the number of students and more diversity in the students' socioeconomic backgrounds. In 1950, for example, only 6 percent of German pupils completed the **Abitur**, and they were mostly the children of the upper middle class with parents who had a university education. Today the percentage of students in any given year who go on to the university varies from about 16 percent in Switzerland to about 30 percent in Germany. Moreover, students who have not attended a **Gymnasium** can obtain a diploma that allows them to study at **Fachhochschulen**, which emphasize applied knowledge rather than theory. For example, one can study electrical engineering but not physics at a **Fachhochschule**; hotel management is offered at some **Fachhochschulen** but not at universities.

The biggest contrast with the United States is the fact that students pay low tuition fees. In recent years, individual **Länder** have begun to charge modest tuition fees (**Studiengebühren**) to help finance the universities. At the most, this amounts to tuition of €500 per semester, but there have been large protests against such fees.

The European Union has worked to make the university programs in all its member countries compatible with each other. Many EU students complete at least part of their education in other countries.

Karl-Eberhardts-Universität, Tübingen

Universität Zürich

Universität Wien

Rückschau: Was habe ich gelernt?

	No problem.	Almost there.	Needs more work.	See pages
1. I can use the perfect tense (and the simple past tense of **sein**) to talk about the past.				160–167
2. I know the two-way prepositions and understand how to use them to express location or destination.				170–172
3. I can recognize masculine N-nouns and use them with the correct endings.				174
4. I know some basic facts about German universities and can talk about my own studies in German.				178–179, 182, 184
5. I can write a simple letter or e-mail in German.				180

Kapitel 7 Auf Reisen

Philip Lange/Shutterstock.com

◀ Hauptbahnhof, Berlin

Kommunikation

- Expressing opinions, preferences, and polite requests
- Telling time with the twenty-four-hour clock
- Making travel plans and staying in youth hostels
- Talking on the telephone

Kultur

- Traveling in Europe

In diesem Kapitel

- **Lyrik zum Vorlesen**
  Wilhelm Müller, „Das Wandern"

- **Grammatik**
  1. **Der**-words and **ein**-words
  2. Coordinating conjunctions
  3. Verbs with dative objects
  4. The personal dative
  5. Using **würden** + infinitive
  6. Verbs with two-way prepositions
  7. Official time-telling: the twenty-four-hour clock

- **Lesestück**
  Unterwegs mit Fahrrad, Auto und Bahn

- **Vokabeln im Alltag**
  Reisen und Verkehr

- **Almanach**
  Jugendherbergen

Lab Manual
Kap. 7, Dialoge,
Fragen, Hören Sie
gut zu!, Üb. zur
Aussprache [**u/ü**].

11.27 Uhr is pro-
nounced **elf Uhr
siebenundzwanzig.**

die Flasche: English
cognate =*flask.*

 >> **Am Bahnhof**
1–42

Ein Student sieht eine alte Dame mit viel Gepäck und will ihr helfen.

STUDENT:	Darf ich Ihnen helfen?
TOURISTIN:	Ja, bitte! Würden Sie mir den Koffer tragen?
STUDENT:	Gerne. Wohin müssen Sie denn?
TOURISTIN:	Gleis dreizehn. Mein Zug fährt um 11.27 Uhr ab.

 >> **Vor der Urlaubsreise**
1–43

LAURA:	Suchst du deine Wasserflasche?
FELIX:	Nein, nicht die Flasche, sondern den Reiseführer. Ich glaube, ich habe ihn auf den Tisch gelegt.
LAURA:	Aha, da liegt er, unter deiner Jacke.
FELIX:	Ich hänge die Jacke auf, dann haben wir mehr Platz. Wir müssen doch unsere Italienreise planen.
LAURA:	Vergiss aber nicht, dein Reisepass steckt in der Tasche.

 >> **Am Telefon**
1–44

Laura und Felix waren drei Wochen mit dem Wagen unterwegs. Jetzt sind sie wieder zu Hause und Laura ruft am Nachmittag ihren Vater an. Es klingelt lange, aber endlich kommt Herr Krogmann ans Telefon.

HERR KROGMANN:	Krogmann.
LAURA:	Hallo Papa! Hier ist Laura. Warum hast du nicht gleich geantwortet?
HERR KROGMANN:	Ach, Laura, seid ihr wieder zurück? Ich habe auf dem Sofa gelegen und bin eingeschlafen.
LAURA:	Oh, tut mir leid, Papa. Ich habe dich geweckt.
HERR KROGMANN:	Macht nichts. Ich habe sowieso aufstehen wollen. Wie war denn eure Reise?
LAURA:	Alles war wunderbar.

ullstein bild/The Granger Collection, NYC

Tutorial Quiz
Audio Flashcards

Auf Reisen

ab·fahren (fährt ab), ist
  abgefahren to depart, leave
  (*by vehicle*)
an·kommen, ist
  angekommen to arrive
der **Bahnhof, ¨e** train station
der **Koffer, -** suitcase
der **Reiseführer, -** travel
  guidebook
der **Reisepass, ¨e** passport
der **Wagen, -** car, automobile
der **Zug, ¨e** train
das **Gepäck** luggage
das **Gleis, -e** (railroad) track

Verben

danken (+ *dat.*) to thank
ein·schlafen (schläft ein), ist
  eingeschlafen to fall asleep
gefallen (gefällt), hat
  gefallen (+ *dat.*) to please,
  appeal to
  Das Buch gefällt mir. I like the
  book.
gehören (+ *dat.*) **to belong to**
  (*a person*)
hängen, hat gehängt (*trans.*)
  to hang
  auf·hängen to hang up

helfen (hilft), hat
  geholfen (+ *dat.*) to help
klingeln to ring
planen to plan
setzen to set (down), put
stecken to put (into), insert; to be
  (inside of)
stellen to put, place
tun, hat getan to do
wecken (*trans.*) to wake up
würden (+ *infinitive*) would
  (*do something*)

Substantive

der **Nachmittag, -e** afternoon
  am Nachmittag in the
  afternoon
das **Telefon, -e** telephone
die **Flasche, -n** bottle

Adjektive und Adverbien

sowieso anyway
unterwegs on the way; en route;
  on the go
wunderbar wonderful

Andere Vokabeln

sondern but rather, but . . .
  instead
welch- which

Nützliche Ausdrücke

Das ist (mir) egal. It doesn't
  matter (to me). I don't care.
Das macht (mir) Spaß. That's
  fun (for me).
Das macht nichts. That doesn't
  matter.
Es tut mir leid. I'm sorry.

> Often shortened in spoken German to:
> **Mir egal. Macht nichts. Tut mir leid.**

Gegensätze

auf·stehen ≠ ins Bett gehen
  to get up ≠ to go to bed
ein·schlafen ≠ auf·wachen to
  fall asleep ≠ to wake up

VARIATIONEN

A **Persönliche Fragen**

1. Fahren Sie oft mit dem Zug? Wohin sind Sie schon gefahren?
2. Fahren Sie lieber mit dem Zug, mit dem Bus oder mit dem Wagen?
3. Felix und Laura brauchen einen Reiseführer für ihre Italienreise.
   Was brauchen Sie für Ihre Reise?
4. Planen Sie eine Reise in den Ferien? Wohin?
5. Herr Krogmann schläft auf dem Sofa. Wo schlafen Sie lieber am
   Nachmittag, auf dem Sofa oder auf dem Bett?

> With means of
> transportation, **mit**
> = *by*: **Die Touristin**
> **fährt mit dem Zug.**

Review high-frequency idiomatic phrases like these in each **Zusammenfassung und Wiederholung** in the Workbook section of the SAM. They are important for authentic conversational German.

B **Reaktionen** Respond to the statements and questions on the left with an appropriate phrase from the right.

1. Ich kann den Koffer nicht tragen.
2. Würden Sie mir bitte helfen?
3. Hast du das nicht gewusst?
4. Wo fährt denn Ihr Zug ab?
5. Waren die Hausaufgaben besonders schwer?
6. Wie war die Reise?
7. Wohin hast du den Atlas gelegt?
8. Wo liegt denn der Stadtplan?
9. Gehen wir zusammen einkaufen?
10. Was ist denn los?
11. Wann seid ihr angekommen?
12. Wann fährt unser Zug ab?

Einverstanden!
Das macht nichts!
Gerne!
Sofort!
Oh, das tut mir leid!
Auf dem Tisch.
Heute Morgen.
Doch!
Gar nichts.
Auf das Sofa.
Das finde ich auch.
Bitte sehr.
Auf Gleis zehn.
Nee, gar nicht.
Wunderbar!

C **Übung: Im Reisebüro (*At the travel agency*)** Im Reisebüro hilft man Ihnen, die Reise zu planen. Sagen Sie, Sie sind mit allem einverstanden. Your instructor plays the role of the travel agent.

> Wollen Sie ein Hotelzimmer reservieren (*reserve*)?

> Ja, ich würde gern ein Hotelzimmer reservieren.

1. Wollen Sie morgen abfahren?
2. Wollen Sie am Montag in Italien ankommen?
3. Wollen Sie zweiter Klasse fahren?
4. Wollen Sie Rom besuchen?
5. Wollen Sie dort ins Theater gehen?

D **Partnerarbeit: Am Telefon** Situation: Felix Hinrich phones his mother to tell her when he's coming home tonight. She asks where he is and whether he's eating at home. He says he's going out to eat with friends and then to a movie. His mother says she'll see him later. They say good-bye (on the telephone it's **Auf Wiederhören**). Complete this conversation with your partner.

MUTTER: Hinrich.

FELIX: Hallo _____! Hier ist _____.

MUTTER: Ach hallo _____! Wo _____?

FELIX: _____.

MUTTER: Wirklich? _____?

FELIX: _____.

MUTTER: Also, _____. Auf Wiederhören, bis _____!

FELIX: _____!

Web Link

🔊 LYRIK ZUM VORLESEN
1–45

German Romantic literature uses images of nature to evoke yearning for the unknown, for travel, and for love. In the early nineteenth century **das Wandern** described the travels of itinerant journeymen, artisans who traveled from town to town working for different master craftsmen.

Wilhelm Müller's poem cycle *Die schöne Müllerin* (1820) is unified by the theme of the love of the journeyman for the miller's daughter. In this poem the youth is moved to **Wanderlust** by the mill itself, with its rushing water and turning wheels. He ends by asking the miller and his wife for permission to depart.

Fair Use

Das Wandern°

journeying, traveling

Das Wandern ist des Müllers Lust°,
Das Wandern!
Das muss ein schlechter Müller sein,
Dem niemals fiel das Wandern ein°,
Das Wandern.

des ... *the miller's desire*

Dem ... *Who has never thought of wandering*

Vom Wasser haben wir's gelernt,
Vom Wasser!
Das hat nicht Rast° bei Tag und Nacht,
Ist stets° auf Wanderschaft bedacht°,
Das Wasser.

rest
stets = **immer** / *intent*

Das sehn wir auch den Rädern ab°,
Den Rädern!
Die gar nicht gerne stille stehn
Und sich mein Tag nicht müde drehn°,
Die Räder.

sehn ... *we see from the wheels as well*

Und ... *never tire of turning*

Die Steine selbst°, so schwer sie sind,
Die Steine!
Sie tanzen mit den muntern Reihn°
Und wollen gar noch schneller sein,
Die Steine!

Steine ... *even the stones*

cheerful dances

O Wandern, Wandern, meine Lust,
O Wandern!
Herr Meister und Frau Meisterin,
Lasst mich in Frieden weiterziehn°
Und wandern!

Lasst ... *Let me go in peace*

Wilhelm Müller (1794–1827)

Wanderschaft, Wilhelm Müller

> Set to music by Franz Schubert, this poem is the first song in his cycle "Die schöne Müllerin," op. 5, no. 1 (D 795).

Lebrecht Music & Arts/ The Image Works

Wilhelm Müller

Grammatik

>> ## 1. *Der*-words and *ein*-words

Tutorial Quiz

You know that the definite article **der**, the indefinite article **ein**, and similar words such as **dies-**, **jed-**, **mein**, **kein**, and **alle** precede nouns. It is convenient to divide such words into two groups, called respectively **der**-words and **ein**-words.

der-words		*ein*-words		
der, das, die	*the*	**ein**	*a, an*	
dies-	*this, these*	**kein**	*no, not a*	
jed-	*each, every*	**mein**	*my*	
welch-	*which*	**dein**	*your*	
all-	*all*	**sein**	*his, its*	
		ihr	*her, its*	possessive adjectives
		unser	*our*	
		euer	*your*	
		ihr	*their*	
		Ihr	*your*	

Dies- is used here to review the **der**-word endings for the three cases you know so far.

	der-word endings			
	masculine	**neuter**	**feminine**	**plural**
nom.	dies**er** Stuhl	dies**es** Buch	dies**e** Uhr	dies**e** Bücher
acc.	dies**en** Stuhl			
dat.	dies**em** Stuhl	dies**em** Buch	dies**er** Uhr	dies**en** Büchern

The **ein**-words have the same endings as **der**-words, *except in three instances* in which they have *no* endings, as highlighted below.

	ein-word endings			
	masculine	**neuter**	**feminine**	**plural**
nom.	mein Stuhl	mein Buch	mein**e** Uhr	mein**e** Bücher
acc.	mein**en** Stuhl	mein Buch		
dat.	mein**em** Stuhl	mein**em** Buch	mein**er** Uhr	mein**en** Büchern

1 Übung Ihre Professorin stellt eine Frage und Sie antworten.

BEISPIEL: Welcher Stuhl ist alt?
Dieser Stuhl ist alt.

1. Welche Schuhe sind neu?
2. Welcher Student sitzt am Fenster?
3. Welche Studentin hat ihr Buch vergessen?
4. Welcher Student heißt _____?
5. Welches Fenster ist schmutzig (*dirty*)?
6. Welcher Student trägt ein neues T-Shirt?
7. Welche Studentin ist heute spät aufgestanden?
8. Welches Buch finden Sie gut?

2 Partnerarbeit Partner A sagt etwas. Partner B antwortet „Ja, aber ..."
wie im Beispiel.

> **Lab Manual** Kap.
> 7, Partnerarbeit 2.
>
> **Workbook**
> Kap. 7, A.

Dieser Berg ist steil.

Ja, aber nicht jeder Berg ist steil.

Dieser Koffer ist schwer.
Dieses Studentenwohnheim ist neu.
Diese Wasserflasche ist kalt.
Diese Vorlesung ist interessant.
Dieser Zug fährt bald ab.
Dieses Telefon klingelt zu laut.

Ja, aber ...

Robert Kneschke/Shutterstock.com

3 Partnerarbeit: Dieses Buch ist mein Buch. Take turns saying what
belongs to you.

BEISPIEL: A: Dieses Buch ist mein Buch.
B: Diese Hose ist meine Hose.

Now look around at other people in the room and ask what belongs to whom.

BEISPIEL: A: Welche Jacke ist seine Jacke?
B: Diese Jacke ist seine Jacke.
A: Welches Heft ist ihr Heft? usw.

>> 2. Coordinating conjunctions (*koordinierende Konjunktionen*)

DEFINITIONEN

What are conjunctions?

Conjunctions are words such as *and, or, but,* and *because* that join words, phrases, or clauses to each other.

What is a clause?

A *clause* is a unit containing a subject and an inflected verb. A simple sentence consists of one clause; a compound sentence has two or more clauses.

Coordinating conjunctions join clauses that could otherwise each stand alone as a simple sentence. The conjunction joins them into a compound sentence.

Christa ist achtzehn.   Ihr Bruder ist sechzehn.
Christa ist achtzehn **und** ihr Bruder ist sechzehn.

Kannst du das Fenster aufmachen?   Soll ich es tun?
Kannst du das Fenster aufmachen **oder** soll ich es tun?

The most common coordinating conjunctions in German are:

aber	*but, however*
denn	*for, because*
oder	*or*
sondern	*but rather, instead*
und	*and*

Do not confuse the conjunction **denn** with the flavoring particle **denn** sometimes used in questions: **Wo warst du denn so lange?**

Remember this ironclad rule: The verb is always in second position in German statements. A coordinating conjunction, however, is *not* counted as occupying the first position. Therefore, it does not change the word order in the second clause, the clause following the conjunction.

0   1   2
Anja kommt nicht zu Fuß, **sondern** sie fährt mit dem Auto.

0   1   2
Ich kann dich erst am Abend anrufen, **denn** ich bin bis sieben in der Bibliothek.

0   1   2
Niklas muss bis drei arbeiten, **aber** dann darf er nach Hause.

Coordinating conjunctions are also used to connect words and phrases.

Ich habe einen Bruder **und** eine Schwester.
Möchtest du Mineralwasser **oder** Cola?
Dieser Laden ist gut, **aber** sehr teuer.
Barbara ist nicht hier, **sondern** in Italien.

Note on punctuation: *Always* place a comma before **aber**, **sondern**, or **denn**.

4 Partnerarbeit Use **und**, **aber**, **oder**, or **denn** to join each sentence in column A to a sentence in column B. Try to find the most logical pairings. Compare results with other students.

A	**B**
Meine Eltern kommen morgen.	Ich möchte sie dort besuchen.
Bist du krank?	Willst du in einer WG wohnen?
Hülja studiert in Freiburg.	Ich zeige ihnen meine Wohnung.
Ich bringe das Buch mit.	Mein Bruder wohnt auf dem Land.
Ich wohne in der Stadt.	Du sollst es lesen.
Ich bin jetzt in Eile.	Sie hat ihn nicht beantwortet.
Willst du in der Mensa essen?	Mein Zug fährt gleich ab.
Willst du allein wohnen?	Wollen wir bei mir etwas kochen?
Ich habe Sabine einen Brief geschrieben.	Geht es dir gut?

(Handwritten "und" connecting "Meine Eltern kommen morgen." with "Ich zeige ihnen meine Wohnung.")

Aber versus *sondern*

Aber and **sondern** are both translated into English as *but*. Both express a contrast, but they are *not* interchangeable. **Sondern** *must* be used when *but* means *but . . . instead* or *but rather*.

Er bleibt zu Hause, **aber** sie geht einkaufen.	*He's staying home, but she's going shopping.*
Er bleibt nicht zu Hause, **sondern** geht einkaufen	*He's not staying home, **but** is going shopping **instead.***

Sondern *always* follows a *negative* statement and connects *mutually exclusive alternatives*. Note that the clause following **sondern** can leave out elements it has in common with the first clause. Such a deletion is called an *ellipsis*.

Er bleibt nicht zu Hause, sondern [er] geht einkaufen.
Das ist kein Wein, sondern [das ist] Wasser.
Katrin hat es nicht getan, sondern die Kinder [haben es getan].

5 Übung: *Aber* oder *sondern*? Combine each pair of sentences using **aber** or **sondern** as appropriate. Use ellipsis where possible.

BEISPIEL: Ich kaufe keine Postkarten. Ich kaufe einen Stadtplan.
Ich kaufe keine Postkarten, sondern einen Stadtplan.

1. Sie fliegt nach Italien. Ihr Mann fährt mit dem Zug.
2. Sie hasst mich nicht. Sie liebt mich.
3. Es ist noch nicht sieben Uhr. Es ist schon dunkel.
4. Ich fahre nicht mit dem Auto. Ich gehe zu Fuß.
5. Du sollst mich nicht um acht Uhr wecken. Du sollst mich um sieben wecken.
6. Emil mag kein Obst. Georg isst es gern.

T. Hansen

Word order: nicht X, sondern Y

Notice how the position of **nicht** shifts when it is followed by **sondern**.

Ich kaufe den Mantel nicht.
> *but:*

Ich kaufe **nicht den Mantel**, sondern die Jacke.

Ruth arbeitet heute nicht.
> *but:*

Ruth arbeitet **nicht heute**, sondern morgen.

---

6 Partnerarbeit: Nein, nicht x, sondern y Take turns asking each other these questions. Answer negatively, using **sondern**.

BEISPIEL:

Willst du *um sieben* frühstücken?

Nein, nicht um sieben, sondern um acht.

Stockbyte/Photos.com

1. Suchst du *die Wasserflasche*?
2. Gehen wir *am Mittwoch* ins Kino?
3. Gehst du *mit Jutta* in die Stadt?
4. Gehst du mit Jutta *in die Stadt*?
5. Willst du mir *deine Fotos* zeigen?
6. Warst du *gestern* in der Bibliothek?

>> 3. Verbs with dative objects (*Verben mit Dativobjekt*)

> Review dative endings of **der-** and **ein-**words p. 133, and dative forms of the personal pronouns, p. 135.

Hast du Schulprobleme?
Wieder Lust auf Schule!
Wir können dir helfen.
Nachhilfe in allen Fächern.
Intensivkurse und Einzelunterricht.
Ruf uns mal an! 01/685 1515

© Cengage Learning

Some German verbs require an object in the dative case rather than the accusative. Two of these are **helfen** and **antworten**.

Ich sehe den Mann.	*I see the man.*
> *but:*	
Ich helfe **dem** Mann.	*I'm helping the man.*
Du fragst die Frau.	*You ask the woman.*
> *but:*	
Du antwortest **der** Frau.	*You answer the woman.*

This chapter introduces the following verbs with dative objects:

antworten	to answer (*someone*)
danken	to thank
gefallen	to please
gehören	to belong to
glauben	to believe (*someone*)
helfen	to help

The dative object is usually a person.

Mia dankt **ihrem Lehrer**. *Mia thanks her teacher.*
Wem gehört dieser Wagen? *Who owns this car?* (Literally:
  ***To whom** does this car belong?*)
Diese Stadt gefällt **mir**. *I like this city.* (Literally: *This city is
  pleasing **to me**.*)

Note that using **gefallen** is another way of saying that you like something.
However, since its literal meaning is *to please* (*someone*), the subject and object
are the reverse of English.

Die Vorlesungen gefallen **mir**.   Literally: *The lectures please me.*

*I like the **lectures***.

NOTE: the verb **gefallen** is plural here because the subject, **Vorlesungen**,
is plural.

---

7 **Übung: Was gefällt Ihnen hier?** Was gefällt Ihnen an dieser Uni und
was gefällt Ihnen nicht? Hier sind einige Möglichkeiten (*possibilities*).

Mir gefällt die Deutsch-
stunde nicht immer.

das Klima
mein Zimmer im
  Studentenwohnheim
das Essen in der Mensa
das Wetter
meine Mitbewohner
die Professoren
die Vorlesungen
die anderen (*other*)
  Studenten
die Uni-Zeitung

Lab Manual Kap.
7, Var. zu Üb. 7.

Workbook
Kap. 7, D, E.

---

8 **Übung: Wem haben Sie einmal geholfen?** Im ersten Dialog auf Seite
188 („Am Bahnhof") hilft ein Student einer Touristin mit ihrem Koffer. Sagen
Sie, wem Sie einmal geholfen haben.

BEISPIEL: Ich habe einmal meiner Oma geholfen.

---

9 **Übung: Wem gehört die Tasche?** Say what belongs to whom.

BEISPIEL: A: Wem gehört diese Tasche?
       B: Sie gehört mir. Das ist meine Tasche.

4. The personal dative

The dative case is also used to indicate a person's involvement in or reaction to a situation:

Wie geht es **dir**?   *How are you?* (Literally: *How is it going* **for you**?)

This *personal dative* is often translated into English as *to* or *for*.

Here are some more examples:

Wie geht es **deiner Freundin**?	*How is* ***your girl friend***?
Mir ist kalt.	*I'm cold.*
Diese Farbe ist **mir** zu dunkel.	*This color is too dark* ***for me / for my taste***.
Das ist **mir** egal.	*It's all the same* ***to me***.
Das macht **mir** Spaß.	*That's fun* ***for me***.
Das tut **mir** leid.	*I'm sorry about that.*

 10 **Übung: Ist es Ihnen zu kalt?** Your instructor asks how you feel about something. Give your opinion, then ask your neighbor for an opinion.

 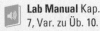

BEISPIEL: Ist es Ihnen hier zu warm?
      A: Mir ist es nicht zu warm. Und dir?
      B: Mir ist es auch nicht zu warm.

1. Ist es Ihnen zu dunkel hier?
2. Ist Ihnen dieses Zimmer zu heiß?
3. Ist Ihnen ein BMW zu teuer?
4. Ist Ihnen dieser Stuhl zu hart (*hard*)?
5. Macht Ihnen Deutsch Spaß?
6. Ist Ihnen der Winter hier zu kalt?

11 **Partnerarbeit: Reaktionen** Make at least three statements (invented or real) about how things are going for you, what you're doing at the moment, etc. Your partner must decide whether to respond with——

indifference,   sympathy,   or enthusiasm.

Das ist mir egal.

Das tut mir leid.

Das finde ich toll!

Then switch roles.

BEISPIELE: Meine Mitbewohner sind mir zu laut.
           Nächste Woche mache ich eine Reise.

Mal was Lustiges!

Wie war es denn im Urlaub?

Ach, weißt du, ich habe total falsche Sachen° mitgenommen.

Was denn?

Meinen Mann und die Kinder.

things

>> 5. Using *würden* + infinitive

Würden is the German equivalent of English *would* and can be used to express opinions, preferences, and polite requests:

Expressing opinions, preferences, and polite requests is a communicative goal.

Ich **würde** das nicht **machen**.	*I wouldn't do that.*
Was **würdest** du gerne **tun**?	*What would you like to do?*
Würden Sie mir den Koffer **tragen**?	*Would you carry my suitcase?*

It functions like a modal verb, with a dependent infinitive in final position.

würden *would*			
ich	**würde** sagen, ...	wir	**würden** sagen, ...
du	**würdest** sagen, ...	ihr	**würdet** sagen, ...
er, sie	**würde** sagen, ...	sie, Sie	**würden** sagen, ...

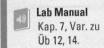
12 **Gruppenarbeit: Würden Sie mir ...?** Ask your instructor to do a favor for you. Some possibilities are listed below.

BEISPIEL: Würden Sie mir das Fenster schließen?

mir den Koffer tragen
mir Ihren Reisepass zeigen
mir eine Brezel kaufen
mir die Jacke aufhängen
mir den Bahnhof zeigen
mir den Reiseführer geben

13 **Partnerarbeit: Ich würde gern ...** Was würden Sie dieses Wochenende gerne machen? Tell each other a few things you'd like to do this weekend.

BEISPIEL: A: Dieses Wochenende würde ich gern _____. Und du?
B: Ich würde gern _____.

14 **Schreiben wir: Was würdest du lieber machen?** Here are some choices you might have to make when traveling. Write which alternative you would prefer. State a preference, using **denn**.

BEISPIEL:

sprechen
Ihre Muttersprache? eine Fremdsprache?

Ich würde lieber eine Fremdsprache sprechen,
denn das macht mehr Spaß.

übernachten (*to stay overnight*)
im Hotel? in einer Jugendherberge (*youth hostel*)?

reisen
mit dem Wagen? mit dem Zug?

mitbringen
einen Rucksack? einen Koffer?

eine Woche verbringen (*to spend*)
in der Stadt? auf dem Land?

kennenlernen
Touristen aus Ihrem Land? Studenten aus dem Ausland (*from abroad*)?

sitzen
im Konzert? im Café?

>> 6. Verbs with two-way prepositions

One group of verb pairs is often used with the two-way prepositions to say where things are being placed or where they are located. One verb shows destination (**wohin?**) and always takes the accusative case. The other shows location (**wo?**) and always takes the dative case.

Destination (accusative)	Location (dative)
weak transitive verbs	**strong intransitive verbs**
legen, hat gelegt *to lay (down), put*	**liegen, hat gelegen** *to lie, be lying*
Ich lege den Reiseführer **auf den Schreibtisch.** *I'm putting the book on the desk.*	Der Reiseführer liegt **auf dem Schreibtisch.** *The book is (lying) on the desk.*
setzen, hat gesetzt *to set (down), put*	**sitzen, hat gesessen** *to sit, be sitting*
Sie setzt das Kind **auf den Stuhl.** *She's putting the child on the chair.*	Das Kind sitzt **auf dem Stuhl.** *The child is (sitting) on the chair.*
stellen, hat gestellt *to place (down), put*	**stehen, hat gestanden** *to stand, be standing*
Ich stelle die Flasche **auf den Tisch.** *I'll put the bottle on the table.*	Die Flasche steht **auf dem Tisch.** *The bottle is (standing) on the table.*
hängen, hat gehängt *to hang up*	**hängen, hat gehangen** *to be hanging*
Er hat die Karte **an die Wand** gehängt. *He hung the map on the wall.*	Die Karte hat **an der Wand** gehangen. *The map hung on the wall.*

Review two-way prepositions on pp. 169–171.

Note that **hängen** has one infinitive form but a weak participle (**gehängt**) and a strong participle (**gehangen**).

The weak verb **stecken** is both transitive and intransitive.

Ich habe das Geld **in meine Tasche** gesteckt.	Das Geld steckt **in meiner Tasche.**
I put the money into my pocket.	*The money's in my pocket.*

Legen and **liegen** are used when objects are *laid down* or are *lying* in a horizontal position. **Stellen** and **stehen** are used when objects are *stood up* or are *standing* in a vertical position.

Ich **lege** das Buch auf den Tisch.   *I'm putting the book (down flat) on the table.*

but:

Ich **stelle** das Buch ins Bücherregal.   *I'm putting the book (upright) in the bookcase.*

15 **Übung: Bei Frau Schneider zu Hause** Frau Schneider is working around the house. Describe what she is doing in the left-hand pictures, then the results of her efforts in the right-hand pictures.

16 **Gruppenarbeit: Was mache ich jetzt?** The class is divided into two groups. The instructor does various things, and each team in turn tries to describe each action. A correct answer scores a point. If your team answers incorrectly, the other team gets a chance to describe the same action.

BEISPIEL: A: Was mache ich jetzt?
B: Sie stellen die Flasche auf den Stuhl.

>> 7. Official time-telling: the twenty-four-hour clock

Telling time with the twenty-four-hour clock is a communicative goal.

Wann kann man das Finanzcenter samstags besuchen?

You already know how to tell time in German (see page 12). Official time-telling, however, uses the twenty-four-hour clock. This is the way the time is given in the media, train schedules, announcements of events, etc. For times between noon and midnight, subtract 12 from the twenty-four-hour time to get the PM time. This system does not use **halb** or **Viertel**.

Written	Spoken	English
1.30 Uhr	ein Uhr dreißig	*1:30 AM*
7.55 Uhr	7 Uhr 55	*7:55 AM*
13.25 Uhr	13 Uhr 25	*1:25 PM*
20.15 Uhr	zwanzig Uhr fünfzehn	*8:15 PM*

Midnight can be either **0 Uhr** or **24.00 Uhr**. However, one minute past midnight is **0.01 (null Uhr eins)**.

17 **Übung: Wie viel Uhr ist es?** Sagen Sie die Uhrzeit auf Deutsch.

BEISPIEL: 11:20 PM
Es ist 23.20 Uhr (dreiundzwanzig Uhr zwanzig).

1. 1:55 PM
2. 6:02 PM
3. 11:31 AM
4. 9:47 PM
5. 10:52 PM
6. 2:25 AM

Lab Manual
Kap. 7, Üb. 17.

Workbook
Kap. 7, I.

Tipps zum Vokabelnlernen

Translating *"to spend"* The reading passage in this chapter mentions both spending time and spending money. German has two different verbs for these two kinds of spending.

Zeit: verbringen, hat verbracht

Wir **verbringen** unsere Ferien in den Alpen.	*We're spending our vacation in the Alps.*
Sie hat den Nachmittag zu Hause **verbracht**.	*She spent the afternoon at home.*

Geld: ausgeben, hat ausgegeben

Wie viel muss man für ein Zimmer **ausgeben**?	*How much do you have to spend for a room?*
Wir haben sehr viel Geld **ausgegeben**.	*We spent a lot of money.*

Verbal nouns Any German infinitive may be used as a noun. It is then capitalized and is always neuter.

reisen → **das Reisen** (*traveling*)	
Das Reisen ist heutzutage leicht.	*Traveling is easy nowadays.*

These verbal nouns correspond to English gerunds ending in *-ing;* some also have other, related meanings. For instance, **das Essen** means *eating*, but it also means *food* and *meal*. Here are some other examples:

das **Fliegen**	*flying*
das **Lernen**	*learning, studying*
das **Leben**	*living; life*
das **Sein**	*being; existence*
das **Wissen**	*knowing; knowledge*

Sparen (*to save*) is used with both time *and* money.

Note the verbal noun in Wilhelm Müller's poem on p. 191: ***Das Wandern*** **ist des Müllers Lust.**

 Lab Manual
Kap. 7, Üb. zur Betonung.

>> Leicht zu merken

das **Foto, -s**	
packen	
der **Horizont, -e**	Hori<u>zont</u>
der **Kontakt, -e**	Kon<u>takt</u>
das **Instrument, -e**	Instru<u>ment</u>
die **Kamera, -s**	
die **Tour, -en**	
die **Wanderlust**	
spontan	

Einstieg in den Text

In "Unterwegs mit Fahrrad, Auto und Bahn," three people describe their experiences traveling in Europe. First read over **Wortschatz 2** to preview new vocabulary. Then, to gain a first impression of the text, simply skim it. Do not read it word by word. Keep an eye out for travel-related vocabulary and context clues. As you skim, you will find some obvious cognates, such as **Instrument**.

After skimming the text, go back and read it once through completely. Use the following questions as a guide to highlight some main ideas. See whether you can answer them after a first reading.

Wie kann man durch Europa reisen?
Warum reisen diese Menschen gern?
Wie kann man beim Reisen Geld sparen?
Wo kann man unterwegs Menschen kennenlernen?
Wo kann man auf der Reise übernachten?

T. Hansen

Im Flugzeug am Fensterplatz

Tutorial Quiz
Audio Flashcards

Unterwegs (*on the go; en route*)

aus·steigen, ist ausgestiegen to get out (*of a vehicle*)

ein·steigen, ist eingestiegen to get in (*to a vehicle*)

parken to park
   der Parkplatz, ⁻e parking space

Rad fahren (fährt Rad), ist Rad gefahren to bicycle

übernachten to spend the night

der **Führerschein, -e** driver's license
   den **Führerschein machen** to get one's driver's license

der **Rucksack, ⁻e** rucksack, backpack

das **Ausland** (*sing.*) foreign countries
   im Ausland abroad (*location*)
   ins Ausland abroad (*destination*)

das **Benzin** gasoline

das **Fahrrad, ⁻er** bicycle
   das **Rad, ⁻er** wheel; bike (*slang*)

das **Flugzeug, -e** airplane

die **Autobahn, -en** expressway, high-speed highway

die **Bahn** railroad; railroad system

die **Fahrkarte, -n** ticket (*for means of transportation*)

die **Jugendherberge, -n** youth hostel

Verben

genießen, hat genossen to enjoy

hoffen to hope

quatschen (*colloq.*) to chat; to talk nonsense

sparen to save (*money or time*)

verbringen, hat verbracht (+*time phrase*) to spend (*time*)

Substantive

der **Geburtstag, -e** birthday
   Wann hast du Geburtstag? When is your birthday?

der **Platz, ⁻e** seat

das **Ding, -e** thing

(das) **Frankreich** France

(das) **München** Munich

die **Freiheit, -en** freedom

die **Tasche, -n** pocket; hand *or* shoulder bag

> The word **Frankreich** recalls the original empire of the Franks (**die Franken**), a Germanic tribe that settled mainly west of the Rhine. The most famous Frankish king was Charlemagne (**Karl der Große**), 747–814 AD.

Adjektive und Adverbien

gut gelaunt in a good mood

herrlich great, terrific, marvelous

italienisch Italian

pünktlich punctual, on time

so so

süß sweet

sympathisch friendly, congenial, likeable

unbekannt unknown

verrückt crazy, insane

Andere Wörter

nicht nur ... sondern auch not only . . . but also

viele (*pron.*) many people

Gegensätze

bekannt ≠ **unbekannt** known; well-known ≠ unknown

gut gelaunt ≠ **schlecht gelaunt** in a good mood ≠ in a bad mood

süß ≠ **sauer** sweet ≠ sour

sympathisch ≠ **unsympathisch** likable; friendly ≠ unlikable; unfriendly

Unterwegs mit Fahrrad, Auto und Bahn

Learning about traveling in Europe is the cultural goal of this chapter.

Mit dem Sommer kommt wieder die Wanderlust. Dann packt man den Koffer oder den Rucksack und macht eine Reise. Viele nehmen den eigenen° Wagen oder das Flugzeug, aber junge Leute in Europa mit wenig Geld in der Tasche können nicht immer so viel ausgeben. Sie fahren lieber mit der Bahn oder
5 *machen Radtouren. Ein paar erzählen hier von ihren Reisen.*

own

1–46
Adrienne, 18: Azubi° aus Kaisersaschern

= Lehrling

„Radfahren erweitert° den Horizont. Ich habe oft mit meinem Freund Markus in Deutschland und auch im Ausland Radtouren gemacht. Das Radfahren macht uns echt Spaß und wir bleiben auch fit. Uns gefallen
10 besonders die kleinen Dörfer. Man kann sie einfach nicht genießen, wenn° man mit Tempo 160[1] auf der Autobahn vorbeifährt!

broadens

if

Letzten Sommer waren wir zwei Wochen in Italien unterwegs und haben überall Glück gehabt: Das Wetter
15 war herrlich, die Menschen waren sympathisch und wir haben auch eine Menge Geld gespart. Also waren wir fast immer gut gelaunt. Wir haben in Jugendherbergen übernachtet, aber einmal haben wir auf dem Land eine nette italienische Familie kennengelernt. Sie haben ein bisschen Deutsch verstanden und wir haben drei Tage bei ihnen verbracht. Mit meiner Kamera habe ich ein paar schöne
20 Fotos von ihren süßen Kindern gemacht. Ich hoffe, wir können in Kontakt bleiben."

1–47
Thomas, 19: Abiturient° aus München

pupil in the last year of Gymnasium

„Die Deutschen haben ihre Autos schon immer geliebt. Letztes Jahr habe ich den Führerschein gemacht und zum Geburtstag haben mir meine Eltern einen Gebrauchtwagen° geschenkt. Ein amerikanischer Freund
25 hat mir erzählt, in den USA darf man schon mit 16° Auto fahren. Da bin ich aber neidisch°, denn bei uns darf man das erst mit 18. Die Versicherung° und Benzin muss ich natürlich selber bezahlen, aber das ist kein großes Problem.

used car

mit ... at age 16 / envious insurance

30 In München fahre ich natürlich meistens mit der Straßenbahn und der S-Bahn°, denn in der Stadt findet man keinen Parkplatz. Aber am Wochenende kann ich jetzt mit Freunden spontan in die Berge fahren. Nach dem Abitur planen wir eine große Tour an die Costa del Sol[2]."

Straßenbahn ... streetcar and urban rail system

1–48
Herbert, 29: Assistenzarzt° aus Jena[3]

resident (physician)

„Als Student bin ich manchmal per Autostopp gereist°,
35 aber heute mache ich das nicht mehr, denn das Reisen mit der Bahn ist sehr praktisch und bequem. Man geht

per ... hitchhiked

---

[1]Tempo 160 = 160 km/h (Stundenkilometer) = 100 mph.
[2]Costa del Sol: *popular Mediterranean resort area on the southeastern coast of Spain.*
[3]Jena: *university town on the Saale River.*

einfach zum Bahnhof, kauft eine Fahrkarte und steigt in den Zug ein. Und meistens kommt man pünktlich an.

40   Im Zug quatsche ich gern ein bisschen mit den Mitreisenden°. Letztes Wochenende habe ich nach Berlin fahren müssen. Neben mir hat ein Musikstudent aus Leipzig[4] gesessen. Er ist vor Berlin ausgestiegen und ich habe ihm mit seinem Gepäck geholfen. Er hatte° seine Bassgeige° mit und für das Instrument hat er einen zweiten° Platz reservieren müssen. Verrückt, nicht?"

fellow passengers

had / double bass second

[4]*The composer Johann Sebastian Bach (1685–1750) spent the greater part of his life in Leipzig.*

>> ## Nach dem Lesen

Lab Manual
Kap. 7, Diktat.

Workbook
Kap. 7, J.

A   **Antworten Sie auf Deutsch.**

1. Mit welchen Verkehrsmitteln (*means of transportation*) kann man reisen?
2. Wohin ist Adrienne mit dem Rad gefahren?
3. Hat es ihr Spaß gemacht? Warum?
4. Wen hat sie in Italien kennengelernt?
5. Wo kann man billig übernachten?
6. In welchem Alter (*at what age*) macht man in Deutschland den Führerschein?
7. Ein Auto kann teuer sein. Muss Thomas alles selber (*himself*) bezahlen?
8. Wohin fährt Thomas nach dem Abitur?
9. Warum fährt Herbert gern mit dem Zug?
10. Warum hat er dem Musikstudenten mit seinem Gepäck geholfen?

Schreibtipp

More on free writing

In **Kapitel 4** (p. 121) you were given some tips on free writing in German. Now that you have learned how to use the perfect tense, you can write about events in the past. In the first option below you are asked to recount a trip you have taken.

- Write only in German, not in English.
- Make preliminary notes about your memories of the trip, using "telegram style" instead of complete sentences, e.g., **2009 nach Kalifornien; mit Familie; im Meer geschwommen.** Then use your notes to write a report in complete sentences.
- Only look up vocabulary in an English-German dictionary when absolutely necessary.
- Adverbs of time you already know will give your account a clear beginning, middle, and end: **Am Anfang ... und dann ... nachher ... endlich.**

➤ **Schreiben wir mal.**

1. Sie haben sicher schon einmal eine interessante Reise gemacht. Schreiben Sie eine Seite über diese Reise.
2. Schreiben Sie das Gespräch (*conversation*) im Zug zwischen Herbert und dem Musikstudenten aus Leipzig. (Siehe diese Seite, oben.)

B **Wie sagt man das auf Deutsch?**

1. Did you take a trip this year?
2. Yes, we traveled to Italy.
3. How did you like it? (*use* **gefallen**)
4. Very much. We especially enjoyed the food.

5. Does this backpack belong to you?
6. Not to me, but to my brother.
7. Where should I put it?
8. Would you please put it under the table?

9. How's your husband?
10. It's his birthday today.
11. Unfortunately, he's sick and has to spend the afternoon at home.
12. Oh, I'm sorry about that.

▷ VOKABELN IM ALLTAG: REISEN UND VERKEHR (*TRAVEL AND TRAFFIC*)

Some of these words are already familiar.

Verben

ab·fahren ≠ an·kommen	
ein·steigen ≠ aus·steigen	
um·steigen	*to transfer, change (buses, trains, etc.)*

Substantive

der **Bahnhof**, ⸚e		das **Auto**, -s	
der **Bus**, -se	*bus*	das **Flugzeug**, -e	
der **Flughafen**, ⸚	*airport*	das **Ticket**, -s	*ticket*
der **Verkehr**	*traffic*	die **Autobahn**, -en	
der **Wagen**, -		die **Fahrkarte**, -n	
der **Zug**, ⸚e			

Nützliche Ausdrücke

Ich fahre	mit dem Wagen.	. . . *by car.*
	mit dem Bus.	. . . *by bus.*
	mit der Bahn.	. . . *by train.*
Ich fliege.		

This vocabulary focuses on an everyday topic or situation. Words you already know from **Wortschatz** sections are listed without English equivalents; new supplementary vocabulary is listed with definitions. Your instructor may assign some supplementary vocabulary for active mastery.

Das Ticket is used mainly for airline tickets and international train travel. In a train, however, the conductor will say **Fahrkarten, bitte** (*Tickets, please*).

Debate continues about whether to impose a speed limit on the **Autobahn**. Many claim that the present lack of a speed limit contributes to Germany's high accident rate.

A **Partnerarbeit: Was habe ich zuerst gemacht?** Here are eight statements about a train trip. Number them in the order that the events most likely happened. Then read them aloud in order.

_____ Ich habe im Zug mit der Frau neben mir gequatscht.

_____ Ich habe mir eine Fahrkarte gekauft.

_____ Im Zug habe ich auch einen guten Roman gelesen.

___1___ Ich habe eine Reise ins Ausland machen wollen.

_____ Ich bin in den Zug eingestiegen.

_____ Ich habe mir eine Landkarte gekauft.

_____ Ich bin zum Bahnhof gegangen.

_____ Ich bin pünktlich angekommen.

B **Gruppenarbeit: Planen wir unsere Reise. (*4 Personen*)** Planen Sie eine Reise nach Europa. Besprechen Sie diese Fragen zusammen. *Use the map on inside back cover of this book.*

Welche Länder wollen wir besuchen?

Wie lange wollen wir bleiben?

Was wollen wir sehen?

Wie wollen wir durch Europa reisen? Mit der Bahn? Mit dem Rad? Mit dem Auto?

Wo wollen wir übernachten? In der Jugendherberge? Im Hotel?

Was wollen wir mitnehmen? Machen wir eine Liste.

Jetzt berichtet jede Gruppe über ihre Reisepläne.

Was gibt's in der Stadt zu sehen?

C **Gruppenarbeit: Eine Radtour durch das Neckartal** (*3 oder 4 Personen*)

Der Allgemeine Deutsche Fahrrad-Club (ADFC) organisiert viele Radtouren in Deutschland und im Ausland. Wir wollen zusammen eine Tour durch das romantische und historische Neckartal planen, aber wir brauchen einige Infos (*facts*) aus der Broschüre vom ADFC.

1. Wie lang ist die Tour? (_____ km)
2. Wo beginnt sie?
3. Wo endet sie?
4. Wo in Deutschland ist das Neckartal: im Nordosten?
5. Durch welche Großstadt würden wir fahren?
6. Welche zwei Kulturstädte würden wir sehen?
7. Die Broschüre beschreibt ein Pauschalangebot (*package tour*) mit Übernachtung und Frühstück (ÜF). Wie viele Tage dauert diese Tour?
8. Was kostet sie pro Person in Euro? (_____)

AUF EINEN BLICK

teilweise hügelig

Anreise:	Villingen, Rottweil, Stuttgart, Heidelberg
Länge:	375 km
Beginn:	Villingen-Schwenningen
Ziel:	Heidelberg
Charakter:	Die Route entlang des Neckar erschließt dem Radler gegensätzliche und sehenswerte Landschaften, kombiniert mit Kulturstädten wie Tübingen und Heidelberg oder der Metropole Stuttgart. Ausbauzustand und das nur gelegentliche Vorhandensein von Steigungen machen die Route für jeden befahrbar.

Wegweisung: grünes Fahrrad mit rot-gestreiftem Vorderrad und Routennamen auf weißem Grund

Karten- und Literaturtipps:
Radtourenbuch „Neckar-Radweg", 1:50.000, Esterbauer-Verlag; Radwanderkarte „Neckartal-Radweg". Bielefelder Verlagsanstalt; Radwanderkarte „Neckartal-Radweg", Stöppel Verlag; Fahrradführer „Am Strom entlang", Moby Dick Verlag

weitere Infos:
Arbeitsgemeinschaft Nackartal-Radweg
Verkehrsamt Villingen-Schwenningen
Bahnhof Schwenningen,
78054 Villingen-Schwenningen
Tel. +49 (0) 77 20/81 02 77
Fax + 49 (0) 77 20/81 02 79
e-mail: neckartalradweg@t-online.de

PAUSCHALANGEBOTE:

8x ÜF, Infopaket, Gepäcktransfer, DZ

420 €

Tel.: +49/(0) 77 20/81 02 77

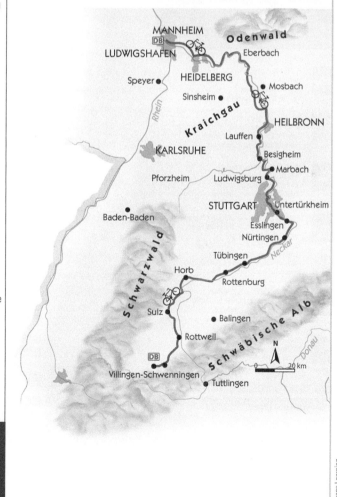

Web Search

Jugendherbergen

There are about 550 **Jugendherbergen** (youth hostels) in Germany, 40 in Austria, 58 in Switzerland, and 10 in Luxembourg. They are meeting places for young travelers from all over the world. In addition to providing inexpensive food and lodging, they offer a variety of courses and organized trips.

Membership in the AYH (American Youth Hostels, also known as Hostelling International USA) entitles the cardholder to privileges in hostels all over the world. Annual membership costs, as of 2012, were as follows: under 18 years of age, free; 18 to 54, $28.00; 55 and over, $18.00. You can apply for membership at the AYH website.

You can also easily find Web addresses for other youth hostel organizations in the United States and the German-speaking countries.

Here are some excerpts from the youth hostel handbook for Germany.

- • Zeichenerklärung •
- • Explanation of Signs •
- • Explication des Symboles •
- • Explicacion de los Simbolos •

Für Familien geeignet
Suitable for families
Convient aux familles
Hay habitaciones familiares

Für Seminare geeignet
Suitable for training courses
Convient aux stages d´instruction
Hay habitaciores para seminarios

Für Rollstuhlfahrer geeignet*
Suitable for wheelchair users
Convient aux fauteuils roulants
Instalaciones adecuadas para usuarios con sillas de ruedas

Musikinstrumente vorhanden/für Musikgruppen geeignet
musical instruments in the youth hostel/
suitable for music groups
instruments de musique à l´auberge/
convient aux groupes de musique
instrumentos de música en el albergue/
preparado para grupos de música

Sportmöglichkeiten im/am Haus
Sports available at or near the hostel
Sports à ou près de l´auberge
Instalaciones deportivas en o cerca del albergue

Wintersport
Ski hostel
Centre de ski
Zona de esquí

* Für Rollstuhlfahrer stehen geeignete Zimmer und Sanitäreinrichtungen zur Verfügung. Die Anzahl der Zimmer reicht nicht immer für Gruppen aus. Bitte in der Jugendherberge anfragen.

EZ	Einzelzimmer
DZ	Doppelzimmer
FZ	Familienzimmer
LZ	Leiterzimmer
TR	Tagesraum

Die angegebenen Preise verstehen sich, sofern nichts anderes angegeben, inklusive Frühstück.

Fair Use

Tübingen   32 A2

Name:	JH Tübingen
Adresse:	Gartenstr. 22/2 72074 Tübingen Tel. 07071/23002; Fax 25061 email: jh-tübingen@t-online.de
Herbergseltern:	Ingrid und Gerhard Barth
Träger:	LVB Baden-Württemberg
Raumangebot:	161 Betten, 5 Tagesräume, 19 Betreuer-zimmer
Kat.IV Preis:	Jun. Ü/F 28,00 DM Jun. Ü/F 14,32 € Sen. Ü/F 33,00 DM Sen. Ü/F 16,87 €
Sport & Freizeit:	Motorradfreizeiten mit Sichherheits-training, Bootsverleih am Neckar
Geschlossen:	zeitweise im Winter, bitte voranmelden
Sonstiges:	grundsätzlich Halbpension und Voll-pension gegen Aufpreis möglich
Nächste JH:	Erpfingen-Sonnenbühl, 30 km Esslingen, 40 km
Lage und Anreise:	Am Rande des Stadtkerns, direkt am Neckar. Bahnhof 1 km. Ab Europaplatz mit Bus Linie 11 bis Halte-stelle "Jugendherberge". Auto: B 27 oder A 81.

592

Fair Use

F Partnerarbeit: Was gibt's in dieser Jugendherberge?

Take a look at the Zeichenerklärung on p. 212 and then find answers to the following questions:

> Wie heißen die Jugendherbergseltern?
> Was kostet eine Übernachtung für eine Person?
> Wie viele Menschen können dort übernachten?
> Können Familien dort übernachten? und Rollstuhlfahrer?
> Wie sieht die Jugendherberge aus?
> Würden Sie dort gern übernachten?

T. Hansen

Rückschau: Was habe ich gelernt?

	No problem.	Almost there.	Needs more work.	See pages
1. I know how the endings of **ein**-words differ from those of **der**-words.				192
2. I know the five basic coordinating conjunctions and can use them to make compound sentences.				194
3. I know when to use **aber** and when to use **sondern**.				195–196
4. I can use **würden** to express opinions, preferences, and polite requests.				199
5. I understand how to tell time in German using the twenty-four-hour clock.				203
6. I can talk about travel plans and ways to travel and know something about traveling in Europe.				207–208, 209, 211–212

Kapitel 8

Das Leben in der Stadt

Kommunikation

- Talking about food
- Ordering in a restaurant
- Discussing city life
- Asking for directions

Kultur

- Life in German cities

In diesem Kapitel

- **Lyrik zum Vorlesen**
  Aldo von Pinelli, „Ich hab' noch einen Koffer in Berlin"

- **Grammatik**
  1. Subordinate clauses and subordinating conjunctions
  2. Infinitive phrases with **zu**
  3. Genitive case
  4. Prepositions with the genitive case
  5. Nouns of measure, weight, and number
  6. **Wohin?** Equivalents of English *to*

- **Lesestück**
  Aspekte der Großstadt

- **Vokabeln im Alltag**
  Gebäude und Orte
  Vehrkehrsmittel

- **Almanach**
  Drei Kulturstädte

◀ Flohmarkt im Tiergarten (Berlin)

Lab Manual Kap. 8, Dialoge, Fragen, Hören Sie gut zu!, Üb. zur Aussprache [e/er].

>> Ein Stadtbummel

Marianne besucht ihren Freund Fabian in Köln. Er hat ihr das Stadtzentrum noch nicht gezeigt, weil es geregnet hat.

FABIAN: Du, es regnet nicht mehr! Hast du jetzt Lust etwas zu unternehmen?

MARIANNE: Ja gerne! Jetzt können wir einen Stadtbummel machen, aber dürfen wir vorher etwas essen? Ich hab' so einen Hunger!

FABIAN: Klar! In der Nähe des Doms gibt es ein Lokal, wo wir griechisch essen können.

MARIANNE: Das klingt lecker!

FABIAN: Nachher können wir dann den Dom besuchen und von dort ist es nicht weit zum Kunstmuseum.

Du is used here as an attention-getter, equivalent to *hey, look.*

>> Im Restaurant: Zahlen, bitte!

GAST: Zahlen, bitte!

KELLNERIN: Augenblick, bitte! ... (*Sie kommt an den Tisch.*) So, hat es Ihnen geschmeckt?

GAST: Ausgezeichnet!

KELLNERIN: Möchten Sie noch etwas bestellen?

GAST: Nein, danke, ich möchte zahlen, bitte.

KELLNERIN: Sie haben Schnitzel, Pommes frites, einen Salat und ein Bier gehabt, nicht wahr?

GAST: Ja, und auch eine Tasse Kaffee.

KELLNERIN: Das macht zusammen € 13,50, bitte sehr.

GAST: (*Gibt ihr 20 Euro*) 14 Euro.

KELLNERIN: Danke sehr, und sechs Euro zurück.

Hat es Ihnen geschmeckt? (*How was everything?*) literally means *Did it taste good to you?*

Eine Frage des Geldes

Brian A Jackson/Shutterstock

Remember: **€ 13,50** is pronounced as **dreizehn Euro fünfzig.** Note on tipping (**Trinkgeld** = *tip*): Many restaurants automatically add 15% for service to the bill. When paying, however, it is customary to round up the bill.

>> Die Einkaufsliste

DORA: Max hat mir gesagt, dass er heute Abend vorbeikommt, und ich habe ihn zum Abendessen eingeladen.

FRANZ: Weißt du denn, wann er kommt?

DORA: Um halb acht. Also muss ich noch um die Ecke, um einzukaufen. Was steht denn auf der Einkaufsliste?

FRANZ: Ein Kilo Kartoffeln, 500 Gramm Wurst, 300 Gramm Käse, eine Flasche Rotwein und Obst zum Nachtisch.

DORA: Alles klar. Das ist sicher genug.

It is customary in German-speaking countries to eat a hot meal at noon and a simple supper of cold cuts, bread, cheese, and salad in the evening.

>> **Wortschatz 1**

Tutorial Quiz
Audio Flashcards

Essen und Trinken

der **Durst** thirst
  Durst haben to be thirsty
der **Hunger** hunger
  Hunger haben to be hungry
der **Nachtisch** dessert
  zum Nachtisch for dessert
der **Salat, -e** salad; lettuce
das **Abendessen** supper, dinner, evening meal
  zum Abendessen for supper
das **Lokal, -e** neighborhood restaurant or tavern
das **Restaurant, -s** restaurant
das **Schnitzel, -** cutlet, chop
die **Einkaufsliste, -n** shopping list
die **Kartoffel, -n** potato
die **Wurst, ̈e** sausage

Verben

bestellen to order
ein·laden (lädt ein), hat eingeladen to invite
klingen, hat geklungen to sound
schmecken to taste; to taste good
  Wie schmeckt es dir? How does it taste? How do you like it?
unternehmen (unternimmt), hat unternommen to do, start *(an activity)*, undertake
  Hast du Lust etwas zu unternehmen? Do you want to do something?

> Note that **unternehmen** has an inseparable prefix: **Was unternehmen wir denn heute Abend?**

vorbei·kommen, ist vorbeigekommen to come by, drop by
zahlen to pay

Substantive

der **Bummel, -** stroll, walk
  einen Stadtbummel machen to take a stroll through town
der **Dom, -e** cathedral

> **Dom** comes from Latin *domus dei* (*house of God*).

der **Gast, ̈e** guest; patron
der **Kellner, -** waiter
der **Liter, -** liter
das **Gebäude, -** building
das **Glas, ̈er** glass
das **Gramm** gram
das **Kilogramm** (*or* das **Kilo**) kilogram
(das) **Köln** Cologne
das **Museum, Museen** museum
das **Stadtzentrum** city center
die **Ecke, -n** corner
  an der Ecke at the corner
  um die Ecke around the corner
die **Kellnerin, -nen** waitress
die **Kunst, ̈e** art
die **Tasse, -n** cup

> **die Kunst** comes from the verb **können**, showing the connection between art and ability. This meaning is preserved in **die Kochkunst**, **der Lebenskünstler**.

Adjektive und Adverbien

ausgezeichnet excellent
griechisch Greek
klar clear; *colloq.* sure, of course
lecker tasty, delicious
weit far; far away

Andere Vokabeln

dass (*subordinating conjunction*) that
noch etwas something else, anything more
um ... zu in order to

Nützliche Ausdrücke

Augenblick, bitte! Just a moment, please.
griechisch (italienisch, französisch usw.) essen to eat Greek (Italian, French, etc.) food
Guten Appetit! *Bon appétit!* Enjoy your meal!
in der Nähe (+ *gen.*) near, nearby
Lust haben (etwas zu tun) to feel like (doing something)
Zahlen, bitte! (May I have the) check please!

Gegensätze

weit ≠ nah(e) far ≠ near

VARIATIONEN

A **Persönliche Fragen**

1. Haben Sie heute gefrühstückt? Was haben Sie denn gegessen und getrunken? Hat's Ihnen geschmeckt?
2. Kennen Sie ein Lokal hier in der Nähe? Wie heißt es?
3. Kann man da gut essen?
4. Essen Sie gern griechisch? italienisch? französisch? deutsch?
5. Was essen Sie gern zum Nachtisch: Eiscreme? Joghurt? Obst?
6. Laden Sie gern Freunde zum Essen ein?
7. Kaufen Sie im Supermarkt ein? Wie oft?
8. Gehen Sie gern ins Kunstmuseum? Welche Künstler (*artists*) mögen Sie?

B **Übung: Raten Sie mal!** (*Take a guess!*) Marianne und Fabian wollen einen Stadtbummel machen. Das heißt, sie haben ein bisschen Freizeit und können langsam durch die Stadt gehen. Um einen Bummel zu machen, braucht man also Zeit. Raten Sie mal, was diese Wörter bedeuten:

1. Sie machen einen **Schaufensterbummel**.
2. Ich hab' ein bisschen Geld in der Tasche. Machen wir doch einen **Einkaufsbummel**.
3. Der Zug hat an jedem kleinen Bahnhof gehalten. Ich fahre nie wieder mit diesem **Bummelzug**!
4. Fritz studiert seit 13 Semestern an der Uni und ist immer noch nicht fertig. Er ist ein **Bummelstudent**!
5. Die Arbeiter arbeiten noch, aber sehr langsam. Sie machen einen **Bummelstreik**.

C **Partnerarbeit: Was schmeckt dir, was schmeckt dir nicht?** Sie gehen zusammen Lebensmittel einkaufen. Lesen Sie diese Angebote (*specials*) vom Supermarkt und besprechen Sie miteinander, was Ihnen schmeckt oder nicht. Dann machen Sie eine Einkaufsliste.

BEISPIEL: A: Isst du gern Käse?
B: Ja, das schmeckt mir. Kaufen wir 250 Gramm. Isst du gern ...?

Unser Wurst-
Angebot: Pfälzer
Bratwurst

Käse des Monats Echter
Käse aus Frankreich
französischer Camembert

Granny Smith Äpfel
Handelsklasse
1, neuerntig

Griech. Trauben Hkl. 1

Südafrik. Outspan-
Orangen Hkl. 1

🔊 LYRIK ZUM VORLESEN
1–52

Die Sängerin und Schauspielerin Marlene Dietrich hat dieses Lied aus den 50er Jahren berühmt gemacht. Dietrich (1901–1992) war in Berlin geboren. Ihre Hauptrolle als die Kabarettsängerin Lola-Lola in dem Film *Der blaue Engel* (*The Blue Angel*, 1930) hat sie zu einem internationalen Star gemacht. Sie ist schon 1930 nach Hollywood gekommen und ist während des Krieges in den USA geblieben, wo sie durch Propaganda gegen das Hitler-Regime gearbeitet hat.

Ich hab' noch einen Koffer in Berlin

1

Wunderschön ist's in Paris auf der Rue Madeleine
Schön ist es im Mai in Rom durch die Stadt zu geh'n
Oder eine Sommernacht still beim Wein in Wien.
Doch ich häng', wenn ihr auch lacht, heut' noch an Berlin°:

Doch ... *And yet—you may well laugh—today I still long for Berlin*

Refrain:
Ich hab' noch einen Koffer in Berlin
Deswegen° muss ich nächstens° wieder hin°.
Die Seligkeiten vergang'ner Zeiten°
Sind alle noch in meinem kleinen Koffer drin°.

That's why / soon / (go) there
Die ... *The joys of bygone days*
in there

Ich hab' noch einen Koffer in Berlin
Der bleibt auch dort, und das hat seinen Sinn°.
Auf diese Weise lohnt sich° die Reise,
Denn wenn ich Sehnsucht hab'°, dann fahr' ich wieder hin.

das hat ... *makes sense*
Auf ... *In this way, it's worth it*
Denn wenn ... *Because whenever I get nostalgic*

2

Lunapark und Wellenbad, kleiner Bär° im Zoo,
Wannseebad mit Wasserrad, Tage hell und froh°.
Werder, wenn die Bäume blüh'n°, Park von Sanssouci.
Kinder, schön war doch Berlin. Ich vergess' es nie:

bear
happy
bloom

Refrain: Ich hab ...

Text: *Aldo von Pinelli (1912–1967)*
Musik: *Ralph Maria Siegel (1911–1972)*

Lunapark: from 1904–1933, an amusement park on the Halensee in western Berlin that included a **Wellenbad** (swimming pool with mechanically-produced waves); **Wannseebad mit Wasserrad**—a public swimming pool with a water wheel on the Wannsee, also in western Berlin; **Werder**—a town on an island in the Havel River, 22 miles southwest of Berlin, famous for its fruit trees and fruit blossom festival in May; **Sanssouci**—the palace and park built by the Prussian king Frederick the Great (1712–1786) in Potsdam, just west of Berlin.

Marlene Dietrich

Library of Congress

Grammatik

>> **1. Subordinate clauses and subordinating conjunctions (*Nebensätze und subordinierende Konjunktionen*)**

Tutorial Quiz

When it answers a question, a subordinate clause *can* stand alone.

A: **Wie lange müssen wir warten?**

B: **Bis der Regen aufhört.**

DEFINITION

What is a subordinate clause?

A **subordinate clause** has a subject and a verb, but *cannot* stand alone as an independent sentence.

Main clause	Subordinate clause
I know	*that they still remember me.*

The subordinate clause, *that they still remember me*, is not a complete sentence but depends on—or is subordinate to—the main clause, *I know*. Subordinate clauses are introduced by subordinating conjunctions, such as *that* in the example above.

The most common subordinating conjunctions in German are:

Causal meaning of *since*: *Since* it's raining, let's stay inside (**Da es regnet ...**); temporal meaning of *since*: I've lived here *since* November (**seit November**).

bis	until
da	since (*causal, not temporal*)
dass	that
ob	whether, if (*when it means* whether)
weil	because
wenn	if

Verb-last word order in the subordinate clause

Review the coordinating conjunctions **und, oder**, etc. on p. 194, which do *not* change word order in the second clause.

You have learned that coordinating conjunctions do not affect word order in the second clause. By contrast, subordinating conjunctions *move the inflected verb to the end of the subordinate clause.*

Max kommt heute Abend vorbei.

Max hat gesagt, **dass** er ⬚ heute Abend vorbei**kommt**.
Max said that he was coming by this evening.

A subordinate clause is always set off by a comma preceding the subordinating conjunction.

Es hat geregnet.

Wir haben keinen Stadtbummel gemacht, **weil** es ⬚ geregnet hat.
We didn't take a stroll through town because it was raining.

Brauchen wir noch etwas?

Weißt du, **ob** ⬚ wir noch etwas brauchen?
Do you know whether we need anything else?

Ich habe Zeit.

Ich helfe dir, **wenn** ich ⬚ Zeit habe.
I'll help you if I have time.

1 **Übung: Ich weiß, dass ...** Sie planen miteinander ein Abendessen. Ihre Professorin sagt Ihnen etwas. Sagen Sie, dass Sie das wissen.

Der Käse schmeckt gut.

Ich weiß, dass er gut schmeckt.

1. Wir essen um sieben.
2. Wir brauchen Weißwein.
3. Die Äpfel sind teuer.
4. Die Kinder wollen essen.
5. Tante Marie kommt zum Abendessen.
6. Wir haben keinen Salat.
7. Wir brauchen etwas zum Nachtisch.
8. Tante Marie trinkt keinen Kaffee.

2 **Übung: Ich weiß nicht, ob ...** Ihr Professor ist neu in dieser Stadt. Er hat viele Fragen, aber Sie können ihm leider nicht helfen.

BEISPIEL: Ist dieses Restaurant teuer?
        Ich weiß nicht, ob es teuer ist.

1. Gibt es hier einen Automechaniker?
2. Ist dieses Hotel gut?
3. Ist die Uni weit von hier?
4. Gibt es eine Buchhandlung in der Nähe?
5. Kann man den Dom besuchen?
6. Kann man drüben einen Stadtplan kaufen?

3 **Partnerarbeit: Warum lernst du Deutsch?** Ask each other why you do the things listed below. Give your reason, then ask the next question. The box contains some ideas for what to ask.

Deutsch lernen
zur Buchhandlung gehen
jetzt essen
viel Kaffee trinken
Rad fahren
einen Rucksack tragen
bis 9.00 Uhr schlafen
draußen sitzen
keine Leberwurst essen
früh aufstehen

Warum lernst du Deutsch?

Ich lerne Deutsch, *weil* es interessant ist. Warum ...?

Question words as subordinating conjunctions

All the question words (**wann**, **warum**, **was**, **wer**, etc.) act as subordinating conjunctions when they follow such phrases as **Weißt du, …?** and **Kannst du mir sagen, …?**

QUESTION: Was brauchen wir zum Abendessen?

INDIRECT QUESTION: Weißt du, **was** ⎯⎯⎯ wir zum Abendessen brauchen?
Do you know what we need for supper?

QUESTION: Wer ist das?

INDIRECT QUESTION: Ich kann Ihnen nicht sagen, wer ⎯⎯⎯ das ist.
I can't tell you who that is.

---

4 Übung: Eine Bahnreise durch Europa Eine Studentengruppe möchte in den Semesterferien eine Bahnreise durch viele Städte in Europa machen, aber Sie wissen nichts über ihre Reise, denn Sie fahren nicht mit. Also wissen Sie die Antworten auf diese Fragen nicht.

1. Wohin fährt die Gruppe?
2. Wo wollen sie übernachten?
3. Warum fahren sie mit der Bahn?
4. Welche Städte besuchen sie?
5. Was wollen sie dort sehen?
6. Wen wollen sie besuchen?
7. Wann kommen sie zurück?

> **Wer plant die Reise?**
>
> **Ich weiß nicht, wer die Reise plant.**

Verbs with separable prefixes in subordinate clauses

What happens to a separable-prefix verb in a subordinate clause?

Dort **kaufe** ich immer ein.

Weißt du, warum ich ⎯⎯⎯ immer dort einkaufe?

The stem moves to the end and is connected to the prefix.

---

5 Partnerarbeit: Wie lange müssen wir warten? Sie warten zusammen vor der Mensa. Sagen Sie einander, bis wann Sie warten müssen. (*Use the cues below.*)

BEISPIEL: Wie lange müssen wir noch warten? (der Bus / ankommen)
Wir müssen warten, bis der Bus ankommt.
Wie lange müssen wir noch warten?

1. die Musik / aufhören
2. Max / uns abholen
3. unsere Freunde / ankommen
4. die Vorlesung / anfangen
5. die Buchhandlung / aufmachen
6. unsere Freunde / vorbeikommen

ŤŤŤ **6** **Gruppenerarbeit: Ich habe eine Frage.** Ihr Freund Timm stellt viele Fragen. Berichten Sie Ihrer Freundin Claudia, was er wissen möchte. Take turns asking, reporting, and listening.

1. Wann fängt das Semester an?
2. Kommt Ingrid vorbei?
3. Warum geht Regine weg?
4. Bringt Maria die Kinder mit?
5. Hört die Musik bald auf?
6. Mit wem geht Hans spazieren?
7. Wo steigt man in die Straßenbahn ein?
8. Wo steigen wir aus?
9. Wer macht das Fenster zu?
10. Laden Sie Max zum Abendessen ein?

Order of clauses in the sentence

Subordinate clauses may either follow or precede the main clause.

> *1   2*
> Ich spreche langsam, da ich nicht viel Deutsch gelernt habe.

> *1*   *2*
> Da ich nicht viel Deutsch gelernt habe, spreche ich langsam.

When the subordinate clause comes first, the *entire* subordinate clause is considered the first element in the sentence. The verb of the main clause therefore follows it immediately, in second position.

Subordinate clause	Main clause
Wenn ich Zeit **habe**,	**gehe** ich ins Museum.
Ob er sympathisch **ist**,	**weiß** ich nicht.

7 **Übung** Ihr Professor hat Fragen, aber Sie wissen die Antworten nicht.

BEISPIEL: Wie ist das Wetter?
Wie das Wetter ist, weiß ich nicht.

1. Wer ist das?
2. Wem gehört das?
3. Wohin fährt er?
4. Was kostet das?

5. Wie heißt sie?
6. Warum ist er müde?
7. Wessen Koffer ist das?
8. Wen kennt sie?

8 **Übung: Ich mache heute keinen Stadtbummel.** You've decided not to take a stroll through town today. Use the cues below to explain why.

BEISPIEL: Es regnet noch.
Da es noch regnet, mache ich keinen Stadtbummel.

1. Ich habe keine Zeit.
2. Das Wetter ist schlecht.
3. Ich brauche nichts in der Stadt.

4. Ich gehe nicht gern allein.
5. Ich bin heute spät aufgestanden.
6. Ich habe zu viel Arbeit.

Conditional sentences: If *X*, then *Y*.
If you can speak German, (then) you'll get more out of your trip.

Wenn du Deutsch kannst, (dann) hast du mehr von deiner Reise.

The clause beginning with *if* or **wenn** states a condition; the second clause states the result.

In the German sentence, the verb in the conditional clause comes at the end. The result clause may begin with an optional **dann**, which does not affect word order. Here's another example:

      condition   *result*
Wenn ich Zeit habe, (dann) helfe ich dir.

9 **Partnerarbeit: Wenn ..., dann ...**

A. Work with a partner to complete these sentences by supplying a result clause.

1. Wenn wir Hunger haben, dann ...
2. Wenn wir griechisch essen wollen, dann ...
3. Wenn Timm uns morgen einlädt, dann ...

B. Now supply the condition.

1. Wenn ..., dann können wir etwas unternehmen.
2. Wenn ..., dann können wir einen Nachtisch bestellen.
3. Wenn ..., dann müssen wir noch schnell einkaufen.

Mal was Lustiges!

So, ick setze mir'n bißken. Det mein Oller ooch mal wat uff die Bank hat!

(So, ich setze mich° ein bisschen. Dass mein Alter auch mal was auf der Bank hat!°)

setze . . . sit down / Dass . . . So that my old man [= husband] has something in the bank too, for once.

Hans Ostwald, *Das Zillebuch* (Berlin: Paul Franke Verlag, 1929)

This drawing and joke in Berlin dialect by Heinrich Zille (1858–1929), the great artist of proletarian Berlin in the first third of the 20th century, depends on the double entendre **uff die Bank (auf der Bank** in standard German) which can mean both *in the bank* and *on the bench*.

>>

2. Infinitive phrases with *zu* (*der Infinitivsatz*)

The German infinitive is frequently preceded by **zu** and used in its own phrase within a sentence:

Hier gibt es nichts **zu sehen**.	*There's nothing **to see** here.*
Ich habe jetzt Zeit **deinen Brief zu lesen**.	*I now have time **to read your letter**.*
Hast du Lust **etwas zu unternehmen**?	*Do you feel like **doing something**?*

In German the infinitive with **zu** comes at the end of its phrase. In English the infinitive with *to* comes at the beginning of its phrase. Note that sometimes the English equivalent does not use an infinitive (as in the third example above).

Ich hoffe **bald abzufahren**.	*I hope **to leave soon**.*
Hast du Lust **mit mir spazieren zu gehen**?	*Would you like **to go for a walk with me**?*

With separable-prefix verbs, insert the **zu** between the prefix and the stem infinitive.

The infinitive with **zu** is commonly used

■ as a complement with verbs like **anfangen**, **aufhören**, **beginnen**, **helfen**, **hoffen**, **lernen**, **planen**, **scheinen**, and **vergessen**.

Ich fange an **einen Brief zu schreiben**.	*I'm starting **to write a letter.***
Sie hofft **Geschichte zu studieren**.	*She's hoping **to study history.***
Ich habe vergessen **dir von meiner Reise zu erzählen**.	*I forgot **to tell you about my trip.***

■ as a complement in constructions like **Lust haben**, **Zeit haben**, and **Spaß machen**.

Hast du Lust **einen Stadtbummel zu machen**?	*Do you feel like **taking a walk through town?***
Ich habe keine Zeit **einkaufen zu gehen**.	*I have no time **to go shopping.***

■ as a complement of many adjectives, such as **dumm**, **einfach**, **schön**, or **wichtig**.

Es ist sehr wichtig **das zu verstehen**.	*It's very important **to understand that.***
Es ist schön **dich wiederzusehen**.	*It's great **to see you again.***

ᴉᴉ 10 Partnerarbeit: Was findest du blöd? On the left are some adjectives you can use to express your opinion about the activities on the right. Ask each other what you think.

> Was findest du wunderschön?

> Ich finde es wunderschön schwimmen zu gehen. Was findest du blöd?

altmodisch	einen Stadtbummel zu unternehmen
herrlich	Deutsch zu lernen
verrückt	schwimmen zu gehen
bequem	Hausaufgaben zu machen
blöd	meine Eltern anzurufen
einfach	um 6 Uhr aufzustehen
fantastisch	mit dir zu frühstücken
furchtbar	Romane zu lesen
ausgezeichnet	ins Museum zu gehen
interessant	Geld zu sparen
leicht	im Sommer zu arbeiten
nett	
schwierig	

iiii 11 Kettenreaktion: Was hast du vergessen? Sie haben alle vergessen etwas zu tun. Sagen Sie, was Sie vergessen haben, dann fragen Sie weiter.

BEISPIEL: A: Ich habe vergessen meine Hausaufgaben zu machen.
Was hast du vergessen?
B: Ich habe vergessen ...

Diese Liste gibt Ihnen einige Möglichkeiten (*possibilities*):

to invite my friend   *to shop*
to order tickets   *to buy potatoes*
to order dessert   *to show you my photographs*

12 Übung: Es macht mir Spaß ... Sagen Sie Ihrer Professorin, was Ihnen Spaß macht.

BEISPIELE: Es macht mir Spaß am Telefon zu quatschen.
Es macht mir Spaß spazieren zu gehen.

Infinitives with *um ... zu* and *ohne ... zu*

■ **um ... zu** = *in order to*

Ich will in die Stadt, **um ins Kino zu gehen**.	*I want to go to town (in order) to go to the movies.*
Ich fahre im Sommer nach Deutschland, **um Deutsch zu lernen**.	*I'm going to Germany this summer (in order) to learn German.*

■ **ohne ... zu** = *without . . . -ing*

Sie ist abgefahren, **ohne mich zu besuchen**.	*She left without visiting me.*
Ich habe das Buch gelesen, **ohne es zu verstehen**.	*I read the book without understanding it.*

 Lab Manual Kap. 8, Var. zu Üb. 12, 13; Üb. 16.

Workbook Kap. 8, E, F.

Whenever *to* means *in order to*, use **um ... zu** in German.

iiii 13 Gruppenarbeit: Warum tust du das? Ask each other why you do certain things. Answer with an **um ... zu** phrase.

BEISPIEL: A: Warum gehst du in die Altstadt?
B: Um einen Schaufensterbummel zu machen.

1. Warum gehst du ins Wasser?
2. Warum lernst du Deutsch?
3. Warum macht man oft Radtouren?
4. Warum bringt man eine Kamera mit, wenn man reist?
5. Warum fährt man im Winter in die Berge?
6. Warum rufst du deine Freunde an?
7. Warum arbeitest du diesen Sommer?
8. Warum gehst du ins Museum?

14 **Schreiben wir mal.** Rewrite each sentence, changing the **weil**-clause to an **um … zu** phrase. Don't forget to eliminate the modal verb and its subject.

BEISPIEL: Ich gehe in die Stadt, weil ich einkaufen will.
Ich gehe in die Stadt, um einzukaufen.

1. Ich gehe ins Lokal, weil ich etwas essen will.
2. Sie sitzt am Fenster, weil sie die Straße sehen möchte.
3. Studenten essen in der Mensa, weil sie Geld sparen wollen.
4. Manchmal fährt man ins Ausland, weil man mehr lernen möchte.

15 **Partnerarbeit: Warum machst du das gern?** Find out two things your partner likes to do, and why.

16 **Schreiben wir mal.** Rewrite these sentences, changing the second one to an **ohne … zu** phrase.

BEISPIEL: Er hat den Koffer genommen. Er hat mich nicht gefragt.
Er hat den Koffer genommen, ohne mich zu fragen.

1. Sie sind abgefahren. Sie haben nicht *Auf Wiedersehen* gesagt.
2. Ich arbeite in einem Geschäft. Ich kenne den Chef nicht.
3. Karin hat ein Zimmer gefunden. Sie hat nicht lange gesucht.
4. Geh nicht spazieren. Du trägst keinen Mantel.
5. Geh nicht weg. Du hast kein Frühstück gegessen.
6. Sie können nicht ins Konzert. Sie haben keine Karten gekauft.

>> 3. The genitive case (*der Genitiv*)

The genitive case expresses possession (*John's* books) or other close relationships between two nouns (*the color **of your eyes***, *Alexander's girlfriend*). Here are some examples of genitive phrases:

der Wagen **meiner Mutter**	***my mother's*** *car*
die Freunde **der Kinder**	***the children's*** *friends*
das Haus **meines Bruders**	***my brother's*** *house*
das Ende **des Tages**	*the end **of the day***
der Name **des Kindes**	***the child's*** *name*
in der Nähe **des Bahnhofs**	*in the vicinity **of the train station***
Alexanders Freundin	***Alexander's*** *girlfriend*

As you can see, in German, the noun in the genitive generally *follows* the noun it modifies, whereas in English the possessive *precedes* the noun:

das Haus meines Bruders

my brother's house

In German, proper names usually *precede* the nouns they modify, as in English, but without an apostrophe:

Alexanders Freundin	*Alexander's girlfriend*
Muttis Wagen	*Mom's car*

Genitive endings

There are only two genitive endings for articles and possessive adjectives: **-es** for masculine and neuter and **-er** for feminine and plural.
Note the following:

- For masculine and neuter nouns, in addition to the genitive **ending on the limiting** word, *the noun itself has the genitive ending* **-s** (**in der Nähe des Bahnhofs**). The ending for nouns of one syllable is usually **-es** (**das Auto meines Mannes**).
- Masculine N-nouns are exceptions because they add the same **-en** or **-n** as in the accusative and dative. **Wissen Sie die Adresse dieses Studenten?**

	masculine	neuter	feminine	plural
Genitive case				
nominative	der Mann	das Kind	die Frau	die Leute
accusative	den Mann			
dative	dem Mann	dem Kind	der Frau	den Leuten
genitive	-es -(e)s	-es -(e)s	-er	-er
	des Mann**es**	**des** Kind**es**	**der** Frau	**der** Leute
	eines Mann**es**	**eines** Kind**es**	**einer** Frau	**keiner** Leute
	meines Mann**es**	**eures** Kind**es**	**Ihrer** Frau	**unserer** Leute
	dieses Mann**es**	**jedes** Kind**es**	**welcher** Frau	**dieser** Leute

Lab Manual Kap.
8, Üb. 17; Var. zu
Üb. 19.

Workbook Kap.
8, G.

17 Übung Change these noun phrases from nominative to genitive.

BEISPIEL: der Zug
des Zuges

1. ein Arzt
2. meine Freundin
3. unser Vater
4. die Lehrerin
5. das Kind
6. die Leute
7. jede Uni
8. deine Mutter
9. der Student
10. dieser Herr
11. das Semester
12. diese Zimmer

Schillers Gartenhaus, Jena

NOTE ON USAGE

The preposition *von* + dative German uses **von** + *dative* where English uses *of* + *possessive*.

a friend of my brother's	**ein Freund von meinem Bruder**
a cousin of mine	**eine Cousine von mir**
Is Noah a friend of yours?	**Ist Noah ein Freund von dir?**

18 **Übung: Wie sagt man das auf Deutsch?**

BEISPIEL: *your girlfriend's sister*
die Schwester deiner Freundin

1. *the walls of my room*
2. *the end of the week*
3. *Karl's major*
4. *the children's pictures*
5. *the history of the war*
6. *his brother's house*
7. *her sister's boyfriend*
8. *the cities of Switzerland*
9. *a student's letter*
10. *the rooms of the house*
11. *Marie's students*
12. *the cities of Europe*
13. *the windows of this room*
14. *your mother's car*
15. *the history of these countries*
16. *Grandpa's clock*
17. *a friend of yours*
18. *a student of mine*

19 **Partnerarbeit: Wessen ... ist das?** Pictured below are Irena and her family and some things that belong to them. Take turns asking what belongs to whom.

BEISPIEL: A: Wessen Buch ist das?
B: Das ist das Buch ihrer Schwester.

Irena   Schwester   Bruder   Eltern

4. Prepositions with the genitive case (*Präpositionen mit dem Genitiv*)

You've already memorized the accusative, dative, and two-way prepositions on pp. 102, 137, and 169. Remember that no prepositions take the nominative case.

A few German prepositions take the genitive case.

statt or anstatt	*instead of*	Schreib eine Karte **statt eines Briefes**.
trotz	*in spite of, despite*	**Trotz des Wetters** sind wir ans Meer gefahren.
während	*during*	**Während der Woche** fährt er oft in die Stadt.
wegen	*because of, on account of*	**Wegen meiner Arbeit** kann ich nicht mitkommen.

NOTE: **Statt** and **anstatt** are interchangeable and equally correct.

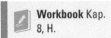

Workbook Kap. 8, H.

20 **Übung** Form prepositional phrases with the elements in the left-hand column and choose an appropriate continuation from the right.

BEISPIEL: wärend / Sommer ... bin ich nach Salzburg gereist.

> Während des Sommers bin ich nach Salzburg gereist.

1. trotz / Wetter   ... habe ich eine Reise gemacht.
2. während / Ferien   ... haben wir in einer Jugendherberge übernachtet
3. statt / Stadtplan   ... haben wir sehr viel unternommen.
4. trotz / Jahreszeit   ... habe ich einen Reiseführer gekauft.
5. während / Tag   ... waren viele Leute unterwegs.
6. anstatt / Hotel   ... haben wir einen Stadtbummel gemacht.

 21 **Partnerarbeit: Warum machst du das?** Take turns asking each other these questions and responding with "**Wegen ...**"

> Warum arbeitest du so viel?

> Wegen meines Studiums.

1. Warum bleibst du heute zu Hause?
2. Warum willst du im Süden wohnen?
3. Warum darfst du heute Abend nicht mitkommen?
4. Warum brauchst du Ferien?
5. Warum brauchst du manchmal Aspirin?
6. Warum willst du heute draußen sitzen?

Studium Eltern
Wetter
Klausur Klima
Schnee
Arbeit   Regen
Stress

22 Übung: Wann machen Sie das? Ihre Professorin fragt, wann Sie etwas machen. Die Liste der Zeitangaben (*time phrases*) hilft Ihnen mit der Antwort.

BEISPIEL: Wann haben Sie Zeit eine Reise zu machen?
Während der Ferien. / Im Sommer. / usw.

am	im	während
Morgen	Frühling	Woche
Abend	Herbst	Ferien
Wochenende	Winter	Vorlesung
Montag (usw.)	Januar (usw.)	Konzert

> You can also use phrases such as **nach meiner Vorlesung** or **vor dem Frühstück**.

1. Wann gehen Sie zur Deutschstunde?
2. Wann haben Sie Zeit einzukaufen?
3. Wann lesen Sie gern?
4. Wann schlafen Sie gern?
5. Wann haben Sie Lust ins Ausland zu fahren?
6. Wann haben Sie keine Zeit ins Kino zu gehen?

>> 5. Nouns of measure, weight, and number

German noun phrases indicating measure and weight do not use a preposition. Equivalent English phrases use *of*.

ein Glas Bier	*a glass **of** beer*
eine Tasse Kaffee	*a cup **of** coffee*
ein Liter Milch	*a liter **of** milk*
eine Portion Pommes frites	*an order **of** French fries*

> See the **Table of Equivalent Weights and Measures** on the page preceding the **Einführung**.

Masculine and neuter nouns of measure *remain in the singular*, even following numerals greater than one.

drei **Glas** Bier	*three glass**es** of beer*
zwei **Kilo** Kartoffeln	*two kilo**s** of potatoes*
vier **Stück** Brot	*four piece**s** of bread*

Feminine nouns of measure, however, *do* use plural forms.

zwei Tass**en** Kaffee	*two cups of coffee*
drei Flasch**en** Wein	*three bottles of wine*

T. Hansen

23 Übung: Im Lokal Sie reisen mit einer Studentengruppe durch Deutschland und essen in einem Lokal. Die anderen in der Gruppe können kein Deutsch. Sie müssen der Kellnerin sagen, was sie bestellen wollen.

BEISPIEL: *I'd like a cup of coffee.*
　　　　　Bringen Sie uns bitte eine Tasse Kaffee.

I'd like . . .

1. *a glass of apple juice° and two cups of coffee.*　　　　　*Apfelsaft*
2. *three glasses of water and two glasses of beer.*
3. *a bottle of mineral water° and two orders of French fries.*　　*Mineralwasser*
4. *three glasses of beer, two glasses of wine, and a cup of coffee.*

---

24 Übung: Gruppenarbeit (*3 oder 4 Personen*) Sie sitzen in der Café-Konditorei Reidel zusammen und bestellen etwas zu essen und zu trinken. Jemand in der Gruppe spielt den Kellner oder die Kellnerin. Die anderen bestellen von der Speisekarte.

A **Konditorei** serves pastries and sometimes light fare such as cold cuts or egg dishes.

der **Glühwein**	*hot mulled wine*
das **Ei, -er**	*egg*
Kaffee Hag	*decaffeinated coffee*
der **Saft**	*juice*
der **Tee**	*tea*
das **Eis**	*ice cream*
die **Milch**	*milk*
Zitrone natur	*fresh lemonade*

❖ *Café-Konditorei Reidel*

Warme Getränke

Tasse Kaffee	1,20
Kännchen Kaffee	2,35
Tasse Mocca	2,25
Kännchen Mocca . . .	2,80
Tasse Kaffee Hag. . . .	1,25
Kännchen Kaffee Hag . .	2,45
Tasse Kakao mit Sahne . .	1,25
Kännchen Kakao mit Sahne .	2,50
Glas Tee mit Milch oder Zitrone .	1,20
Glas Tee mit Rum	2,30
Glas Pfefferminztee . . .	1,20
Glas Grog von Rum 4 cl . .	2,60
Glas Glühwein 0,21 . . .	2,30
Glas heiße Zitrone . . .	1,35

Eis und Eisgetränke

Portion gemischtes Eis . .	1,65
Portion gemischtes Eis mit Sahne	2,00
Früchte-Eisbecher „Florida" .	3,35
Eis-Schokolade	2,10

Kalte Getränke

Flasche Mineralwasser . . .	1,10
Flasche Coca Cola	1,10
Flasche Orangeade . . .	1,10
Pokal Apfelsaft	1,25
Glas Orangensaft . . .	1,50
Glas Tomatensaft . . .	1,50
Glas Zitrone natur	1,35

Frühstück

Kleines Gedeck	3,10
1 Kännchen Kaffee, Tee od. Schokolade, 2 Brötchen, Butter, Konfitüre	
Großes Gedeck	4,05
1 Kännchen Kaffee, Tee od. Schokolade, 2 Brötchen, Butter, Konfitüre, 1 gek. Ei, 1 Scheibe Schinken od. Käse	

Ergänzung zum Frühstück

1 gekochtes Ei	0,75
1 Portion Konfitüre	0,45
1 Portion Butter	0,45
1 Scheibe Käse	0,90
1 Scheibe Schinken	1,00
1 Brötchen oder 1 Scheibe Brot	0,35

© Cengage Learning

>> 6. Wohin? Equivalents of English *to*

The all-purpose English preposition for destination is *to*:

We're going *to* {
Germany.
the ocean.
the train station.
the movies.
Grandma's.
}

In German, use **nach** with cities, states, and most countries and in the idiom **nach Hause**.

✎ **Workbook** Kap. 8, I, J, K.

Fahrt ihr nach Wien?

jabiru /Shutterstock.com

Nein, ich fahre nach Vancouver.

Sergieiev /Shutterstock.com

Ich fahre nach Deutschland.

Shane Trotter /Shutterstock.com

Und ich fahre nach Hause.

Everett Collection /Shutterstock.com

Use **zu** with people and some locations.

25 **Übung: Zu wem gehen Sie? Wohin gehen Sie?**

Gehst du zu Alex?

Nein, ich gehe zu ...

Buchhandlung

Oma

Bahnhof

Credits: © Cengage Learning

Use **in** with countries whose names are feminine or plural (**in die Schweiz**, **in die USA**), and with locations where you will sit down and spend more time.

††† **26** **Übung: Wohin gehen Sie?**

Geht ihr ins Theater?

Nein, nicht ins Theater, sondern …

27 Übung: Wohin gehen Sie? Antworten Sie auf Deutsch.

BEISPIEL: Wohin gehen Sie, wenn Sie einkaufen wollen?
Ich gehe in die Stadt.

Wohin gehen Sie, wenn Sie ...
1. krank sind?
2. mit der Bahn reisen?
3. müde sind?
4. Musik hören wollen?
5. ein Buch kaufen wollen?
6. Ihre Familie besuchen wollen?
7. Hunger haben?
8. einen Film sehen wollen?
9. Urlaub machen?
10. Kunst sehen wollen?

Remember also that **an** + *accusative* signals motion toward a border, edge, or vertical surface: **Ich gehe ans Fenster/an die Tafel/ an die Tür. Wir fahren ans Meer/an den See**. (Review p. 171.)

Wenn ich ein Buch lesen und einen Kaffee trinken will, dann gehe ich in diese Buchhandlung.

Lesestück

Tipp zum Vokabelnlernen

Compounds with **-stadt**   You have already encountered compound nouns that describe cities: **die Altstadt**, **die Hauptstadt** (*capital*). A city center can also be called **die Innenstadt** or **das Zentrum**. In the following reading, other kinds of cities are mentioned: **Großstadt** (*over 100,000 inhabitants*), **Kleinstadt** (*5,000–20,000 inhabitants*), **Hafenstadt** (*port city*), **Heimatstadt** (*hometown*), and **Residenzstadt** (*seat of a monarch's court*).

➤ **Übung** Describe in German the following kinds of cities.

BEISPIEL: Was ist eine Industriestadt?
Eine Stadt mit viel Industrie. (*oder*)
Eine Stadt, wo es viel Industrie gibt.

Was ist eine ...

Touristenstadt?	Weltstadt?
Universitätsstadt?	Ferienstadt?
Kulturstadt?	Millionenstadt?

Lab Manual
Kap. 8, Üb. zur Betonung.

>> **Leicht zu merken**

der **Architekt, -en, -en** (*m.*)	Arch<u>i</u>tekt
der **Aspekt, -e**	Asp<u>e</u>kt
(das) **Großbritannien**	
das **Kulturzentrum**	Kult<u>u</u>rzentrum
die **Katastrophe**	Katast<u>ro</u>phe
die **Residenz**	Res<u>i</u>denz
die **Restauration, -en**	Restaurat<u>io</u>n
die **Ruine, -n**	R<u>ui</u>ne
die **Tradition, -en**	Tradit<u>io</u>n
hektisch	
historisch	
symbolisch	

Blick (*view*) auf ➤
Dresden mit der
Frauenkirche links
(Bernardo Bellotto
[Canaletto], 1747)

North Carolina Museum of Art/CORBIS

Einstieg in den Text

In the following reading an American exchange student in Hamburg and a German family from Dresden talk about city life. Before reading it, think about your own experience and write a few sentences in German about what you like or dislike about big cities.

Discussing city life is a communicative goal.

Das Stadtleben	
Das gefällt mir:	**Das gefällt mir nicht:**

>> Wortschatz 2

Tutorial Quiz
Audio Flashcards

Verben

auf·wachsen (wächst auf), ist aufgewachsen to grow up
bauen to build
führen to lead
nennen, hat genannt to name
segeln to sail
sterben (stirbt), ist gestorben to die
zerstören to destroy

Substantive

der **Alltag** everyday life
der **Eindruck, -̈e** impression
der **Hafen, -̈** port, harbor
der **Künstler, -** artist (m.)
das **Jahrhundert, -e** century
das **Kreuz, -e** cross
das **Schloss, -̈er** palace
die **Aufgabe, -n** task
die **Brücke, -n** bridge
die **Fabrik, -en** factory

die **Heimat** native place or country, homeland
die **Heimatstadt, -̈e** hometown; native city
die **Kirche, -n** church
die **Kleinstadt, -̈e** small city, town (*population 5,000 to 20,000*)
die **Künstlerin, -nen** artist (f.)
die **Sehenswürdigkeit, -en** place of interest, sight, attraction

Adjektive und Adverbien

arbeitslos unemployed
froh happy; glad
geradeaus straight ahead
im Jahr(e) 2008 in 2008

> **Im Jahr(e):** Like the final -e in **nach Hause**, this -e is an old dative ending.

links to *or* on the left
rechts to *or* on the right

stark strong
trotzdem in spite of that, nevertheless

Nützliche Ausdrücke

auf dem Land in the country (i.e., rural area)
aufs Land to the country

Gegensätze

führen ≠ folgen (+ *dat.*) to lead ≠ to follow
stark ≠ schwach strong ≠ weak

Mit anderen Worten

riesengroß = sehr, sehr groß

Aspekte der Großstadt

Die meisten° Deutschen leben in Städten mit über 80.000 Einwohnern. Wie ist es denn in einer Großstadt zu wohnen? Hier erzählen ein amerikanischer Austauschstudent und zwei Deutsche von ihren Erfahrungen°.

Die ... most

experiences

Eindrücke eines Amerikaners
1–53

5 *Mark Walker, Austauschstudent in Hamburg[1]:* Da ich aus einer Kleinstadt in Colorado komme, schien° mir die Hafenstadt Hamburg am Anfang riesengroß. Für mich war es schwer zu verstehen, wie die Deutschen so dicht beieinander° leben können.

seemed

dicht ... close together

Aber das heißt nicht, dass Hamburg mir nicht gefällt. Ich finde es eigentlich fantastisch, dass man in der Stadt so viel unternehmen kann. Wenn ich Lust habe, kann
10 ich jeden Tag ins Konzert, ins Kino oder ins Museum gehen. An der Uni bin ich auch im Segelklub und wir segeln regelmäßig° auf der Binnenalster[2].

regularly

Wenn mir das Stadtleben zu viel wird, dann ist es sehr leicht mein Fahrrad zu nehmen, in die Bahn zu steigen und aufs Land zu fahren. Südlich von° Hamburg kann man tolle Radtouren machen. Dieser Kontrast zwischen Stadt und Land scheint mir
15 typisch für Deutschland. Für die Einwohner° der Städte ist das Land sehr wichtig als Erholung° vom Stress des Alltags.

Südlich ... south of

inhabitants
relief, recuperation

Familie Oberosler aus Dresden[3]
1–54

Anke Oberosler, 26,
20 *Fremdenführerin° in Dresden:* Also, da ich in Dresden aufgewachsen bin, kenne ich die Stadt wie meine eigene° Hosentasche. Sie ist
25 die Hauptstadt von Sachsen° und hat eine lange Tradition als Kulturzentrum. Die wunderbaren Kirchen, Schlösser und Museen und die Lage° an
30 der Elbe machen Dresden zu einer der schönsten° Städte Deutschlands. Ich bin froh, dass ich als Fremdenführerin unseren Besuchern die
35 Sehenswürdigkeiten der Stadt zeigen darf.

> Learning about life in German cities is the cultural goal of this chapter.

tourist guide

own
Saxony

location

most beautiful

Jochen Eckel/Action Press/ZUMA Press/Newscom

Die Frauenkirche in Dresden

[1]**Hamburg** is a deep-water port on the Elbe River, population ca. two million.
[2]**Die Binnenalster** (*Inner Alster*) is one of two artificial lakes in Hamburg.
[3]**Dresden** (population ca. 525,000) on the Elbe River is the capital of the federal state of Saxony (**Sachsen**).

Das zerstörte Dresden, 1945

Bettmann/Corbis

Vielleicht wissen Sie schon, dass der König August der Starke (1670–1733) ausgezeichnete Künstler und Architekten nach Dresden eingeladen hat, um seine Residenz so prachtvoll wie möglich° zu machen. Wegen der Schönheit unserer Stadt

40 nennt man Dresden oft das „Elbflorenz[4]".

Aber 1945 – fast am Ende des Krieges – haben Luftangriffe° die Innenstadt zerstört. Tausende von Menschen[5] sind gestorben und fast alle historischen Gebäude der Innenstadt sind abgebrannt°. Heute ist es unsere Aufgabe, aus dieser Katastrophe zu lernen. Mein Vater kann Ihnen von der Restaurationsarbeit berichten.

45 *Clemens Oberosler, 58; Steinmetz°*: Ich bin Steinmetz und habe lange am Wiederaufbau° meiner Heimatstadt gearbeitet, besonders an der Restauration der Frauenkirche.[6] Das Kreuz für die neue Kuppel° hat uns eine Gruppe aus Großbritannien geschenkt. Das war, schien mir, eine schöne Geste der Versöhnung°. Wir bauen neue Gebäude aus den Ruinen und auch neue Brücken zwischen Menschen.

so ... as magnificent as possible

air raids

sind ... burned down

stonemason
reconstruction
cupola
Geste ... gesture of reconciliation

1–55

Credits: Fair Use

Coats of arms of the five federal states created from the former German Democratic Republic; from left to right: Mecklenburg-Vorpommern, Sachsen-Anhalt, Thüringen, Sachsen, and Brandenburg

[4]"Florence on the Elbe"

[5]Historians do not agree about the number of civilians killed in the firestorm caused by the British and American air raids of February 13–14, 1945. Estimates range from thirty-five thousand to over a hundred thousand.

[6]**Die Frauenkirche** (*The Church of Our Lady*), completed in 1743, is architecturally one of the most important Protestant churches in Germany. Contributions toward the work of restoration were received from all over the world. The restored building was reconsecrated in October 2005.

Lab Manual Kap.
8, Diktat.

Workbook Kap.
8, L.

A Antworten Sie auf Deutsch.

1. Woher kommt Mark Walker und was macht er in Hamburg?
2. Wie gefällt ihm das Stadtleben?
3. Was können die Einwohner der Stadt unternehmen, wenn ihnen der Alltag zu hektisch wird?
4. Wo liegt Dresden: in welchem Bundesland? an welchem Fluss?
5. Was ist Anke Oberosler von Beruf? Und ihr Vater?
6. Was ist am Ende des Krieges passiert (*happened*)?
7. Herr Oberosler hat an der Restauration einer Kirche aus dem achtzehnten Jahrhundert mitgearbeitet. Wie heißt diese Sehenswürdigkeit?

Schreibtipp

Brainstorming ideas for a topic

Below are two possible topics for a short essay. One asks you to describe your hometown. The other asks you to conceptualize an ideal city. Before you start writing, it's often helpful to brainstorm ideas about the topic. For instance, if the topic is city life, then you might write down, "many things to do, lots of friends, too hectic, too much noise," etc.

When you're writing in a foreign language, let the relevant vocabulary you already know guide your brainstorming. For instance, **Stadtleben: Kulturleben gefällt mir, manchmal zu hektisch, man kann viel unternehmen,** etc. Resort to the dictionary only when absolutely necessary.

➤ Schreiben wir mal.

1. **Die Stadt, wo ich wohne** Sie haben über zwei deutsche Städte gelesen. Jetzt beschreiben Sie einem deutschen Freund den Ort (*place, town*), wo Sie wohnen. Brainstorming: Größe (*size*), Lage und Umgebung (*location and surroundings*), Industrie, Kultur (Museen, Konzerte, Kinos usw.), Geschäfte, Schulen, Universitäten.
2. **Die ideale Stadt** Sie sind Städteplaner von Beruf und kennen viele Städte. Einige haben Ihnen sicher gefallen, einige nicht. Jetzt dürfen Sie die ideale Stadt planen. Beschreiben Sie diese Stadt. Was würde sie haben, was würde sie nicht haben? Warum?

B Wie sagt man das auf Deutsch?

1. Can you please tell me where the cathedral is?
2. If you go around the corner, you'll see it.

3. What do you do on the weekend when you have free time?
4. Sometimes I drive to the country and go for a walk.

5. Do I still have time to go shopping?
6. Yes, of course. I'll come along if we can go now.

7. My brother's girlfriend has a birthday on Sunday.
8. During the week I didn't have time to buy her anything (use **etwas**).

Einige dieser Wörter kennen Sie schon.

der **Dom**	
der **Markt**	*market; market square*
der **Platz**, ¨e	
das **Café**, -s	
das **Museum**, **Museen**	
das **Rathaus**, ¨er	*city hall*
die **Brücke**, -n	
die **Fußgängerzone**, -n	*pedestrian zone*
die **Haltestelle**, -n	*streetcar or bus stop*
die **Kirche**, -n	

Verkehrsmittel (*Means of transportation*)

der **Bus**, -se	
das **Fahrrad**, ¨er	
das **Taxi**, -s	*taxicab*
die **Straßenbahn**	*streetcar*
die **S-Bahn**	*light rail*
die **U-Bahn**	*subway*

> **S-Bahn** is short for Stadtbahn; **U-Bahn** is short for **Untergrundbahn**.

> Entschuldigung, wie komme ich zur Museumsinsel, bitte?

> Das ist gar nicht weit. Gehen Sie geradeaus und dann nach links über die Brücke, und dann sind Sie schon da.

Iakov Filimonov/Shutterstock

Fragen wir nach dem Weg. (*Let's ask for directions.*)

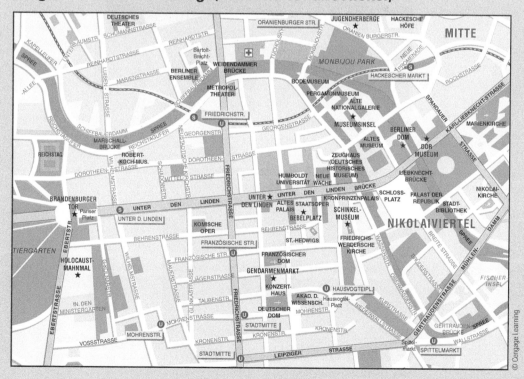

© Cengage Learning

A Gruppenarbeit: Wie kommen wir zum Reichstagsgebäude?

(*3 oder 4 Personen*) Sie übernachten alle in der Jugendherberge Humboldthaus in der Oranienburgerstraße (*at the top of the Berlin map*). Jetzt wollen Sie in kleinen Gruppen verschiedene (*various different*) Sehenswürdigkeiten in Berlin Mitte besuchen.

> Gruppe 1 besucht den Reichstag und das Brandenburger Tor.
> Gruppe 2 besucht den Gendarmenmarkt.
> Gruppe 3 besucht den Tiergarten.
> Gruppe 4 besucht den Berliner Dom und das DDR-Museum.
> Gruppe 5 besucht das Pergamonmuseum.

Besprechen Sie zusammen in der Gruppe:

- Wie weit ist es von der Jugendherberge bis zur Sehenswürdigkeit?
- Gehen Sie zu Fuß oder fahren Sie mit der S-Bahn, der U-Bahn, mit Fahrrädern oder mit einem Taxi?
- Wie kommen Sie dahin? Planen Sie den Weg durch die Stadt.

Once your group has planned how to reach your destination, use the map to describe to the rest of the class how you are going to get there. You can use the Internet to find out something about your destination.

Das Reichstagsgebäude

Der Gendarmenmarkt

Im Pergamonmuseum

Im Tiergarten

Berliner Dom

Drei Kulturstädte

Basel

Basler Rathaus

Köln

Kölner Dom: Innenansicht (*interior*)

Salzburg

Schloss Helbrunn bei Salzburg

Rückschau: Was habe ich gelernt?

	No problem.	Almost there.	Needs more work.	See pages
1. I understand what subordinate clauses are.				220
2. I know the most frequent subordinating conjunctions in German.				220
3. I can form subordinate clauses in German with correct word order.				220, 222–224
4. I can use correct word order in German infinitive phrases with **zu**.				225–227
5. I understand the use of the genitive case to show possession and similar relations between two nouns.				229
6. I know the genitive endings.				229
7. I know four prepositions used with the genitive.				232
8. I can order from a menu in German.				233–234
9. I know something about city life in Germany and I can ask for directions.				240–241, 243

Kapitel 9 Unsere Umwelt

Kommunikation

- Discussing the environment and recycling
- Using adjectives to describe things
- Giving the date
- Talking about sports

Kultur

- German and global environmental issues

In diesem Kapitel

- **Lyrik zum Vorlesen**
  Heinrich Heine, „Ich weiß nicht, was soll es bedeuten" („Die Loreley")

- **Grammatik**
  1. Adjective endings
  2. Word order of adverbs: time/manner/place
  3. Ordinal numbers and dates

- **Lesestück**
  Unsere Umwelt in Gefahr

- **Vokabeln im Alltag**
  Sport

- **Almanach**
  Seid ihr schlaue Umweltfüchse?

Schmitz/Olaf/iStockphoto.com

◀ Bauernhof im Schwarzwald mit Solarkollektoren

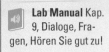

Lab Manual Kap. 9, Dialoge, Fragen, Hören Sie gut zu!

E. Crocker

2–2

>> Recycling im Studentenwohnheim

Am Semesteranfang hat die amerikanische Austauschstudentin Emily ein Abendessen mit ihrer deutschen Mitbewohnerin Lina gekocht. Jetzt räumen sie zusammen die Küche auf.

LINA: In ein paar Minuten haben wir alles wieder sauber, Emily.

EMILY: Gut. Du, was soll ich denn mit diesen leeren Flaschen machen?

LINA: Du kannst sie dort in die Ecke stellen und nachher werfen wir sie in den Container auf dem Hof.

EMILY: Sammelt ihr auch Altpapier?

LINA: Klar, wir recyceln fast alles. Die blaue Papiertonne steht draußen an der Treppe. Wenn sie voll ist, tragen wir sie auch hinunter.

EMILY: Ihr seid aber gut organisiert!

2–3

>> Ein umweltfreundliches Geburtstagsgeschenk

DANIEL: Hallo Frank! Ist das ein neues Fahrrad?

FRANK: Ja, Marianne hat's mir zum Geburtstag geschenkt, weil ich meinen alten Wagen verkauft habe. Ich habe ihn fast nie benutzt.

DANIEL: Wieso denn?

FRANK: Seit wir in die Stadt umgezogen sind, kann ich mit dem Rad zur Arbeit fahren und im Winter mit der Straßenbahn.

DANIEL: Da sparst du aber viel Geld!

2–4

>> Treibst du gern Sport?

JUNGE: Sag mal, treibst du gern Sport?

MÄDCHEN: Klar. Ich verbringe das ganze Wochenende auf dem Tennisplatz. Spielst du auch Tennis?

JUNGE: Ja, das ist mein Lieblingssport, aber ich bin kein guter Spieler.

MÄDCHEN: Da kann ich dir einen wunderbaren Tennislehrer empfehlen.

NOTES ON USAGE

Adverb *da* and flavoring particle *aber*

The adverb da At the beginning of a clause, the adverb **da** often means *then, in that case.*

Da sparst du aber viel Geld.
Da kann ich dir einen wunderbaren Tennislehrer empfehlen.

The flavoring particle aber Aber is often used to intensify a statement. It adds the sense of *really, indeed.*

Da sparst du **aber** viel Geld.   *Then you'll **really** save a lot of money.*

The particle **aber** can also add a note of surprise or admiration.

Ihr seid **aber** gut organisiert!   *You're **really** well organized!*

Tutorial Quiz
Audio Flashcards

Verben

auf·räumen to clean up, straighten up

benutzen to use

empfehlen (empfiehlt), hat empfohlen to recommend

organisieren to organize

recyceln to recycle

sammeln to collect

treiben, hat getrieben to drive, force, propel

  Sport treiben to play sports

um·ziehen, ist umgezogen to move, change residence

werfen (wirft), hat geworfen to throw

  weg·werfen (wirft weg), hat weggeworfen to throw away

Substantive

der **Container, -** large, enclosed metal trash container

der **Geburtstag, -e** birthday

  zum Geburtstag for (your/her/ my/etc.) birthday

der **Hof, ̈-e** courtyard; (royal) court

der **Junge, -n, -n** boy

der **Nachbar, -n, -n** neighbor (*m.*)

der **Sport** sport

der **Tennisplatz, ̈-e** tennis court

das **Geschenk, -e** present

das **Mädchen, -** girl

das **Papier, -e** paper

das **Recycling** recycling; recycling center

das **Tennis** tennis

die **Küche, -n** kitchen

die **Nachbarin, -nen** neighbor (*f.*)

die **Tonne, -n** barrel, bin

die **Treppe** staircase, stairs

  auf der Treppe on the stairs

Adjektive und Adverbien

da then, in that case

ganz whole, entire

  das ganze Wochenende all weekend, the whole weekend

hinunter downward; down

sauber clean

umweltfreundlich environmentally safe, nonpolluting

Andere Vokabeln

Lieblings- (*noun prefix*) favorite

  Lieblingssport favorite sport

was für ...? what kind of . . . ?

Gegensätze

sauber ≠ **schmutzig** clean ≠ dirty

VARIATIONEN

A Persönliche Fragen

1. Was macht man in Ihrem Studentenwohnheim mit Altglas und Altpapier?
2. Gibt es Recyclingtonnen hier in der Nähe?
3. Auch als Hobby kann man Dinge sammeln, z. B. Briefmarken (*stamps*), Münzen (*coins*) oder CDs. Sammeln Sie etwas?
4. Zum Geburtstag hat Frank ein neues Fahrrad bekommen. Was würden Sie gern zum Geburtstag bekommen?
5. Fahren Sie gern Rad? Auch zur Uni oder zur Arbeit?
6. Treiben Sie Sport? Wie oft in der Woche?
7. Was ist Ihr Lieblingssport? Lieblingsfilm? Lieblingsbuch? Und Ihre Lieblingsstadt?

Review colors on
p. 87.

B **Übung: Welche Farbe hat das?** Sagen Sie, welche Farbe diese Dinge
haben.

BEISPIEL: Welche Farbe hat Jans Hemd?
  Es ist rot.

Welche Farbe hat/haben …

  der Wald?
  der Kaffee?
  das Meer?
  die Wände dieses Zimmers?
  die Bluse dieser Studentin?
  das Hemd dieses Jungen?
  diese Landkarte?
  die Bäume im Sommer? im Herbst?
  Ihr Pulli?

elenabo/Shutterstock

Web Link

🔊 LYRIK ZUM VORLESEN
2–5

The cliff called the **Loreley** is on the Rhine River at its deepest spot.
Heinrich Heine's famous poem "Ich weiß nicht, was soll es bedeuten" (1823)
is a retelling of a romantic legend invented by his contemporary, Clemens
Brentano (1778–1842). It recounts the tale of a siren who lures boatmen
to their deaths at this place. It was set to music by the composer Friedrich
Silcher in 1837 and achieved the status of a folk song.

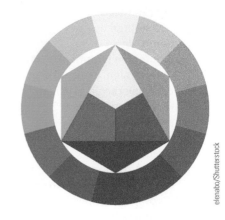

Heinrich Heine

Public Domain

Public Domain

Ich weiß nicht, was soll es bedeuten (Die Loreley)

Ich weiß nicht, was soll es bedeuten,
dass ich so traurig° bin;   *sad*
ein Märchen aus alten Zeiten,
das kommt mir nicht aus dem Sinn°.   **das ... Sinn = das kann ich nicht vergessen**

Die Luft ist kühl und es dunkelt°,   **es dunkelt = es wird dunkel**
und ruhig° fließt der Rhein;   *peacefully*
der Gipfel° des Berges funkelt°   *mountain top / glistens*
im Abendsonnenschein.

Die schönste Jungfrau° sitzet°   **schönste ...** *most beautiful maiden /* **sitzet = sitzt**
dort oben° wunderbar,   *high above*
ihr goldenes Geschmeide° blitzet°,   *jewelry / sparkles*
sie kämmt° ihr goldenes Haar.   *combs*

Sie kämmt es mit goldenem Kamme°,   *comb*
und singt ein Lied dabei°;   *while doing so*
das hat eine wundersame°,   **= wunderbare**
gewaltige° Melodei.   *powerful*

Den Schiffer° im kleinen Schiffe°   *sailor / boat*
ergreift es° mit wildem Weh°;   **ergreift ...** *is gripped / longing*
er schaut° nicht die Felsenriffe°,   **= sieht** */ submerged rocks*
er schaut nur hinauf in die Höh°.   **hinauf ...** *up to the heights*

Ich glaube, die Wellen° verschlingen°   *waves / swallow*
am Ende Schiffer und Kahn°;   *boat*
und das hat mit ihrem Singen
die Loreley getan.

Heinrich Heine (1797–1856)

Ich weiß nicht, was soll es bedeuten, Heinrich Heine

Grammatik

>> ## 1. Adjective endings (*Adjektivendungen*)

Tutorial Quiz

Up to now, you have been using adjectives following linking verbs such as **sein**, **werden**, and **bleiben**:

Dein Rucksack ist **groß**.	*Your backpack is **big**.*
Meine Großeltern werden **alt**.	*My grandparents are getting **old**.*
Das Wetter bleibt **schön**.	*The weather will stay **beautiful**.*

But when an adjective precedes a noun, it must have an ending.

Wo ist mein **großer** Rucksack?	*Where is my **large** backpack?*
Ich besuche meine **alten** Großeltern.	*I'm visiting my **old** grandparents.*
Wir haben heute **schönes** Wetter.	*We're having **beautiful** weather today.*

DEFINITION

Why are *der*-words and *ein*-words called "limiting words"?

These words are called ***limiting words*** because they *limit* the noun in some way rather than describing it: ***dieses* Fahrrad** (*this bicycle, not that one*), ***meine* Großeltern** (***my* grandparents, not yours**).

The noun phrase

A noun phrase can include three different types of words: *limiting words*, *descriptive adjectives*, and *nouns*. Limiting words are the **der**-words and **ein**-words you already know.

der-words	*ein*-words	
der, das, die	ein	
dieser	kein	
jeder	mein	
welcher	dein	
alle	sein	
	ihr	possessive adjectives
	unser	
	euer	
	ihr, Ihr	

Here are some examples of noun phrases. Note that the noun phrase does not necessarily contain both a limiting word and a descriptive adjective.

Limiting word + Descriptive adjective + Noun			
das	**neue**	Fahrrad	*the new bicycle*
jede		Woche	*every week*
alle	**deutschen**	Studenten	*all German students*
	heißer	Kaffee	*hot coffee*
meine	**kleine**	Schwester	*my little sister*

German adjective endings have the reputation of being challenging to learn. The system is conceptually quite simple, but requires practice. To use descriptive adjectives you need to know only two sets of endings—called *primary endings* and *secondary endings*—and three rules for their use.

The good news is that the primary endings are simply the endings of the **der**-words, which you already know.

Primary endings				
	masculine	neuter	feminine	plural
nominative	-er	-es	-e	-e
accusative	-en	-es	-e	-e
dative	-em	-em	-er	-en
genitive	-es	-es	-er	-er

Remember that these endings show the case, number, and gender of the noun.

There are only two secondary endings, **-e** and **-en**. They are distributed as follows:

Secondary endings				
	masculine	neuter	feminine	plural
nominative	-e	-e	-e	-en
accusative	-en	-e	-e	-en
dative	-en	-en	-en	-en
genitive	-en	-en	-en	-en

Note that the **-en** occurs *in all forms of the plural* as well as *in all forms of the dative and genitive cases.*

Rules for the use of adjective endings

Rule #1: With a few exceptions (described below), noun phrases must contain a primary ending. If the limiting word has the primary ending, the following descriptive adjective has the secondary ending.

Limiting word with primary ending	Descriptive + adjective with secondary ending	+ Noun	
dieses	schöne	Bild	*this beautiful picture*
mit meiner	guten	Freundin	*with my good friend*

T. Hansen

Rule #2: If the noun phrase has no limiting word, or has an **ein**-word without an ending, then the adjective takes the primary ending.[1]

No limiting word, or *ein*-word without ending	Descriptive +adjective with primary ending	+ Noun	
dein	—	Bruder	*your brother*
	alte	Häuser	*old houses*
	heißer	Kaffee	*hot coffee*
ein	altes	Haus	*an old house*

Note that the noun phrase **dein Bruder** contains no descriptive adjective and thus no primary ending (exception to rule #1). If a descriptive adjective is added, that adjective must have the primary ending: **dein kleiner Bruder**.

[1]There is one exception to Rule # 2: In the masculine and neuter genitive singular, the adjective not preceded by a limiting word takes the *secondary ending* **-en** rather than the primary ending.

trotz tief**en** Schnees   *in spite of deep snow*
wegen schlecht**en** Wetter**s**   *because of bad weather*

Such phrases are quite rare. Moreover, note that the primary ending *is* present on the noun itself.

Let's contrast noun phrases with and without limiting words. Note how the primary ending shifts from the limiting word to the adjective.

With limiting word		**Without limiting word**
diese neu**en** Tennisplätze	→	neu**e** Tennisplätze
mit mein**em** schwer**en** Gepäck	→	mit schwer**em** Gepäck
welch**es** deutsche Bier	→	deutsch**es** Bier

Rule #3: Adjectives in a series have the same ending.

ein groß**es** alt**es** Haus	*a large old house*
groß**e** alt**e** Häuser	*large old houses*
gut**er** deutsch**er** Wein	*good German wine*

Pay special attention to the three instances in which **ein**-words have no endings. They are the *only* instances in which **ein**-word endings differ from **der**-word endings:

Masculine nominative	**Neuter nominative and accusative**
ein alt**er** Mann	ein klein**es** Kind
but	*but*
d**er** alte Mann	dies**es** kleine Kind

Adjectives whose basic forms end in unstressed **-er** (**teuer**) or **-el** (**dunkel**) drop the **-e-** when they take endings.

Die Theaterkarten waren **teuer**.	Das waren aber **teure** Karten!
Ist diese Farbe zu **dunkel**?	Ich mag **dunkle** Farben.

SUMMARY:

The three tables below show the complete system of adjective endings . . .

- in a noun phrase with a **der**-word,
- in a noun phrase with an **ein**-word, and
- in a noun phrase without any limiting word:

Adjective endings with a *der*-word			
	masculine	**neuter**	**feminine**	**plural**
nom.	dies**er** jung**e** Mann	dies**es** jung**e** Kind	dies**e** jung**e** Frau	dies**e** jung**en** Leute
acc.	dies**en** jung**en** Mann	dies**es** jung**e** Kind	dies**e** jung**e** Frau	dies**e** jung**en** Leute
dat.	dies**em** jung**en** Mann	dies**em** jung**en** Kind	dies**er** jung**en** Frau	dies**en** jung**en** Leuten
gen.	dies**es** jung**en** Mannes	dies**es** jung**en** Kindes	dies**er** jung**en** Frau	dies**er** jung**en** Leute

Adjective endings with an *ein*-word			
	masculine	**neuter**	**feminine**	**plural**
nom.	ein jung**er** Mann	ein jung**es** Kind	ein**e** jung**e** Frau	mein**e** jung**en** Leute
acc.	ein**en** jung**en** Mann	ein jung**es** Kind	ein**e** jung**e** Frau	mein**e** jung**en** Leute
dat.	ein**em** jung**en** Mann	ein**em** jung**en** Kind	ein**er** jung**en** Frau	mein**en** jung**en** Leuten
gen.	ein**es** jung**en** Mannes	ein**es** jung**en** Kindes	ein**er** jung**en** Frau	mein**er** jung**en** Leute

Note the three highlighted phrases in which the **ein-** word has no ending.

Adjective endings without a limiting word			
	masculine	**neuter**	**feminine**	**plural**
nom.	kalter Wein	kaltes Wasser	kalte Milch	kalte Suppen
acc.	kalten Wein	kaltes Wasser	kalte Milch	kalte Suppen
dat.	kaltem Wein	kaltem Wasser	kalter Milch	kalten Suppen
gen.	kalten Weines	kalten Wassers	kalter Milch	kalter Suppen

D. Dollenmayer

1 **Übung: Welcher Tisch ist das?** (*Mit offenen Büchern*) Below is a list of some people and classroom objects arranged by gender, as well as a list of adjectives that you can use to describe them. Your instructor will ask you about them. Describe them with adjectives as in the example.

Lab Manual Kap. 9, Var. zu Üb. 1, 2, 6, 8.

Workbook Kap. 9, A–H.

Welches Bild ist das?

Das ist das neue Bild.

Masculine	**Neuter**	**Feminine**	**Plural**
Bleistift	Bild	Gruppe	Bücher
Junge	Buch	Kamera	Jeans
Kugelschreiber	Fenster	Landkarte	Schuhe
Pulli	Handy	Studentin	Studenten
Radiergummi	Heft	Tafel	
Schuh	Mädchen	Tasche	
Student	Poster	Tür	
Stuhl	Wörterbuch	Uhr	
		Zeitung	

Adjectives

alt	freundlich	kaputt	neu
billig	groß	kurz	süß
blau, rot usw.	hell	langweilig	toll
bunt	höflich	lustig	typisch
fleißig			

♦♦♦ 2 Gruppenarbeit: Beschreiben wir das Klassenzimmer.

BEISPIEL: Dort hängt ein großes Bild an der Wand.
Dort steht ein kleiner Tisch.

Was sehen Sie sonst? Benutzen Sie Adjektive!

© Cengage Learning

3 Übung: Sehen Sie den Tisch? Your instructor asks whether you see certain objects or people. You're not sure which ones are meant, so you ask for more information.

BEISPIEL: Sehen Sie den Schreibtisch?
Meinen Sie den *neuen* Schreibtisch?

<table>
<tr><td colspan="2">FRAGEWÖRTER</td></tr>
<tr><td>Was für ...?</td><td>What kind of . . . ?; What sort of . . .?</td></tr>
<tr><td>Was für ein Mensch ist sie?</td><td>What sort of person is she?</td></tr>
<tr><td>Was für einen Wagen hast du?</td><td>What kind of car do you have?</td></tr>
<tr><td>Mit was für Menschen lebst du zusammen?</td><td>What kind of people do you live with?</td></tr>
</table>

> **Was für** can also introduce exclamations: **Was für ein schöner Wagen!** (*What a beautiful car!*)

4 Übung: Was für ein Buch ist das? Jetzt fragt Ihr Professor zum Beispiel, was für ein Buch das ist. Sie beschreiben das Buch.

BEISPIEL: Was für ein Buch ist das?
Das ist ein interessantes Buch.

5 **Partnerarbeit: Nicht wahr?** Respond to each other's impressions. One partner asks, the other responds; then switch roles.

BEISPIEL: A: Das Haus ist schön, nicht wahr?

B: Ja, das ist ein schönes Haus. (*oder*) Nein, das ist kein schönes Haus.

1. Die Kneipe ist alt, nicht?
2. Der Junge ist lustig, nicht wahr?
3. Das Hotel ist teuer, nicht wahr?
4. Der Automechaniker ist gut, nicht?
5. Das Kind ist müde, nicht wahr?
6. Die Buchhandlung ist fantastisch, nicht?
7. Das Bett ist bequem, nicht?
8. Der Tag ist warm, nicht?

Now create your own sentences along the same pattern.

6 **Übung: Was für einen Pulli tragen Sie heute?** Jetzt möchte Ihre Professorin wissen, was für Sachen Sie tragen. Sagen Sie es ihr.

BEISPIELE: Was für Schuhe tragen Sie heute?

Heute trage ich alte Turnschuhe.

7 **Gruppenarbeit: Wer trägt was?** Benutzen Sie Adjektive, um die Kleidung eines Studenten oder einer Studentin in der Klasse zu beschreiben. Die anderen müssen raten (*guess*), wen Sie meinen. Sie können auch Ihre eigene Kleidung beschreiben.

Wer trägt heute eine neue Hose und ein blaues Hemd?

Meinst du Rick?

8 **Übung: Wir haben keinen neuen Wagen.** Ihr Professor fragt Sie nach (*about*) etwas. Sie antworten, dass Sie so was nicht haben.

BEISPIEL: Ist Ihr Wagen neu?

Nein, ich habe keinen neuen Wagen.

1. Ist Ihr Fahrrad neu?
2. Sind diese Bücher langweilig?
3. Ist der Tennislehrer wunderbar?
4. Ist der Kaffee kalt?
5. Ist das Brot frisch?
6. Sind Ihre Freunde lustig?
7. Sind diese Kleider schmutzig?
8. Ist Ihr Zimmer groß?
9. Ist Ihr Mantel neu?

T. Hansen

9 Partnerarbeit: Was machst du lieber? Take turns asking each other the following questions:

BEISPIEL:

A: Mit welchem Zug fährst du lieber?
B: Ich fahre lieber mit dem schnellen Zug.

1. Welchen Kaffee trinkst du lieber?

2. Welches T-Shirt trägst du lieber?

3. In welchem Haus wohnst du lieber?

4. Welche Schuhe trägst du lieber?

10 **Schreiben wir mal: Ich habe ein interessantes Bild gefunden.** Suchen Sie im Internet oder in einer Zeitschrift ein interessantes Bild oder Foto. Beschreiben Sie es. Benutzen Sie viele Adjektive! Sie können Ihr Bild in der Deutschstunde vorzeigen und Ihre Beschreibung vorlesen (*read aloud*).

BEISPIEL: Ich habe dieses schöne Bild in einem alten Buch gefunden. Hier sieht man viele Häuser in einem kleinen Dorf. In der Mitte des Bildes steht eine alte Kirche und vor dieser schönen Kirche geht ein alter Mann mit einem kleinen Kind spazieren. Hinter dem Dorf sieht man auch einen dunklen Wald.

Mal was Lustiges!

Du siehst aber schrecklich aus! Was hast du denn?

Homo sapiens.

Das ist nicht so schlimm. Ich hab' das auch mal gehabt—es geht schnell vorbei.°

es ... It'll be over soon.

>> ## 2. Word order of adverbs: Time/manner/place

You learned in **Kapitel 1** that adverb sequence in German is *time* before *place*.

	time	*place*
Ich fahre	**morgen**	**nach Kopenhagen.**
Wir bleiben	**heute**	**zu Hause.**

> *Place* can be either location (**zu Hause**) or destination (**nach Kopenhagen**).

> **Workbook** Kap. 9, I.

If the sentence includes an adverb of *manner* (answering the question **wie?** or **mit wem?**), the sequence is *time—manner—place*.

	time	*manner*	*place*
Ich fahre	morgen	**mit der Bahn**	nach Kopenhagen.
Sie bleibt	heute	**allein**	zu Hause.

A good mnemonic device is that adverbs answer the following questions in alphabetical order:

wann? (morgen) **wie?** (mit der Bahn) **wo(hin)?** (nach Kopenhagen)

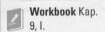
Workbook Kap. 9, I.

11 **Gruppenarbeit: Wie? Mit wem?** Create your own answers to these questions. Follow the example sentences.

1. Wie können wir morgen nach Berlin fahren?
   BEISPIEL: Wir können morgen *mit der Bahn* nach Berlin fahren.

2. Mit wem gehen Sie abends ins Kino?
   BEISPIEL: Ich gehe abends *mit meinem Freund* ins Kino.

12 **Schreiben wir mal.** Combine elements of your own or from the following lists to write ten sentences about what you did recently.

Wann?	Wie?	Wo(hin)?	Verben
im Oktober	mit Freunden	ins Ausland	reisen
am Dienstag	zusammen	im Bett	liegen
gestern	allein	in der Bibliothek	lesen
2011	mit dem Zug	ins Kino	übernachten
am Wochenende	mit dem Auto	in die Bibliothek	gehen
letzten Monat	ziemlich schnell	in der Jugendherberge	essen
dieses Semester	gerne	im Tennisklub	wandern
letztes Jahr	fleißig	an der Uni	Sport treiben
		in der Mensa	Tennis spielen
		nach Österreich	sein

BEISPIELE: Am Mittwoch habe ich mit meinen Freunden in der Mensa gegessen.
Letztes Jahr bin ich ...

>> 3. Ordinal numbers and dates (*Ordinalzahlen; das Datum*)

The ordinal numbers (*first, second, third*, etc.) are adjectives. In German they take the usual adjective endings.

German numbers up to **neunzehn** add **-t-** to the cardinal number and then the appropriate adjective ending. Note the three irregular forms in boldface.

der, das, die				
	erste	*1st*	elfte	*11th*
	zweite	*2nd*	zwölfte	*12th*
	dritte	*3rd*	dreizehnte	*13th*
	vierte	*4th*	vierzehnte	*14th*
	fünfte	*5th*	fünfzehnte	*15th*
	sechste	*6th*	sechzehnte	*16th*
	siebte	*7th*	siebzehnte	*17th*
	achte	*8th*	achtzehnte	*18th*
	neunte	*9th*	neunzehnte	*19th*
	zehnte	*10th*		

The numbers **zwanzig** and above add **-st-** and the adjective ending to the cardinal number.

der, das, die

zwanzigste	*20th*
einundzwanzigste	*21st*
zweiundzwanzigste	*22nd*
dreiundzwanzigste	*23rd*
usw.	
dreißigste	*30th*
vierzigste	*40th*
hundertste	*100th*
tausendste	*1000th*

In German, an ordinal number is seldom written out in letters. It is usually indicated by a period after the numeral.

der **10.** November = der zehnte November

13 **Kettenreaktion: Ich bin die Erste. Ich bin der Zweite.** Count off using ordinal numbers. Men say **der ...**, women say **die ....**

The ordinal numbers are capitalized here (**die Erste, der Zweite**) because they are being used as nouns. See **Kapitel 11**, pp. 321–322.

KONZERTHAUS BERLIN
Freitag
27. April 2012
20.00 Uhr
Konzerteinführung
18.45 Uhr Musikclub
Samstag
28. April 2012
16.00 Uhr

Rundfunk-Sinfonieorchester Berlin
DIRIGENT **Daniel Harding**

Gustav
Mahlers Zehnte

Sinfonie Nr. 10 Fis-Dur
(nach Skizzen ergänzte Fassung
von Deryck Cooke)

© Cengage Learning

Dates in German

In German, the full date is given in the order *day, month, year*.

Heute ist der 1. Februar 2013.

Here is how to say on what date something occurs or occurred:

Das war **am zehnten** August.   *That was on the tenth of August.*
Wir fliegen **am Achtzehnten**.   *We're flying on the eighteenth.*

Here is how to ask for and give the date:

Den Wievielten haben wir heute?   *What's the date today?*
           or   (literally: *"The 'how manyeth' do*
Der Wievielte ist heute?   *we have today / is today?"*)

Heute haben wir **den Dreizehnten**.
           or   *Today is the thirteenth.*
Heute ist **der Dreizehnte**.

Giving the date is a communicative goal.

To tell in what year something happened, English uses a phrase with *in: in 2013*. The German equivalent is **im Jahre 2013** or simply **2013** (no **in**): **Ich bin 1995 geboren. Im Jahre 2010 war ich mit meiner Familie in Berlin.**

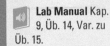
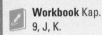
14 Übung: Der Wievielte ist heute? Tell your instructor what date it is,
using the cues below.

A. Der Wievielte ist heute?
   Heute ist der ...
   3. August
   9. Februar
   1. Mai
   20. Juli
   2. Januar
   8. April

B. Den Wievielten haben wir heute?
   Heute haben wir den ...
   5. März
   13. Juni
   19. November
   11. September
   7. Dezember
   28. Oktober

15 Übung: Wann fährst du nach Hause? Use the cues to tell each other
when you're driving home.

> Wann fährst du
> nach Hause?

> Am 4. Januar.
> Und du?

30. September
5. April
25. Juli
31. Oktober
20. Februar
24. März

16 Partnerarbeit: Wann gehen wir ins Konzert? Auf Seite 265 sehen Sie
einen Spielplan aus Berlin. Suchen Sie mit Ihrem Partner diese Informationen
auf dem Plan.

1. An welchem Tag kann man Tschaikowskys Nussknacker op. 71 hören?
2. An welchem Tag kann man das Berliner Sibelius Orchester hören?
3. Wann spielt Jewgenij Kissin Werke von Prokofjew und Chopin? Aus
   welchem Land kommt der Pianist?
4. Welches Orchester spielt Rachmaninow am 21.6.?
5. An welchem Tag kann man Puccinis Messa di gloria hören? Die Sänger
   sind aus Berlin, aber wo kommt das Orchester her?

Sharabu/Shutterstock

21.6. Sonntag

11.00 Philharmonie:
Matinee der Gesellschaft der Freunde der Berliner Philharmoniker.

15.00 Freilichtbühne an der Zitadelle Spandau:
63. Spandauer Liedertag mit Chören.
16.00 Konzerthaus Berlin, Großer Saal:
Konzerthausorchester Berlin, Dir.: Lothar Zagrosek - siehe am 19.6., 20 Uhr; 15:00: **Konzerteinführung.**

16.00 Staatsoper Unter den Linden, Apollo-Saal:
Preußens Hofmusik, Leitung: Stephan Mai, Solist: Carolin Widmann, Violine (Händel: Ouverture und Passacaglia zu Radamisto; J. Haydn: Violinkonzert C-Dur; Mozart, Johann Sebastian Bach: Adagio und Fuge d-Moll nach BWV 849; Felix Mendelssohn Bartholdy: Konzert für Violine d-Moll).

18.00 Schloss Friedrichsfelde:

Elisabeth Richter-Kubbutat, Susanne Erhardt und **Michael Stöckigt** (F. Mendelssohn Bartholdy: Ein Sommernachtstraum).

20.00 Konzerthaus Berlin, Großer Saal:
Berliner Sibelius Orchester, Dirigent: Stanley Dodds (Milhaud: Le boeuf sur le toit; M. Ravel: Rapsodie espagnole; Bizet: Auszüge aus 'Carmen').

20.00 Konzerthaus Berlin, Kleiner Saal:
Ragna Schirmer, Klavier (Brahms: 2 Rhapsodien op. 79; Joseph Haydn: Variationen f-Moll Hob. XVII:6, Klaviersonaten C-Dur Hob. XVI:50 und D-Dur Hob. XVI:37; B. Bartók: Improvisationen über ungarische Bauernlieder op. 20 und mehr).

20.00 Radialsystem V:
Anouar Brahem Quartet - 'Shared Sounds'.

20.15 Waldbühne:
Berliner Philharmoniker, Dirigent: Sir Simon Rattle, Solist: Yefim Bronfman, Klavier (Tschaikowsky: Der Nussknacker op. 71 - Ouvertüre sowie 1. Szene und Marsch aus Akt 1; S. Rachmaninow: Klavierkonzert Nr. 3 d-Moll op. 30; Igor Strawinsky: Le Sacre du printemps); ☎ 0 18 05-969 000 555.

22.6. Montag

20.00 Columbiahalle: **Ben Harper**; ☎ 61 10 13 13.

20.00 Deutsche Oper Berlin:
Orchester der Deutschen Oper Berlin, Dirigent: Yves Abel, Solist: David Garrett, Violine (Héröld: Zampa ou la Fiancée de Marbre - Ouvertüre; Chausson: Poéme für Violine und Orchester Es-Dur op. 25; C. Saint-Saëns: Introduction und Rondo Capriccio für Violine und Orchester Opus 28; C. Franck: Sinfonie d-Moll).

20.00 Die Wühlmäuse:

karnizz/Shutterstock.com

Der russische Pianist Jewgenij Kissin interpretiert am 22.6. Werke von Prokofjew und Chopin in der Philharmonie.

Rainhard Fendrich & Dieter Kolbeck, Liederabend; Karten:'☎ 30 67 30 11.
20.00 Konzerthaus Berlin, Großer Saal:
Camerata vocale Berlin sowie **Radio Symphonie Orchester Pilsen**, Leitung: Etta Hilsberg, Solisten: Reinhart Ginzel, Tenor, Joachim Goltz, Bass (Puccini: Messa di gloria; Felix Mendelssohn Bartholdy: Die erste Walpurgisnacht); ☎ 36 70 57 21.

20.00 Philharmonie:
Jewgenij Kissin, Klavier (S. Prokofjew: Drei Stücke aus 'Romeo und Julia' op. 75, Sonate Nr. 8 B-Dur Opus 84; F. Chopin: Polonaise Nr. 7 As-Dur op. 61 'Polonaise-Fantasie', drei Mazurken, Etüden op. 10 Nr. 1 C-Dur, Nr. 2 a-Moll, Nr. 3 E-Dur, Nr. 4 cis-Moll und Nr. 12 c-Moll, Etüden op. 25 Nr. 5 e-Moll, Nr. 6 gis-Moll und Nr. 11 a-Moll); ☎ 8 26 47 27.

Fair Use

17 Adjektive im Kontext Rewrite this narrative, filling in each blank with an appropriate adjective. Don't forget to include the endings where they are needed.

Heute ist der _____ Mai und es ist ein _____ Tag. Ich bin mit meiner _____ Freundin Laura im _____ Wald spazieren gegangen. Die Sonne war _____ und im Wald war es sehr _____. Wir haben unser Mittagessen mitgebracht und um ein Uhr waren wir schon hungrig. Aber wir haben vergessen eine Flasche Wein mitzubringen. In der Nähe hat es ein _____ Restaurant gegeben und bald haben wir es gefunden. Dort haben wir also eine _____ Flasche Wein gekauft. Die Kellnerin war eine sehr _____ Frau. Mit ihr haben wir über das Wetter gesprochen. Sie hat auch ein _____ Kind gehabt und wir haben ein bisschen mit diesem _____ Mädchen gespielt. Später haben wir meinen _____ Freund Hannes getroffen. Er hat uns seinen _____ Wagen gezeigt. Am Ende dieses _____ Tages sind wir dann mit der Straßenbahn in die _____ Stadt zurückgefahren.

Tipps zum Vokabelnlernen

Identifying noun gender Your German vocabulary now includes several hundred words. At this point you can begin to recognize some patterns in the gender and formation of nouns. For example, you already know that agent nouns ending in **-er** are always masculine (**der Lehrer**) and that the ending **-in** always designates a female (**die Lehrerin**).

The gender of many nouns is determined by a suffix. Here are some of the most common noun suffixes.

- Nouns ending in these suffixes are *always feminine* and take the plural ending **-en**:

  -ung, -heit, -keit, -schaft, -ion, -tät

- The suffix **-ung** forms feminine nouns from verb stems.

lösen (*to solve*) →	**die Lösung** (*solution*)
verschmutzen (*to pollute*) →	**die Verschmutzung** (*pollution*)
zerstören (*to destroy*) →	**die Zerstörung** (*destruction*)

- The suffixes **-heit** and **-keit** form feminine nouns from adjective stems and from other nouns.

frei →	**die Freiheit**	(*freedom*)
freundlich →	**die Freundlichkeit**	(*friendliness*)
gesund →	**die Gesundheit**	(*health*)
Mensch →	**die Menschheit**	(*humanity*)
sicher →	**die Sicherheit**	(*security, safety; certainty*)

- The suffix **-schaft** forms collective and more abstract feminine nouns from concrete nouns.

Freund →	**die Freundschaft, -en**	(*friendship*)
Land →	**die Landschaft, -en**	(*landscape*)
Studenten →	**die Studentenschaft**	(*student body*)

- Words with the suffixes **-ion** and **-tät** are borrowed from French or Latin and are always feminine. Most have English cognates.

die Diskussion, -en	**die Universität, -en**
die Generation, -en	**die Elektrizität**

- The suffixes **-chen** and **-lein** form diminutives. The stem vowel of the noun is umlauted wherever possible, and the noun automatically becomes *neuter*. The plural and singular forms are always identical.

das Brot →	**das Brötchen, -**	(*roll*)
die Karte →	**das Kärtchen, -**	(*little card*)
die Magd (archaic: *maid*) →	**das Mädchen, -**	(*girl*)
das Stück →	**das Stückchen, -**	(*little piece*)
das Buch →	**das Büchlein, -**	(*little book*)
die Frau →	**das Fräulein, -**	(*Miss; young woman*)

➤ **Übung: Raten Sie mal! (*Take a guess!*)** Was bedeuten diese Wörter?

1. die Möglichkeit
2. die Wanderung
3. die Ähnlichkeit
4. die Mehrheit
5. die Meinung
6. die Lehrerschaft
7. die Wohnung
8. die Schönheit
9. die Dummheit
10. die Studentenschaft
11. die Radikalität
12. die Gesundheit
13. die Schwierigkeit
14. das Brüderlein
15. das Liedchen
16. das Städtchen
17. das Würstchen
18. das Häuschen
19. die Kindheit
20. die Menschheit

>> **Leicht zu merken**

aktiv	ak<u>tiv</u>
das **Atom, -e**	A<u>tom</u>
die **Biodiversität**	Biodiversi<u>tät</u>
die **Chance, -n**	
(das) **China**	
die **Energie**	Ener<u>gie</u>
enorm	
das **Experiment, -e**	Experi<u>ment</u>
industrialisiert	industriali<u>siert</u>
die **Industrie, -n**	Indus<u>trie</u>
intensiv	inten<u>siv</u>
der **Lebensstandard**	
die **Methode, -n**	Met<u>ho</u>de
die **Natur**	Na<u>tur</u>
das **Plastik**	
produzieren	produ<u>zie</u>ren

Lab Manual Kap. 9, Üb. zur Betonung.

Einstieg in den Text

ᛉᛉᛉ Gruppenarbeit: Positiv, negativ oder beides (*both*)?

Diese Fotos zeigen einige Sachen aus unserem Alltag. Besprechen wir, ob sie umweltfreundlich sind oder nicht. Welche Vorteile und Nachteile (*advantages and disadvantages*) finden Sie?

BEISPIEL:

    Vorteile: Viele Menschen können mit der Straßenbahn fahren. Man braucht
           kein Auto.
    Nachteile: Die Straßenbahn braucht viel Platz auf der Straße.

ROW 1: (l) Pagina/Shutterstock
       (r) Fontanis/Fotolia

ROW 2: (l) chanwangrong/Shutterstock
       (r) Clynt Garnham Germany/Alamy

ROW 3: (l) Phant/Shutterstock
       (c) Victor Martello/iStockphoto.com
       (r) Tim Jenner/Shutterstock.com

You have now learned all four cases in German, you understand the structure of dependent clauses and infinitive phrases, and you have learned the system of German adjective endings. Consequently, you can now understand fairly complex and sophisticated German. Here is a sentence from lines 27–29 of the reading below:

So erzieht die Schule Kinder zum kritischen Umweltbewusstsein, damit sie verstehen, dass man Meere, Wälder, Tiere und Pflanzen schützen muss und kann.

Without looking up vocabulary you don't know, answer the following questions.

1. How many clauses does the sentence contain?
2. Which is the main clause and which are the subordinate clauses?
3. What is the verb of the main clause?
4. What are the subordinating conjunctions?
5. What are verbs in the subordinate clauses?
6. Which noun phrase includes a descriptive adjective?
7. Which nouns are singular and which are plural?

Now use the glosses and **Wortschatz 2** to translate the sentence into English.

nie im Stau = *never in a traffic jam*

>> Wortschatz 2

Tutorial Quiz
Audio Flashcards

Verben

lösen to solve
passieren to happen
retten to rescue, save
schaden (+ *dat.*) to harm, damage
  Das kann dir nicht schaden.
  That can't harm you.
verschmutzen to pollute; to dirty
verschwenden to waste

Substantive

der **Preis, -e** price
der **Unfall, ¨e** accident
das **Beispiel, -e** example
das **Kraftwerk, -e** power plant
  das **Atomkraftwerk** atomic
  power plant
  das **Kohlekraftwerk** coal-fired
  power plant
das **Öl** oil
das **Thema, die Themen** topic,
  subject, theme
das **Tier, -e** animal
die **Gefahr, -en** danger
die **Gesellschaft, -en** society

Thema der Woche

der **Umweltschutz** = *environmental protection*

die **Gesundheit** health
die **Kohle** coal
die **Kraft, ¨e** power, strength
die **Lebensweise, -n** way of life
die **Lösung, -en** solution
die **Macht, ¨e** power, might
die **Pflanze, -n** plant
die **Quelle, -n** source
die **Zukunft** the future

Adjektive und Adverbien

deutschsprachig
  German-speaking
eigen- own
ernst serious
erstaunlich astounding
gefährlich dangerous
hoch (*predicate adj.*), **hoh-**
  (*descriptive adj.*) high
  Das Gebäude ist **hoch**. *aber:*
  Das ist ein **hohes** Gebäude.
ungefähr approximately

Andere Vokabeln

damit (*sub. conj.*) so that
obwohl (*sub. conj.*) although

Gegensätze

die **Gesundheit** ≠ die
  Krankheit health ≠ sickness
hoch ≠ **niedrig** high ≠ low
die **Zukunft** ≠ die
  Vergangenheit future ≠ past

◀》 Unsere Umwelt in Gefahr

2–6

Das Problem: Der Mensch gegen die Natur?

Wir Menschen in der industrialisierten Welt genießen einen sehr hohen
Lebensstandard und der Preis dafür° ist erstaunlich hoch: Um unsere Lebensweise   *for that*
möglich zu machen, brauchen wir enorm viel Energie. Nordamerikaner und
5 Westeuropäer benutzen ungefähr 33% aller produzierten Energie, obwohl sie nur 13%
der Weltbevölkerung° sind.   *world population*

Außerdem° kann die Energieproduktion auch sehr gefährlich für die Umwelt sein,   *Furthermore*
wie der Unfall an der Deepwater-Horizon-Bohrinsel° im Golf von Mexiko im Jahr 2010   *off-shore drilling rig*
und die Nuklearkatastrophe von Fukushima im Jahr 2011 zeigen. Leider sind alle unsere
10 Hauptenergiequellen – Öl, Kohle und Atomkraft – schädlich° für die Natur und unsere   *harmful*
Gesundheit, auch wenn kein Unfall passiert. Die vielen Kohlekraftwerke in der neuen
Industriemacht China z.B. verschmutzen die Luft der chinesischen Städte. Manchmal
möchte man wirklich fragen: Ist denn unsere moderne Gesellschaft ein Feind° der   *enemy*
Natur?

15 Die Lösung: aktiv umweltfreundlich sein!

Können wir denn eine neue Lebensweise finden, damit die Menschen der Natur
nicht mehr schaden? In den deutschsprachigen Ländern versucht man sehr intensiv,
Lösungen für diese ernsten Probleme zu finden. Nach der Katastrophe in Fukushima
hat Bundeskanzlerin° Angela Merkel einen Plan durchgesetzt°, bis 2022 alle deutschen   *Federal Chancellor*
20 Atomkraftwerke zu schließen. Auch in der Schweiz plant man den Ausstieg° aus der   *implemented / phase-out*
Atomkraftproduktion. Alternativen müssen in Zukunft von sauberen Energiequellen
wie Wind-, Wasser- und Solarenergie kommen.

Umwelterziehung° ist auch ein wichtiges Thema in der Schule. In deutschen   *Environmental education*
Grundschulen z.B. lernen Kinder etwas über Klimawandel°, Biodiversität und Recycling   *climate change*
25 und machen ihre eigenen Experimente, um den Treibhauseffekt° zu verstehen. Die   *greenhouse effect*
Kinder suchen auch nach Methoden Energie zu sparen und nicht so viel Plastik zu
verschwenden. So° erzieht° die Schule Kinder zum kritischen Umweltbewusstsein°,   *In this way / educates / environmental / consciousness/protect*
damit sie verstehen, dass man Meere, Wälder, Tiere und Pflanzen schützen° muss und
kann.
30 Wenn alle Menschen und Länder zusammenarbeiten, haben wir noch eine Chance
unsere Umwelt zu retten.

>> Nach dem Lesen

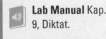
Lab Manual Kap.
9, Diktat.

Workbook Kap.
9, L–N.

A Antworten Sie auf Deutsch.

1. Was brauchen wir, um unseren hohen Lebensstandard möglich zu machen?
2. Wie kann die Energieproduktion für die Umwelt gefährlich sein? Geben Sie ein Beispiel.
3. Können Sie ein paar Hauptenergiequellen nennen?
4. Kennen Sie ein paar saubere Alternativen zu diesen Quellen?
5. Was ist die Zukunft der Atomkraft in Deutschland und in der Schweiz?
6. Was lernen deutsche Kinder in der Schule über die Umwelt?
7. Waren Umweltprobleme auch in Ihrer Schule ein Thema?

ᴙᴙᴙ B Gruppenarbeit: Sind wir eine Wegwerfgesellschaft? (*4 oder 5 Personen*) Jeden Tag benutzen wir viele Produkte. Aber wir verschwenden auch viele Dinge, besonders aus Plastik. Machen Sie eine Liste von diesen Dingen aus Ihrem Alltag. Was haben Sie in den letzten Tagen wegwerfen müssen? Warum?

ᴙᴙ C Partnerarbeit: Man kann es anders machen!

1. Frau Hutzelbein fährt mit dem Auto um die Ecke zum Supermarkt.
2. Herr Schneckengang kauft Gemüse in Plastikverpackung.
3. Fritzchen wirft Papier auf die Straße.

D Übung Construct sentences from the elements provided. Don't forget adjective endings!

1. mein / umweltfreundlich / Mitbewohner / tragen / Tonne / auf / Hof
2. alle / neu / Studenten / in / unser- / Studentenwohnheim- / zusammenarbeiten
3. mein / riesengroß / Zimmer / ist / sonnig / und / ich / haben / mein / eigen / Schreibtisch
4. um / ein / lang, / gesund / Leben / haben, / sollen / jed- / Mensch / aktiv / bleiben
5. bei / dies- / schön / Wetter / wir / wollen / zusammen / zum / neu / Tennisplatz / gehen
6. ich / tun / etwas / für / Umwelt, / wenn / ich / mein- / alt / Zeitungen / zum / Recycling / bringen

Using adjectives in descriptions

- Think about a person or place you would like to describe. Before you begin, make a list of adjectives appropriate to your subject. If you were going to write about a place on the ocean, for instance, you might list **sonnig**, **warm**, **flach**, **blau**, etc.

- Try to use your adjectives descriptively, i.e., instead of writing **Das Meer ist blau und wunderschön**, write **Das blaue Meer ist wunderschön**.

- Once you've written your first draft, review each noun phrase. Have you used the correct adjective endings?

➤ **Schreiben wir mal.**   Schreiben Sie eine Seite über Thema 1 oder Thema 2.

1. Sie kennen wahrscheinlich eine Landschaft oder einen Ort (*place*), wo die Natur besonders schön ist. Beschreiben Sie diesen Ort und sagen Sie, warum Sie ihn schön finden.

   BEISPIEL: Hinter unserem Haus gibt es einen kleinen Wald mit schönen, hohen Bäumen. Dort habe ich als kleines Kind ...

2. Beschreiben Sie einen wichtigen Menschen in Ihrem Leben.

E **Wie sagt man das auf Deutsch?**

1.   What's today's date?
2.   Today is April 5th. Why do you ask?
3.   My old friend Markus has a birthday today, and I haven't called him up yet.

4.   Can you recommend a good restaurant to me?
5.   Do you like to eat Italian food?
6.   Of course. Do you know a good Italian restaurant?
7.   Yes. My favorite restaurant is around the corner.

8.   Are you throwing these empty bottles away, Frau Schumacher?
9.   Yes, I don't have time to take them to the recycling center.
10.   May I have them? I'm collecting old bottles to earn money.

T. Hansen

▷ VOKABELN IM ALLTAG: SPORT

„Wer Sport treibt, bleibt fit" hört man oft. Was meinen Sie? Treiben Sie Sport, um fit und gesund zu bleiben, oder nur, weil es Ihnen Spaß macht?

Fußball spielen

Tennis spielen

Volleyball spielen

ROW 1: (l) Brigitte Merz/LOOK/Getty Images
(c) testing/ Shutterstock.com
(r) vario images GmbH & Co.KG/Alamy Limited

rudern

schwimmen

Ski fahren

ROW 2: (l) Joselito Briones/attator/ iStockphoto.com
(c) muzsy/ Shutterstock.com
(r) technotr/ iStockphoto.com

laufen

Rad fahren

Tischtennis spielen

ROW 3: (l) Val Thoermer/ Shutterstock
(c) sportgraphic/ Shutter-stock.com
(r) Wu Wei/Xinhua/ Photoshot

A **Umfrage (*survey*): Wer spielt gern was?** Your instructor will survey the class to see who plays what and will write any additional sports on the board.

 B **Kettenreaktion: Ich spiele gern …**

BEISPIEL: A: Ich laufe gern, und du?
B: Ich spiele gern …

C **Partnerarbeit: Mein Lieblingssport**

Fragen Sie einander:
1. Was ist dein Lieblingssport? _____
2. Warum gefällt er dir? _____
3. Treibst du ihn an der Uni? _____

D **Klassendiskussion: Was meinen Sie?**

1. Kann man fit bleiben, ohne Sport zu treiben?
2. In Deutschland gibt es viele Sportklubs, aber nur wenige (*few*) Universitätsmannschaften (*university teams*). Finden Sie es gut, dass es solche Mannschaften an amerikanischen Unis gibt? Warum?

Web Search

Seid ihr schlaue Umweltfüchse?

Der „Bund für Umwelt und Naturschutz Deutschland" ist eine Lobby von umweltfreundlichen Menschen. In einer Broschüre geben sie Tipps zum Schutz (*protection*) der Umwelt.

Umweltfüchse wissen, ...

- dass Wasser ein Lebensmittel ist.
- dass jeder Deutsche pro Tag zirka 150 Liter Trinkwasser benutzt.

Schlaue Umweltfüchse ...

- werfen keine Medikamente in die Toilette, sondern bringen sie zur Sammelstelle für Giftmüll.
- duschen lieber, als ein Vollbad zu nehmen, weil sie beim Duschen nur 50 bis 100 Liter Wasser benutzen, statt 200 Liter beim Baden.

Umweltfüchse wissen, ...

- dass die Bundesrepublik jedes Jahr einen Müllberg produziert, der so groß wie die Zugspitze ist.
- dass nur 11 Prozent dieses Mülls echter Müll sind. 89 Prozent wären recycelbar.

Schlaue Umweltfüchse ...

- kaufen Recyclingprodukte, z.B. Umweltschutzpapier.
- sortieren ihren Müll und bringen Glasflaschen, Metall und Papier zu Containern oder direkt zum Recycling.

Hier kann man Glas recyceln.

Wäsche auf der Leine. Warum ist das besonders umweltfreundlich?

Rückschau: Was habe ich gelernt?

	No problem.	Almost there.	Needs more work.	See pages
1. I understand the system of adjective endings.				254–257
2. I am confident that I can use them accurately in written German and I am making progress on mastering them in spoken German.				257–260
3. I can now use ordinal numbers for dates and similar information.				262–263
4. I can talk about the topic of the environment and am aware of environmental concerns in Europe.				270, 274–275
5. I can talk about sports and what I like to play.				273

Kapitel 10 Deutschland im 20. Jahrhundert

Kommunikation

- Narrating events in the past
- Telling how long ago something happened
- Telling how long something lasted
- Discussing politics

Kultur

- The Weimar Republic (1919–1933)

In diesem Kapitel

- **Lyrik zum Vorlesen**
  Bertolt Brecht, „Mein junger Sohn fragt mich"

- **Grammatik**
  1. Simple past tense
  2. Equivalents of *when*: **als, wenn, wann**
  3. Past perfect tense
  4. More time expressions

- **Lesestück**
  Eine Ausstellung historischer Plakate aus der Weimarer Republik

- **Vokabeln im Alltag**
  Politik

- **Almanach**
  German politics and the European Union

◀ Frankfurt am Main

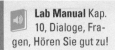

Dialoge

Lab Manual Kap. 10, Dialoge, Fragen, Hören Sie gut zu!

 >> Damals

2-7

Zwei Senioren sitzen nachmittags auf einer Bank.

HERR ZIEGLER:	Wie lange wohnen Sie schon hier, Frau Planck?
FRAU PLANCK:	Seit letztem Jahr. Vorher habe ich in Mainz gewohnt.
HERR ZIEGLER:	Tatsächlich? Das wusste ich ja gar nicht. Als ich ein Kind war, habe ich immer den ganzen Sommer dort bei meinen Großeltern verbracht.
FRAU PLANCK:	Ja, damals vor dem Krieg war die Stadt natürlich ganz anders.

 >> Das ärgert mich!

2-8

MARTIN:	Philipp, was ist denn los? Du siehst so besorgt aus.
PHILIPP:	Ach, Barbara hat mir vor zwei Tagen ihr neues iPad geliehen ...
MARTIN:	Na und? Du hast es doch nicht verloren, oder?
PHILIPP:	Keine Ahnung. Ich hatte es in meinem Rucksack, aber vor einer Stunde konnte ich es dann plötzlich nicht mehr finden.
MARTIN:	Meinst du, jemand hat es dir geklaut?
PHILIPP:	Nee, ich glaube nicht, denn mein Geldbeutel fehlte nicht ... Mensch, das ärgert mich!

The tag question "**... oder?**" (here = *Did you?*) can follow either positive or negative statements. "**Nicht wahr?**" (p. 83) follows positive statements only.

>> Schlimme Zeiten

2-9

Als Hausaufgabe muss Steffi (14 Jahre alt) ihre Oma interviewen.

STEFFI:	Oma, für die Schule sollen wir unsere Großeltern über die Kriegszeit interviewen.
OMA:	Nun, was willst du denn wissen, Steffi?
STEFFI:	Also... wann bist du eigentlich geboren?
OMA:	1935. Als der Krieg anfing, war ich noch ein kleines Mädchen.
STEFFI:	Erzähl mir bitte: Wie ging es euch damals?
OMA:	Wir waren nicht reich, aber trotzdem ging es uns zuerst relativ gut, weil wir auf dem Land lebten. Da hatten wir wenigstens genug zu essen.
STEFFI:	Was ist denn später passiert?
OMA:	1943 ist mein Bruder in Russland gefallen und ein Jahr später starb meine Mutter.

Remember: English "*in 1935*" = 1935 (no **in**) or else **im Jahre 1935**.

Note the meaning of **fallen** in this context: *to die in combat.* Proverb: **Generale siegen, Soldaten fallen.** (**siegen** = *to be victorious*)

NOTE ON USAGE

Flavoring particle *doch* In **Kapitel 4**, you learned that **doch** can soften a command to a suggestion. In a statement, **doch** adds emphasis in the sense of *surely, really.* In the second dialogue, Martin fears the worst and says to Philipp:

Du hast es **doch** nicht verloren, oder?	*(Surely) you haven't lost it, have you?*

Tutorial Quiz
Audio Flashcards

Verben

ärgern to annoy
dauern to last; to take (time)
fallen (fällt), fiel, ist gefallen to
  fall; to die in battle
fehlen to be missing; to be absent
interviewen, hat interviewt to
  interview
leihen, lieh, hat geliehen to
  lend, loan; to borrow
**passieren, passierte, ist
  passiert** to happen
**stehlen (stiehlt), stahl, hat
  gestohlen** to steal

Substantive

der **Geldbeutel, -** wallet, change
  purse
der **Monat, -e** month
der **Senior, -en, -en** senior citizen
  (m.)

die **Bank, ¨e** bench
die **Seniorin, -nen** senior citizen (f.)

Adjektive und Adverbien

besorgt worried, concerned
damals at that time, back then
letzt- last
plötzlich sudden(ly)
reich rich
tatsächlich actually, really
trotzdem in spite of that,
  nevertheless

Andere Vokabeln

als (sub. conj.) when, as
doch (flavoring particle, see
  p. 278)
nachdem (sub. conj.) after
nun now; well; well now

Nützliche Ausdrücke

**den ganzen Sommer (Tag,
  Nachmittag usw.)** all summer
  (day, afternoon, etc.)
(Ich habe) keine Ahnung.
  (I have) no idea.
Na und? And so? So what?
Wann bist du geboren? When
  were you born?
  Ich bin 1996 geboren. I was
  born in 1996.

Gegensätze

besorgt ≠ unbesorgt concerned
  ≠ unconcerned
reich ≠ arm rich ≠ poor

Mit anderen Worten

klauen (colloq.) = **stehlen**
nerven (colloq.) = **ärgern**

VARIATIONEN

A **Persönliche Fragen**

1. Herr Ziegler hat als Kind die Sommerferien bei seinen Großeltern verbracht.
   Wo haben Sie als Kind die Sommerferien verbracht?
2. Philipp sieht besorgt aus, weil er etwas verloren hat. Haben Sie je etwas
   verloren? Was denn?
3. Philipp ist besorgt, weil er das iPad nicht finden kann. Was nervt Sie
   besonders?
4. Würden Sie jemand Ihr iPad leihen? Warum oder warum nicht?
5. Wissen Sie, wann und wo Ihre Eltern geboren sind? Ihre Großeltern?
6. Wie lange wohnen Sie schon in dieser Stadt?

B **Partnerarbeit: Im Fundbüro** (*In the lost and found*) Sie haben etwas verloren und gehen zum Fundbüro, um es zu suchen. Aber Sie bekommen es erst zurück, wenn Sie es beschreiben können.

C **Übung: Was ist gestern passiert?** Sagen Sie Ihrem Professor, was gestern **passiert ist**.

Was ist gestern an der Uni passiert?
Und in der Stadt?
Und im ganzen Land?

D **Übung: Den ganzen Tag** How long did you do certain things? Answer that you did them all morning, all day, all week, all semester, and so on.

BEISPIEL: Wie lange waren Sie in Europa?
　　　Ich war *den ganzen Sommer* da.

1. Wie lange haben Sie gestern Tennis gespielt?
2. Wie lange waren Sie in der Bibliothek?
3. Wie lange waren Sie mit Ihren Freunden zusammen?
4. Wie lange sind Sie im Bett geblieben?
5. Wie lange haben Sie an Ihrem Referat gearbeitet?

Web Link

◀)) LYRIK ZUM VORLESEN
2–10

AF archive/Alamy

Bertolt Brecht, whose best-known work is **Die Dreigroschenoper** (*Threepenny Opera,* 1928, with music by Kurt Weill), fled Germany in 1933 to settle first in France, then in Scandinavia. This poem, written in Finland during World War II, is the sixth of the short cycle *1940.* It reflects events of that year.

Mein junger Sohn fragt mich

Mein junger Sohn fragt mich: Soll ich
   Mathematik lernen?
Wozu°, möchte ich sagen. Dass zwei
   Stück Brot mehr ist als eines
Das wirst du auch so merken°.

What for?

*Das ... You'll
notice that anyway*

Mein junger Sohn fragt mich: Soll
   ich Französisch lernen?
Wozu, möchte ich sagen. Dieses Reich
   geht unter°. Und
Reibe° du nur mit der Hand den Bauch°
   und stöhne°
Und man wird dich schon verstehen.
Mein junger Sohn fragt mich: Soll
   ich Geschichte lernen?
Wozu, möchte ich sagen. Lerne du
   deinen Kopf in die Erde stecken°
Da wirst du vielleicht übrigbleiben°.

*Reich ... empire will collapse
rub / belly
groan*

*deinen ... to stick your head in the sand
wirst übrigbleiben = will survive*

Ja, lerne Mathematik, sage ich
Lerne Französisch, lerne Geschichte!

Bertolt Brecht (1898–1956)

Grammatik

>> 1. Simple past tense (*das Präteritum*)

Tutorial Quiz

Narrating events in the past is a communicative goal.

Like the German present tense (see **Kapitel 1**, p. 23), the German past tense lacks progressive and emphatic forms (English: *was living, did live*).

You learned the simple past tense of **sein** in grammar section 1 of **Kapitel 6**.

First- and third-person singular forms are identical: **ich wohnte, er wohnte**.

Written German uses the *simple past tense* (also called the *preterite*) to narrate events in the past. Most novels and stories are written in the simple past. Spoken German, however, generally uses the *perfect tense* to relate past events. Exceptions are **sein**, **haben**, and the modal verbs, which are frequently used in the simple past in both written *and* spoken German. Weak verbs and strong verbs form the simple past tense in different ways.

Simple past of weak verbs

The marker for the simple past of weak verbs is **-te**. Weak verbs form the simple past by adding the following endings to the verb stem:

wohnen *to live*					
stem: **wohn-**					
ich	wohn-**te**	*I lived*	wir	wohn-**ten**	*we lived*
du	wohn-**test**	*you lived*	ihr	wohn-**tet**	*you lived*
er, es, sie	wohn-**te**	*he, it, she lived*	sie, Sie	wohn-**ten**	*they, you lived*

Verbs whose stems end in **-d** or **-t** add **-e-** between the stem and these endings:

arbeiten *to work*					
stem: **arbeit-**					
ich	arbeit-**ete**	*I worked*	wir	arbeit-**eten**	*we worked*
du	arbeit-**etest**	*you worked*	ihr	arbeit-**etet**	*you worked*
er, es, sie	arbeit-**ete**	*he, it, she worked*	sie, Sie	arbeit-**eten**	*they, you worked*

You only need to know the infinitive in order to generate all other possible forms of weak verbs: **wohnen, wohnte, hat gewohnt**; **arbeiten, arbeitete, hat gearbeitet**.

1 **Übung: Doras Einkaufstag** Here is a present-tense narrative of Dora's day in town. Retell it in the simple past tense.

Dora **braucht** Lebensmittel. Sie **wartet** bis zehn Uhr, dann **kauft** sie in einer kleinen Bäckerei ein. Sie **bezahlt** ihre Brötchen und **dankt** der Verkäuferin. Draußen **schneit** es und sie **hört** Musik auf der Straße. Sie **sucht** ein Restaurant. Also **fragt** sie zwei Studenten. Die Studenten **zeigen** ihr ein gutes Restaurant gleich in der Nähe. Dort **bestellt** sie etwas zu essen und eine Tasse Kaffee. Es **schmeckt** ihr sehr gut, aber die Menschen am nächsten Tisch **quatschen** zu laut und das **nervt** sie ein bisschen.

Lab Manual Kap. 10, Var. zu Üb.1, 2, 4, 5, 7.

Workbook Kap. 10, A–E.

Simple past of strong verbs

Strong verbs in the simple past do *not* use the ending **-te**. Instead, the verb stem changes. This changed stem is called the *simple past stem*, e.g., **nehmen, nahm, hat genommen**. This new stem takes the following personal endings in the simple past tense:

nehmen *to take*					
simple past stem: **nahm**					
ich	nahm	*I took*	wir	nahm-**en**	*we took*
du	nahm-**st**	*you took*	ihr	nahm-**t**	*you took*
er, es, sie	nahm	*he, it, she took*	sie, Sie	nahm-**en**	*they, you took*

Note that the **ich-** and the **er-, es-, sie**-forms of strong verbs have *no* endings in the simple past: **ich nahm, sie nahm**.

> „Ich kam,
> ich sah,
> ich siegte."
>
> -Julius Cäsar

© Cengage Learning

Principal parts of strong verbs (*Stammformen*)

The simple past stem is one of the *principal parts* of a German strong verb. The principal parts are the three (or sometimes four) forms you must know in order to generate all other forms of a strong verb. Here are the principal parts of the strong verb **nehmen**:

infinitive	3rd-person sing. present	simple past stem	auxiliary + past participle
nehmen	(nimmt)	nahm	hat genommen

The following table lists the principal parts of all the strong verbs you have learned so far. To help you memorize them, they are grouped according to the way their stem vowels change in the past tenses. Memorize their simple past stems and review your knowledge of the other principal parts. Verbs formed by adding prefixes to these stems are not included in the table, e.g., **abfahren, aufstehen, beschreiben, verstehen**.

> Not all strong verbs have a stem-vowel change in the **du-** and **er**-forms of the present tense (e.g., **ich sehe, du siehst, er sieht**), but all verbs having this change are strong.

Principal Parts of Strong Verbs				
Infinitive	3rd p. sing. pres.	Simple past	Perfect	English
anfangen	fängt an	**fing an**	hat angefangen	*to begin*
fallen	fällt	**fiel**	ist gefallen	*to fall; to die in battle*
halten	hält	**hielt**	hat gehalten	*to hold; to stop*
schlafen	schläft	**schlief**	hat geschlafen	*to sleep*
verlassen	verlässt	**verließ**	hat verlassen	*to leave*

(continued)

These are the fifty strong verbs introduced so far. The new simple past tense forms are boldfaced. Give yourself plenty of time to learn these and practice them aloud with a friend.

Infinitive	3rd p. sing. pres.	Simple past	Perfect	English
aufwachsen	wächst auf	**wuchs auf**	ist aufgewachsen	*to grow up*
einladen	lädt ein	**lud ein**	hat eingeladen	*to invite*
fahren	fährt	**fuhr**	ist gefahren	*to drive*
tragen	trägt	**trug**	hat getragen	*to carry; to wear*
essen	isst	**aß**	hat gegessen	*to eat*
geben	gibt	**gab**	hat gegeben	*to give*
lesen	liest	**las**	hat gelesen	*to read*
sehen	sieht	**sah**	hat gesehen	*to see*
vergessen	vergisst	**vergaß**	hat vergessen	*to forget*
empfehlen	empfiehlt	**empfahl**	hat empfohlen	*to recommend*
helfen	hilft	**half**	hat geholfen	*to help*
nehmen	nimmt	**nahm**	hat genommen	*to take*
sprechen	spricht	**sprach**	hat gesprochen	*to speak*
stehlen	stiehlt	**stahl**	hat gestohlen	*to steal*
sterben	stirbt	**starb**	ist gestorben	*to die*
werfen	wirft	**warf**	hat geworfen	*to throw*
bleiben		**blieb**	ist geblieben	*to stay*
entscheiden		**entschied**	hat entschieden	*to decide*
leihen		**lieh**	hat geliehen	*to lend*
scheinen		**schien**	hat geschienen	*to shine; to seem*
schreiben		**schrieb**	hat geschrieben	*to write*
treiben		**trieb**	hat getrieben	*to drive, propel*
finden		**fand**	hat gefunden	*to find*
klingen		**klang**	hat geklungen	*to sound*
singen		**sang**	hat gesungen	*to sing*
trinken		**trank**	hat getrunken	*to drink*
beginnen		**begann**	hat begonnen	*to begin*
schwimmen		**schwamm**	ist geschwommen	*to swim*
liegen		**lag**	hat gelegen	*to lie*
sitzen		**saß**	hat gesessen	*to sit*
fliegen		**flog**	ist geflogen	*to fly*
fließen		**floss**	ist geflossen	*to flow*
genießen		**genoss**	hat genossen	*to enjoy*
schließen		**schloss**	hat geschlossen	*to close*
verlieren		**verlor**	hat verloren	*to lose*
ziehen		**zog**	hat gezogen	*to pull*
anrufen		**rief an**	hat angerufen	*to call up*
gehen		**ging**	ist gegangen	*to go*
hängen		**hing**	hat gehangen	*to be hanging*
heißen		**hieß**	hat geheißen	*to be called*
kommen		**kam**	ist gekommen	*to come*
laufen	läuft	**lief**	ist gelaufen	*to run*
sein	ist	**war**	ist gewesen	*to be*
stehen		**stand**	hat gestanden	*to stand*
tun		**tat**	hat getan	*to do*

2 Übung: Auf der Terrasse eines Cafés   Here is a present-tense narrative about two old friends. Retell it in the simple past tense.

Herr Ziegler und Frau Planck **sitzen** draußen am Cafétisch und **sprechen** miteinander. Beide **tragen** leichte, helle Kleidung, denn es **ist** sommerlich warm. Die Sonne **scheint** und sie **genießen** das herrliche Wetter. Sie **lesen** die Speisekarte zusammen. Herr Ziegler **trinkt** eine Tasse Kaffee und **isst** ein Stück Kuchen (*cake*), aber Frau Planck **nimmt** nur eine Tasse Tee. Die Tochter von Herrn Ziegler **kommt** vorbei und **lädt** die zwei Senioren zum Abendessen am Samstag ein. Sie **bleiben** noch ein paar Minuten am Tisch, dann **stehen** sie auf, **geben** der Kellnerin ein Trinkgeld (*tip*) und **gehen** zusammen im Park spazieren.

3 Übung: Eine E-Mail   Dem Ulrich ist vorgestern im Park etwas Schlimmes passiert. Annelies schreibt eine Mail an Martina und erzäht ihr davon (*about it*).

Fill in the verbs using the simple past tense. Some are weak and some are strong.

```
Liebe Martina,
    weißt du, was dem armen Ulrich vorgestern passiert ist? Er hat
mich gestern angerufen und _____ (erzählen) es mir. Er _____
(kennenlernen) im Park eine sympathische junge Studentin _____.
Sie _____ (aussehen) ganz elegant und reich _____. Zusammen
_____ (sitzen) sie auf einer Bank und _____ (sprechen) über
das Studium. Ulrich _____ (tragen) eine Jacke, aber weil es sehr
heiß war, _____ (legen) er sie auf die Bank. Alles _____
(scheinen) in Ordnung zu sein und Ulrich _____ (einladen) sie in ein
Konzert _____. Sie _____ (sagen) ja und _____ (geben) ihm
ihre Adresse und Telefonnummer. Nach ungefähr einer Stunde _____
(stehen) die Studentin auf und _____ (gehen) in die Bibliothek
zurück. Am Abend _____ (kommen) er nach Hause und _____ (suchen)
seinen Hausschlüssel in der Tasche seiner Jacke. Aber dort _____
(finden) er keinen Schlüssel und auch sein Geld _____ (sein) weg.
Er _____ (rufen) die Nummer der Studentin an, aber sie _____
(wohnen) gar nicht da. Furchtbar, nicht?
    Jetzt muss ich gehen. Viele Grüße,
deine

Annelies
```

Simple past of modal verbs

The modal verbs form their simple past with the **-te** marker, like the weak verbs. But those modals that have an umlaut in the infinitive *drop* it in the past tense.

müssen, musste					
ich	muss**te**	*I had to*	wir	muss**ten**	*we had to*
du	muss**test**	*you had to*	ihr	muss**tet**	*you had to*
er, es, sie	muss**te**	*he, it, she had to*	sie, Sie	muss**ten**	*they, you had to*

SIMILARLY:

dürfen	ich **durfte**	*I was allowed to*
können	ich **konnte**	*I was able to*
mögen	ich **mochte**	*I liked*
sollen	ich **sollte**	*I was supposed to*
wollen	ich **wollte**	*I wanted to*

English has no past tense for modal verbs like *must* and *may*. Instead, English uses *had to* and *was allowed to*. The German system is much more regular.

Note that **mögen** not only drops the umlaut but also has a consonant change in the simple past.

4 Übung

1. Sagen Sie, was Sie gestern machen mussten.

2. Jetzt sagen Sie, was Sie und Ihre Freunde gestern machen wollten.

3. Was durften Sie als Kind nicht machen?

Simple past of mixed verbs

The mixed verbs (see p. 167) use the **-te** marker for the simple past but attach it to the *changed* stem, which you have already learned for the past participles:

wissen, wusste, hat gewusst					
ich	wuss**te**	*I knew*	wir	wuss**ten**	*we knew*
du	wuss**test**	*you knew*	ihr	wuss**tet**	*you knew*
er, es, sie	wuss**te**	*he, it, she knew*	sie, Sie	wuss**ten**	*they, you knew*

SIMILARLY:

> bringen, **brachte**, hat gebracht
> kennen, **kannte**, hat gekannt
> nennen, **nannte**, hat genannt

Simple past of *haben* and *werden*

Only **haben** and **werden** are irregular in the simple past tense.

haben, hatte, hat gehabt					
ich	hatt**e**	*I had*	wir	hatt**en**	*we had*
du	hatt**est**	*you had*	ihr	hatt**et**	*you had*
er, es, sie	hatt**e**	*he, it, she had*	sie, Sie	hatt**en**	*they, you had*

werden, wurde, ist geworden					
ich	wurd**e**	*I became*	wir	wurd**en**	*we became*
du	wurd**est**	*you became*	ihr	wurd**et**	*you became*
er, es, sie	wurd**e**	*he, it, she became*	sie, Sie	wurd**en**	*they, you became*

> Remember that **wissen** is irregular in the present-tense singular: ich **weiß**, du **weißt**, er **weiß**.

5 Übung Retell the following short narrative in the simple past.

Herr Ziegler **kennt** Mainz sehr gut, weil seine Großeltern dort **wohnen**. Als er 12 Jahre alt **wird**, **darf** er allein mit dem Zug nach Mainz fahren. Er **verbringt** jeden Sommer dort. Die Großeltern **wissen** alles über die Stadt, denn sie **leben** seit Jahren in Mainz. Er **bringt** ihnen immer ein Geschenk mit und das **haben** sie gern.

Use of the simple past tense

In English there is a difference in *meaning* between the simple past tense and the perfect tense. Compare these sentences:

> *I saw Marion in the restaurant.*
> *I have seen Marion in the restaurant.*

I saw Marion refers to a unique event in the past, while *I have seen Marion* implies that Marion has been in the restaurant on several occasions and may be there again.

In German, there is *no* difference in meaning between the simple past and the perfect tense. They both simply convey that the action is in the past:

> Ich **sah** Marion im Restaurant. }
> Ich **habe** Marion im
>   Restaurant **gesehen**.   *I saw Marion in the restaurant.*

The difference between the German simple past and perfect tenses is a difference in *usage* between written and spoken German. In spoken German, only the high-frequency verbs **sein**, **haben**, and the modals regularly occur in the simple past tense.

> A: Wo **warst** du denn gestern?   *Where were you yesterday? I waited*
>   Ich habe auf dich gewartet.   *for you.*
> B: Ich **hatte** keine Zeit mehr und   *I didn't have any more time and had*
>   **musste** nach Hause.   *to go home.*

To summarize, the primary use of simple past tense is in *written* German (in letters, newspaper reports, short stories, novels, etc.) to narrate a series of events in the past. Here, for example, is the beginning of the fairy tale "**Hänsel und Gretel**":

Es **war** einmal ein armer Holzhacker.
   Er **wohnte** mit seinen zwei Kindern
   vor einem Wald. Sie **hießen** Hänsel
   und Gretel. Sie **hatten** wenig zu
   essen und ihre Stiefmutter **wollte**
   sie loswerden.

Once upon a time there was a poor
   woodcutter. He lived at the edge
   of a forest with his two children.
   Their names were Hansel and Gretel.
   They had little to eat and their
   stepmother wanted to get rid
   of them.

Es war einmal … is the formulaic beginning for German fairy tales.

6 **Gruppenarbeit: Schreiben wir zusammen eine Geschichte.** (*4 oder 5 Personen*) Unten finden Sie eine Liste von Verben. Benutzen Sie sie, um zusammen eine kurze Geschichte zu schreiben. Sie brauchen einen Sekretär oder eine Sekretärin. Er oder sie soll die Geschichte aufschreiben (*write down*). Der erste Satz der Geschichte ist: „Vor vielen Jahren lebte ein armer Dichter (*poet*) in einem alten Gebäude in der Stadt." Student A wählt ein Verb von der Liste und sagt den zweiten Satz. Studentin B sagt einen dritten Satz usw. Sie dürfen natürlich auch andere Verben benutzen.

> A useful phrase when composing your stories: **eines Tages** = *one day*.

anrufen	bleiben	klauen	sitzen
aufmachen	dauern	kochen	spazieren gehen
aufstehen	einkaufen	lernen	sterben
aussehen	essen	liegen	trinken
beginnen	frühstücken	machen	übernachten
bekommen	heißen	nehmen	verdienen
benutzen	helfen	sagen	verlieren
besitzen	hoffen	schlafen	zahlen

Lesen Sie einander Ihre Geschichten vor. (**vorlesen** = *to read aloud*)

"Der arme Poet" von Carl Spitzweg (1808–1885)

Simple past after the conjunction *als*

Clauses introduced by the subordinating conjunction **als** (*when* or *as* referring to a point or stretch of time in the past) use the simple past tense.

> Remember that the inflected verb comes at the end of a subordinate clause.

Hans hat uns oft besucht, **als** er in New York **wohnte**.	*Hans often visited us when he lived in New York.*
Als ich meinen Geldbeutel **suchte**, konnte ich ihn nicht finden.	*When I looked for my wallet I couldn't find it.*

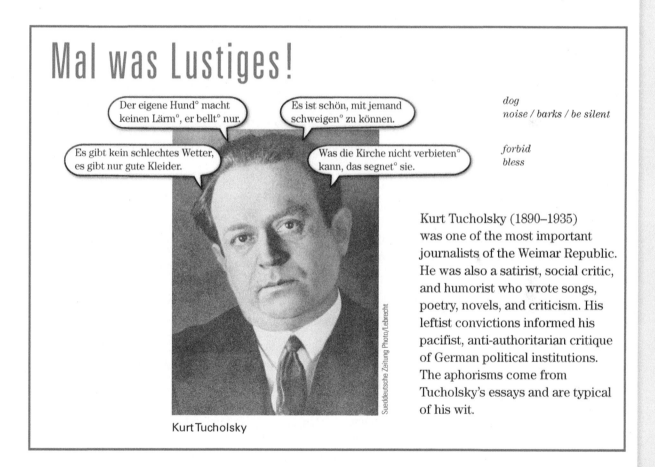

7 **Partnerarbeit: Wie geht's weiter?** Take turns completing the following sentences with an **als**-clause.

1. Franz konnte seinen Schlüssel nicht finden, als …
2. Herr Ziegler hat jeden Sommer seine Großeltern besucht, als …
3. Es ging der Großmutter nicht gut, als …
4. Gertrud lief schnell ins Haus, als …
5. Alle Schüler lachten, als …
6. Das Telefon klingelte, als …
7. Meine Freunde kamen vorbei, als …

Now restate the sentences, *beginning* with your **als**-clause.

BEISPIEL: *Als* Franz nach Hause kam, konnte er seinen Schlüssel nicht finden.

Mal was Lustiges!

Der eigene Hund° macht keinen Lärm°, er bellt° nur.

Es ist schön, mit jemand schweigen° zu können.

dog
noise / barks / be silent

Es gibt kein schlechtes Wetter, es gibt nur gute Kleider.

Was die Kirche nicht verbieten° kann, das segnet° sie.

forbid
bless

Kurt Tucholsky (1890–1935) was one of the most important journalists of the Weimar Republic. He was also a satirist, social critic, and humorist who wrote songs, poetry, novels, and criticism. His leftist convictions informed his pacifist, anti-authoritarian critique of German political institutions. The aphorisms come from Tucholsky's essays and are typical of his wit.

Kurt Tucholsky

Sueddeutsche Zeitung Photo/Lebrecht

2. Equivalents of "when": *als, wenn, wann*

Three subordinating conjunctions can be translated by English *when*, but they are not interchangeable:

- **als** = *when* in the past

  Als refers to an event or state *in the past.* It is used with the simple past tense.

Als wir in Wien waren, haben wir Julian besucht.	*When we were in Vienna, we visited Julian.*

- **wenn** = *when* in the present or future

  Wenn refers to an event or state *in the present or future.* Since it can also mean *if,* clauses with **wenn** can sometimes be ambiguous.

Wenn wir in Wien sind, besuchen wir Julian.	*When (If) we're in Vienna, we'll visit Julian.*

  wenn can also = *whenever* in the past, present, or future

Wenn Sabine nach Wien kommt, geht sie **immer** ins Kaffeehaus.	*Whenever Sabine comes to Vienna, she always goes to a coffeehouse.*

- **wann** = *when? at what time?*

  Wann is a question word, used both in direct questions and in indirect questions:

Wann ist das passiert?	*When did that happen?*
Ich weiß nicht, **wann** das passiert ist.	*I don't know when that happened.*

  > Rule of thumb: If *when = at what time,* use **wann**. If *when = if* or *whenever,* use **wenn**.

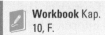

Workbook Kap. 10, F.

8 Übung: *Als, wenn* oder *wann?* (*Mit offenen Büchern*)

1. Mutti, _____ darf ich spielen?
   _____ du das Altglas auf den Hof getragen hast.
2. _____ fängt das Konzert an?
   Ich weiß nicht, _____ es anfängt.
   Karl kann es uns sagen, _____ er zurückkommt.
   Wir haben viele Konzerte gehört, _____ wir Berlin besuchten.
   Das möchte ich auch tun, _____ ich nächstes Jahr in Berlin bin.
3. _____ ich gestern an der Uni war, habe ich Anja getroffen. Sie hat gesagt, sie kommt heute Abend mit.
   Gut! _____ Anja mitkommt, macht es mehr Spaß.
   Sag mir bitte noch einmal, _____ die Party beginnt.

9 **Partnerarbeit: Wie sagt man das auf Deutsch?** Sagen Sie diese Dialoge auf Deutsch.

1. A: When did you meet Claudia?
   B: I met her when I was studying in Vienna.
      Whenever I'm there, I always write her a postcard.
   A: I don't know when I'll go to Vienna again.
2. A: When I was in Europe, I went to Prague.
   B: When I go to Europe, I'll do that too.
   A: When are you going to Europe?
   B: When I have enough money.

Wann hast du ...?

Als ich ...

Wenn ich ...

10 **Partnerarbeit: Als meine Großeltern jung waren** Interviewen Sie einander über die Jugend Ihrer Großeltern. Füllen Sie den Fragebogen aus (*fill out the questionnaire*).

1. Wo sind deine Großeltern geboren?

2. Wo lebten sie als Kinder?

3. Kamen sie aus großen Familien?

4. Wo haben sie die Schule besucht?

© Cengage Learning

Library of Congress Prints and Photographs Division Washington, D.C.

Alte Ansichtskarte (*postcard*) von dem Reichstag in Berlin. Erbaut 1884–94 vom Architekten Paul Wallot im Renaissancestil.

Germany Images David Crossland/Alamy Limited

The Reichstag, wrapped by the artists Christo and Jeanne-Claude in 1995.

3. Past perfect tense (*das Plusquamperfekt*)

The past perfect tense is used for an event in the past that preceded another event in the past.

> Als Philipp aufstand, **hatte** Claudia schon **gefrühstückt**.
>
> *When Philipp got up, Claudia **had** already **eaten breakfast**.*

The form of the past perfect tense is parallel to that of the perfect tense, but the auxiliary verb (**haben** or **sein**) is in the simple past tense instead of the present (**haben** → **hatte**, **sein** → **war**).

ich	**hatte gegessen**	*I had eaten*	ich	**war aufgestanden**	*I had gotten up*
du	**hattest gegessen**	*you had eaten*	du	**warst aufgestanden**	*you had gotten up*
er	**hatte gegessen**	*he had eaten*	sie	**war aufgestanden**	*she had gotten up*
wir	**hatten gegessen**	*we had eaten*	wir	**waren aufgestanden**	*we had gotten up*
ihr	**hattet gegessen**	*you had eaten*	ihr	**wart aufgestanden**	*you had gotten up*
sie	**hatten gegessen**	*they had eaten*	sie	**waren aufgestanden**	*they had gotten up*

Look at the following timetable of morning events at Philipp and Claudia's house, then at how they are combined in the sentences that follow.

8.00 Uhr: Claudia hat gefrühstückt.

9.00 Uhr: Philipp ist aufgestanden.

10.00 Uhr: Claudia ist zur Uni gegangen.

11.00 Uhr: Philipp hat gefrühstückt.

© Cengage Learning

Event 1 (8.00 Uhr)
Claudia **hatte** schon **gefrühstückt**,
Claudia had already eaten breakfast

Event 2 (9.00 Uhr)
als Philipp aufstand.
when Philipp got up.

The order of the clauses may of course be reversed:

Event 2 (9.00 Uhr)
Als Philipp aufstand,
When Philipp got up,

Event 1 (8.00 Uhr)
hatte Claudia schon **gefrühstückt**.
Claudia had already eaten breakfast.

The subordinating conjunction **nachdem** (*after*) is often used with the past perfect tense.

> **Nachdem** Claudia gefrühstückt hatte, ging sie zur Uni.
>
> *After Claudia had eaten breakfast, she went to the university.*

11 **Übung: Als Claudia nach Hause kam** Sie spielen die Rolle von Philipp. Sie sind heute vor Claudia nach Hause gekommen und hatten genug Zeit, eine Menge zu machen. Sagen Sie, was Sie schon gemacht hatten, als Claudia um 23.00 Uhr endlich nach Hause kam.

BEISPIEL: Lebensmittel eingekauft
> Als Claudia nach Hause kam, hatte ich schon Lebensmittel eingekauft.

1. Kartoffeln gekocht
2. alles sauber gemacht
3. die Kinder abgeholt
4. einkaufen gegangen
5. den Kindern das Essen gegeben
6. die Zeitung gelesen
7. ein Glas Wein getrunken
8. die Kinder ins Bett gebracht
9. ein paar Briefe geschrieben
10. meine Cousine angerufen
11. ins Bett gegangen

 Lab Manual Kap. 10, Var. zu Üb. 11.

 Workbook Kap. 10, G.

> Distinguish between the preposition **nach** (+ noun in the dative) and the conjunction **nachdem** (+ clause with the verb in final position). Both are translated into English as *after*: **Nach der Deutschstunde ...** (*after German class . . .*); **Nachdem wir das Essen bestellt hatten ...** (*After we had ordered the meal . . .*).

>> 4. More time expressions

The preposition *vor* + dative = "*ago*"

vor fünf Minuten	*five minutes ago*
vor einer Stunde	*an hour ago*
vor drei Tagen	*three days ago*
vor vielen Wochen	*many weeks ago*
vor einem Monat	*a month ago*
vor hundert Jahren	*a hundred years ago*

12 **Übung: Wann war das?** Sagen Sie, wann Sie einen Freund angerufen haben.

1. a minute ago
2. an hour ago
3. three years ago
4. five months ago
5. ten days ago
6. a couple of weeks ago

Wann hast du ihn angerufen?

Vor zwei Tagen.

IKO/Shutterstock

13 **Partnerarbeit: Wann hast du zuletzt ...?** Ask each other when you last did these things.

> Wann hast du zuletzt deine Großeltern besucht?

> Ich habe sie vor drei Monaten besucht.

fernsehen

umziehen

deine Oma besuchen

Geld ausgeben

ein Foto machen

einen Stadtbummel machen

Musik hören

einen Brief bekommen

eine SMS schicken

einen Roman lesen

Duration ending in the past

German and English have different ways of showing whether an action ended in the past or continues into the present. English makes this distinction by using different verb tenses:

We **lived** in Berlin for three years.

We **have lived** in Berlin for three years.

Simple past tense for a state ending in the past, i.e., we don't live there any more.

Perfect tense for a state continuing at the moment of speaking, i.e., we're *still* living there.

By contrast, German uses either the simple past or the perfect tense for a state ending in the past:

Wir **wohnten** drei Jahre in Berlin.

Wir **haben** drei Jahre in Berlin **gewohnt**.

*We **lived** in Berlin for three years.*

Duration beginning in the past but continuing in the present

Here is how German shows that something continues into the present:

Wir **wohnen** *schon drei Jahre* in Berlin.

Wir **wohnen** *seit drei Jahren* in Berlin.

*We **have lived** in Berlin **for three years**.*

Notice that German uses the present tense and one of these adverbial phrases:

schon (+ *accusative*)	→	**schon drei Jahre**
seit (+ *dative*)	→	**seit drei Jahren**

NOTE ON USAGE

"For a long time" Notice the different ways to express *for a long time*.

Ich hoffe, du kannst **lange** bleiben.	*I hope you can stay for a long time.* (continuing into the future)
Ich wohne **schon lange** hier.	*I've lived here for a long time.*
Ich wohne **seit langem** hier.	(continuing from the past)

---

14 Übung: Wie lange schon? Ihre Professorin möchte wissen, wie lange Sie etwas schon machen.

Lab Manual Kap. 10, Üb. 14.

Workbook Kap. 10, H, I.

A. Antworten Sie mit **schon**.

(Speech bubble:) Wie lange arbeiten Sie schon hier?

(Speech bubble:) Schon zwei Jahre.

1. Wie lange studieren Sie schon hier?
2. Wie lange lernen Sie schon Deutsch?
3. Wie lange treiben Sie schon Sport?
4. Wie lange wohnen Sie schon im Studentenwohnheim?
5. Wie lange fahren Sie schon Rad?

B. Antworten Sie mit **seit**.

6. Seit wann kennen wir uns?
7. Seit wann haben Sie kurze/lange Haare?
8. Seit wann studieren Sie hier?
9. Seit wann haben Sie den Führerschein?
10. Seit wann spielen Sie ein Musikinstrument?

---

15 Partnerarbeit: Wie lange machst du das schon? Fragen Sie einander, wie lange oder seit wann Sie etwas machen. Unten (*below*) sind einige Ideen, aber Sie können auch Ihre eigenen Fragen stellen.

1. Wie lange studierst du schon hier?
2. Seit wann lernst du Fremdsprachen?
3. Wie lange lernst du schon Deutsch?
4. Seit wann gibt es die Europäische Union?
5. Wie lange kannst du schon Auto fahren?
6. Seit wann arbeitest du mit dem Computer?
7. Wie lange sind wir heute schon in der Deutschstunde?

---

16 Schreiben wir mal. Wie sagt man das auf Deutsch?

1. We've known him for a year.
2. She's lived here for two weeks.
3. He's been playing soccer for a long time.
4. Barbara's been waiting for two hours.
5. She has studied in Jena for three semesters.
6. For ten years there's been an excellent restaurant here.
7. Michael's been interviewing his grandma for two hours.
8. He's been annoying me for a long time.

Lesestück

Web Search

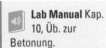 **Tipps zum Lesen und Lernen**

Tipps zum Vokabelnlernen

Nouns ending in **-ismus** English words ending in *-ism* denote a system of belief, a doctrine, or a characteristic. Their German equivalents end in **-ismus**. These words are all masculine in German and the stress is always on the penultimate syllable (**Optimismus**).

der Antisemitismus	der Idealismus	der Optimismus
der Extremismus	der Kommunismus	der Pessimismus

City names as adjectives The reading also mentions the *Weimar* Republic, the *Versailles* Treaty, and the *New York* Stock Exchange. When the names of cities are used as adjectives in German, they are capitalized and simply add the ending **-er** in all cases: **die Weimarer Republik, der Versailler Vertrag, die New Yorker Börse.**

Other examples:
Anarchismus, Expressionismus, Futurismus, Kapitalismus, Modernismus, Nihilismus, Protektionismus, Sozialismus, Terrorismus.

This is the origin of words like *hamburger, wiener, frankfurter, Budweiser,* and *pilsner* (the last two from *Budweis* and *Pilsen,* German names for the Czech towns **České Budejovice** and **Plzeň**).

Lab Manual Kap. 10, Üb. zur Betonung.

>> **Leicht zu merken**

die **Demokratie, -n**	Demokratie	**manipulieren**	manipulieren
demokratisch		die **Methode, -n**	Methode
der **Direktor, -en**		die **Monarchie, -n**	Monarchie
die **Epoche, -n**	Epoche	die **Opposition, -en**	Opposition
extrem		der **Präsident, -en, -en**	Präsident
die **Form, -en**		die **Reparation, -en**	Reparation
ideologisch		die **Republik, -en**	Republik
illegal	illegal	die **Situation, -en**	Situation
die **Inflation**	Inflation	**terroristisch**	terroristisch
katastrophal	katastrophal		

Einstieg in den Text

The following presents some information about an important period in modern German history, the Weimar Republic. Much of it may be new to you, but you already know enough German to be able to understand complex prose. As you read the text for the first time, keep the following basic information questions in mind as a guide:

Was war die Weimarer Republik?
Wann war diese historische Epoche?
Wer hat damals eine Rolle gespielt?
Warum war diese Zeit so wichtig?

Before reading, also examine the illustrations that accompany the reading. These are connected to the content and will help make the issues discussed more vivid.

Learning about the Weimar Republic is the cultural goal of this chapter.

Was für Plakate sind das?
Aus welcher Zeit kommen sie?
Was zeigen die Bilder?
Welche Wörter oder Namen können Sie schon verstehen?

Verben

erklären to explain
gewinnen, gewann, hat gewonnen to win
steigen, stieg, ist gestiegen to climb
stören to disturb
unterbrechen (unterbricht), unterbrach, hat unterbrochen to interrupt
versuchen to try, attempt
wachsen (wächst), wuchs, ist gewachsen to grow

> **wachsen:** English cognate *to wax* (said of the moon). Opposite is *to wane*, German cognate **wenig**.

wählen to choose; to vote; to elect
zählen to count

Substantive

der **Arm, -e** arm
der **Schriftsteller, -** writer (*m.*)
der **Staat, -en** state
der **Wähler, -** voter
das **Plakat, -e** poster

das **Reich, -e** empire, realm
das **Volk, ¨er** people, nation, folk

> German equivalents for *people*: **das Volk** (a people defined by a common language and culture: **das deutsche Volk**); **Menschen** (people in general: **die Menschen in dieser Stadt**); **Leute** (more restricted grouping: **die Leute hier im Zimmer**).

die **Arbeitslosigkeit** unemployment
die **Ausstellung, -en** exhibition
die **Bedeutung, -en** meaning, significance
die **Dame, -n** lady
die **Hauptstadt, ¨e** capital city
die **Idee, -n** idea

> *Idea*: **die Idee** is the most general equivalent: **Das ist eine gute Idee.** **Ahnung** means *inkling*: **Ich habe keine Ahnung.**

die **Politik** politics; policy
die **Schriftstellerin, -nen** writer (*f.*)

die **Schuld** guilt; fault
die **Wahl, -en** choice; election

Adjektive und Adverbien

arbeitslos unemployed
ausländisch foreign
hart hard; tough; harsh
unruhig restless, uneasy, troubled

Andere Vokabel

bevor (*sub. conj.*) before

Nützliche Ausdrücke

zu Ende sein to end, be finished, be over
> **1918 war der Krieg zu Ende.** The war ended in 1918.
eine Frage stellen to ask a question

> **Fragen** takes a direct object for the person being asked (**Ich habe ihn gefragt**).

Gegensätze

unruhig ≠ **ruhig** restless ≠ calm, peaceful

◀)) # Eine Ausstellung historischer Plakate aus der Weimarer Republik

2–11

Im Hessischen Landesmuseum° gab es vor einigen Jahren eine Ausstellung politischer Plakate aus der Weimarer Republik (1919–1933). Der Museumsdirektor führte eine Gruppe ausländischer Studenten durch die Ausstellung.

5 „Meine Damen und Herren, herzlich willkommen im Landesmuseum! Bevor wir durch die Ausstellung gehen, möchte ich Ihnen ein paar Worte über die Geschichte der Weimarer Republik sagen. Vielleicht ist Ihnen diese Epoche schon bekannt, aber wenn Ihnen etwas nicht klar ist, können Sie immer Fragen stellen – das stört mich gar nicht.

10 Was war das eigentlich, die Weimarer Republik? So nennen wir den deutschen Staat in der Zeit zwischen dem Ende des Ersten Weltkrieges 1918 und

Hessischen ... Hessian State Museum

> **Plakat** is the term for an *informational* or *political poster*, **Poster** for a *decorative* or *advertising poster* (for a performer, vacation spot, etc.).

dem Anfang des Dritten Reiches[1] im Januar 1933. Es war Deutschlands erster
Versuch° eine demokratische Staatsform zu entwickeln°. Unsere Plakate zeigen *attempt / develop*
die extremen ideologischen Gegensätze° dieser Epoche. Aber sie zeigen auch, *polarities, contradictions*
15 wie man gegensätzliche° Ideen oft mit ähnlichen Bildern darstellen° kann." *contradictory / represent*

Hier unterbrach ein Student mit einer Frage: „Entschuldigung, aber können
Sie uns erklären, warum es die ‚Weimarer' Republik hieß? War Berlin damals
nicht die Hauptstadt Deutschlands?"

„Doch. Berlin blieb auch die Hauptstadt, aber die Politiker kamen 1919
20 in der Stadt Weimar zusammen, um die neue demokratische Verfassung zu *Verfassung ... ratify the*
beschließen°. In Berlin war die politische Situation damals sehr unruhig und *constitution / moreover*
außerdem° hatte Weimar eine wichtige symbolische Bedeutung als die Stadt, wo
die großen Schriftsteller Goethe und Schiller[2] früher gelebt und gearbeitet hatten.

Im Jahre 1919 war die Situation in Deutschland für das deutsche Volk
25 ziemlich schlimm. Deutschland hatte den Ersten Weltkrieg verloren und die
Monarchie war zu Ende.[3] Wegen der Arbeitslosigkeit und der hohen Inflation
waren die ersten Jahre der Republik auch eine Zeit der politischen und sozialen
Unsicherheit. Unter dem harten Versailler Friedensvertrag musste der neue
Staat nicht nur die Kriegsschuld tragen, sondern auch 20 Milliarden° Goldmark *billion*
30 als Reparation an die Siegermächte° (besonders an Frankreich) zahlen. Unser *victors, victorious powers*
erstes Plakat, aus der Zeit vor 1925, zeigt den deutschen Reichsadler° durch *imperial eagle*
den Versailler Vertrag gefesselt°. *fettered, shackled*

Nach dem New Yorker Börsenkrach° von 1929 wurde die Wirtschaftskrise° *stock market crash /*
in den Industrieländern Europas katastrophal. Man zählte im Februar 1930 *economic crisis*
35 schon mehr als° 3,5 Millionen arbeitslose Menschen in Deutschland. *mehr als = more than*

Public Domain

---

[1] **Das Dritte Reich**: The Nazis' own name for their regime (1933–1945). The first empire was the Holy Roman Empire
(962–1806). The second empire (**das Deutsche Reich**, 1871–1918) collapsed at the end of the First World War.

[2] The writers Johann Wolfgang von Goethe (1749–1832) and Friedrich Schiller (1759–1805).

[3] Kaiser Wilhelm II (1859–1941) abdicated in November 1918 and went into exile in the Netherlands. The Treaty
of Versailles officially ended the First World War in 1919.

The symbols on the snakes from left to right identify the following parties: the Social Democrats (SPD), the Nazis (NSDAP), and the Communists (KPD). The fourth snake behind the others probably represents the right-wing German National People's Party (DNVP).

Starke Hand rettet das Land

Schluss jetzt!

Wählt HITLER

Public Domain

Public Domain

Diese Wirtschaftskrise brachte die junge deutsche Demokratie in Gefahr, denn schon 1932 waren sieben Millionen Menschen arbeitslos. Es gab damals mehr als dreißig politische Parteien und besonders die antidemokratischen konnten schnell wachsen. Auf diesem zweiten Plakat sieht man, wie die ‚starke
40   Hand' der katholischen Zentrumspartei⁴ die extremen Parteien erwürgt°.   *strangles*

In den Wahlen nach 1930 stieg aber die Macht der Nationalsozialistischen Deutschen Arbeiterpartei (NSDAP) – der Nazis –, bis sie die stärkste° im   *strongest*
Reichstag⁵ wurde. Ihr Führer Adolf Hitler benutzte den Antisemitismus und Antikommunismus, um die Ängste des Volkes zu manipulieren. Ein Plakat der
45   Nazis zeigt einen symbolischen ‚starken Mann', der° Deutschland retten soll.   *who*
Die Opposition sehen Sie auf diesem nächsten Plakat von 1931, wo starke
Arme versuchen, das Hakenkreuz° der Nazis zu zerreißen°."   *swastika / rip apart*

Eine Studentin stellte eine Frage: „Ist denn Hitler nicht illegal an die Macht gekommen°?"   ***ist ... an die Macht gekommen** = came to power / (here) votes*
50   „Eigentlich nicht", antwortete der Museumsdirektor. „In der Wahl von 1932 hatten die Nationalsozialisten nur 33% der Stimmen° gewonnen, aber sie wurden dadurch° die größte° Partei im Reichstag. Reichspräsident Paul von   *thereby / largest*

---

⁴ The conservative Center Party, supported mainly by Catholic voters.
⁵ The name of the German Parliament until 1945, now called **der Bundestag**. The parliament building in Berlin is still called the **Reichstag**.

Hindenburg[6] musste Hitler zum Reichskanzler ernennen°. Erst als er Kanzler geworden war, konnte Adolf Hitler mit terroristischen Methoden die Republik
55 in eine Diktatur verwandeln°. Deutschland ist also tatsächlich ein gutes Beispiel für die Zerstörung einer schwachen Demokratie durch wirtschaftliche Not° und politischen Extremismus."

zum ... appoint chancellor

in ... transform into a dictatorship

wirtschaftliche Not = economic hardship

SPD poster for the Reichstag election of May 1924 ("The Answer to the Hitler Trial")

After the failed Nazi putsch in Munich in November 1923, Hitler received a light prison sentence of five years and his National Socialist Party was officially banned. The SPD made a weak showing in the election, while both the Communists and the radical right gained strength.

Public Domain

Public Domain

[6] Paul von Hindenburg (1847–1934) was a field marshal in World War I and later the second president of the Weimar Republic (1925–1934). Concerned about Hitler's politics, he hesitated for months before finally giving in to his advisers and appointing him chancellor.

>> Nach dem Lesen

Lab Manual Kap. 10, Diktat.

Workbook Kap. 10, Üb. J, K.

A **Antworten Sie auf Deutsch.**

1. Warum besuchte die Studentengruppe das Museum?
2. Aus welcher Zeit waren die Plakate dieser Ausstellung?
3. Wer führte die Gruppe durch die Ausstellung?
4. Was für Plakate haben die Studenten im Museum gesehen?
5. Warum hieß der deutsche Staat damals die „Weimarer" Republik?
6. Welche Probleme gab es nach dem Ersten Weltkrieg in Deutschland?
7. Warum war die junge Demokratie in Gefahr?
8. Wann und wie ist Hitler an die Macht gekommen?

B **Gruppendiskussion: Bilder erzählen Geschichte.** Im Lesestück finden Sie einige politische Plakate aus der Weimarer Republik.

Diskussion:

- zuerst den Text auf dem Plakat vorlesen
- dann das Bild beschreiben
- und jetzt das Bild interpretieren: Was symbolisiert z.B. der Adler auf dem ersten Plakat? die Hand auf dem zweiten? die Kette auf dem letzten? usw.

Fair Use

„Notgeld" (*emergency money*), frühe 20er Jahre (*early 1920s*), aus der Inflationszeit in Deutschland und Österreich. Zu dieser Zeit durfte jede Stadt ihr eigenes Geld drucken (*print*).

C **Gruppenspiel: Wer war ich?** Wählen Sie eine bekannte historische Person. Spielen Sie diese Person vor der Klasse. Geben Sie genug Informationen, damit man Ihre Identität erraten (*guess*) kann.

BEISPIEL: Ich bin in Bonn geboren, aber ich lebte und arbeitete in Wien und wurde dort ein großer Komponist. Meine neunte Symphonie ist besonders bekannt. Wer war ich?

Neftali/Shutterstock.com

D **Museumsbesuch** Write a friend a note about your visit to the poster exhibition. Use the simple past and the past perfect tenses.

1. nachdem / ich / essen (*past perfect tense*) // ich / treffen / mein / Freunde / vor / Museum
2. dort / es / geben / interessant / Ausstellung / von / politisch / Plakate
3. wir / wollen / sehen / Ausstellung // um ... zu / lernen / über / modern / Geschichte
4. wir / unterbrechen / Museumsdirektor // um ... zu / Fragen / stellen
5. Plakate / zeigen / die / viel / Partei / während / dies- / Zeit
6. nachdem / wir / verbringen (*past perfect tense*) / ganz / Nachmittag / dort // gehen / miteinander / in / Café

✎ Schreibtipp

Using the simple past tense to write about the past

- The simple past tense is used primarily in written German to narrate events that occurred in the past.
- If you choose to write about the first topic below, you will use the simple past when mentioning events during the Weimar Republic, but the present tense when drawing conclusions for the present (e.g., "Die Wirtschaftskrise der Weimarer Republik **brachte** die Demokratie in Gefahr. Heute **kann** eine schwache Wirtschaft auch gefährlich sein.").
- If you choose to write a story (topic 2 below), write entirely in the simple past (or past perfect) except for dialogue (e.g., "Vor vielen Jahren **lebte** ein armer Student in einem alten Gebäude in der Altstadt. Jeden Tag **aß** er sein Mittagessen allein. Aber eines Tages **fragte** ihn eine Freundin: ,**Willst** du nicht mit uns in der Mensa essen?'")

➤ **Schreiben wir mal.** Wählen Sie Thema 1 oder 2 und schreiben Sie eine Seite.
1. Was können wir aus der Geschichte der Weimarer Republik lernen?
2. Take a story you composed orally with your classmates in exercise 6 on p. 292 and polish it as a written assignment.

E **Wie sagt man das auf Deutsch?**

1. How long have you lived in this house?
2. We've been here for two years. We like it a lot.
3. When we worked in Rostock, we only had a small apartment.

4. You look worried. Did something happen to you?
5. I think that somebody stole my new backpack.
6. I had it beside me in the restaurant and suddenly it was gone.
7. I hope you had your ID and your wallet in your pocket.

8. When were you in Heidelberg?
9. Two years ago, when I was an exchange student in Germany.
10. I tried all year to find an old friend of my parents, but he had died.

▷ VOKABELN IM ALLTAG: POLITIK

In dem Lesestück haben Sie nicht nur etwas über Geschichte, sondern auch etwas über Politik gelernt. Was hat denn die Politik mit unserem Leben zu tun? Sie spielt eine Rolle in unserem Alltag, ob wir es wollen oder nicht.

Hier sind einige bekannte Vokabeln zum Thema Politik:

die **Freiheit**	der **Staat, -en**
der **Frieden**	der **Staatsbürger, -**
der **Krieg, -e**	die **Umwelt / umweltfreundlich**
die **Politik / der Politiker**	das **Volk, ̈-er**
die **Politikerin / politisch**	die **Wahl, -en / wählen / der Wähler, -**
die **Regierung, -en**	

> **Politik** also means *policy.* **Außenpolitik** (*foreign policy*), **Energiepolitik, Umweltpolitik,** etc.
>
> **Regierung** = *government in power, administration*

A Gruppenarbeit: Wir sind politisch aktiv. (*In kleinen Gruppen*)

Gründen Sie (*Found*) eine neue politische Partei.

Unser Parteiprogramm:

Wir sind für _____, _____ usw.

Wir sind gegen _____, _____ usw.

Wir sehen als Hauptprobleme in der Welt: _____

Unsere Lösungen sind: _____

Unsere Parole (*slogan*) für die Wahlen: _____

Der Name unserer Partei: Wir sind die _____.

B Gruppenarbeit: Politische Symbole

Ihre Partei braucht auch ein Symbol für ihr Wahlplakat. Wie Sie gerade gelesen haben, waren Tiere wichtige Symbole auf den Plakaten in der Weimarer Republik. Wählen Sie ein Tier als Symbol Ihrer Partei und machen Sie ein Wahlplakat.

der Adler

der Bär

der Elefant

der Esel

der Fuchs

der Löwe

die Schlange

die Taube

C Gruppenarbeit: Wahlkampagne (*Election campaign*)

Jetzt zeigen Sie den anderen Studenten Ihr Wahlplakat. Erklären Sie, warum man Ihre Partei wählen soll. Die „Wähler" können natürlich Fragen stellen oder kritisieren.

Unser Plakat zeigt ...

Wählt unsere Partei, weil ...

With this chapter you have completed the second third of **Neue Horizonte**. For a concise review of the grammar and idiomatic phrases in chapters 6–10, you may consult **Zusammenfassung und Wiederholung 2** (*Summary and Review 2*) in the Workbook section of the SAM. The review is followed by a self-correcting test.

German politics and the European Union

Stimmzettel
für die Wahl zum Deutschen Bundestag
im Wahlkreis 134 Herford - Minden-Lübbecke II
am 18. September 2005

Sie haben 2 Stimmen

hier 1 Stimme	hier 1 Stimme
für die Wahl	für die Wahl
eines/einer Wahlkreisabgeordneten	**einer Landesliste (Partei)**
	- maßgebende Stimme für die Verteilung der Sitze insgesamt auf die einzelnen Parteien -

Erststimme — **Zweitstimme**

Erststimme	Zweitstimme
1 Spanier, Wolfgang Schulleiter Kottenbrink 65 32052 Herford — **SPD** Sozialdemokratische Partei Deutschlands ◯	◯ **SPD** — Sozialdemokratische Partei Deutschlands **1** Franz Müntefering, Dr. Angelica Schwall-Düren, Elke Hovermann, Ursula (Ulla) Schmidt, Dr. Barbara Hendricks
2 Dr. Göhner, Reinhard Rechtsanwalt Elsestr. 23 32278 Kirchlengern — **CDU** Christlich Demokratische Union Deutschlands ◯	◯ **CDU** — Christlich Demokratische Union Deutschlands **2** Dr. Norbert Lammert, Wolfgang Bosbach, Ilse Falk, Ronald Pofalla, Dr. Norbert Röttgen
3 Schäffler, Frank Dipl.-Betriebswirt Holland 29 32052 Herford — **FDP** Freie Demokratische Partei ◯	◯ **FDP** — Freie Demokratische Partei **3** Dr. Guido Westerwelle, Gisela Piltz, Jörg van Essen, Dr. Werner Hoyer, Gudrun Kopp
4 Holstiege, Angela Margareta Lehrerin Turnerstr. 22 32257 Bünde — **GRÜNE** BÜNDNIS 90 / DIE GRÜNEN ◯	◯ **GRÜNE** — BÜNDNIS 90 / DIE GRÜNEN **4** Bärbel Höhn, Dr. Reinhard Loske, Britta Haßelmann, Volker Beck, Kerstin Müller
5 Höger-Neuling, Inge Dipl.-Betriebswirtin Hermannstr. 42 32052 Herford — **Die Linke.** Die Linkspartei. ◯	◯ **Die Linke.** — Die Linkspartei. **5** Oskar Lafontaine, Ursula (Ulla) Lötzer, Inge Höger-Neuling, Paul Georg Schäfer, Ursula Jelpke
	◯ **REP** — DIE REPUBLIKANER **6** Ursula Winkelsett, Ralf Goertz, Dr. Jürgen Heydrich, Frank Maul, Arnd Schubeus
	◯ **Die Tierschutzpartei** — Mensch Umwelt Tierschutz **7** Jürgen Foß, Frank Bresonik, Dr. Ingeborg Graßer, Michael Mollmann, Martin Klaßen
8 Koch, Michael Verkäufer Heidestr. 20a 32257 Bünde — **NPD** Nationaldemokratische Partei Deutschlands ◯	◯ **NPD** — Nationaldemokratische Partei Deutschlands **8** Dr. Gerhard Frey, Udo Voigt, Stephan Haase, Max Branghofer, Claus Gerd Cremer
	◯ **FAMILIE** — FAMILIEN-PARTEI DEUTSCHLANDS **9** Peter Wülfing, Sieglinde Nowak, Maria Hartmann, Jessica Burgmann, Bernhard Suek

Public Domain

On December 2, 1990, with the addition of the five new **Länder** (*states*) of the former German Democratic Republic, a united Germany held its first free elections in 58 years. The last had been in November 1932, just before Hitler's seizure of dictatorial powers. In order to prevent the profusion of small parties that had weakened the **Reichstag** during the Weimar Republic, the framers of the post-war **Grundgesetz** (*Basic Law* or constitution of the Federal Republic of Germany) in 1949 added a requirement that a party must receive at least 5% of the popular vote to be represented in the **Bundestag** (*Federal Parliament*). This provision has effectively excluded small extremist parties of both the right and the left.

The **CDU** (**Christlich-Demokratische Union**), with its Bavarian sister party the **CSU** (**Christlich-Soziale Union**), occupies the conservative end of the German political spectrum and has consistently received 45–50% of the popular vote. The **SPD** (**Sozialdemokratische Partei Deutschlands**) is the oldest party in the **Bundestag**, with a history stretching back to the beginnings of socialism in the nineteenth century. Today's SPD is dedicated to the welfare state and protecting the workforce from the jolts of globalization. It traditionally receives 35–45% of the popular vote, appealing to industrial workers, students, and young professionals.

Two smaller parties have had an influence out of proportion to their size because the larger parties have often needed them as coalition partners to achieve a majority in the **Bundestag**: the economically liberal, pro-business **FDP** (**Freie Demokratische Partei**) and the environmental and antinuclear party **Die Grünen**. The newest party in the German political spectrum, called simply **Die Linke** (*the Left*), comprises former East

Kay Nietfeld/EPA/Newscom

German Communists and Socialists and former left-wing Social Democrats.

Since the end of World War II, the central concern of German foreign policy has been to insure Germany's integration into a peaceful Europe. The rabid nationalism that led to two disastrous wars in the first half of the twentieth century was replaced by a firm commitment to European unity. France and Germany, archenemies since the nineteenth century, formed a coal and steel cooperative in 1950 that gradually grew into today's European Union. The 1992 Treaty of Maastricht committed the Union's 15 member nations to a central banking system and a common currency (the euro) and to increased political coordination, especially in the areas of foreign policy and security.

Germans have been divided in their attitude toward their Eastern European neighbors, but since the early 1970s, the major parties of both the right and the left have recognized the need for increasing contact and dialogue with the East. Since the breakup of the Soviet Union in the late 1980s, most of its former satellite states in Europe have become members of both the European Union and NATO, e.g., Bulgaria, the Czech Republic, Hungary, Poland, and Romania. Because of Germany's history of division between West and East, its central location, and its strong economy, it will continue to play a leading role in the unification of Europe. And with its significant Turkish minority, Germany is also a natural intermediary between western Europe and Muslim countries.

Rückschau: Was habe ich gelernt?

	No problem.	Almost there.	Needs more work.	See pages
1. I understand how to form and when to use the simple past tense.				282–287
2. I have memorized the simple past stems of the strong verbs I know.				283–284
3. I understand when to use the three different German equivalents for English *when* (**als**, **wenn**, **wann**).				290
4. I understand the formation and use of the past perfect tense.				292–293
5. I have learned something about the Weimar Republic and Hitler's rise to power.				297–300
6. I have learned something about the politics of contemporary Germany and its role in the European Union.				304–305

Kapitel 11

Deutschland nach der Mauer

Pariser Platz

Kommunikation

- Designating nationalities and saying where people are from
- Identifying the parts of the body
- Describing morning routines
- Talking about German history

Kultur

- Traces of divided Germany in contemporary Berlin.

In diesem Kapitel

- **Lyrik zum Vorlesen**
  Hoffmann von Fallersleben, „Das Lied der Deutschen"

- **Grammatik**
  1. Reflexive verbs and pronouns
  2. Dative pronouns with clothing and parts of the body
  3. Adjectives and pronouns of indefinite number
  4. Adjectival nouns
  5. More on **bei**
  6. Designating decades: The 90s, etc.

- **Lesestück**
  Michael Kleeberg, „Berlin nach der Wende: Wo sind wir eigentlich?"

- **Vokabeln im Alltag**
  Aussehen

- **Almanach**
  Zeittafel zur deutschen Geschichte, 1939 bis heute

◀ Das Brandenburger Tor, Berlin

T. Hansen

>> Am Brandenburger Tor
2–12

Helen aus den USA war am 9. November 1989 in Berlin. Jetzt ist sie wieder dort und steht am Brandenburger Tor mit ihrer alten Bekannten Anke.

> ANKE: Weißt du noch, wie es 1989 hier an der Mauer aussah?
>
> HELEN: Den Tag, als die DDR die Grenze öffnete, vergess' ich nie!
>
> ANKE: Die Menschen haben sich so gefreut.
>
> HELEN: Heute sieht man gar nichts mehr von der Mauer. Der Unterschied ist unglaublich!
>
> ANKE: Ja, die Stadt hat sich sehr geändert. Aber ein Teil der Mauer existiert noch in der East Side Gallery, da können wir mal hin.
>
> HELEN: Stell dir vor: Für die Kinder heute ist das alles Geschichte.

 >> Ein Unfall: Stefan bricht sich das Bein
2–13

23.00 Uhr. Stefans Vater liegt schon im Bett. Seine Mutter spricht am Telefon. Plötzlich läuft sie ins Schlafzimmer.

> MUTTER: Markus, zieh dich schnell an und komm mit! Etwas Schlimmes ist passiert!
>
> VATER: Was ist denn los?
>
> MUTTER: Stefan hat sich beim Radfahren verletzt! Ich fürchte, er hat sich das Bein gebrochen.
>
> VATER: Um Gottes Willen! Beeilen wir uns!

>> Anna besucht Stefan im Krankenhaus
2–14

> ANNA: Grüß dich, Stefan!
>
> STEFAN: Hallo, Anna! Schön, dass du gekommen bist.
>
> ANNA: Wie geht's dir denn, du Armer? Tut dir das Bein noch weh?
>
> STEFAN: Ach, es ist nicht so schlimm. Ich fühle mich schon besser, aber ich kann mich nicht selber waschen.
>
> ANNA: Schade! Schau mal, ich habe dir Schokolade und Blumen mitgebracht.
>
> STEFAN: Oh, die sind hübsch! Danke, das ist lieb von dir!
>
> ANNA: Nichts zu danken! Gute Besserung!

NOTE ON USAGE

The definite article as pronoun The definite article can replace the personal pronoun in colloquial spoken German to add greater emphasis. The definite article used in this way usually comes at the beginning of the sentence.

Die (= Sie) sind hübsch! *Those are pretty.*

Lab Manual Kap. 11, Dialoge, Fragen, Hören Sie gut zu!

aus den USA: Note dative plural.

Das Brandenburger Tor: The Brandenburg Gate is a triumphal arch completed in 1795 and topped by the **Quadriga**, a chariot pulled by four horses and driven by the goddess of victory. From 1961 to 1989 the Berlin Wall ran just west of it (see photo, p. 331).

CandyBox Images/Shutterstock.com

>> Wortschatz 1

Tutorial Quiz
Audio Flashcards

Körperteile (*parts of the body*)

der **Finger, -** finger
der **Kopf, ¨e** head
der **Mund, ¨er** mouth
der **Zahn, ¨e** tooth
das **Auge, -n** eye
das **Bein, -e** leg
das **Gesicht, -er** face
das **Ohr, -en** ear

> You already know der **Arm**, der **Fuß**, das **Haar**, die **Hand**, die **Nase**

Verben

ändern to change (*trans.*)
 sich ändern to change (*intrans.*)
sich¹ etwas an·sehen (sieht an), sah an, hat angesehen to take a look at something
sich an·ziehen, zog an, hat angezogen to get dressed
sich beeilen to hurry
brechen (bricht), brach, hat gebrochen to break
sich erkälten to catch a cold
existieren to exist
sich freuen to be happy
sich fühlen to feel (*intrans.*)
fürchten to fear
sich etwas leisten können to be able to afford something
 Das kann ich mir nicht leisten. I can't afford that.
öffnen to open
schauen to look
schneiden, schnitt, hat geschnitten to cut
sich setzen to sit down
sich treffen (trifft), traf, hat getroffen to meet
sich verletzen to injure oneself, get hurt
sich verspäten to be late
sich etwas vor·stellen to imagine something

waschen (wäscht), wusch, hat gewaschen to wash
weh·tun, tat weh, hat wehgetan (+ *dat. of person*) to hurt
 Das tut (mir) weh. That hurts (me).

> Compare: **Das tut mir weh.** (*That hurts me.*) with **Es tut mir leid.** (*I'm sorry.*).

Substantive

der **Arzt, ¨e** doctor (*m.*)
der/die² **Bekannte, -n** (*adj. noun*) acquaintance, friend
der **Teil, -e** part
 der **Körperteil, -e** part of the body
der **Unterschied, -e** difference
der/die **Verwandte, -n** (*adj. noun*) relative
das **Denkmal, ¨er** monument, memorial
das **Krankenhaus, ¨er** hospital
das **Schlafzimmer, -** bedroom
das **Tor, -e** gate
die **Ärztin, -nen** doctor (*f.*)
die **Blume, -n** flower
die **Deutsche Demokratische Republik (DDR)** German Democratic Republic (GDR)
die **Grenze, -n** border
die **Mauer, -n** (*freestanding or outside*) wall
die **Schokolade** chocolate

> Contrast **die Mauer** (*freestanding wall*) with **die Wand** (*interior wall*). The two words tell the cultural story of Roman innovations in building techniques. A stone **Mauer** (from the Latin *murus*) was capable of having windows (= **Fenster**, from Latin *fenestra*), whereas the Germanic **Wand** is related to the verb **winden** (*to wind, weave*) and described a wall of woven twigs.

Adjektive und Adverbien

ander- other, different
genau exact, precise
hübsch pretty, handsome
mehrere several, a few
unglaublich unbelievable
wenige few

Andere Vokabeln

sich (*third-person reflexive pronoun; see p. 312*)

Nützliche Ausdrücke

Gute Besserung! Get well soon!
schade too bad
 Das ist schade! That's a shame! Too bad! What a pity!
Schau mal. Look. Look here.
Weißt du noch? Do you remember?

Gegensätze

sich an·ziehen ≠ sich aus·ziehen to get dressed ≠ to get undressed

Mit anderen Worten

schnell machen (*colloq.*) = **sich beeilen**

---

¹ **Sich** is a reflexive pronoun. This will be explained on pp. 312.
² Inclusion of both masculine and feminine articles indicates that this is an adjectival noun. See pp. 321–322.

A Persönliche Fragen

1. Helen besucht ihre Bekannte in Berlin. Haben Sie Bekannte oder Verwandte im Ausland? Wo leben sie? Haben Sie sie schon einmal besucht?

2. Helen sagt, sie vergisst den 9. November 1989 nie. Gibt es einen Tag, den Sie nie vergessen können? Was ist an diesem Tag passiert?

3. Stefan hatte einen Unfall beim Radfahren. Haben Sie je einen Unfall gehabt? Mit dem Rad oder mit sonst etwas?

4. Er hat sich verletzt. Haben Sie sich je verletzt? Erzählen Sie, wie das passiert ist.

5. Sind Sie je im Krankenhaus gewesen? Warum?

6. Haben Sie einem Freund im Krankenhaus je etwas mitgebracht? Was denn?

7. Anna bringt Stefan Schokolade und Blumen mit. Was bringen Sie mir, wenn ich im Krankenhaus bin?

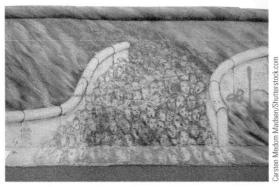

Die East Side Gallery in Berlin

B Übung: Ich habe etwas Interessantes gemacht! Choose from the list of adjectives below to characterize something you have done. Then say what it was you did.

BEISPIEL: Ich habe einmal etwas Blödes gemacht.
Ich habe mein Deutschbuch vergessen.

blöd	toll	wahnsinnig	intelligent
interessant	gefährlich	neu	furchtbar
wunderbar	schwierig	langweilig	schlimm

C Partnerarbeit: Wie geht's denn weiter? Take these two lines from the second dialogue and compose your own continuation. Then perform it for the class.

A: Zieh dich schnell an und komm mit!
B: Was ist denn los?
A: _____.
B: _____. etc.

Web Link

◀)) LYRIK ZUM VORLESEN

2–15

The famous "Lied der Deutschen," also known as the "Deutschlandlied," is one of the most nationalistic—and controversial—political songs ever composed. Although the first stanza is commonly associated with German militarism, the author was, ironically, an opponent of repressive government and a fervent proponent of German unification. His antiauthoritarian sentiments cost him his post as professor at the University of Breslau (modern-day Wrocław in Poland). The text of the song invokes abstract concepts ("unity, law, freedom") and calls for a unification of all German-speaking territories into one state. The Romantic dreams of unity were appropriate for Hoffmann von Fallersleben's generation, which had survived the ravages of the Napoleonic Wars and was frustrated by the division of Germany into many small states.

Hoffmann von Fallersleben wrote the text in 1841 to a popular tune by Franz Joseph Haydn in praise of the Austrian Emperor, "Gott erhalte Franz den Kaiser" (*God Preserve Kaiser Franz,* 1797). Haydn also used this melody in his magnificent *Kaiserquartett* (op. 76, no. 3, 2nd movement). The song did not become the German national anthem until 1922, when it was chosen by the young Weimar Republic. In 1945 it was banned by the allied military government. In 1952, when no satisfactory substitute could be found, the third stanza alone became the national anthem of the Federal Republic of Germany (for fear that the nationalist sentiments of this text could be misused by modern extremists, the other stanzas were dropped).

August Heinrich Hoffmann von Fallersleben. Porträt von Carl Georg Christian Schumacher (1819).

Das Lied der Deutschen

Deutschland, Deutschland über alles,
Über alles in der Welt,
Wenn es stets° zu Schutz und Trutze°   = *immer /* **Schutz** *... defense and defiance*
Brüderlich zusammenhält;
Von der Maas bis an die Memel,
Von der Etsch bis an den Belt:
Deutschland, Deutschland über alles,
Über alles in der Welt!

die Maas = *the Meuse River* (Belgium); **die Memel** = *the Nemunas River* (Lithuania); **die Etsch** = *the Adige River* (South Tirol, Italy); **der Belt** = *strait between two Danish islands in the Baltic Sea.*

Deutsche Frauen, deutsche Treue°,   *loyalty*
Deutscher Wein und deutscher Sang°   *song*
Sollen in der Welt erhalten°   *preserve*
Ihren alten, schönen Klang°,   *sound*
Uns zu edler Tat begeistern°   **Uns** *... Inspire us to noble deeds*
Unser ganzes Leben lang:
Deutsche Frauen, deutsche Treue,
Deutscher Wein und deutscher Sang!

Einigkeit° und Recht° und Freiheit   *Unity / justice*
Für das deutsche Vaterland!
Danach lasst uns alle streben°   **lasst** *... let us strive*
Brüderlich mit Herz und Hand!
Einigkeit und Recht und Freiheit
Sind des Glückes Unterpfand°:   **des** *... guarantees of happiness*
Blüh° im Glanze° dieses Glückes,   *Flourish / glow*
Blühe, deutsches Vaterland!

August Heinrich Hoffmann von Fallersleben (1798–1874)

Das Lied der Deutschen, August Heinrich Hoffmann von Fallersleben

Nationalgalerie Berlin

Grammatik

>> 1. Reflexive verbs and pronouns (*Reflexivverben und Reflexivpronomen*)

Tutorial Quiz

In most cases, the subject and the direct object of a verb are two different people or things:

subj. obj.

Er hat **mich** verletzt. **He** *injured* **me**.

Sometimes, however, the subject and direct object are the same.

subj. obj.

Ich habe **mich** verletzt. *I injured* **myself**.

The verb is then called *reflexive*; the object is a *reflexive pronoun*. English reflexive pronouns end in -*self* or -*selves*, e.g., *myself, himself, herself, themselves*. German reflexive pronouns in the first and second person (*myself, ourselves, yourself, yourselves*) are identical to the personal pronouns (**mich, uns, dich, euch**). However, the reflexive pronoun in the third person and the formal second person is **sich**.

> **Note on spelling: sich** is not capitalized, even when used with the polite **Sie**: Fühlen Sie *sich* **heute besser?**

Accusative reflexive pronouns						
Singular			**Plural**			
ich	mich	*myself*	wir	uns	*ourselves*	
du	dich	*yourself*	ihr	euch	*yourselves*	
er		*himself*				
es		*itself*	sie	sich	*themselves*	
sie	sich	*herself*				
Sie		*yourself*	Sie	sich	*yourselves*	

In the plural, reflexive pronouns are often reciprocal, the equivalent to the English *each other*:

Morgen treffen wir **uns**. *We'll meet **each other** tomorrow.*
Kennt ihr **euch**? *Do you know **each other**?*
Sie kennen **sich** seit langem. *They've known **each other** for a long time.*

NOTE ON USAGE

The reciprocal pronoun *einander* (each other)

Morgen treffen wir **uns**. = Morgen treffen wir **einander**.
Kennt ihr **euch**? = Kennt ihr **einander**?

Remember that **einander** can also combine with prepositions.

gegeneinander *against each other*
miteinander *with each other*
zueinander *to each other*

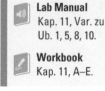

Lab Manual
Kap. 11, Var. zu
Ub. 1, 5, 8, 10.

Workbook
Kap. 11, A–E.

1 **Partnerarbeit: Wir verstehen uns.** Use the verbs below reflexively, as in the example.

BEISPIEL:
    A: Verstehst du mich?
    B: Ja, ich verstehe dich.
       Verstehst du mich?
    A: Ja, ich verstehe dich auch.
  A & B: Wir verstehen uns! (Wir verstehen einander!)

1. verstehen
2. sehen
3. brauchen
4. kennen
5. morgen treffen
6. am Wochenende besuchen

Verstehst du mich?

Verbs with accusative reflexive pronouns
Any transitive verb can be used reflexively.

DEFINITION

What are transitive and intransitive verbs?

A *transitive verb* is a verb that takes a direct object (e.g., **sehen**, **tragen**, **verletzen**).
    Ich trage meine Jacke.
An *intransitive verb* cannot take a direct object (e.g., **sein**, **werden**, **schlafen**).
    Ich schlafe bis sieben.

Here is a sample conjugation of **verletzen** used reflexively.

Ich habe **mich** verletzt.	*I hurt **myself**.*
Du hast **dich** verletzt.	*You hurt **yourself**.*
Sie hat **sich** verletzt.	*She hurt **herself**.*
Wir haben **uns** verletzt.	*We hurt **ourselves**.*
Ihr habt **euch** verletzt.	*You hurt **yourselves**.*
Sie haben **sich** verletzt.	*They hurt **themselves**. (You hurt **yourself** / **yourselves**.)*

2 **Kettenreaktion: Wer hat sich verletzt?** Die ganze Klasse war zusammen unterwegs, als der Bus einen kleinen Unfall hatte. Fragen Sie einander, wer sich verletzt hat.

BEISPIEL:
    A: Ich habe mich nicht verletzt. Hast du dich verletzt?
    B: Ja, ich habe mich verletzt. Hast du ...

NOTE ON USAGE

Intensifiers *selber* and *selbst*

The words **selber** and **selbst** are often used to intensify or emphasize a reflexive pronoun.

Soll ich das Kind waschen?	*Should I wash the child?*
Nein, es kann sich **selber** waschen.	*No, she/he can wash herself / himself.*

3 **Übung: Er sieht nur sich selbst.** Answer these questions by saying that the person sees (understands, etc.) only himself or herself.

1. Wen ärgert sie?
2. Wen versteht er?
3. Wen hat er gerettet?
4. Wen braucht sie?
5. Wen liebt er?
6. Wen mag sie?

Wen sieht er?

Er sieht nur sich selbst.

German reflexive verbs that are not reflexive in English

Many reflexive verbs in German are not reflexive in English. Their English equivalents often use *get*. Here are some examples:

Er zog **sich** an.	*He got dressed.*
Sie wäscht **sich**.	*She's washing up.*
Bitte, setzen Sie **sich**.	*Please sit down.* (literally: *Please seat yourself* or *yourselves*.)

4 **Übung: Bitte stehen Sie auf!** Your instructor will tell you to stand up. Once you are standing, say what you've just done.

Bitte stehen Sie auf!

Ich bin aufgestanden.

Fridhelm Volk/doc-stock/Alamy

Once you're all standing, follow the next cue your instructor gives you.

Bitte setzen Sie sich.

Ich habe mich gesetzt.

Verbs requiring the accusative reflexive

Verbs like **anziehen** and **waschen** can be used either reflexively (**ich wasche mich**) or nonreflexively (**ich wasche den Wagen**). Some German verbs, however, are *always* reflexive. Their English equivalents are *not* reflexive.

sich beeilen	*to hurry*	**sich fühlen**	*to feel*
sich erkälten	*to catch cold*	**sich verspäten**	*to be late*
sich freuen	*to be happy*		

 5 **Gruppenarbeit: Wann freust du dich besonders? (*3 oder 4 Personen*)** Sagen Sie, wann sie sich besonders freuen. Diese Bilder geben Ihnen einige Beispiele.

BEISPIEL: A: Ich freue mich, wenn die Sonne scheint. Wann freust du dich?
B: Ich freue mich, wenn ...

Jetzt geben Sie Ihre eigenen Antworten.

6 **Gruppenarbeit: Warum musst du dich beeilen?** Jetzt sind Sie alle in Eile. Sagen Sie einander warum. Die Bilder geben Ihnen einige Beispiele.

BEISPIEL: A: Ich muss mich beeilen, weil ich zur Uni muss. Warum musst du dich beeilen?
B: Ich muss mich beeilen, weil ...

Jetzt geben Sie Ihre eigenen Antworten.

7 **Partnerarbeit: Warum hast du dich verspätet?**

Unten sind einige Möglichkeiten, aber Sie dürfen auch frei antworten.

krank sein	Fahrrad kaputt sein
zu spät aufstehen	die Deutschstunde vergessen
sich verletzen	die Uhr verlieren
einen Unfall haben	einen Freund im Krankenhaus besuchen

Verbs with optional dative reflexive pronouns

Compare these two sentences:

> Ich koche ein Omelett.
> Ich koche **mir** ein Omelett.

The action in both sentences is the same, but the addition of the dative reflexive pronoun makes it clear that you are cooking the omelet for *yourself*, not for someone else. Use this dative pronoun to make explicit that you are cooking, buying, fixing, etc. something for yourself:

Ich kaufe **mir** Blumen.	*I'm buying **myself** flowers.*
	*(I'm buying flowers **for myself**.)*
Du kaufst **dir** Blumen.	*You're buying **yourself** flowers.*
Er kauft **sich** Blumen.	*He's buying **himself** flowers.*
Wir kaufen **uns** Blumen.	*We're buying **ourselves** flowers.*
Ihr kauft **euch** Blumen.	*You're buying **yourselves** flowers.*
Sie kaufen **sich** Blumen.	*They're buying **themselves** flowers.* or
	*You're buying **yourself/yourselves** flowers.*

8 **Übung: Einkaufsbummel** Sie gehen einkaufen. Was kaufen Sie sich und was kaufen Sie einer Freundin oder einem Freund in der Klasse?

Ich kaufe mir ein neues Hemd.

Ich kaufe James ein Plakat.

Verbs requiring the dative reflexive

Some German verbs, such as **sich etwas ansehen**, are *always* used with dative reflexive pronouns. Look at the following drawing:

sich (dative) **etwas** (accusative) **ansehen**

Ich möchte **mir** das **Brandenburger Tor** ansehen.

Such verbs require a *direct object in the accusative* as well. Their English equivalents are *not* reflexive.

German: dative reflexive	English: not reflexive
sich etwas ansehen	*to take a look at something, look something over*
Ich wollte **mir** die Mauer ansehen.	*I wanted to take a look at the Wall.*
sich etwas leisten können	*to be able to afford something*
Kannst du **dir** ein neues Fahrrad leisten?	*Can you afford a new bicycle?*
sich etwas vorstellen	*to imagine something*
Das kann ich **mir** nicht vorstellen.	*I can't imagine that.*

A **Wortschatz** entry in this book that contains the pronoun **etwas** along with a reflexive verb indicates that the reflexive pronoun is dative. If you look up **ansehen**, for example, you find **sich etwas ansehen**. This tells you that **sich** is dative and **etwas** is accusative.

---

9 **Kettenreaktion: Das kann ich mir nicht leisten.** Sagen Sie, was Sie sich nicht leisten können, und dann fragen Sie weiter.

BEISPIEL: A: Ich kann mir keinen Sportwagen leisten. Was kannst du dir nicht leisten?

　　　　 B: Ich kann mir ...

　　　　 C: Ich ...

---

10 **Übung: Was soll ich mir ansehen?** Ihr Lehrer spielt die Rolle eines österreichischen Austauschstudenten und möchte wissen, was er sich auf dem Campus, in der Stadt oder in der Nähe ansehen soll.

BEISPIEL: LEHRER: Was soll ich mir denn ansehen?

　　　　 STUDENTIN/STUDENT: Du sollst dir die neue Mensa ansehen.

2. Dative pronouns with clothing and parts of the body

Note that plural **die Haare** is more common than singular: **Sie hat dunkle Haare.**

Identifying the parts of the body is a communicative goal.

Look at the following examples:

Der Vater wäscht **dem Kind** die Hände.	*The father is washing **the child's** hands.*
Ich wasche **mir** die Hände.	*I'm washing **my** hands.*
Meine Freundin schneidet **mir** die Haare.	*My girlfriend cuts **my** hair.*
Ich schneide **mir** selber die Haare.	*I cut **my** own hair.*
Sie zog **sich** den Mantel an.	*She put on **her** coat.*
Stefan hat **sich** das Bein gebrochen.	*Stefan broke **his** leg.*

German does not usually use possessive adjectives (**mein**, **sein**, **ihr**, etc.) with parts of the body or with articles of clothing being put on or taken off. It uses the personal dative instead.

11 Übung: Körperteile Can you remember the words for the parts of the body in the picture below?

© Cengage Learning

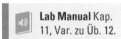

Lab Manual Kap. 11, Var. zu Üb. 12.

12 Übung: Wo tut es Ihnen weh? Sagen Sie, wo es Ihnen wehtut. (*Point to the part of your body that hurts as you say it. You don't have to be truthful.*)

BEISPIEL: A: Wo tut's Ihnen denn weh?
        B: (*pointing to head:*) Mir tut der Kopf weh.

Rätsel (*riddle*)

Was ist das? Hat Arme, aber keine Hände, läuft aber hat keine Füße.

Carlos E. Santa Maria/Shutterstock.com

13 **Partnerarbeit** Sagen Sie einander, **wann** Sie sich heute angezogen haben und dann, **was** Sie sich angezogen haben.

BEISPIEL: A: Wann hast du dich angezogen?
   B: Ich habe mich um halb acht angezogen.
   A: Und was hast du dir angezogen?
   B: Ich habe mir diesen grünen Pulli und ... angezogen.

Describing morning routines is a communicative goal.

Ich ziehe **mich** an. = *I'm getting dressed.*
Ich ziehe **mir** ein Hemd an. = *I'm putting on a shirt.*

14 **Übung: Morgens im Bad** Welcher Satz gehört zu welchem Bild?

Er kämmt sich die Haare.   Er rasiert sich.   Sie schminkt sich.
Sie badet sich.   Sie putzt sich die Zähne. Er duscht sich.

© Cengage Learning

15 **Schreiben wir mal: Gute Besserung!** Schreiben Sie diese Anekdote als Dialog zwischen Dr. Büchner und seinem Patienten Herrn Lenz. Der arme Herr Lenz liegt im Krankenhaus.

Dr. Büchner kommt morgens um 10.00 Uhr ins Krankenzimmer und sagt Herrn Lenz, es tut ihm leid, dass er sich verspätet hat. Herr Lenz begrüßt ihn und sagt, es macht gar nichts. Dr. Büchner würde gern wissen, wie es Herrn Lenz geht und ob er sich besser fühlt. Herr Lenz antwortet, dass es ihm nicht so gut geht und dass er noch sehr krank ist. Der Arzt fragt, wo es ihm noch wehtut. Herr Lenz antwortet, dass es ihm überall wehtut. Dr. Büchner möchte wissen, ob ihm etwas im Krankenhaus nicht gefällt und ob er sonst noch etwas braucht. Der Patient antwortet, dass ihm das Essen im Krankenhaus nicht schmeckt und dass er das Fernsehen langweilig findet und einige neue Romane haben möchte. Dr. Büchner lacht und sagt, dass er sich schon vorstellen kann, wie langweilig es ist, so lange im Bett liegen zu müssen. Es freut ihn auch zu sehen, dass Herr Lenz so viel besser aussieht. Er soll sich anziehen, denn er darf heute nach Hause.

Write as a series of natural exchanges, beginning like this:

DR. BÜCHNER: **Guten Morgen, Herr Lenz!**

HERR LENZ: **Morgen, Herr Doktor.**

DR. BÜCHNER: **Es tut mir leid, dass ich mich verspätet habe ...**

Mal was Lustiges!

Many jokes were made about the fact that the East German government refused to acknowledge the real purpose of the Berlin Wall: to prevent emigration to the West.

zum ... hung up to dry

>>

3. Adjectives and pronouns of indefinite number

You already know these adjectives, which are used with plural nouns to indicate indefinite amounts.

wenige	*few*
einige	*some*
mehrere	*several*
andere	*other*
viele	*many*

For **limiting words**, see p. 254; for **primary** and **secondary endings**, see p. 255.

These adjectives are *not* limiting words. They take *primary* endings unless they are preceded by a limiting word. After a limiting word they take *secondary* endings:

Ander**e** Leute waren da.   Die ander**en** Leute waren da.

Es gab viel**e** Parteien in der   Diese viel**en** Parteien waren ein
    Weimarer Republik.   groß**es** Problem.

Remember: descriptive adjectives following an adjective of indefinite number take the *same* ending as that adjective.

Ander**e** jung**e** Leute waren da.   *Other young people were there.*
Die ander**en** jung**en** Leute waren da.   *The other young people were there.*

16 Übung Supply the correct adjective endings.

Lab Manual Kap. 11, Var. zu Üb. 16.

Workbook Kap. 11, F.

1. Ich möchte mir einig- _____ schön- _____ Postkarten ansehen.
2. Sie hat schon mehrer- _____ deutsch- _____ Bücher gelesen.
3. Viel- _____ amerikanisch- _____ Schüler besuchen Berlin.
4. Hast du die ander- _____ neu- _____ Lehrlinge kennengelernt?
5. Ich habe mit viel- _____ interessant- _____ alt- _____ Menschen gesprochen.
6. Deine viel- _____ neu- _____ Ideen gefallen mir sehr.
7. Das sind die Probleme der ander- _____ klein- _____ Kinder.
8. Ich habe einig- _____ interessant- _____ Denkmäler in der Hauptstadt gesehen.

17 Gruppenarbeit: Viele oder wenige? Choose a word from each column and state your opinion about a group of people.

A	B	C	D
viele	jung	Menschen	Sport treiben
wenige	sportlich	Amerikaner	gesund sein
einige	reich	Professoren	Berlin besuchen
	arm	Studenten	glücklich sein
	stark	Frauen	Deutsch sprechen
	sympathisch	Männer	gut verdienen
	verrückt	Eltern	sich erkälten
	kreativ		sich beeilen

> Viele junge Frauen verdienen gut.

Adjectives of indefinite number can also function as pronouns referring to human beings.

Viele glauben das, aber **andere** glauben es nicht. *Many (people) believe that, but others do not believe it.*

>> 4. Adjectival nouns

Referring to people

> *Florence Nightingale cared for* **the sick**.
> *Lifestyles of* **the rich and famous**

Adjectives like *sick, rich,* and *famous* occasionally function in English as nouns referring *collectively* to a group of people.

Such adjectival nouns are more frequent in German and can refer to individuals as well as groups:

■ A masculine adjectival noun designates a man:

◄ der Alte

Colloquial **mein Alter /
meine Alte** can mean
my father / my mother
or *my husband / my
wife.*

■ A feminine adjectival noun designates a woman:

◀ die Alte

■ Plural adjectival nouns are not gender specific:

◀ die Alten

Like all nouns in German, adjectival nouns are capitalized. But unlike other nouns, they *take adjective endings* as though they were followed by a noun such as **Mann**, **Frau**, or **Menschen**:

Die Alte [Frau] wohnte damals in Ostberlin.	*The old woman lived in East Berlin back then.*
Kennst du **den Großen** [Mann] da?	*Do you know that tall man there?*
Wir wollten **den Armen** [Menschen] helfen.	*We wanted to help the poor.*

In principle, any adjective can be used as an adjectival noun. Here are some high-frequency ones you should learn:

Only the masculine form **der Beamte** is an adjectival noun. The feminine form is **die Beamtin**.

der/die Deutsche is the *only* noun of nationality that is adjectival.

der/die **Alte, -n**	*old man/woman*
der/die **Arme, -n**	*poor man/woman*
der **Beamte, -n**	*official, civil servant*
der/die **Bekannte, -n**	*acquaintance, friend*
der/die **Deutsche, -n**	*German (man/woman)*
der/die **Große, -n**	*tall/great man/woman*
der/die **Grüne, -n**	*member of the Greens (the environmental political party)*
der/die **Kleine, -n**	*little boy/girl or short man/woman*
der/die **Kranke, -n**	*sick man/woman*
der/die **Verwandte, -n** (from **verwandt** = *related*)	*relative*

18 Übung Complete each sentence with the appropriate form of **mein Bekannter** (*my acquaintance, friend* [m.]).

0–6 Monate ▶ 6–36 Monate ▶ Ein Leben lang

Damit die Kleinen am Tisch der Großen sitzen können.

STOKKE AS Alesund, Norway

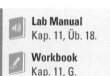

This advertisement for childrens' chairs contains adjectival nouns in the nominative and genitive plural. Can you translate, "**damit (= so dass) die Kleinen am Tisch der Großen sitzen können**"?

🔊 **Lab Manual**
Kap. 11, Üb. 18.

✏️ **Workbook**
Kap. 11, G.

BEISPIEL: Das ist _____.
         Das ist mein Bekannter.

1. Heute treffe ich _____ am Brandenburger Tor.
2. Ich gehe oft mit _____ Volleyball spielen.
3. Das ist die Frau _____.
4. _____ heißt Robert.

Now use a form of **meine Bekannten** (*my friends*).

5. Das sind _____.
6. Kennen Sie _____?
7. Helfen Sie bitte _____!
8. Das sind die Kinder _____.

Now use a form of **die Deutsche** (*the German* [f]).

9. Wie heißt denn _____?
10. Meinst du _____?
11. Ich reise mit _____ nach Dresden.
12. Ist das der Koffer _____?

Now use a form of **unser Verwandter** (*our relative* [m]).

13. Jannik ist _____.
14. Kennst du _____?
15. Möchtest du mit _____ sprechen?
16. Die Tochter _____ besucht uns in Berlin.

Neuter adjectival nouns referring to qualities

Neuter adjectival nouns designate qualities:

etwas Vegetarisches	*something vegetarian*
nichts Gutes	*nothing good*

These are always singular nouns. They occur most frequently after **etwas**, **nichts**, **viel**, and **wenig** and take the *primary* neuter ending **–es**:

etwas Herrliches	*something marvelous*
nichts Neues	*nothing new*
viel Gutes	*much that is good, many good things*
wenig Interessantes	*little of interest, not much of interest*

Neuter adjectival nouns can also occur after the definite article **das** and take the secondary ending. There are several English equivalents for this.

Das Moderne gefällt mir.	*I like modern things.*
Sie sucht immer **das Gute**	*She's always looks for the good*
in anderen Menschen.	*in other people.*

> Compare the adjective endings in **etwas Modernes** (*something modern*) and **das Moderne** (*what is modern; modern things*).

19 Partnerarbeit: Was möchtest du zum Geburtstag?

Was möchtest du zum Geburtstag?

Dann schenke ich dir _____.

Etwas Neues.

der Chihuahua

teuer lecker
groß klein
warm historisch
grün umweltfreundlich
neu süß

der Bernardiner

ein Stück der Mauer

Workbook
Kap. 11, H.

20 Gruppenarbeit Work together to complete the two dialogues with adjectival nouns from the box below.

gut	besonder-	schön	herrlich
deutsch	verwandt	einfach	bekannt
neu	interessant	toll	modern

1. A: Hast du etwas _____ zu berichten?

   B: Ja, in der Stadt habe ich heute etwas ganz _____ gesehen!

   A: Wirklich? In unserer langweiligen Stadt? Das ist schon etwas _____!

2. A: Kennst du Steffi Hartmann? Sie ist _____ und ist gerade aus Stuttgart angekommen.

   B: Wie nett, dich kennenzulernen, Steffi! Eine alte _____ von mir aus der Schulzeit heißt Hartmann und wohnt auch in Stuttgart.

   C: Ja, dann ist sie vielleicht sogar eine _____ von mir. Unsere Familie ist ziemlich groß.

The first sentence in item 2 requires a designation of nationality (without article, see p. 328).

21 Rollenspiel: Schade, dass du im Krankenhaus bist! (*3 Personen*) Lesen Sie zusammen diese Situation und spielen Sie sie dann miteinander:

Jemand hat sich beim Fußball verletzt. Eine Studentin spielt die Verletzte oder ein Student spielt den Verletzten. Zwei andere sind alte Bekannte und besuchen sie oder ihn im Krankenhaus. Sie wissen noch nichts Genaues über den Unfall, z.B. was passiert ist. Also müssen sie Fragen stellen. Was für Geschenke haben sie mitgebracht?

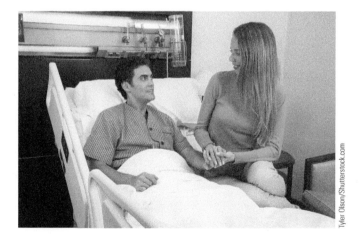

Tyler Olson/Shutterstock.com

>>

5. More on *bei*

You already know the spatial meaning of **bei**:

- **Ich wohne *bei* meiner Tante.**
- **Er war gestern *beim* Arzt.**
- **Ich muss um halb neun *bei* der Arbeit sein.**

Bei can also set a scene. It then has the meanings *during, while . . .ing* (an activity). In this meaning, **bei** is often used with verbal nouns (p. 204).

Er hat sich **beim Radfahren** verletzt.	*He injured himself while riding his bicycle.*
Liest du oft **beim Essen**?	*Do you often read while eating?*

---

22 Übung: Wann passiert das? Sagen Sie, wann etwas passiert oder nicht passiert. Benutzen Sie **bei** in Ihrer Antwort.

BEISPIEL: Ich falle nie, wenn ich Ski fahre (*go skiing*).
        Ich falle nie beim Skifahren.

1. Mein Mitbewohner stört mich, wenn ich lese.
2. Wir treffen uns oft, wenn wir Rad fahren.
3. Höfliche Kinder sprechen nicht, wenn sie essen.
4. Wenn wir nachher spazieren gehen, können wir das Wochenende planen.
5. Ich höre gern Musik, wenn ich Auto fahre.

The two elements of the verbs **Ski fahren** (*to ski*) and **Rad fahren** (*to bike*) are written separately. When they become verbal nouns, they are written together: **das Skifahren** (*skiing*), **das Radfahren** (*biking*). Similarly, mountain climbing is **das Bergsteigen**.

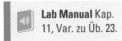 **Lab Manual** Kap. 11, Var. zu Üb. 23.

23 Übung Antworten Sie mit **bei**.

BEISPIEL: Wie hat er sich denn verletzt? (*while bicycling*)
        Beim Radfahren.

1. Wie haben Sie sich erkältet? (*while swimming*)
2. Wo hat sich Hanna verletzt? (*at work*)
3. Wann lernt man viele Menschen kennen? (*while traveling*)
4. Wann sprechen Sie nicht viel? (*when driving a car*)
5. Wo ist denn Ihre Frau? (*at the doctor's*)
6. Wie hast du so viel Geld verloren? (*playing cards*)

>>

6. Designating decades: The 90s, etc.

Here is how German designates decades (**das Jahrzehnt, -e**):

die 20er (zwanziger)-Jahre	*the 20s (twenties)*
aus den 60er-Jahren	*from the 60s*
in den 90er-Jahren	*in the 90s*

The cardinal number takes the ending **–er** but no other adjective ending, regardless of case.

24 Übung: Historische Briefmarken (*historical stamps*) Aus welchen
Jahrzehnten kommen diese Briefmarken?

Torsten Lorenz/Shutterstock.com

Torsten Lorenz/Shutterstock.com

Bocman1973 / Shutterstock.com

IgorGolovniov/Shutterstock.com

mrHanson/Shutterstock.com

Bocman1973/Shutterstock.com

Designating nation-
alities and saying
where people are
from are communi-
cative goals.

Tipps zum Vokabelnlernen

Country names; nouns and adjectives of nationality The only
designation of nationality that is an adjectival noun is **der/die Deutsche**.
Some other nouns of nationality have a masculine form ending in **-er** and
a feminine in **-erin.** You already know some of these:

Country	Male native	Female native	Adjective
Amerika	der Amerikaner	die Amerikanerin	amerikanisch
England	der Engländer	die Engländerin	englisch
Europa	der Europäer	die Europäerin	europäisch
Italien	der Italiener	die Italienerin	italienisch
Kanada	der Kanadier	die Kanadierin	kanadisch
Österreich	der Österreicher	die Österreicherin	österreichisch
die Schweiz	der Schweizer	die Schweizerin	schweizerisch

Other nouns of nationality are N-nouns in the masculine, but add **-in** (and
sometimes an umlaut) in the feminine.

Country	Male native	Female native	Adjective
China	der Chinese, -n, -n	die Chinesin	chinesisch
Frankreich	der Franzose, -n, -n	die Französin	französisch
Russland	der Russe, -n, -n	die Russin	russisch

Remember that when stating a person's nationality, Germans do *not* use
the indefinite article.

Sind Sie Deutsche?	*Are you (a) German?*
Nein, ich bin Französin.	*No, I'm French.*

††† **A** **Gruppenarbeit: Woher kommst du?** Sie sind auf einer internationalen
Studententagung (*student convention*). Sie bekommen vom Professor den
Namen Ihrer Heimat (*native country*). Jetzt fragen Sie einander, woher Sie
kommen.

BEISPIEL: A: Woher kommst du denn?
B: Ich komme aus England.
A: Ach, du bist Engländerin!

>> **Leicht zu merken**

die **Fassade, -n**
die **Generation, -en**   Generation
renovieren   renovieren
repressiv   repressiv
der **Supermarkt, ¨e**
das **Symbol, -e**   Symbol
die **Tradition, -en**   Tradition

Hartphotography/Shutterstock.com

Lab Manual
Kap. 11, Üb. zur
Betonung.

Einstieg in den Text

Prefixes and suffixes can help you recognize new words in context and expand your existing vocabulary.

***The negating prefix* un-**   The prefix **un-** attached to a noun or adjective forms the antonym of that word. Guess the meanings of these words from the **Lesestück**:

> **unsichtbar** (line 27)
> **unhöflich** (line 36)

***The suffix* -los**   The suffix **-(s)los** is the equivalent of the English suffix *-less*. You already know the word **arbeitslos**; **nahtlos** (*seamlessly*) occurs in the following reading.

Past participles as adjectives   Past participles of verbs are often used as attributive adjectives. They take regular adjective endings.

> **bauen** → **gebaut-**   *to build* → *built*
> Das ist das neu **gebaute**   *That's the newly built dormitory.*
>   Studentenwohnheim.

The reading contains the following participles used as adjectives:

> **trennen** *to separate*   →   **getrennt-** (lines 11 and 45)
> **teilen** *to divide*   →   **geteilt** (line 25)

B **Übung**   Wie heißt das Adjektiv (mit Endung!)? Und wie heißt der Satz auf Englisch?

BEISPIEL: Jemand hat diese Waren gestohlen, aber die Polizei hat die *gestohlenen* Waren gefunden.
  Somebody stole these goods, but the police found the stolen goods.

1. Ich habe Altpapier gesammelt und jetzt schleppe ich das _____ Altpapier zum Recycling.
2. Eine Fabrik hat diesen Fluss verschmutzt und jetzt darf man in dem _____ Wasser nicht schwimmen.
3. Der Krieg hat viele deutsche Städte zerstört, aber Deutschland hat seine _____ Städte wieder aufgebaut.
4. Wir hatten eine schöne Reise nach Schottland geplant, aber leider konnten wir uns die _____ Reise nicht leisten.
5. Ich habe meiner Mutter ein nettes Zimmer reserviert, aber das _____ Zimmer war ihr zu klein.

Verben

**aus·wandern, ist
ausgewandert** to emigrate
entwickeln to develop
**erfinden, erfand, hat
erfunden** to invent
**erkennen, erkannte, hat
erkannt** to recognize
**heraus·finden, fand heraus, hat
herausgefunden** to find out
teilen to divide; share
trennen to separate
**verbieten, verbot, hat
verboten** to forbid, prohibit
vereinen to unite
**verschwinden, verschwand, ist
verschwunden** to disappear

Substantive

der **Engel, -** angel
der **Glaube** belief; faith
der **Hass** hatred
das **Spiel, -e** game
(das) **Weihnachten** Christmas
zu **Weihnachten** at/for Christmas
die **Hälfte, -n** half

die **Hilfe, -n** help, aid
die **Regel, -n** rule
die **Regierung, -en** government
in power, administration
die **Seele, -n** soul
die **Trennung, -en** separation
die **Vereinigung, -en** unification
die **Wiedervereinigung**
reunification
die **Vorstadt, ¨e** suburb
die **Wende** turning point; German
reunification in 1990

Adjektive und Adverbien

berühmt famous
nächst- next, nearest
offen open
streng strict
verschieden various, different

> Contrast **verschieden** (*various, different*) and **ander-** (*other, different*):
> **Ich kenne viele verschiedene Lieder** (*I know many different songs*)
> vs. **Ich kenne andere Lieder als du** (*I know different songs than you*).

Andere Vokabeln

weder... noch neither . . . nor

Gegensätze

auswandern ≠ einwandern
to emigrate ≠ to immigrate
berühmt ≠ unbekannt
famous ≠ unknown
der Hass ≠ die Liebe
hatred ≠ love
offen ≠ geschlossen
open ≠ closed
verbieten ≠ erlauben
forbid ≠ allow
**weder... noch ≠ entweder...
oder** neither . . . nor ≠
either . . . or

◄)) Berlin nach der Wende[1]:
2–16
Wo sind wir eigentlich?

Renate von Mangoldt

*Im August 1961 baute die Regierung der Deutschen Demokratischen Republik
eine Mauer um Westberlin, um die offene Grenze zwischen Ost und West zu
schließen und die Auswanderung der DDR-Bürger in die Bundesrepublik zu
verhindern°. Diese Mauer wurde zu einem berühmten Symbol eines repressiven
Staates, bis man sie 1989 öffnete. Dieses Ereignis° machte den Weg frei° für die
Wiedervereinigung Deutschlands im Jahr 1990.*

   *Der Schriftsteller Michael Kleeberg wurde 1959 in Stuttgart geboren und ist in
Hamburg aufgewachsen. Nach Aufenthalten° in Rom, Amsterdam und Paris lebt er
heute mit seiner Familie in Berlin.*

   *Mehr als 20 Jahre nach der Wiedervereinigung möchte man meinen, die so lange
getrennten Hälften Deutschlands seien° wieder nahtlos° zusammengewachsen,
und man könne° weder auf den Straßen noch in den Seelen die Bruchlinien° noch
erkennen.*

prevent

*event / machte ...
prepared the way*

time spent living

*would be / seamlessly
could / fault lines*

[1] **Wende:** the "turn": Germans' word for the political and social change that led to reunification in 1990.

15   Dieser Glaube unterschätzt° eine starke Macht im Leben aller Menschen: die Gewohnheit°. Wenn man zum Beispiel seinen Urlaub in einem Ferienhaus verbringt und, nachher wieder zu Hause, den Lichtschalter vergeblich rechts von der Tür sucht,° weil er zwei Wochen lang dort war, kann man verstehen, dass 45 Jahre Trennung, Konkurrenz° und Hass so schnell nicht aus dem Leben verschwinden können.

    Darum hat meine Familie ein Spiel erfunden. Wir spielen es mit Freunden, wenn
20 sie uns in Berlin besuchen. Es geht so: Wir fahren mit dem Auto durch die Stadt. Ein Gast hat die Augen verbunden°. Irgendwo halten wir an, und dann muss er versuchen herauszufinden, ob er im ehemaligen West- oder Ostteil der Stadt ist.

    Die Spielregeln verbieten einige Hilfen: Man darf zum Beispiel nicht einfach in den nächsten Supermarkt gehen. Das Angebot° dort ist auch 20 Jahre nach der Wende
25 noch deutlich° geteilt. Die alten Zigarettenmarken° aus dem Osten zum Beispiel findet man nur im Osten. In einer anderen Filiale° nur 500 Meter weiter, aber jenseits° der unsichtbar° gewordenen Grenze, gibt es sie nicht.

    Ein guter Tipp ist aber der Zustand° der alten Wohnhäuser: Wenn die Fassaden besonders schön renoviert sind, ist man wahrscheinlich im alten Ostberlin. Nach der
30 Wende ist das meiste° Geld in die Bezirke° Ostberlins geflossen, wo die Häuser in besonders schlechtem Zustand waren. Diese Stadtteile glänzen heute am schönsten.°

    Wenn man in ein Hochhausviertel° mit den berühmt-berüchtigten° „Platten"[2] kommt, weiß man natürlich sofort, wo man ist: Obwohl es solche Vorstädte auch im Westen gibt, hat man dort anders gebaut.

35   Die Sprache der Berliner gibt zunächst° wenig Hinweise°, wo man ist. In beiden Stadthälften haben die Berliner einen rauhen, meckernden und unhöflichen Ton° – dieser Ton gilt in Berlin als humorvoll°. Aber wenn ein Volk ein halbes Jahrhundert so streng getrennt lebt wie das deutsche, entwickelt sich die Sprache in verschiedene Richtungen°: Der Plastikeimer° im Westen hieß im Osten der Plaste-
40 Eimer; das Brathähnchen° bei uns war in der DDR der Broiler. Zu Weihnachten setzten wir einen Engel auf den Christbaum; im Osten aber, wo der Staat die Kirchen bekämpfte° aber die Traditionen nicht ausmerzen° konnte, hieß dasselbe Wesen° eine Jahresendflügelfigur[3].

    Wenn man Berlin besucht, sieht man auf den ersten Blick° nicht mehr viel von der
45 alten getrennten Stadt. Aber erst die Generation, die° in den letzten zehn Jahren geboren ist, wird nicht mehr fragen°, ob der Mensch, mit dem° man spricht, arbeitet, wohnt – oder den man liebt° – aus der anderen Hälfte der Stadt, aus der anderen, fremden Welt kam.

Margin glosses
underestimates
habit
Lichtschalter … *looks in vain for the light switch to the right of the door / competition*
blindfolded
choice of products
clearly / cigarette brands
branch (of the same chain) / on the other side / invisible / condition
most / districts
glänzen … *shine most beautifully now / high-rise neighborhood / infamous*
*= **zuerst** / clues*
rauhen … *rough, crabby, and impolite tone / **gilt** … is considered humorous in Berlin / directions / plastic pail / roast chicken combatted / eradicate / **dasselbe** … the same being*
auf … *at first glance*
that
wird … *will no longer ask / **mit dem** = with whom / **den man liebt** = whom one loves*

Brandenburger Tor und
Berliner Mauer im Jahr
1989

Peter Turnley/Turnley/Corbis

[2] **Platten:** prefabricated concrete slabs used in the construction of inexpensive, high-rise apartment buildings. In the GDR the slabs contained hazardous asbestos.

[3] **Jahresendflügelfigur:** "winged figure for the end of the year." It is unclear whether this word was ever really used in East Germany. Today many people consider it merely a joke invented to make fun of the excesses of East German anticlerical officialese.

Berlin nach der Wende: Wo sind by Michael Kleeberg. Reprinted by permission of the author.

A **Antworten Sie auf Deutsch**

1. Wer hat die Berliner Mauer gebaut? Wann war das?
2. Warum hat man diese Mauer gebaut?
3. Wann hat man die Mauer geöffnet?
4. Beschreiben Sie das Spiel, das die Familie Kleeberg erfunden hat.
5. Welche Unterschiede gibt es heute noch zwischen den zwei Hälften Berlins?
6. Was hat sich seit der Wiedervereinigung in Ost-Berlin geändert?
7. Geben sie ein Beispiel von einem Unterschied im Wortschatz zwischen Ost- und West-Berlin.

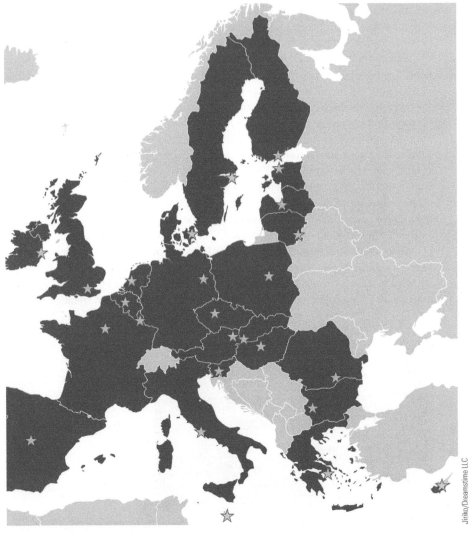

Mitgliedstaaten der Europäischen Union.

B **Partnerarbeit: EU-Quiz**

1. Arbeiten Sie zusammen und tragen Sie die Namen der 27 EU-Mitgliedstaaten und ihrer Hauptstädte auf der Karte ein. (**eintragen:** *to enter*)

Mitgliedstaaten

Belgien	Malta
Bulgarien	die Niederlande
Dänemark	Österreich
Deutschland	Polen
Estland	Portugal
Finnland	Rumänien
Frankreich	Schweden
Griechenland	die Slowakei
Großbritannien	Slowenien
Irland	Spanien
Italien	die Tschechische
Lettland	Republik
Litauen	Ungarn
Luxemburg	Zypern

Hauptstädte

Athen	Madrid
Berlin	Nicosia
Bratislava	Paris
Brüssel	Prag
Budapest	Riga
Bukarest	Rom
den Haag	Sofia
Dublin	Stockholm
Helsinki	Tallinn
Kopenhagen	Valletta
Lissabon	Vilnius
Ljubljana	Warschau
London	Wien
Luxemburg	

2. Welche Kurzbeschreibung passt (*fits*) zu welchem Land?

   a. Wurde erst 1995 Mitglied der EU. Berühmt für seine Musikkultur. Landessprache: Deutsch.

   b. Hat im 16. Jahrhundert Mexiko, Süd- und Mittelamerika kolonisiert.

   c. Spaniens Nachbarstaat auf der iberischen Halbinsel.

   d. Hier hatten die abendländische (*Western*) Philosophie und die Demokratie ihren Anfang.

   e. Ein relativ kleines Land, aber im 17. und 18. Jahrhundert eine große See- und Handelsmacht; hatte in Afrika, Indonesien und Nordamerika Kolonien.

   f. Halbinsel im Mittelmeer; historisches Zentrum eines alten Weltreichs.

   g. Insel im Mittelmeer vor der türkischen Küste, wo ein Teil der Bewohner Türkisch spricht und ein Teil Griechisch.

   h. Heimat von Kopernikus und Chopin.

1. Wer hat das erfunden?

   Links stehen die Namen von berühmten Erfindern. Rechts sehen Sie ihre
   Erfindungen. Wer hat was erfunden?

   Rudolf Diesel
   Thomas A. Edison
   Hedy Lamarr
   Dean Kamen
   Daniel Gabriel Fahrenheit
   Edwin Land

Radioges-
teuertes
System für
Torpedos

Hedy Lamarr

das Quecksilberthermometer

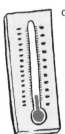

die Glühbirne

die Polaroidkamera

der Segway-Roller

der Dieselmotor

2. Was ist hier verboten? Was ist hier erlaubt?

Links sehen Sie einige Schilder (*signs*). Rechts sehen Sie, was verboten und was erlaubt ist. Was bedeutet jedes Schild?

BEISPIEL:

Es ist erlaubt, nach rechts zu fahren.

[1]

[2]

a. Zigaretten rauchen verboten

b. Hunde mitbringen verboten

c. nach links fahren erlaubt

d. Fotografieren verboten

e. Rad fahren erlaubt

[3]

[4]

f. Wasser trinken verboten

g. zu Fuß gehen erlaubt

h. Handys benutzen verboten

i. parken erlaubt

j. 100 Stundenkilometer fahren erlaubt

[5]

[6]

[7]

[8]

[9]

[10]

D Wie sagt man das auf Deutsch?

1. When did your relatives immigrate to America?
2. Some emigrated from Germany sixty years ago.
3. Others arrived at the beginning of the nineteenth century.

4. Ute told me that you got hurt.
5. Yes, I broke my arm last week.
6. How did that happen?
7. I had an accident with my new bicycle.

8. Hurry up or we'll be late!
9. I still have to wash up and get dressed.
10. Thank goodness we can afford a taxi.

11. Have the children already eaten?
12. Yes, and they've washed up and are already in bed.

Schreibtipp

Enhancing your writing style

Below you are asked to write about your morning routine. In describing a series of actions, the temptation is to give every sentence the same structure, e.g., **Ich stehe auf. Ich wasche mich. Ich ...** To make your style more engaging, vary sentence structure by adding transition words and time phrases, e.g., **Ich stehe fast immer um 7 Uhr auf. Zuerst ... Und dann ... Um 8 Uhr ... Aber am Wochenende ...**

➤ **Schreiben wir mal: Meine Morgenroutine** Beschreiben Sie, was Sie jeden Morgen machen. Hier sind einige nützliche Verben und Ausdrücke:

- frühstücken
- Rucksack packen
- aufstehen
- zur Uni gehen
- sich rasieren (*shave*)
- sich schminken (*put on makeup*)
- sich die Zähne putzen
- sich anziehen
- sich duschen (*shower*)
- sich baden (*take a bath*)
- sich die Haare kämmen (*comb one's hair*)

A Gruppenarbeit: Fragen zu den Bildern

1. Wer hat blonde Haare – der Mann im Anzug? die Frau mit dem Gips?
2. Wer hat rote Haare? Schwarze Haare? Wer ist brünett?
3. Wer ist konservativ angezogen? Wer sieht sportlich aus?
4. Wer rasiert sich nicht?

B Partnerarbeit Fragen Sie einander über die Menschen in diesen Bildern.

C Quiz: Wer ist das?

Describe another person in the class (short? tall? blond? etc.) and see if the others can guess whom you mean.

Web Search

Zeittafel zur deutschen Geschichte, 1939 bis heute

1939 Deutscher Einmarsch in Polen; Anfang des Zweiten Weltkriegs.

1945 9. Mai Kapitulation Deutschlands. Der Zweite Weltkrieg ist in Europa zu Ende.

1946 Erste demokratische Kommunalwahlen seit 1933.

1947 Der Marshall-Plan bringt den Westzonen ökonomische Hilfe. Der Wiederaufbau beginnt.

1948 Währungsreform im Westen. Berlin-Blockade durch die Sowjets, Berliner Luftbrücke.

1949 Gründung der BRD und der DDR, Deutschland wird in zwei Staaten geteilt.

1953 17. Juni Der Arbeiteraufstand in der DDR wird mithilfe der Sowjetunion niedergeschlagen.

1955 Die BRD wird Mitglied der NATO, die DDR wird Mitglied des Warschauer Paktes.

1961 Bau der Mauer zwischen Ost- und West-Berlin.

1963 Besuch des US-Präsidenten John F. Kennedy an der Mauer.

70er-Jahre Willy Brandts Ostpolitik. Normalisierung der Beziehungen zwischen der BRD und der DDR.

1987 750-Jahr-Feier in beiden Teilen der Stadt Berlin.

1989 Spätsommer Tägliche Flucht vieler DDR-Bürger über Ungarn. Erich Honecker tritt zurück. Millionen demonstrieren in Ostberlin, Leipzig und anderen Städten.

> **9. November** Die Regierung öffnet die Grenzen.

1990 März Erste demokratische Wahlen in der DDR.

> **Juli** Währungsunion der beiden deutschen Staaten.

> **Oktober** Deutsche Wiedervereinigung.

Dezember Erste gesamtdeutsche demokratische Wahlen seit 1932.

1991 Berlin wird wieder die Hauptstadt Deutschlands.

1994 Die letzten alliierten Truppen verlassen Berlin.

1995 Österreich wird Mitglied der Europäischen Union.

1999 Im Kosovo nehmen deutsche Truppen zum ersten Mal seit dem Zweiten Weltkrieg an einer Militäraktion im Ausland teil. Später kämpfen deutsche Truppen auch in Afghanistan.

2002 Der Euro wird die offizielle Währung aller EU-Länder außer Großbritannien und Dänemark. Deutschland schickt Bundeswehrsoldaten nach Afghanistan.

2005 Angela Merkel wird die erste Bundeskanzlerin.

2011 Nach dem Tsunami und der Nuklearkatastrophe von Fukushima in Japan entschließt sich (*decides*) die BRD, innerhalb der nächsten zehn Jahre aus der Atomkraft auszusteigen.

Rückschau: Was habe ich gelernt?

	No problem.	Almost there.	Needs more work.	See pages
1. I know all of the reflexive pronouns, both accusative and dative.				312, 316
2. I can use reflexive verbs in sentences.				312–317
3. I have learned some verbs that are always reflexive.				315, 317
4. I have learned the words for parts of the body and can describe the way people look.				318, 337
5. I understand how to form adjectival nouns and how they are used in German.				321–324
6. I am familiar with some nouns and adjectives of nationality.				328
7. I have learned something about German reunification and how Germans feel about it.				330–331
8. I have learned something about the countries of the European Union.				332–333
9. I know something about the history of Germany since 1945				338–339

Lev77/Dreamstime.com

◀ Der Mainzer Dom

Kommunikation

- Comparing things
- Recalling personal experience

Kultur

- Reading an authentic German literary text
- Hobbys und Freizeit

In diesem Kapitel

- **Lyrik zum Vorlesen**
  Joseph von Eichendorff, „Heimweh"

- **Grammatik**
  1. Comparison of adjectives and adverbs
  2. Relative pronouns and relative clauses
  3. The verb **lassen**
  4. Parts of the day

- **Lesestück**
  Anna Seghers, „Zwei Denkmäler"

- **Vokabeln im Alltag**
  Hobbys und Freizeit

- **Almanach**
  Denkmäler

Dialoge

Lab Manual Kap. 12, Dialoge, Fragen, Hören Sie gut zu!

>> Erinnerungen

Klaus und Anja sind seit der fünften Klasse beste Freunde. Jetzt studieren sie beide an der Universität Mainz. Heute treffen sie sich in der Mensa und fangen an, über die Schulzeit zu reden.

KLAUS: Erinnerst du dich noch an Frau Helmholtz?

ANJA: Die Chemielehrerin in der elften Klasse? Klar, sie war die beste Lehrerin, die ich je hatte!

KLAUS: Ja, die war schon echt toll, aber in Chemie war ich ziemlich schwach. Darum hat mir Herr Körner besser gefallen.

ANJA: Oje – der Lehrer, für den wir die längsten Romane lesen mussten! Aber ich fand ihn auch sympathisch.

>> Klatsch

MAJA: Wer war denn der Typ, mit dem Rita gestern weggegangen ist?

LUKAS: Der Mann, der so komisch angezogen war?

MAJA: Genau, den meine ich.

LUKAS: Das war der Rudi. Stell dir vor, das ist ihr neuer Freund.

MAJA: Wenigstens sieht er intelligenter aus als der Letzte.

>> Vor der Haustür

Frau Schwarzer, die neulich ins Haus eingezogen ist, redet nach der Arbeit mit ihrem Nachbarn Herrn Beck.

FRAU SCHWARZER: Ach Herr Beck, ich wollte Sie etwas fragen: Wo kann ich hier in der Gegend meinen VW reparieren lassen?

HERR BECK: Da empfehle ich Ihnen den Herrn Haslinger in der nächsten Querstraße. Er ist hier der beste Mechaniker, aber leider nicht der Billigste.

FRAU SCHWARZER: Hmm ... Im Augenblick bin ich etwas knapp bei Kasse. Ich glaub', ich mache es diesmal lieber selber.

HERR BECK: Na, viel Spaß . . . Also, dann wünsche ich Ihnen einen schönen Abend noch.

FRAU SCHWARZER: Danke, gleichfalls!

NOTE ON USAGE

Meanings of *etwas*

Note three different meanings of **etwas**:

Ich wollte Sie **etwas** fragen.	*something*
Ich bin **etwas** knapp bei Kasse.	*somewhat, a little*
Hast du **etwas** Geld?	*some*

>> **Wortschatz 1**

Tutorial Quiz
Audio Flashcards

Verben

sich erinnern an (+ *acc.*) to remember

lassen (lässt), ließ, hat gelassen to leave (*something or someone*); leave behind; to let, allow; to have something done (*for oneself*)

reden to talk, speak

reparieren to repair

sich verloben mit to become engaged to

weg·gehen, ging weg, ist weggegangen to go away, leave

wünschen to wish

Substantive

der **Klatsch** gossip

der **Typ, -en** (*slang*) guy

> **der Typ:** Used colloquially for males (**ein sympathischer Typ**).

das **Mal, -e** time (*in the sense of "occurrence"*)

diesmal (or **dieses Mal**) this time

jedes Mal every time

letztes Mal last time

zum ersten (zweiten, usw.) Mal for the first (second, etc.) time

die **Erinnerung, -en** memory

die **Gegend, -en** area, region

die **Nacht, ¨e** night

in der Nacht at night

Gute Nacht. Good night.

Adjektive und Adverbien

besser better

best- best

etwas somewhat, a little

intelligent intelligent

knapp scarce, in short supply

knapp bei Kasse (*colloq.*) short of money

komisch peculiar, odd; funny

längst- longest

nächst- nearest; next

ruhig (*as sentence adverb*) feel free to . . . , go ahead and . . . , why don't you . . .

Du kannst ruhig hier bleiben. Feel free to stay here.

übermorgen the day after tomorrow

vorgestern the day before yesterday

Andere Vokabeln

als (*with adj. or adv. in comparative degree*) than

intelligenter als more intelligent than

na well . . .

Nützliche Ausdrücke

Danke, gleichfalls. Thanks, you too. Same to you.

im Augenblick at the moment

Oje! Geez! Oh my!

Viel Spaß! Have fun!

Gegensätze

sich erinnern ≠ vergessen to remember ≠ to forget

reden ≠ schweigen, schwieg, hat geschwiegen to speak ≠ to be silent

reparieren ≠ kaputt machen to repair ≠ to break

weggehen ≠ zurückkommen to go away ≠ to come back

die Nacht ≠ der Tag night ≠ day

**Sprichwort:
Reden ist Silber,
Schweigen ist Gold.**

A **Persönliche Fragen**

1. Hatten Sie in der Schule eine Lieblingslehrerin oder einen Lieblingslehrer? Wie hieß sie oder er?
2. Warum war sie die Beste oder warum war er der Beste?
3. Lukas sagt, dass Rudi komisch angezogen war. Wie sieht man aus, wenn man komisch angezogen ist? Was trägt man zum Beispiel?
4. Besitzen Sie einen Wagen? Was für einen?
5. Können Sie Ihr Auto selber reparieren?

B **Übung: Das Beste in der Gegend** Herr Beck kennt den besten Mechaniker in der Gegend. Wissen Sie, wo man das Beste in der Gegend findet? Wo ist hier in unserer Gegend zum Beispiel ...

das beste Restaurant?	die beste Kneipe?
die beste Pizzeria?	das beste Kleidergeschäft?
das beste Sportgeschäft?	der beste Supermarkt?

C **Partnerarbeit: Das darfst du ruhig machen.** Sie brauchen etwas (z.B., einen Kuli). Ihr Partner sagt, Sie dürfen ruhig seinen Kuli benutzen.

BEISPIEL: A: Ich brauche einen Kuli.
B: Du kannst *ruhig* meinen Kuli benutzen.

Here are some examples of things you might need: **Laptop**, **Auto**, **Wörterbuch**, **Spiegel**, **Fahrrad**, **Handy**.

Spätnachmittag in einem alten Schloss in Mähren (Moravia)

T. Hansen

◀)) LYRIK ZUM VORLESEN

2–20

Joseph von Eichendorff was one of the foremost poets of the Romantic movement in Germany. Reverence for nature, longing for one's beloved, and nostalgia for one's homeland are all typical themes for the Romantics. The poem "Heimweh" (*Homesickness*) is from Eichendorff's story **Aus dem Leben eines Taugenichts** (*From the Life of a Good-for-Nothing*), in which the hero, in Italy, yearns for Germany and his beloved.

Heimweh

Wer in die Fremde° will wandern	= *ins Ausland*
Der muss mit der Liebsten° gehn,	*beloved*
Es jubeln° und lassen die andern	*rejoice*
Den Fremden alleine stehn.	
Was wisset ihr, dunkele Wipfel°	*treetops*
Von der alten, schönen Zeit?	
Ach, die Heimat hinter den Gipfeln°,	*peaks*
Wie liegt sie von hier so weit!	
Am liebsten° betracht° ich die Sterne°,	**Am ...** *Most of all; I prefer to / contemplate / stars*
Die schienen, wie° ich ging zu ihr,	= *als*
Die Nachtigall° hör ich so gerne,	*nightingale*
Sie sang vor der Liebsten Tür.	
Der Morgen, das ist meine Freude°!	*joy*
Da steig ich in stiller° Stund'	*quiet*
Auf den höchsten° Berg in die Weite°,	*highest / distance*
Grüß dich, Deutschland, aus Herzens Grund°!	**aus ...** *from the bottom of my heart*

Joseph von Eichendorff (1788–1857)

Heimweh, Joseph von Eichendorff

Zeichnung (*drawing*) von Ludwig Richter (19. Jahrhundert) ▶

Fair Use

Grammatik

Tutorial Quiz

>> 1. Comparison of adjectives and adverbs

DEFINITION

What does *comparison* mean?

Comparison here means adding endings onto adjectives and adverbs to indicate their degree of intensity, e.g., *hot, hotter, hottest.*

There are three degrees of comparison.

- Positive degree, for things that are the same:

genauso interessant wie = *just as interesting as*
genauso schnell wie = *just as fast as*

Ich finde, Chemie ist **genauso interessant wie** Physik.	*I think that chemistry is **just as interesting as** physics.*
Steffi **läuft genauso schnell wie** ich.	*Steffi runs just **as fast as** I do.*

- Comparative degree, when one thing has more or less of a quality than something else does:

marker: **-er**
interessanter als = *more interesting than*
schneller als = *faster than*

Ich finde Philosophie **interessanter als** Psychologie.	*I think philosophy is **more interesting than** psychology.*
Steffi läuft **schneller als** Pawel.	*Steffi runs **faster than** Pawel.*

- Superlative degree, when something possesses more of a quality than anything else does:

marker: **-(e)st-** for descriptive adjectives
das interessanteste Fach = *the most interesting subject*
die schnellste Läuferin = *the fastest runner*

Ich finde, Linguistik ist **das interessanteste Fach.**	*I think linguistics is **the most interesting subject.***
Steffi ist **die schnellste Läuferin** in unserer Schule.	*Steffi is **the fastest runner** in our school.*

marker: **am -(e)sten** for predicate adjectives and adverbs
am interessantesten = *(the) most interesting*
am schnellsten = *(the) fastest*

Von allen Fächern finde ich Linguistik **am interessantesten.**	*Of all the subjects, I find linguistics **the most interesting.***
Steffi läuft **am schnellsten.**	*Steffi runs **the fastest.***

Formation of comparative degree (*der Komparativ*)

- To form the comparative degree of any adjective or adverb, add the marker **-er** to the basic form.

Dieses Buch ist **interessanter**.	*This book is more interesting.*
Dieser Zug fährt **schneller**.	*This train travels faster.*

Note: no matter how long the German adjective is, simply add **-er** to form the comparative: **interessant** → **interessanter** (unlike English: *interesting* → *more interesting*).

- A descriptive adjective in a noun phrase adds the necessary adjective ending *after* the comparative -**er**- ending:

Ich lese ein **interessanteres** Buch.	*I'm reading a more interesting book.*
Wir fahren mit dem **schnelleren** Zug.	*We're taking the faster train.*

- **als** = *than* (when used with the comparative).

Das Buch ist interessanter **als** der Artikel.	*The book is more interesting than the article.*

> **Spelling note:** Adjectives ending in **-el** and **-er** drop the **-e-** in the comparative:
> **dunkel**→**dunkler**
> **teuer**→**teurer**

---

1 **Übung** Everyone is praising Pawel, but you respond that you are *more* everything than he is.

> Pawel ist interessant.

> Aber ich bin interessanter als er.

1. Pawel ist hübsch.
2. Er ist ruhig.
3. Er läuft schnell.
4. Er ist ehrlich.
5. Er ist fleißig.
6. Er ist freundlich.
7. Er steht früh auf.
8. Er ist sportlich.

Lab Manual Kap. 12, Üb. 1 and Var. zu Üb. 3, 4, 6, 7, 9–11.
Workbook Kap. 12, A–F.

2 **Übung: Vergleichen wir!** (*Let's compare!*) Compare each pair of things below with each other, using the verb phrase given.

BEISPIEL: Ein Auto fährt schneller als ein Fahrrad.

   schnell fahren

   langsam sein

   gut (besser) schmecken

   modern sein

   reich sein

Herr Schacht   Herr Mandl

Credits: © Cengage Learning

3 **Übung: Im Kaufhaus** Sie sind Verkäufer oder Verkäuferin im Kaufhaus (*department store*). Ihr Professor spielt einen Kunden. Nichts scheint ihm zu gefallen. Sie versuchen ihm etwas Schöneres, Billigeres usw. zu zeigen.

BEISPIEL: Dieses Hemd ist mir nicht dunkel genug.
　　　　 Hier haben wir dunklere Hemden.

1. Diese Blumen sind mir nicht schön genug.
2. Diese Brötchen sind mir nicht frisch genug.
3. Diese Schuhe sind mir nicht elegant genug.
4. Diese Bücher sind mir nicht billig genug.
5. Diese Fahrräder sind mir nicht leicht genug.
6. Diese Computer sind mir nicht schnell genug.

... nicht schön genug

Formation of the superlative (*der Superlativ*)

The superlative is formed in the following ways:

Adverbs All adverbs form their superlative using the following pattern:

am _____ -(e)sten

> Note on spelling: An extra **-e-** is added when the positive degree ends in -d, -t, -s, -ß, or -z: **am mildesten am heißesten**

Steffi läuft **am schnellsten**.	*Steffi runs (the) fastest.*
Niklas hat **am lautesten** gesungen.	*Niklas sang the loudest.*

No matter how long an adverb is, simply add **-(e)sten: am interessantesten** = *most interestingly.*

Descriptive adjectives Descriptive adjectives in noun phrases add the regular adjective endings after the superlative **-(e)st-:**

Das **interessanteste** Bild hängt im Museum.	*The most interesting picture is in the museum.*
Wir fuhren mit dem **schnellsten** Zug.	*We took the fastest train.*

Predicate adjectives Predicate adjectives in the superlative may occur either in the **am _____ -(e)sten** pattern or with the definite article and regular adjective endings.

> The superlative makes logical sense only with the definite article, never with the indefinite article: **der tiefste See** (the deepest lake, but not "a" deepest lake).

Albert ist **am interessantesten**.	*Albert is the most interesting.*
Albert ist **der interessanteste**.	*Albert is the most interesting person.*
Diese Bücher sind **die interessantesten**.	*These books are the most interesting (ones).*

4 Übung: Ich mache das am besten! A visitor is praising the whole class. You then praise yourself in the superlative.

1. Alle sind sehr freundlich.
2. Alle sind sehr fleißig.
3. Alle singen echt schön.
4. Alle sind sehr elegant angezogen.
5. Alle sind sehr sportlich.
6. Alle denken kreativ.

> Alle laufen sehr schnell.

> Aber ich laufe am schnellsten.

5 Gruppenarbeit: Ich bin der/die _____-ste! Here are some adjectives you can use to describe yourself. Choose the one that you think you exemplify the best of anyone in the class. (*Nehmen Sie es nicht zu ernst!*)

> Ich bin die Hungrigste hier!

> Ich bin der Sportlichste hier!

Everett Collection/Shutterstock.com

Everett Collection/Shutterstock.com

aktiv	elegant	hungrig
altmodisch	faul	modern
blöd	fleißig	radikal
clever	höflich	wahnsinnig

6 Partnerarbeit: Dialog im Laden Take turns playing a customer and a salesclerk:

elegante Schuhe
schöne Bilder
bunte Hemden
interessante Bücher
moderne Stühle
leichte Sportkleider

> Ich suche billige Weine.

> Hier sind unsere *billigsten* Weine.

Umlaut in the comparative and superlative

Many one-syllable adjectives and adverbs are umlauted in the comparative and superlative degrees. Here is a list of the comparative and superlative forms of adjectives and adverbs that you already know.

	Positive	Comparative	Superlative
old	alt	älter	am ältesten
young	jung	jünger	am jüngsten
dumb	dumm	dümmer	am dümmsten
smart	klug	klüger	am klügsten
cold	kalt	kälter	am kältesten
warm	warm	wärmer	am wärmsten
short	kurz	kürzer	am kürzesten
long	lang	länger	am längsten
strong	stark	stärker	am stärksten
weak	schwach	schwächer	am schwächsten
sick	krank	kränker	am kränksten
healthy	gesund	gesünder	am gesündesten
poor	arm	ärmer	am ärmsten
hard, harsh	hart	härter	am härtesten
often	oft	öfter	am öftesten
red	rot	röter	am rötesten
black	schwarz	schwärzer	am schwärzesten

7 **Gruppenarbeit: kalt / kälter / am kältesten** The first student reads a sentence and the next two respond with the comparative and superlative.

1. Mein Bruder ist stark.
2. Mein Auto ist alt.
3. Meine Schwestern sind jung.
4. Mein Freund ist krank.
5. Mein Referat ist lang.
6. Mein Zimmer ist warm.
7. Mein Besuch war kurz.
8. Mein Beruf ist hart.

8 **Gruppenarbeit: Vergleichen wir. (*Let's compare.*)** Sechs oder sieben Studenten stehen vor der Klasse. Zuerst sagen sie auf Deutsch, wann sie geboren sind. Dann beantwortet die Klasse diese Fragen.

1. Wer ist der/die Älteste?
2. Wer ist der/die Jüngste?
3. Wer ist der/die Größte?
4. Wer ist der/die Kleinste?
5. Wer hat die längsten/kürzesten Haare?
6. Wer ist heute am schönsten angezogen?

schön   schöner   am schönsten

Irregular comparatives and superlatives

Only a few adjectives and adverbs in German have irregular forms in the comparative and superlative.

> **Note:** The irregularity of **groß** is that it adds the **-t** (**größt-**) rather than **-est** to the stem.
>
> Use **hoch** as a predicate adjective (**Der Berg ist hoch.**), but **hoh-** before the noun (**Das ist ein hoher Berg.**).

Positive	Comparative	Superlative	
gern	lieber	am liebsten	*like to/prefer to/like to most of all*
groß	größer	am größten	*big/bigger/biggest*
gut	besser	am besten	*good, well/better/best*
hoch, hoh-	höher	am höchsten	*high/higher/highest*
nahe	näher	am nächsten	*near/nearer/nearest; next*
viel	mehr	am meisten	*much, many/more/most*

- The three degrees of **gern** are used to say how much you like to do things.

Ich gehe **gern** ins Kino.	*I like to go to the movies.*
Ich gehe **lieber** ins Theater.	*I'd rather* (or) *I prefer to go to the theater.*
Ich gehe **am liebsten** ins Konzert.	*Most of all, I like to go to concerts.*

- **Viel** means *much* or *a lot of* and it has *no adjective endings*. **Viele** means *many* and *does* have regular plural endings.

Ich esse **viel** Brot.	*I eat a lot of bread.*
Ich habe **viele** Freunde.	*I have many friends.*

- The comparative degree **mehr** *never* has adjective endings.

Du hast **mehr** Freunde als ich.	*You have more friends than I.*

- The superlative degree **meist-** *does* take endings; in addition, it is used with the definite article, in contrast to English.

Die meisten Studenten essen in der Mensa.	***Most*** *students eat in the cafeteria.*

9 **Übung: gut, besser, am besten** Rank the items according to the criteria below.

BEISPIEL: schnell fahren

Ein Fahrrad fährt schnell, ein Bus fährt schneller und ein Zug fährt am schnellsten.

schnell fahren

gut schmecken

hoch sein

nahe sein

viel wissen

10 Übung: Was sind Ihre Präferenzen? Rank your preferences, as in the example.

BEISPIEL: trinken   Tee, Kaffee, Milch

> Ich trinke gern Milch. Ich trinke lieber Kaffee. Aber am liebsten trinke ich Tee.

1. lesen   Zeitungen, Gedichte, Romane
2. hören   Rockmusik, Jazz, klassische Musik
3. wohnen   in der Stadt, auf dem Land, am Meer
4. spielen   Fußball, Tennis, Volleyball
5. bekommen   Briefe, Geschenke, gute Noten
6. essen   Pommes frites, Sauerkraut, Bauernbrot
7. schreiben   Briefe, Referate, Postkarten

Comparisons

genauso ... wie = *just as . . . as*
nicht so ... wie = *not as . . . as*

Heute ist es **genauso kalt wie** gestern.	*Today it's **just as cold as** yesterday.*
Aber es ist **kälter als** vorgestern.	*But it's **colder than** the day before yesterday.*
Stuttgart ist **nicht so groß wie** Berlin.	*Stuttgart is **not as big as** Berlin.*
Aber es ist **größer als** Tübingen.	*But it's **bigger than** Tübingen.*

immer _____-er (shows progressive change)

Das Kind wird **immer größer**.	*The child's getting **bigger and bigger**.*
Karen liest **immer mehr** Bücher.	*Karen's reading **more and more** books.*

11 Gruppenarbeit: Damals und jetzt Vergleichen wir damals und jetzt. Jeder sagt, wie es früher war und wie sich alles immer mehr ändert.

BEISPIELE: A: Früher hatte man mehr Zeit, heute ist man **immer mehr** in Eile.
            B: Früher war das Lebenstempo langsamer, jetzt wird es **immer schneller**.
            C: Früher kostete das Studium . . .

12 Schreiben wir mal. Draw, photograph, or print out two contrasting pictures and compare them in German.

BEISPIEL: Diese Mutter sieht nicht so jung aus wie diese hier, aber dieses Kind ist genauso alt wie das Kind da. Das dritte Kind ist das älteste.

13 Gruppenarbeit: Weltrekorde Jeder von Ihnen stellt den anderen eine Frage über einen Weltrekord. Die anderen müssen die Antwort erraten (*guess*).

BEISPIEL: Wie heißt der höchste Berg der Welt?
          Wer ist die beste Tennisspielerin der Welt?

Mal was Lustiges!

Aphorismen

Der griechische
Philosoph Pythagoras

These aphorisms comment on memory and the past.

Der Stress von heute ist die gute alte Zeit von morgen.

Alles kommt und geht. Was bleibt, sind die Erinnerungen!

Am liebsten erinnern sich die Frauen an die Männer, mit
denen sie lachen konnten.

Anton Tschechow

Frühere Zeiten hält man immer für° die besseren.

Achim von Arnim

Das Gestern ist fort°, das Morgen nicht da. Leb' also heute!

Pythagoras

halten ... für = *think
they are*

= *weg*

>> ## 2. Relative pronouns and relative clauses (*Relativpronomen und Relativsätze*)

A relative clause modifies a noun by adding more information. It is introduced
by a relative pronoun.

	rel. pron.	
Frau Helmholtz war die beste Lehrerin,	**die**	**ich je hatte**.
Frau Helmholtz was the best teacher	*that*	*I ever had.*

The relative clause **die ich je hatte** modifies **die beste Lehrerin** by giving
more information.

In English, the relative pronouns are *that, which, who, whom,* and *whose.*
In German, the relative pronoun is almost identical to the definite article.
Study this table and note the forms in bold that are *different* from the definite
article.

Relative pronouns			
	Masculine	*Neuter*	*Feminine*	*Plural*
nominative	der	das	die	die
accusative	den	das	die	die
dative	dem	dem	der	**denen**
genitive	**dessen**	**dessen**	**deren**	**deren**

A relative pronoun "relates"—or refers back—to a noun called its *antecedent*. The antecedent and the relative pronoun always refer to the same person or thing:

antecedent   *masc. sing.*
                  nom.

1. Das ist **der Typ**.   **Er** war im Kino.

   Das ist der Typ, **der** im Kino war.

   rel. pron.
   *That's the guy **who** was at the movies.*

                                       fem. sing.
   antecedent   *dat.*

2. Kennst du **die Frau**?   Ich arbeite mit **ihr**.

   Kennst du die Frau, mit **der** ich arbeite?

   rel. pron.
   *Do you know the woman [**whom**] I work with?*

                                 masc. sing.
   antecedent   *gen.*

3. Das ist **der Autor**.   Die Romane **des Autors** sind berühmt.

   Das ist der Autor, **dessen** Romane berühmt sind.

   rel. pron.
   *That's the author **whose** novels are famous.*

                             acc.
   antecedent   *plural*

4. Hast du **die Bücher**?   Ich habe **sie** dir geliehen.

   Hast du die Bücher, **die** ich dir geliehen habe?

   rel. pron.
   *Do you have the books [**that**] I lent you?*

Basics of German relative clauses

1. The relative pronoun is *never* omitted, as it often is in English (see examples 2 and 4 above).
2. The relative pronoun always has *the same gender and number* as its antecedent.
3. The relative pronoun's *case* is determined by its function in the relative clause.

   fem. sing.   *fem. sing.*
   nom.   *dat.*

   Das ist **die Frau**, mit **der** ich arbeite.

4. When the relative pronoun is the object of a preposition, the preposition *always precedes* it in the relative clause:

   Kennst du die Frau, mit **der** ich arbeite?

In English the preposition often comes at the end of the relative clause (*the woman I work* **with**). This is *never* the case in German.

5. Relative clauses are always SUBORDINATE CLAUSES with verb-last word order. Relative clauses are *always* set off by commas.

6. Relative clauses are usually placed immediately after their antecedents.

> **Das Buch**, **das** du mir geliehen hast, hat mir geholfen.
> ***The book that*** *you lent me helped me.*

 **14** **Kettenreaktion: Das ist der Mann, der hier wohnt.**

 Lab Manual Kap. 12, Üb. 14, and Var. zu Üb. 17, 19, 20, 22.

Workbook Kap. 12, G–K.

Jemand liest den ersten Satz auf Deutsch vor. Jemand anders gibt eine englische Übersetzung und liest dann den nächsten Satz vor, usw.

> Das ist der Mann, der hier wohnt.

> *That's the man who lives here.* Das ist der Mann, den ich kenne.

> *That's the man . . .*

1. Das ist der Mann, der hier wohnt.
2. Das ist der Mann, den ich kenne.
3. Das ist der Mann, dem wir helfen.
4. Das ist der Mann, dessen Frau ich kenne.

5. Das ist das Fahrrad, das sehr leicht ist.
6. Das ist das Fahrrad, das sie gekauft hat.
7. Das ist das Fahrrad, mit dem ich zur Arbeit fahre.
8. Das ist das Fahrrad, dessen Farbe mir gefällt.

9. Das ist die Frau, die Deutsch kann.
10. Das ist die Frau, die wir brauchen.
11. Das ist die Frau, der wir Geld geben.
12. Das ist die Frau, deren Romane ich kenne.

13. Das sind die Leute, die mich kennen.
14. Das sind die Leute, die ich kenne.
15. Das sind die Leute, denen wir helfen.
16. Das sind die Leute, deren Kinder wir kennen.

Das ist mein Fahrrad, das sehr leicht ist.

15 Übung Lesen Sie jeden Satz mit dem richtigen Relativpronomen laut vor.

1. Die Donau ist ein Fluss, _____ durch Österreich fließt. (*that*)
2. Der Berg, _____ man am Horizont sieht, ist die Zugspitze. (*that*)
3. Kennst du den Herrn, _____ dieser Wagen gehört? (*to whom*)
4. Der Professor, _____ Bücher dort liegen, kommt gleich zurück. (*whose*)
5. Das ist ein Schaufenster, _____ immer bunt aussieht. (*that*)
6. Mir schmeckt jedes Abendessen, _____ du kochst. (*that*)
7. Das Kind, _____ ich geholfen habe, ist wieder gesund. (*whom*)
8. Sie kommt aus einem Land, _____ Regierung undemokratisch ist. (*whose*)
9. Die Studentin, _____ neben mir saß, war im zweiten Semester. (*who*)
10. Beschreiben Sie mir die Rolle, _____ ich spielen soll. (*that*)
11. Christa, _____ der Computer gehört, leiht ihn dir gerne. (*to whom*)
12. Die Touristengruppe, _____ Gepäck dort steht, ist aus England. (*whose*)
13. Wer sind die Leute, _____ dort vor der Mensa stehen? (*who*)
14. Da sind ein paar Studenten, _____ du kennenlernen sollst. (*whom*)
15. Es gibt viele Menschen, _____ dieser Arzt geholfen hat. (*whom*)
16. Sind das die Kinder, _____ Hund gestorben ist? (*whose*)

Brahms-Denkmal in
Wien (erbaut 1908)

T. Hansen

16 Spiel: Ratet mal, wen ich meine! Choose another student in the room to describe, but don't tell anyone who it is. When your turn comes, say **Ich kenne eine Studentin, die ...** or **Ich kenne einen Studenten, der ...** and then add some description. The others must guess whom you mean.

> Ich kenne eine Studentin, die heute eine gelbe Hose trägt.

17 Partnerarbeit Complete the question with a relative clause, then exchange roles for the next sentence.

BEISPIEL: A: Ich arbeite für eine internationale Firma.
B: Wie heißt die Firma, für … ?
Wie heißt die Firma, für die du arbeitest?

1. A: Ich bin durch eine schöne Stadt gefahren.
   B: Wie heißt die Stadt, durch … ?
2. A: Ich habe in einem eleganten Hotel übernachtet.
   B: Wo war das Hotel, in … ?
3. A: Ich habe mit einigen Ausländern geredet.
   B: Woher kommen die Ausländer, mit … ?
4. A: Der Austauschstudent kommt aus einer Großstadt.
   B: Wie heißt denn die Stadt, aus … ?
5. A: Ich wohnte bei einer netten Familie.
   B: Wie groß war die Familie, bei … ?
6. A: Ich habe hinter der großen Kirche geparkt.
   B: Wo steht denn die Kirche, hinter … ?

18 Partnerarbeit: Ist das ein neuer Mantel? Fragen Sie einander, ob Ihre Kleider und andere Sachen neu sind. Antworten Sie, dass Sie alles letztes Jahr gekauft haben.

Ist das ein neuer Pulli?

Nein, das ist ein Pulli, den ich letztes Jahr gekauft habe.

Daniel Deitschel/Photos.com

The relative pronoun *was*

Gibt es noch **etwas**, **was** Sie brauchen?	*Is there something else [that] you need?*
Nein, Sie haben **nichts**, **was** ich brauche.	*No, you have nothing [that] I need.*
Alles, **was** er sagt, ist falsch.	*Everything [that] he says is wrong.*

When the antecedent is **etwas**, **nichts**, **viel**, **wenig**, or **alles**, the relative pronoun is **was**. Note that in similar sentences, English often leaves out the relative pronoun; German *requires* it.

Ist das **das Beste**, **was** Sie haben?	*Is that the best [that] you have?*

Was is also the relative pronoun following a neuter adjectival noun (see p. 324).

---

19 Gruppenarbeit: Etwas, was mir gefällt. / Etwas, was mich ärgert. Jeder Student erzählt oder berichtet etwas. Die anderen sagen, ob es ihnen gefällt oder ob es sie ärgert.

Unsere Umwelt ist sehr verschmutzt.

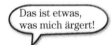

Das ist etwas, was mich ärgert!

1. Nächstes Jahr wird das Studium teurer.
2. Ich möchte euch Geld schenken.
3. Deine Mitbewohnerin spielt abends laute Rapmusik.
4. Heute Abend gibt es Pizza zum Abendessen.
5. Bald haben wir Ferien.
6. Morgen kommen deine Verwandten zu Besuch.

Jetzt machen Sie Ihre eigenen Aussagen (*statements*).

---

20 Partnerarbeit: Was war das Tollste, was du je gemacht hast? Below are cues for asking each other questions such as "What's the greatest thing you've ever done?" Take turns asking each other the questions.

BEISPIEL: toll / machen

 A: Was war das Tollste, was du je gemacht hast?
 B: Ich habe in der Schweiz Winterurlaub gemacht.

1. schwierig / machen
2. schön / sehen
3. gefährlich / machen
4. dumm / sagen
5. erstaunlich / hören
6. gut / essen
7. interessant / lesen
8. toll / bekommen

>> 3. The verb *lassen*

The verb **lassen** has several meanings in German.

- *to leave (something or someone), leave behind*

Lassen Sie uns bitte allein.	*Please leave us alone.*
Hast du deinen Mantel im Restaurant **gelassen**?	*Did you leave your coat in the restaurant?*

21 Gruppenarbeit: Warum ist das nicht hier? Sagen Sie, wo Sie diese Dinge gelassen haben.

im Auto
im Rucksack
bei der Großmutter
auf dem Bett
zu Hause
in der Manteltasche

Warum hast du heute keine Jacke?

Ich habe sie zu Hause gelassen.

1. Warum trägst du keine Mütze?
2. Wo ist denn deine Brille heute?
3. Warum hast du dein Referat nicht mit?
4. Warum hast du den Ausweis nicht mit?
5. Wo ist denn dein kleiner Hund?
6. Warum ist dein Handy nicht hier?

Pelena/Shutterstock.com

- *to allow (to), to let:* **lassen** + *infinitive*

Lasst mich bitte mitkommen.	*Please let me come along.*
Lass mich doch fahren!	*Let me drive.*

22 Übung: Oma, lass mich doch für dich kochen! You're visiting your grandmother, who hasn't been feeling well. Offer to do things for her, for example:

das Essen kochen
zum Supermarkt fahren
einkaufen gehen
das Altglas in die Recyclingtonne werfen
die Betten machen
aufräumen
die Wohnung putzen

 Lab Manual Kap. 12, Var. zu Üb. 22, 23.

 Workbook Kap. 12, L, M.

- *to have or order something done:* **lassen** + *infinitive*

Sie **lässt** ihren Wagen **reparieren**.	*She's having her car fixed.*
Ich **lasse mir** die Haare **schneiden**.	*I'm getting my hair cut.*

In these sentences, **lassen** shows that people are not performing actions for themselves, but having someone else do them instead. This structure often includes a dative reflexive, as in the second example above.

👥 23 Partnerarbeit: Was machst du selber? Was lässt du dir machen?

eine Hotelreservierung machen
das Gepäck tragen
ein Haus bauen
das Fahrrad reparieren
die Haare schneiden
die Schuhe putzen
die Kleider waschen

> Ich koche mir das Mittagessen selber.

> Aber ich lasse mir das Mittagessen kochen.

NOTE ON USAGE

German equivalents of *to leave*

- If *to leave = to go away:*
  gehen, weggehen; abfahren (*= leave by vehicle*)

Ich muss jetzt **gehen**.	*I have to leave now.*
Er **ging weg**, ohne etwas zu sagen.	*He left without saying anything.*
Um elf **fuhr** sie mit dem Zug **ab**.	*She left by train at eleven.*

- If *to leave = to leave something somewhere:* **lassen**

Ich habe meine Tasche zu Hause **gelassen**.	*I left my bag at home.*

- If *to leave = to leave a person or place:* **verlassen**

Viele wollten ihre Heimat nicht **verlassen**.	*Many did not want to leave their homeland.*

24 Übung: Wie sagt man das auf Deutsch?

1. I left the house at seven.
2. She left at twelve.
3. Our train left at 4:30.
4. The student left her book in the student cafeteria (**Mensa**).
5. Steffi, please leave the room.
6. Georg wants to leave school.
7. I'm leaving the dog outside.

Leider mussten wir den Hund draußen lassen.

German divides up the day in the following way:

gestern	früh *oder* Morgen Nachmittag Abend		*yesterday*	*morning* *afternoon* *evening*	
heute	früh *oder* Morgen Nachmittag Abend		*this*	*morning* *afternoon* *evening*	
morgen	früh Nachmittag Abend		*tomorrow*	*morning* *afternoon* *evening*	

In addition, recall:

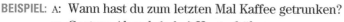

© Cengage Learning

👥 25 Gruppenarbeit: Gestern, heute und morgen Fragen Sie einander, wann Sie verschiedene Dinge zum letzten Mal gemacht haben.

Workbook
Kap. 12, N, O.

BEISPIEL: A: Wann hast du zum letzten Mal Kaffee getrunken?
B: Gestern Abend. (*oder*) Heute früh.

1. Wann hast du zum letzten Mal mit deinem besten Freund geredet?
2. Wann bist du zum letzten Mal einkaufen gegangen?
3. Wann hast du zum letzten Mal Hausaufgaben gemacht?
4. Wann bist du zum letzten Mal ins Kino gegangen?

Jetzt fragen Sie, wann Sie verschiedene Dinge das nächste Mal machen.

5. Wann besuchst du das nächste Mal deine Familie?
6. Wann gehst du das nächste Mal ins Konzert?
7. Wann treibst du das nächste Mal Sport?
8. Wann triffst du das nächste Mal deine Freunde?

Tipps zum Vokabelnlernen

The suffix -*mal*

Note that **-mal** added as a suffix to a cardinal number forms an adverb indicating repetition.

einmal	*once*
zweimal	*twice*
zwanzigmal	*twenty times*

The prefix *irgend-*

With question words like **wo**, **wie**, and **wann**, the prefix **irgend-** creates indefinite adverbs, as does the English word *some* in *somewhere, somehow, sometime,* etc.

irgendwo	*somewhere (or other)*
irgendwie	*somehow (or other)*
irgendwann	*sometime (or other)*

Hast du meine Zeitung **irgendwo** gesehen?	*Have you seen my newspaper anywhere?*
Kommen Sie **irgendwann** vorbei?	*Will you come by sometime?*
Meinen Schlüssel habe ich **irgendwie** verloren.	*Somehow or other I've lost my key.*

Im Lesetext für dieses Kapitel schreibt Anna Seghers:

Der Dom hat die Luftangriffe **irgendwie** überstanden.	*The cathedral survived the air raids somehow or other.*

Lab Manual
Kap. 12, Üb. zur Betonung.

Einstieg in den Text

Like the poems in **Lyrik zum Vorlesen,** the following reading, *Zwei Denkmäler* by Anna Seghers, was written not for students learning German, but for an audience of German speakers. Nonetheless, you have now learned enough German to read an authentic text with a little help from marginal glosses.

    Zwei Denkmäler is an essay about a story that Seghers began but never finished and could not "get out of her head" (**Das geht mir heute nicht aus dem Kopf**). She focuses on two monuments (**Denkmäler**)—one of grand cultural significance, the other of individual suffering.

    Now that you have learned how relative clauses work in German, you will notice how frequent they are in expository prose like *Zwei Denkmäler*. During your first reading of the text, be on the lookout for the eight relative clauses it contains. On a separate piece of paper, list each antecedent and relative clause. Here is the first one:

1. ... eine Erzählung, die der Krieg unterbrochen hat. (. . . *a story that the war interrupted*.)

2. _____

3. _____

etc.

>> Wortschatz 2

Tutorial Quiz
Audio Flashcards

Verben

holen to fetch, get
vergleichen, verglich, hat
verglichen to compare
wiedersehen (sieht wieder), sah
wieder, hat wiedergesehen to
see again, meet again

> REMEMBER: **auf Wiedersehen** =
> *good-bye*. On the telephone one
> says **auf Wiederhören**.

Substantive

der **Besuch, -e** visit
der **Stein, -e** stone

das **Schiff, -e** ship
die **Erde** earth
die **Erzählung, -en** story,
   narrative
die **Freude, -n** joy
die **Größe, -n** size; greatness
die **Milch** milk

Adjektive und Adverbien

einzig- single, only
fern distant, far away
grausam terrible, gruesome;
   cruel
jüdisch Jewish

Nützliche Ausdrücke

Das geht mir nicht aus dem
Kopf. = Das kann ich nicht
vergessen.
werden aus to become of
Was ist aus ihnen geworden?
What has become of them?

Kurfürst Johann
Friedrich von Sachsen
(1503–1554) gründete
die Universität Jena im
Jahre 1548.

D. Dollenmayer

◀»Zwei Denkmäler

2–21

Anna Seghers

Anna Seghers was the pseudonym of Netty Reiling, who was born in Mainz in 1900. She studied art history and sinology. Because of her membership in the Communist Party, she was forced to flee Germany in 1933. She sought asylum in France and Mexico. Much of her writing in exile reflects the turbulent existence of
5 *a refugee and committed antifascist. In 1947 she moved to the German Democratic Republic, where she died in 1983.*

The opening sentence of Seghers's essay establishes the historical context of an exile from Hitler's Germany, writing during World War II about the horrors of World War I. The writer addresses loss on many levels: of human life during wartime, of
10 *a literary manuscript, and of the memory of one woman's sacrifice. She suggests, however, that in the story she wanted to write, Frau Eppstein's daughter would have preserved that memory.*

In der Emigration° begann ich eine Erzählung, die der Krieg unterbrochen hat. Ihr Anfang ist mir noch in Erinnerung geblieben. Nicht Wort für Wort, aber dem Sinn
15 nach°. Was mich damals erregt° hat, geht mir auch heute nicht aus dem Kopf. Ich erinnere mich an eine Erinnerung.

In meiner Heimat, in Mainz am Rhein, gab es zwei Denkmäler, die ich niemals° vergessen konnte, in Freude und Angst, auf Schiffen, in fernen Städten. Eins° ist der Dom. Wie ich als Schulkind zu meinem Erstaunen° sah, ist er auf Pfeilern° gebaut,
20 die tief in die Erde hineingehen° – damals kam es mir vor°, beinahe° so hoch wie der Dom hochragt°. Ihre Risse sind auszementiert worden°, sagte man, in vergangener° Zeit, da, wo das Grundwasser Unheil stiftete°. Ich weiß nicht, ob das stimmt, was uns ein Lehrer erzählte: Die romanischen[1] und gotischen[2] Pfeiler seien haltbarer° als die jüngeren.

25 Dieser Dom über der Rheinebene° wäre mir in all seiner Macht und Größe geblieben°, wenn ich ihn auch nie wieder gesehen hätte°. Aber ebensowenig° kann ich ein anderes Denkmal in meiner Heimatstadt vergessen. Es bestand nur aus° einem einzigen flachen Stein, den man in das Pflaster° einer Straße gesetzt hat. Hieß die Straße Bonifaziusstraße? Hieß sie Frauenlobstraße? Das weiß ich nicht mehr.
30 Ich weiß nur, dass der Stein zum Gedächtnis° einer Frau eingefügt wurde°, die im Ersten Weltkrieg durch Bombensplitter umkam°, als sie Milch für ihr Kind holen wollte. Wenn ich mich recht erinnere, war sie die Frau des jüdischen Weinhändlers° Eppstein. Menschenfresserisch°, grausam war der Erste Weltkrieg, man begann aber erst an seinem Ende mit Luftangriffen° auf Städte und Menschen. Darum hat man zum
35 Gedächtnis der Frau den Stein eingesetzt, flach wie das Pflaster, und ihren Namen eingraviert°.

Der Dom hat die Luftangriffe des Zweiten Weltkriegs irgendwie überstanden°, wie auch° die Stadt zerstört worden ist°. Er ragt° über Fluss und Ebene. Ob der kleine flache Gedenkstein° noch da ist, das weiß ich nicht. Bei meinen Besuchen habe ich ihn
40 nicht mehr gefunden.

here: in exile

dem . . . the sense of it / excited

= nie
one of them
astonishment / pillars
go into / kam . . . it seemed to me / = fast
looms up / Risse . . . cracks have been patched
past / Grundwasser . . . groundwater caused
damage / seien . . . were more durable

Rhine plain / wäre geblieben = would have remained / wenn . . . even if I had never seen it again / no less / consisted of only
pavement

in memory of / had been set in
durch . . . was killed by shrapnel
wine merchant
cannibalistic
air raids

engraved
survived
= obwohl / zerstört . . . was destroyed / looms / commemorative stone

---

[1] **romanisch:** Romanesque style (mid-11th to mid-12th century), characterized by round arches and vaults.
[2] **gotisch:** Gothic style (mid-12th to mid-16th century), characterized by pointed arches and vaults.

H. & D. Zielske/LOOK Die Bildagentur der Fotografen GmbH/Alamy

Im Mainzer Dom

In der Erzählung, die ich vor dem Zweiten Weltkrieg zu schreiben begann und im Krieg verlor, ist die Rede von° dem Kind, dem die Mutter Milch holen wollte, aber nicht heimbringen° konnte. Ich hatte die Absicht°, in dem Buch zu erzählen, was aus diesem Mädchen geworden ist.

ist ... the story is about

= *nach Hause bringen*
intention

Zwei Denkmäler, Anna Seghers, Reprinted with permission.

 ## Nach dem Lesen

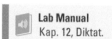 **Lab Manual**
Kap. 12, Diktat.

A Antworten Sie auf Deutsch.

1. Was hat Anna Seghers' Erzählung unterbrochen?
2. Welche Stadt war Anna Seghers' Heimatstadt?
3. Was konnte sie nie vergessen?
4. Über welche Denkmäler schreibt sie?
5. Vergleichen Sie diese zwei Denkmäler.
6. An wen sollte der Stein erinnern?
7. Hat Anna Seghers den Stein wiedergefunden?
8. Wann begann sie die Erzählung zu schreiben?
9. Was wollte sie erzählen?

B Gruppendiskussion: Wo haben Sie als Kind gelebt? Leben Sie noch in der Stadt, wo Sie geboren sind, oder sind Sie umgezogen? Gefällt es Ihnen besser, wo Sie jetzt wohnen? Besuchen Sie manchmal Ihren Geburtsort? Was möchten Sie dort sehen? Was hat sich dort geändert?

Stock Montage/SuperStock

Johann Gutenberg (born and died in Mainz, c. 1400–1468), was chosen Man of the Millennium by an international panel of scholars because of the vast importance of his invention of movable type.

Schreibtipp

Creative writing in German

The second writing assignment below asks you to expand on Anna Seghers' essay by inventing either the beginning or the end of the story about Frau Eppstein and her daughter. This would be the story that Seghers planned but never wrote. You are thus being asked to invent characters only suggested by Seghers. Keep the following things in mind while writing:

- If you write the beginning of the story, you will focus on the mother. Imagine her distress in this extreme situation.
- If you write the end of the story, imagine what happened to the daughter in subsequent years and how the experience of losing her mother at an early age affected her life.
- Narrate in the simple past tense.
- Consult a good English-German dictionary for vocabulary you need.
- Confine yourself to familiar grammatical structures.
- Try using some of the new structures you have learned in this chapter, such as relative clauses and adjectives in the comparative or superlative degree.

➤ **Schreiben wir mal.**

1. Schreiben Sie über eine wichtige Erinnerung aus Ihrer Kindheit. Gibt es z.B. einen besonderen Menschen, an den Sie sich erinnern? Oder einen Lieblingsort oder ein Gebäude, wo Sie gewohnt haben oder Zeit verbracht haben? Warum geht Ihnen diese Erinnerung nicht aus dem Kopf?

2. Anna Seghers hat eine Erzählung über das Mädchen begonnen, dessen Mutter im Ersten Weltkrieg Milch holen wollte, aber sie hat diese Erzählung nie zu Ende geschrieben. Wie würden Sie diese Geschichte erzählen? Schreiben Sie entweder den Anfang oder das Ende der Erzählung aus der Perspektive der Tochter.

   a. Wie würde die Geschichte anfangen?

   b. Schreiben Sie das Ende der Geschichte. Was ist aus dem Mädchen geworden?

C **Wie sagt man das auf Deutsch?**

1. Can you repair your car yourself?
2. No, I never learned [how to do] that. I always have it repaired.
3. A German I know is the best mechanic in the city.

4. Are German trains really more punctual than American trains?
5. Yes, but French trains are the fastest.

6. Have you heard the newest gossip?
7. Not yet. What's going on?
8. Rita went off with the richest guy in the office.
9. She left poor Rudi, who was always short of cash.

Wer sammelt, spielt oder macht was?

Vladimir interessiert sich für Lepidopter-ologie.

Er sammelt ...

Fotos

Schmetterlinge

Lisa mag Jazz sehr.

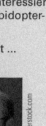

Bobby ist ein Meister der Strategie.

Briefmarken

Fußball

Claudio liebt klassische Musik.

Steffi treibt jeden Tag Sport.

Schach

Klavier

Marianne kombiniert gern Tanz und Sport.

Martin kombiniert gern Kunst und Technik.

Saxofon

Gymnastik

Leo interessiert sich für Philatelie.

> Und du? Was machst du gern in deiner Freizeit? Hast du ein Hobby? Treibst du Sport? Spielst du ein Instrument?

Web Search

Denkmäler

Jedes Volk baut sich Denkmäler, die an wichtige historische Personen und Ereignisse (*events*) in seiner Geschichte erinnern. Unten sehen Sie Fotos von Denkmälern aus den deutschsprachigen Ländern. Sind Ihnen einige dieser Menschen und Ereignisse schon bekannt? Kennen Sie Denkmäler in Ihrer Heimat?

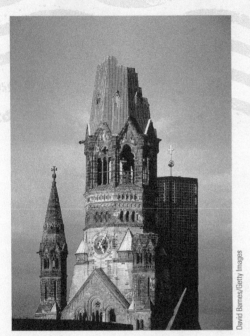

Kaiser-Wilhelm-Gedächtsniskirche (Berlin)

1891–1895 als Kaiser-Wilhelm-Kirche erbaut. Im November 1943 durch Bomben zerstört. Zur Erinnerung an den Krieg als Ruine stehen gelassen.

Stolpersteine (Köln)

Die Kölner Stolpersteine („stumbling blocks") erinnern an Kölner Juden (*Jews*), die im Holocaust gestorben sind.

Wilhelm-Tell-Denkmal (Altdorf, Kanton Uri)

Der legendäre Schweizer Patriot aus dem 13. Jahrhundert

pixy/Shutterstock

Martin-Luther-Denkmal (Wittenberg)

An der Universität in Wittenberg war Luther (1483–1546) Student und Professor.

T. Hansen

Reiterstandbild vom Kaiser Joseph II. (1741–1790), Josephsplatz, Wien

Der große Kaiser der Aufklärung (*Enlightenment*) und Sohn von Kaiserin Maria Theresia

Rückschau: Was habe ich gelernt?

	No problem.	Almost there.	Needs more work.	See pages
1. I understand how to form the comparative and superlative degrees of adjectives and adverbs.				347, 349, 351–352
2. I can compare things and people using these forms.				347 354
3. I understand what relative clauses are.				355–356
4. I know the relative pronouns in German and can use them correctly to make relative clauses.				355–357
5. I understand the various meanings of **lassen**.				361
6. I can use **lassen** to say that people are having things done rather than doing them themselves.				362
7. I know the parts of a day in German.				363
8. With the help of glosses or a dictionary I can read a piece of authentic German prose.				364, 366–367

Kapitel 13

Die Schweiz

Kommunikation

- Talking about the future
- Introducing yourself and others
- Telling people you'd like them to do something
- Describing the rooms of a house

Kultur

- The culture and history of Switzerland

In diesem Kapitel

- **Lyrik zum Vorlesen**
  Eugen Gomringer, „nachwort"

- **Grammatik**
  1. Verbs with prepositional complements
  2. **Da-** and **wo-**compounds
  3. Future tense
  4. Directional prefixes: **hin-** and **her-**

- **Lesestück**
  Zwei Schweizer stellen ihre Heimat vor

- **Vokabeln im Alltag**
  Haus und Wohnung

- **Almanach**
  Profile of Switzerland

Boris Stroujko/Shutterstock

◀ Zürchersee, Blick auf die Alpen

Die Schweiz **373**

Lab Manual Kap. 13, Dialoge, Fragen, Hören Sie gut zu!

Ski is pronounced (and alternatively spelled) **Schi**.

Note the colloquial contraction **vorm = vor dem**.

In colloquial spoken German, **etwas** is often shortened to **was**.

In Europe, signs with a lower-case **i** lead to visitor information offices or booths where one can find maps, hotel and theater bookings, and other useful tips.

Uff Wiederluege = Auf Wiedersehen in Swiss German.

>> Skifahren in der Schweiz

Kurz vor dem Semesterende sprechen zwei Studentinnen über ihre Ferienpläne.

EMMA: Ich freue mich sehr auf die Semesterferien!

ALICE: Hast du vor wieder Ski zu fahren?

EMMA: Ja, ich werde zwei Wochen in der Schweiz verbringen. Morgen früh flieg' ich nach Zürich.

ALICE: Tatsächlich! Hattest du nicht immer Angst vorm Fliegen?

EMMA: Doch, aber jetzt habe ich mich daran gewöhnt.

Probleme in der WG: Im Wohnzimmer ist es unordentlich

Nina liest in ihrem Zimmer. Luis und Leni klopfen an die Tür.

NINA: Herein! (*Sie gehen hinein.*) Morgen!

LUIS: Hallo, Nina. Können wir schnell was besprechen?

NINA: Klar, was ist denn?

LENI: Hör mal zu: Wann wirst du deine Sachen im Wohnzimmer aufräumen?

NINA: Oh, tut mir leid! Das mach' ich gleich.

LUIS: Ja, das sagst du immer.

LENI: Jetzt haben wir aber die Nase voll.

NINA: Seid mir nicht böse. Von jetzt an werde ich mich mehr darum kümmern.

Am Informationsschalter in Basel

TOURIST: Entschuldigung. Darf ich Sie um Auskunft bitten?

DAME AM SCHALTER: Gerne. Wie kann ich Ihnen helfen?

TOURIST: Ich bin nur einen Tag in Basel und kenne mich hier nicht aus. Was können Sie mir empfehlen?

DAME AM SCHALTER: Es kommt darauf an, was Sie sehen wollen. Wenn Sie sich für das Mittelalter interessieren, dürfen Sie die neue Ausstellung im Historischen Museum nicht verpassen.

TOURIST: Das klingt interessant. Wie komme ich denn dahin?

DAME AM SCHALTER: Gehen Sie hier hinaus und Sie sehen die Straßenbahnhaltestelle direkt vor dem Bahnhof. Steigen Sie dort in die Linie 8 ein. Am Museum steigen Sie dann aus.

TOURIST: Darf ich auch einen Stadtplan mitnehmen?

DAME AM SCHALTER: Aber selbstverständlich! Uff Wiederluege!

NOTE ON USAGE

Nicht dürfen The equivalent for English *must not* is **nicht dürfen**.

Die Ausstellung dürfen Sie nicht verpassen.   *You mustn't (really shouldn't) miss the exhibit.*

Tutorial Quiz
Audio Flashcards

Verben

Angst haben vor (+ *dat.*) to be afraid of
auf·räumen to tidy up, straighten up
sich aus·kennen to know one's way around
   Ich kenne mich hier nicht aus. I don't know my way around here.
bitten, bat, hat gebeten um to ask for, request
sich freuen auf (+ *acc.*) to look forward to
sich gewöhnen an (+ *acc.*) to get used to
hinein·gehen to go in
interessieren to interest
sich interessieren für to be interested in
klopfen (an + *acc.*) to knock (on)
sich kümmern um to look after, take care of; to deal with
mit·nehmen (nimmt mit), nahm mit, hat mitgenommen to take along
Ski fahren (fährt Ski), fuhr Ski, ist Ski gefahren to ski

verpassen to miss (*an event, opportunity, train, etc.*)
vor·haben to plan, have in mind
warten auf (+ *acc.*) to wait for
zu·hören (+ *dat.*) to listen (to)
   Hören Sie gut zu! Listen carefully.
   Hör mir zu. Listen to me.

Substantive

der **Schalter, -** counter, window
das **Mittelalter** the Middle Ages
das **Wohnzimmer, -** living room
die **Auskunft, ̈e** information
die **Haltestelle, -n** (streetcar or bus) stop
die **Hilfe** help
die **Linie, -n** (streetcar or bus) line
die **Straßenbahn, -en** streetcar

Adjektive und Adverbien

böse (+ *dat.*) angry, mad (at); bad, evil
   Sei mir nicht böse. Don't be mad at me.
direkt direct(ly)
unordentlich disorderly, messy

Nützliche Ausdrücke

Es kommt darauf an. It depends.
   Es kommt darauf an, was Sie sehen wollen. It depends on what you want to see.
Herein! Come in! (*See page 384.*)
von jetzt an from now on
Wie komme ich dahin? How do I get there?

Gegensätze

böse ≠ gut evil ≠ good
sich interessieren ≠ sich langweilen to be interested ≠ to be bored
unordentlich ≠ ordentlich disorderly, messy ≠ orderly, neat

Mit anderen Worten

unordentlich = schlampig (*colloq.*)

Arthur Jaffe

VARIATIONEN

A Persönliche Fragen

1. Emma freut sich auf die Semesterferien. Freuen Sie sich auf etwas?
2. Sie hat vor Ski zu fahren. Was haben Sie am Wochenende vor?
3. Fahren Sie in den Semesterferien irgendwohin?
4. In der WG sieht's schlampig aus. Wie sieht es bei Ihnen im Zimmer aus?
5. Die anderen in der WG sind Nina böse, weil sie nicht aufräumt. Wann werden Sie böse?
6. Der Tourist kennt sich in Basel nicht aus, aber zu Hause kennt er sich natürlich sehr gut aus. In welcher Stadt kennen Sie sich besonders gut aus?
7. Der Tourist interessiert sich für das Mittelalter. Wann war denn das Mittelalter?
8. Der Tourist will die Ausstellung nicht verpassen. Haben Sie je etwas Gutes verpasst? Was denn?

B Übung: Wie sagt man das mit anderen Worten?

1. Wenn man sehr wenig Geld hat, ist man _____.
2. Wenn man zu viel von etwas gehabt hat, sagt man: „Ich habe _____ voll."
3. Jemand, der besonders müde ist, nennt man _____.
4. Wenn Sie sich bei einer Vorlesung sehr gelangweilt haben, dann haben Sie sie _____ gefunden.
5. Ein anderes Wort für **dumm** ist _____.

Straßenbahnhaltestelle in Zürich

Arthur Jaffe

C **Übung: Es kommt darauf an. (*It depends.*)** Ihr Professor spielt die Rolle eines Bekannten, dem Sie verschiedene Dinge empfehlen sollen. Sie sagen ihm jedes Mal: „Es kommt darauf an … "

> "Können Sie mir *etwas in der Stadt* empfehlen?"

> "Es kommt darauf an, *was Sie sehen wollen*."

1. etwas auf der Speisekarte
2. ein gutes Buch
3. ein gutes Konzert
4. einen guten Film

5. ein ruhiges Hotel
6. einen guten Wein
7. einen guten Laptop
8. einen neuen Beruf

D **Rollenspiel: Am Informationsschalter (*Gruppen von 3 Personen*)**

Zwei von Ihnen sind Touristen und kennen sich in dieser Stadt nicht aus. Der/ Die Dritte arbeitet am Infoschalter und gibt Auskunft. Vergessen Sie nicht, „Sie" zueinander zu sagen. Fangen Sie so an:

TOURISTEN: Entschuldigung, dürfen wir Sie um Auskunft bitten?
DAME/HERR AM SCHALTER: Gerne. Wie kann ich Ihnen helfen?

Web Link

🔊 LYRIK ZUM VORLESEN

2–25

Eugen Gomringer was born to Swiss parents in Bolivia. True to his typically polyglot Swiss background, he has written poems in standard German, Swiss German, French, English, and Spanish. Gomringer is a leading exponent of concrete poetry (**konkrete Poesie**), which rejects metaphor, radically simplifies syntax, and considers the printed page a visual as much as a linguistic experience. The following poem consists entirely of nouns followed by relative clauses in strict parallelism. Readers must work out the interrelationships for themselves. Pay particular attention to the verb tenses as you read this poem aloud. Like many contemporary poets, Gomringer does not capitalize nouns.

nachwort°	*afterword*
das dorf °, das ich nachts hörte	*village*
der wald, in dem ich schlief	
das land, das ich überflog°	*flew across*
die stadt, in der ich wohnte	
das haus, das den freunden gehörte	
die frau, die ich kannte	
das bild, das mich wach hielt°	*kept awake*
der klang°, der mir gefiel	*sound*
das buch, in dem ich las	
der stein, den ich fand	
der mann, den ich verstand	
das kind, das ich lehrte°	*taught*
der baum, den ich blühen° sah	*blooming*
das tier, das ich fürchtete	
die sprache, die ich spreche	
die schrift°, die ich schreibe	*writing*

Eugen Gomringer (geboren 1925)

Eugen Gomringer

Grammatik

Tutorial Quiz

1. Verbs with prepositional complements

Many verbs expand or change their meaning by the addition of a prepositional phrase. Such a phrase is called a prepositional complement because it completes the verbal idea.

Ich spreche.	*I'm speaking.*
Ich spreche **mit ihm**.	*I'm speaking **with him**.*
Ich spreche **gegen ihn**.	*I'm speaking **against him**.*

In the examples above, English and German happen to use parallel prepositions. In many cases, however, they do not. For example:

Er wartet **auf** seinen Bruder.	*He's waiting **for** his brother.*
Sie bittet **um** Geld.	*She's asking **for** money.*

For this reason, you must learn the verb and the preposition used with it *together*. For instance, you should learn **bitten um**, *to ask for*, as a unit. Here is a list of the verbs with prepositional complements that have been introduced so far:

- **Angst haben vor** (+ *dat.*) *to be afraid of*

Hast du Angst vorm Fliegen?	*Are you afraid of flying?*

- **bitten um** *to ask for, request*

Sie bat mich um Geld.	*She asked me for money.*

- **sich erinnern an** (+ *acc.*) *to remember*

Sie hat sich an meinen Geburtstag erinnert.	*She remembered my birthday.*

- **sich freuen auf** (+ *acc.*) *to look forward to*

Ich freue mich auf die Ferien!	*I'm looking forward to the vacation!*

- **sich gewöhnen an** (+ *acc.*) *to get used to*

Sie konnte sich nicht an das kalte Wetter gewöhnen.	*She couldn't get used to the cold weather.*

- **sich interessieren für** *to be interested in*

Interessieren Sie sich für moderne Kunst?	*Are you interested in modern art?*

- **sich kümmern um** *to look after, take care of; to deal with*

Ich werde mich mehr um die Wohnung kümmern.	*I'll take better care of the apartment.*

- **sprechen (schreiben, lesen, lachen, sich ärgern usw.) über** (+ *acc.*) *to talk (write, read, laugh, get annoyed, etc.) about*

Er hat über seine Heimat. gesprochen	*He talked about his homeland.*

- **warten auf** (+ *acc.*) *to wait for*

Auf wen warten Sie denn?	*Whom are you waiting for?*

Notes on verbs with prepositional complements

1. When a verb is paired with a two-way preposition, always learn the case it takes (dative or accusative). Don't just learn **warten auf** = *to wait for,* but rather **warten auf** + *accusative* = *to wait for.*

2. **Rule of thumb:** the two-way prepositions **auf** and **über** almost always take the accusative case when used in a nonspatial sense:

Spatial	**Nonspatial**
Er wartet auf **der** Straße.	Wir warten auf **den** Zug.
He's waiting on the street.	*We're waiting for the train.*
Das Bild hängt über **meiner** Tür.	Ich sprach über **meine** Heimat.
The picture hangs above my door.	*I talked about my homeland.*

3. Some verbs have both a direct object *and* a prepositional complement.

             d.o. *prep. compl.*

Darf ich **Sie um Auskunft** bitten?   *May I ask you for information?*

4. Be careful not to confuse prepositional complements (**erinnern *an***) with separable prefixes (***an*kommen**).

Prepositional complement	**Separable prefix**
Er erinnert mich **an meinen Bruder**.	Der Zug kommt um 9 Uhr **an**.

FRAGEWÖRTER

Note how these verb + preposition combinations are used in questions and how different this is from English:

Wovor hast du Angst?	*What* are you afraid *of*?
Worauf wartest du denn?	*What* are you waiting *for*?
Wofür interessieren Sie sich?	*What* are you interested *in*?

The question word is the prefix **wo-** attached to the preposition: **wo-** + **vor** = **wovor**. (If the preposition begins with a vowel, the prefix is **wor-**: **wor-** + **auf** = **worauf**.)

ᴘᴘᴘ 1 Kettenreaktion: Bist du ein kleiner Angsthase (*scaredy-cat*)? Es gibt viele Sachen, vor denen man manchmal Angst hat. Sagen Sie, wovor Sie Angst haben, und fragen Sie dann weiter. Die Liste gibt Ihnen einige Beispiele, aber Sie können auch frei antworten.

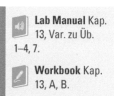

Lab Manual Kap. 13, Var. zu Üb. 1–4, 7.

Workbook Kap. 13, A, B.

Ich habe Angst vor großen Hunden. Wovor hast *du* denn Angst?

Katzen	der Zahnarzt
komplizierte Technik	das Fliegen
tiefes Wasser	eine Umweltkatastrophe
Klausuren	

der Hase

Ich habe Angst vor …

2 **Übung: Darf ich Sie um etwas bitten?** Sie brauchen alle etwas. Bitten Sie die Professorin darum.

> Darf ich Sie um Geld bitten?

> Natürlich. Wie viel brauchen Sie?

3 **Kettenreaktion: Worauf wartest *du* denn?** Sie stehen an einer Straßenecke und warten auf etwas. Sagen Sie, worauf Sie warten, und dann fragen Sie weiter.

> Ich warte auf die Straßenbahn. Worauf wartest *du* denn?

> Ich warte auf ...

4 **Kettenreaktion: Worauf freust *du* dich?** Sagen Sie, worauf Sie sich besonders freuen, und dann fragen Sie weiter.

> Ich freue mich auf die Semesterferien. Worauf freust *du* dich?

> Ich freue mich auf ...

5 **Kettenreaktion: Wofür interessierst *du* dich?** Nicht alle interessieren sich für die gleichen Dinge. Sagen Sie, wofür Sie sich besonders interessieren, und dann fragen Sie weiter.

> Ich interessiere mich für das Mittelalter. Wofür interessierst *du* dich?

> Ich interessiere mich für ...

6 **Übung: Woran konnten Sie sich nicht gewöhnen?** Wenn man anfängt zu studieren, ist es manchmal schwer sich an das Neue zu gewöhnen. Sagen Sie, woran Sie sich am Anfang nicht so leicht gewöhnen konnten.

BEISPIEL: A: Woran konnten Sie sich nicht gewöhnen?
B: Ich konnte mich nicht an das Klima hier gewöhnen.

7 **Partnerarbeit: Worauf wartest du denn?** Stellen Sie einander Fragen mit diesen Verben.

sich freuen auf
sich interessieren für
sich ärgern über
sich kümmern um
sich erinnern an
warten auf
Angst haben vor

> Worauf wartest du denn?

> Ich warte auf die Straßenbahn. Worauf freust du dich denn?

Kachalkina Veronika/
Shutterstock.com

>> 2. *Da*- and *wo*-compounds

Da-compounds

Following a preposition, a noun object can be replaced by a pronoun:

> Ich interessiere mich **für Wilhelm Tell**. → Ich interessiere mich **für ihn**.

But if the object is a thing rather than a person, German uses a **da**-compound:

> Ich interessiere mich **für das Theaterstück** *Wilhelm Tell*. → Ich
> interessiere mich **dafür**.

If the preposition begins with a vowel, the prefix is **dar-** (**dar-** + **auf** = **darauf**):

> A: Wie lange warten Sie schon auf den Zug?
> B: Ich warte schon 10 Minuten **darauf**.

> Wilhelm Tell: a 14th-century Swiss folk hero and famous crossbow marksman who helped spark a rebellion against Habsburg rule. Friedrich Schiller's 1804 play (**Theaterstück**) was the basis for the 1829 opera by Rossini.

> **Da**-compounds simplify things; they do not show the case, number, or gender of the nouns they replace.

8 **Übung** Antworten Sie wie im Beispielsatz.

Stand er neben dem Fenster?

Ja, er stand daneben.

1. Interessieren Sie sich für Fremdsprachen?
2. Hast du nach dem Konzert gegessen?
3. Fangt ihr mit der Arbeit an?
4. Wartet ihr auf den Bus?
5. Hat sie sich an das Wetter gewöhnt?
6. Hat sie dich wieder um Geld gebeten?
7. Liegt meine Zeitung unter deinem Rucksack?
8. Erinnerst du dich an die Ferien?
9. Habt ihr vor der Bibliothek gewartet?

Lab Manual Kap. 13, Var. zu Üb. 8, 9, 11.

Workbook Kap. 13, C–G.

9 **Partnerarbeit** In diesen Sätzen kommt es darauf an, ob das Objekt eine Person ist oder nicht. Wenn nicht, dann müssen Sie mit **da-** antworten.

BEISPIELE: A: Steht Luise neben *Hans-Peter*?
          B: Ja, sie steht *neben ihm*.
          A: Steht Luise neben dem *Wagen*?
          B: Ja, sie steht *daneben*.

1. Hast du dich an das Wetter gewöhnt?
2. Bist du mit Leni in die Schweiz gefahren?
3. Erinnerst du dich an deine Großeltern?
4. Können wir über dieses Problem sprechen?
5. Wohnst du bei Frau Lindner?
6. Demonstrierst du gegen diesen Politiker?
7. Demonstrierst du gegen seine Ideen?
8. Interessierst du dich für Bergsteigen?
9. Gehst du mit Karin essen?
10. Hat er dir für das Geschenk gedankt?

... für Bergsteigen?

Wo-compounds

The **wo**-compounds are used to ask questions about things and objects—but not about people.

womit? = *with what?*	**mit wem?** = *with whom?*

Womit spielt das Kind?   ***What** is the child playing **with**?*
Worauf warten Sie denn?   ***What** are you waiting **for**?*

When the object is a person, do *not* use a **wo**-compound:

Auf wen warten Sie denn?   ***Whom** are you waiting **for**?*
Mit wem spielen die Kinder?   ***Whom** are the children playing **with**?*

---

10   Übung: Wie sagt man das auf Deutsch?

BEISPIEL: What are you reading about?
         Worüber liest du?

1. What are you waiting for?
2. What are you interested in?
3. What is she asking for?
4. What can't you get used to?
5. What is he afraid of?

---

11   Partnerarbeit   Take turns asking questions that elicit the following answers.

1. Ich freue mich auf meine Ferien in der Schweiz.
2. Ich arbeite mit Professor Hauser.
3. Ich kümmere mich um die Wohnung.
4. Ich interessiere mich für deutschen Wein.
5. Ich habe keine Angst vorm Fliegen.
6. Ich erinnere mich an meinen Onkel.
7. Ich kann mich an dieses Wetter nicht gewöhnen.

Sie wartet *auf einen Brief.* — Worauf wartet sie?
Sie wartet *auf Peter.* — Auf wen wartet sie?

Mal was Lustiges!
Ein Witz aus der Schweiz

Viele reiche Leute im Ausland haben ein Bankkonto° in der Schweiz.   bank account

In einer Bank in Zürich will ein Ausländer ein Konto eröffnen. Der Bankangestellte fragt:
„Wie viel wollen sie denn einzahlen°?"   deposit
„Drei Millionen", flüstert° der Mann.   whispers
„Sie können ruhig lauter sprechen. In der Schweiz ist Armut° keine Schande°!"   poverty / disgrace

3. Future tense (*das Futur*)

Talking about the future is a communicative goal.

Formation: *werden* + infinitive

ich	**werde schlafen**	*I shall sleep*	wir	**werden schlafen**	*we shall sleep*
du	**wirst schlafen**	*you will sleep*	ihr	**werdet schlafen**	*you will sleep*
sie	**wird schlafen**	*she will sleep*	sie, Sie	**werden schlafen**	*they, you will sleep*

NOTE: **Werden** as the auxiliary (helping) verb for the future tense corresponds to *shall* or *will* in English. Do not confuse it with the modal verb **wollen**.

Ich **werde** schlafen.   *I **will** sleep.*
Ich **will** schlafen.   *I **want to** sleep.*

Use of future tense

As you already know, German usually uses the *present tense* to express future meaning, especially when a time expression makes the future meaning clear:

Sie **kommt** morgen zurück.   *She's coming back tomorrow.*

Using the future tense makes the future meaning more explicit, especially in the absence of a time expression such as **morgen**:

Sie **wird** selbstverständlich **zurückkommen**.   *Of course she will come back.*

12 **Partnerarbeit: Noch nicht, aber bald** Fragen Sie einander, ob etwas schon passiert ist. Antworten Sie, dass es bald passieren wird.

Lab Manual Kap. 13, Var. zu Üb. 12.

Workbook Kap. 13, H.

BEISPIEL: du / schon / gegessen?

1. es / schon / geregnet?
2. du / schon / aufgeräumt?
3. du / schon / Ski gefahren?
4. er / schon / aufgestanden?
5. du / schon / die Hausarbeit geschrieben?
6. Susi / schon / angerufen?
7. du / schon / essen gegangen?

13 **Partnerarbeit: Wie wird es sein?** Lesen Sie die Zukunft Ihres Partners oder Ihrer Partnerin aus der Hand. Diese Hand gibt Ihnen einige Ideen.

BEISPIEL: Du wirst ein langes Leben haben und du wirst dreimal heiraten (*get married*). Du wirst auch …

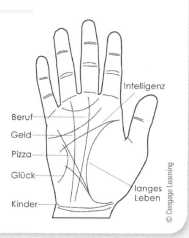

>> 4. Directional prefixes: *hin-* and *her-*

Look again at the stage direction in the second dialogue on p. 374: **Sie gehen hinein.** Notice that the preposition **in** becomes the prefix **ein: hineingehen** = *to go in.*

In colloquial spoken German, both directional prefixes are often replaced by initial **r: Raus mit dir! Gehen wir rein/rauf/runter.** (Computersprache: **runterladen** = *to download.*)

German has two separable prefixes that combine with verbs of motion. They show whether that motion is *toward the speaker* (**her-**) or *away from the speaker* (**hin-**).

Können wir nicht **hin**fahren?	*Can't we go **there**?*
Komm doch mal **her**.	*Come **here** a minute.*

You are already familiar with these directional markers from the questions **woher?** (*from where?*) and **wohin?** (*to where?*).

These prefixes can combine with other separable prefixes that indicate direction.

auf und unter (*up and down*) → **herauf, herunter, hinauf, hinunter**
ein und aus (*in and out*) → **herein, heraus, hinein, hinaus**

hinausgehen

herauskommen

hereinkommen

hineingehen

heraufsteigen

hinuntergehen

Credits: © Cengage Learning

The prefixes **hin-** and **her-** must be used when the sentence does not contain a directional phrase such as **in den Dom** or **ins Haus.** It is *incorrect* to say **Gehen wir ein.** Correct is: **Gehen wir hinein**[1] (or colloq.: **Gehen wir rein**).

Da ist ein gotischer Dom.	*There's a Gothic cathedral.*
Gehen wir **hinein**.	*Let's go in.*
Draußen scheint die Sonne.	*The sun is shining outside.*
Gehen wir doch **hinaus**.	*Let's go outside.*

NOTE: When someone knocks at the door, simply say:

Herein!   *Come in!*

---
[1] Even when a prepositional phrase is used, the directional prefixes are sometimes added.

††† **14** **Gruppenarbeit: Gehen wir hinein!** Complete these sentences by filling in the missing words.

Workbook Kap. 13, I, J.

You're standing *outside* the house.

1. Gehen wir _____. (*in*)
2. Clemens, komm doch _____! (*out*)
3. Anke ist vor einer Minute _____. (*gone in*)
4. Bald kommen die Kinder aus dem Haus _____. (*out*)

You're standing *inside* the house.

5. Kommt Emilia bald _____? (*in*)
6. Es ist so schön, ich möchte jetzt _____. (*go out*)
7. Wir sollten alle _____. (*go out*)
8. (*Es klingelt.*) _____! (*"Come in!"*)

You're standing *at the top* of the steps.

9. Warum kommt ihr nicht _____? (*up*)
10. Jörg ist gerade _____. (*gone down*)

You're standing *at the bottom* of the steps.

11. Susi, ich brauche Hilfe! Komm mal schnell _____! (*down here*)
12. Ich bin jetzt müde. Ich gehe _____ (*up*) und lege mich aufs Bett.

†† **15** **Partnerarbeit: Wo kommt sie her? Wo geht er hin?** Beschreiben Sie, was diese Menschen machen.

1.

Felix Mizioznikov/Shutterstock

2.

Boris Stroujko/Shutterstock

3.

BelleMedia/Shutterstock

4.

Leah-Anne Thompson/Shutterstock

5.

Blend Images/Shutterstock

6.

wandee007/Shutterstock

Tipps zum Vokabelnlernen

***German equivalents for* only** When *only* is an adjective (meaning *sole* or *unique*), use **einzig-**. Otherwise use **nur**.

Er ist der **einzige** Mechaniker in der Gegend.	*He's the **only** mechanic in the area.*
Ich habe **nur** fünf Euro in der Tasche.	*I have **only** five euros in my pocket.*

➤ **Übung: Wie sagt man das auf Deutsch?**

1. I have only one pencil.
2. My only pencil is yellow.
3. A cup of coffee costs only one euro.
4. That was the only restaurant that was open.

 Lab Manual Kap. 13, Üb. zur Betonung.

>> **Leicht zu merken**

die **Barriere, -n**	Barriere
(das) **Chinesisch**	
der **Dialekt, -e**	Dialekt
die **Globalisierung**	
konservativ	konservativ
kritisch	
neutral	neutral
offiziell	offiziell
romantisch	

Arthur Jaffe

Einstieg in den Text

In dem Lesestück auf Seite 387 sagt der Schweizer Dr. Anton Vischer, dass er sich manchmal über die Klischees ärgert, die er im Ausland über seine Heimat hört. Viele Menschen denken z.B. automatisch an Schokolade, Schweizer Käse und gute Uhren, wenn sie an die Schweiz denken. Diese Klischees sind Ihnen vielleicht auch bekannt. Aber interessanter ist sicher das Neue, was Dr. Vischer über seine Heimat erzählt.

Nachdem Sie den Text gelesen haben, machen Sie sich eine Liste von wenigstens fünf neuen Fakten, die Sie über die Schweiz gelernt haben.

Tutorial Quiz
Audio Flashcards

Verben

sich ärgern (über + *acc.*) to get
annoyed (at), be annoyed (about)

beantworten to answer (a
question, e-mail, letter, etc.)

denken, dachte, hat gedacht to
think

denken an (+ *acc.*) to think of

sich erholen (von) to recover
(from); to get well; to have a rest

reagieren auf (+ *acc.*) to react to

sich etwas überlegen to
consider, ponder, think
something over

vor·stellen to introduce; to
present

**Darf ich Ihnen meine Tante vor-
stellen?** May I introduce my aunt?

sich wundern (über + *acc.*) to be
surprised, amazed (at)

> Use **antworten** + *dat.* for answering
> people (**Antworten Sie mir.**). Use
> **beantworten** for answering ques-
> tions, e-mail, etc. (**Kannst du die
> Frage beantworten?**).

Substantive

der **Ort, -e** place; town

der **Rechtsanwalt, ⸚e** lawyer (*m.*)

der **Schweizer, -** Swiss (*m.*)

das **Gespräch, -e** conversation

das **Werk, -e** work, composition
(painting, music, book, film, etc.)

die **Rechtsanwältin, -nen**
lawyer (*f.*)

die **Schweizerin, -nen** Swiss (*f.*)

die **Schwierigkeit, -en** difficulty

Adjektive und Adverbien

europäisch European

die **Europäische Union (EU)**
the European Union

französisch French

glücklich happy

schweizerisch Swiss

stolz auf (+ *acc.*) proud of

Andere Vokabel

beides (*sing.*) both things

Nützliche Ausdrücke

eines Tages some day (*in the
future*); one day (*in the past or
future*)

in Zukunft in the future

Gegensatz

glücklich ≠ unglücklich
happy ≠ unhappy

◀)) Zwei Schweizer stellen ihre Heimat vor

2–26

> Learning about the
> culture and history
> of Switzerland is the
> cultural goal of this
> chapter.

Dr. Anton Vischer (45 Jahre alt), Rechtsanwalt aus Basel[2]

„In meinem Beruf bin ich für die Investitionen°
ausländischer Firmen verantwortlich und reise darum viel
ins Ausland. Dort höre ich oft die alten Klischees über meine
Heimat. Wenn man sagt, dass man aus der Schweiz kommt,
5 denken viele Menschen automatisch an Schokolade, Uhren,
Käse und an die Schweizergarde[3] im Vatikan. Darüber
ärgere ich mich immer ein bisschen. Viel wichtiger ist doch,
dass die Schweiz eine politische Ausnahme° in Europa ist.
Ich werde versuchen Ihnen etwas davon zu beschreiben.

investments

exception

Stocklite/Shutterstock

[2] **Basel:** Swiss city on the Rhine

[3] The Vatican's Swiss Guards, founded in 1505 by Pope Julius II, are the remnant of the Swiss mercenaries who
served in foreign armies from the 15th century on. The Vatican guards are recruited from Switzerland's Catholic
cantons.

10   Schon seit dem 13. Jahrhundert hat die Schweiz eine demokratische Verfassung°⁴.   *constitution*
Sie ist also eine der ältesten und stabilsten Demokratien der Welt. In beiden Weltkriegen
ist die Schweiz neutral geblieben. Diese Tradition der stolzen schweizerischen
Unabhängigkeit° beeinflusst° noch heute die politische Diskussion. Wir sind erst seit   *independence / influences*
2002 in der UNO, aber wir sind weder in der NATO⁵ noch° in der Europäischen Union.   **weder … noch** = *neither . . . nor*

15 Unter dem Druck° der Globalisierung wird sich das vielleicht eines Tages ändern.   *pressure*

     Einige werden unsere Gesellschaft wohl zu konservativ finden. Die Frauen, z.B.,
können erst seit 1971 wählen. Anderseits° hat eine Frau schon im Jahre 1867 an der Uni   *On the other hand*
Zürich den Doktorgrad° bekommen – zum ersten Mal in Europa. Und man darf nicht   *PhD*
vergessen, dass es in der Schweiz auch einen Platz für kritische Stimmen gibt. Das

20 zeigen die Werke unserer bekanntesten Schriftsteller und Filmemacher.

     Jemand fragte mich einmal, ob ich stolz bin, Schweizer zu sein. Darauf habe ich
sofort mit Ja reagiert, aber in Zukunft werde ich mir die Antwort genauer überlegen. Ich
werde einfach sagen, ich bin *froh* Schweizer zu sein, denn meine Heimat ist das schönste
Land, das ich kenne. Da ich meine Freizeit immer auf Bergtouren verbringe, habe ich eine

25 besonders starke Liebe für die Alpenlandschaft. Wenn ich von einer langen Bergwanderung
wieder ins Tal herunterkomme, dann bin ich glücklich und fühle mich körperlich° erholt.   *physically*
Das klingt vielleicht romantisch, aber eigentlich bin ich ein ganz praktischer Mensch."

🔊 **Nicole Wehrli (24 Jahre alt), Dolmetscherin° aus Biel**   *interpreter*
2–27

„Ich bin in der zweisprachigen Stadt Biel – auf Französisch

30 Bienne – aufgewachsen, direkt an der Sprachgrenze zwischen der
französischen und der deutschen Schweiz. Bei uns können Sie
manchmal im Ort Gespräche hören, in denen die Menschen beides
– Französisch und Deutsch – miteinander reden. In der Schule
habe ich dann Latein°, Englisch und Italienisch gelernt. Sie werden   *Latin*

35 sich also nicht wundern, dass ich mich für Fremdsprachen
interessiere. Eines Tages möchte ich sogar Chinesisch lernen.

     Die Eidgenossenschaft⁶ ist ein Unikum° in Europa, denn   *something unique*
sie ist viersprachig. Die Sprachbarrieren waren lange Zeit ein großes Hindernis° für die   *obstacle*
politische Vereinigung der Kantone.⁷ Heute gibt es keine großen Schwierigkeiten mehr,

40 denn fast alle Schweizer können wenigstens zwei Landessprachen, und viele können
auch Englisch. 64% der Schweizer haben Deutsch als Muttersprache, 20% sprechen
Französisch, 6,5% Italienisch und zirka 0,5% Rätoromanisch⁸. Unser „Schwyzerdütsch"⁹
können die meisten Deutschen nicht verstehen. Da unsere Kinder Schriftdeutsch°   *standard written German*
erst in der Schule lernen, ist es für sie oft so schwer wie eine Fremdsprache. Die

45 geschriebene und offizielle Sprache in den Schulen bleibt Schriftdeutsch, aber nach
dem Unterricht reden Lehrer und Schüler Schwyzerdütsch miteinander."

Tomasz Trojanowski/Shutterstock

---

⁴ In 1991, Switzerland celebrated the 700th anniversary of the **Rütlischwur** (Oath of Rütli), the defense pact among the three original cantons
against the Austrian Habsburgs. Wilhelm Tell is the legendary hero of this period of Swiss resistance to foreign power.

⁵ **Die UNO** = the *United Nations Organization;* **die NATO** = the *North Atlantic Treaty Organization*, a defensive alliance of the USA, Canada,
and certain European nations which was formed after World War II.

⁶ **Eidgenossenschaft** = Confederation. *Confoederatio Helvetica* is the official (Latin) name for modern Switzerland, hence CH on Swiss cars.

⁷ Switzerland is composed of 23 confederated cantons, each with considerable autonomy.

⁸ **Rhaetoromansch**, or simply **Romansch**. It is a Romance language, a linguistic remnant of the original Roman occupation of the Alpine
territories, spoken by about 40,000 rural Swiss in the canton of Grisons (**Graubünden**). Long under threat of extinction, it was declared one of
the four national languages in 1938.

⁹ **Schweizerdeutsch** = *Swiss-German dialect*. **Hochdeutsch** (*High German*) is the official, standardized language of German-speaking
countries. It is the language of the media, the law, and education and is based on written German (**Schriftdeutsch**). Educated native speakers
are bidialectal, knowing their local dialect and High German, which they may speak with a regional accent.

>> Nach dem Lesen

 Lab Manual Kap. 13, Diktat.

 Workbook Kap. 13, K.

A Antworten Sie auf Deutsch.

1. Was ist Dr. Vischer von Beruf?
2. Welche Klischees hört er im Ausland über seine Heimat?
3. Wie reagiert er darauf?
4. Seit wann hat die Schweiz eine demokratische Verfassung?
5. Was macht Herr Vischer in seiner Freizeit?
6. Warum ist die Stadt Biel, wo Nicole Wehrli aufgewachsen ist, besonders interessant?
7. Wie viele Schweizer sind deutschsprachig?
8. Warum haben einige Deutsche Schwierigkeiten die Schweizer zu verstehen?

B Schweizerdeutsch In diesem Kapitel haben Sie über den Schweizer Dialekt – das Schwyzerdütsch – gelesen. Hier ist der Anfang eines Märchens auf Schwyzerdütsch mit einer Übersetzung ins Schriftdeutsche. Das Märchen kommt aus dem Kanton Aargau, westlich von Zürich. „Der Ma im Mond" erzählt von einem Mann, der am Sonntag Holz (*wood*) stiehlt. Gott bestraft (*punishes*) ihn, indem er ihn zum Mann im Mond (*moon*) macht (*by making him . . .*).

 er Ma im Mond.

Der Ma im Mond

Weisch, wer dört oben im Mond lauft? Das isch emol en usöde Ma gsi, de het nid umegluegt ob's Sunntig oder Wärchtig gsi isch; goht einisch am ene heilige Sunntig is Holz und fangt a e Riswälle zsämestäle; und won er fertig gsi isch, und die Wälle bunde gha het, nimmt er si uf e Rügge und isch e heimlige Wäg us, won er gmeint het, das ihm kei Mönsch begägni. Aber wer em do begägnet, das isch der lieb Gott sälber gsi.[1]

Lesen Sie jetzt eine Übersetzung ins Schriftdeutsche.

Der Mann im Mond

Weißt (du), wer dort oben° im Mond läuft? Das ist einmal ein böser Mann gewesen, der hat sich nicht umgesehen°, ob es Sonntag oder Werktag° gewesen ist; (er) geht einmal an einem heiligen° Sonntag ins Holz° und fängt an, ein Reisigbündel° zusammenzustehlen; und als er fertig gewesen ist und das Bündel gebunden hat°, nimmt er es auf den Rücken° und ist einen heimlichen Weg° hinausgegangen, wovon er gemeint hat, dass ihm kein Mensch begegnet°. Aber wer ihm dort begegnet, das ist der liebe Gott selber gewesen.

dort ... *up there*
sich ... *didn't pay attention / weekday*
holy / woods / bundle of sticks
gebunden ... *tied up / back* / **heimlichen ...** *secret path*
begegnen (+ *dat.*) = *to encounter*

[1] From: *Kinder- und Hausmärchen aus der Schweiz*. Collected and edited by Otto Sutermeister, with drawings by J. S. Weißbrod (Aarau: H. R. Sauerländer, 1873).

C **Gruppenarbeit: Wie stellt man sich vor?**

Introducing yourself and others is a communicative goal.

Am Semesteranfang:

1. Sie sind alle auf einer Studentenparty, wo Sie einander noch nicht kennen. Stellen Sie sich einander vor.

2. Jetzt stellen Sie einen Freund oder eine Freundin vor:

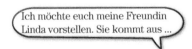

Schreibtipp

Formulating interview questions

- When you are interviewing someone to obtain information, it is important to formulate your questions in advance.
- In addition to the question words you have learned (e.g., **was, woher, warum, wie viele**), you can now ask a wider range of questions using **wo**-compounds (e.g., **Wofür interessierst du dich? Worauf freust du dich?**).

➤ **Schreiben wir mal.** Arbeiten Sie mit einem Partner zusammen und interviewen Sie einander über Ihr Leben und Ihre Interessen. Schreiben Sie zuerst zehn Fragen, die Sie Ihrem Partner stellen wollen. Dann schreiben Sie einen Absatz (*paragraph*) über Ihren Partner.

D   Wie sagt man das auf Deutsch?

1. Are you looking forward to the end of the semester?
2. Yes, I'm planning to go skiing in Switzerland.
3. That sounds good. Have a good trip.

4. What do you think of when people talk about Switzerland?
5. I remember my father's aunt who came from Switzerland.

6. Excuse me, do you know your way around in the library?
7. A bit. How can I help you?
8. I'm interested in books on Switzerland. Do you know where they are?
9. Yes . . . Do you see the stairs over there? Go up there.

10. My roommate asked me for money again.
11. How did you react to that?
12. I was really annoyed.
13. You won't give it to her?
14. Not this time. I'm really angry at her.

„Mi Wält"

Atelier Scapa

Hier ist der Grundriss (*floor plan*) eines typischen Einfamilienhauses in den deutschsprachigen Ländern. Oben gibt es wahrscheinlich noch einige Schlafzimmer und ein zweites Badezimmer. Worin unterscheidet sich diese Wohnung von einer Wohnung bei Ihnen zu Hause? In Deutschland gibt es zum Beispiel keine eingebauten Schränke (*built-in closets*), sondern man hat einen großen Kleiderschrank (*wardrobe*) im Schlafzimmer. Merken Sie andere Unterschiede?

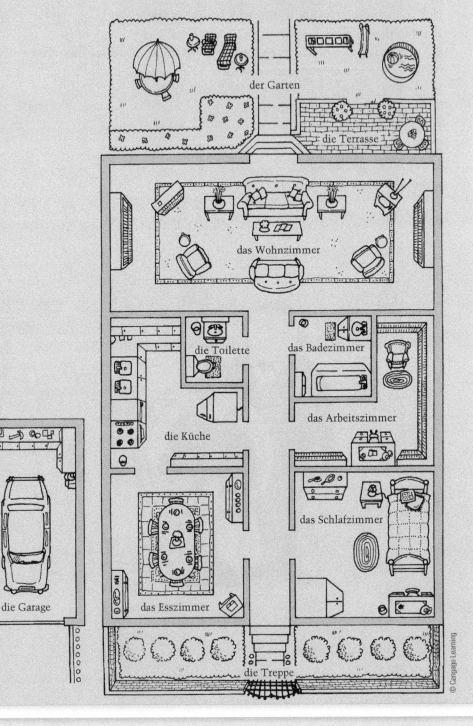

der Garten

die Terrasse

das Wohnzimmer

die Toilette

das Badezimmer

das Arbeitszimmer

die Küche

die Garage

das Esszimmer

das Schlafzimmer

die Treppe

© Cengage Learning

A Übung: Wo macht man was?

Man gießt die Blumen im Garten.

Blumen gießen

sich rasieren

sich föhnen

im Planschbecken spielen

ein Glas Wein trinken

am Schreibtisch arbeiten

fernsehen

das Auto waschen

zu Abend essen

kochen

schlafen

Web Search

Profile of Switzerland

Area:	41,288 square kilometers; 15,941 square miles (approximately the same area as the states of Massachusetts, Connecticut, and Rhode Island combined)
Population:	7,866,500; density 190.5 people per square kilometer (493.5 per square mile)
Currency:	**Schweizer Franken** (*Swiss Franc*); 1 SFr. or CHF = 100 **Rappen** or **Centimes**
Major Cities:	Berne (**Bern**, capital, pop. 133,900), Zurich (**Zürich**, largest city, pop. 372,000), Basel, Geneva (**Genf**), Lausanne
Religions:	42% Roman Catholic, 33% Protestant, 25% other

Switzerland has one of the highest per capita incomes in the world, as well as one of the highest standards of living. The literacy rate is close to 100%. The beauty of the Swiss Alps has made tourism Switzerland's main service industry; the alpine rivers provide inexpensive hydroelectric power.

Switzerland has not sent troops into foreign wars since 1515. It guards its neutrality even to the extent of staying out of the European Union. After having been a member of many UN agencies for years, Switzerland finally joined the United Nations itself in 2002. The second headquarters of the UN are in Geneva, which is also the seat of the International Red Cross and the World Council of Churches.

In der zweisprachigen Stadt Biel/Bienne

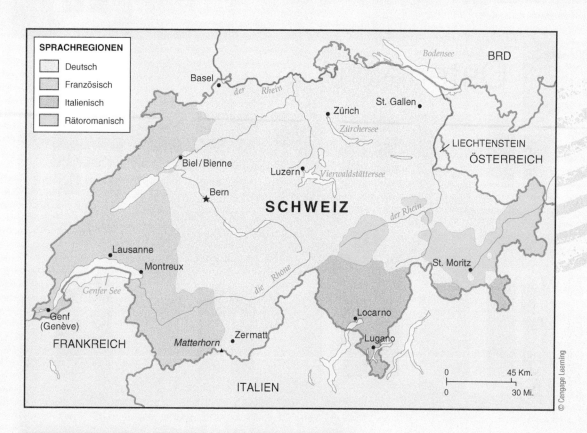

SPRACHREGIONEN
- Deutsch
- Französisch
- Italienisch
- Rätoromanisch

Rückschau: Was habe ich gelernt?

	No problem.	Almost there.	Needs more work.	See pages
1. I know a number of verb + preposition combinations and can use them to communicate.				378–379
2. I understand and can use **da-** and **wo-** compounds.				381–382
3. I know how to form and use the future tense.				383
4. I understand the directional prefixes **hin-** and **her-** and can use them with verbs to show motion toward or away from me.				384
5. I know how to introduce myself and other people.				390
6. I have learned the names of various rooms in a house or apartment.				392
7. I know something about Switzerland and its unique role in Europe.				386–389

Mozarts Geburtshaus

Kommunikation

- Expressing wishes
- Making suggestions and polite requests
- Talking about hypothetical and contrary-to-fact situations
- Making reservations and staying in hotels, bed-and-breakfasts, and youth hostels

Kultur

- Austrian identity

In diesem Kapitel

- **Lyrik zum Vorlesen**
  Ernst Jandl, „ottos mops"
- **Grammatik**
  1. Subjunctive: Present tense
  2. Subjunctive: Past tense
- **Lesestück**
  Zwei Österreicher stellen sich vor
- **Vokabeln im Alltag**
  Im Hotel
- **Almanach**
  Profile of Austria

◀ Salzburg (Österreich)

Ulrich Mueller/Shutterstock.com

Dialoge

Lab Manual Kap. 14, Dialoge, Fragen, Hören Sie gut zu!

heute Nacht = *tonight*, but also *last night* if said early in the morning.

NOTE: **im ersten Stock** is the equivalent of American *on the second floor*.

Heurige are taverns in and around Vienna, each originally belonging to a vineyard and serving wine (called **Heuriger**) pressed from the current harvest (**heuer** = *this year, currently*). The Viennese suburb **Grinzing** has many vineyards with **Heurige**.

 >> Auf Urlaub in Salzburg

Das Ehepaar Burckhardt aus Bern hat heute in Salzburg schon viel unternommen. Jetzt ist es Mittag und sie werden langsam müde und hungrig.

HERR BURCKHARDT: Ursula, könnten wir Pause machen und etwas essen, bevor wir Mozarts Geburtshaus besuchen?

FRAU BURCKHARDT: Aber klar. Wie wäre es mit dem Lokal da drüben? Es sieht ganz gemütlich aus.

HERR BURCKHARDT: Das ist mir recht. In der Fußgängerzone habe ich uns aus dem Bankautomaten ein paar hundert Euro geholt.

FRAU BURCKHARDT: Dann können wir entweder mit Kreditkarte oder bar bezahlen.

HERR BURCKHARDT: Vielleicht sollten wir uns zuerst die Speisekarte ansehen.

>> An der Rezeption

TOURIST: Grüß Gott! Hätten Sie noch ein Zimmer frei für heute Nacht?

ANGESTELLTER: Wünschen Sie ein Einzelzimmer oder ein Doppelzimmer?

TOURIST: Am liebsten hätte ich ein Einzelzimmer mit Dusche.

ANGESTELLTER: Das hätte ich Ihnen vor zwei Stunden geben können, aber im Moment ist nur ein Doppelzimmer mit Bad frei.

TOURIST: Was würde das denn kosten?

ANGESTELLTER: 70 Euro mit Frühstück. Es ist ein ruhiges Zimmer und sehr gemütlich.

TOURIST: Dürfte ich mir das Zimmer ansehen?

ANGESTELLTER: Selbstverständlich. (*Gibt ihm den Schlüssel.*) Gehen Sie hier die Treppe hinauf, das wäre Zimmer Nummer 14 im ersten Stock.

 >> Ausflug zum Heurigen

THOMAS: Hallo Amelie! Du siehst aus, als ob du nicht viel geschlafen hättest.

AMELIE: Ach, merkt man das? Ja, gestern war es ziemlich stressig.

THOMAS: Wenn du heute Abend nicht zu müde bist, dann könnten wir vielleicht nach Grinzing zum Heurigen fahren.

AMELIE: Ja, höchste Zeit, dass wir den neuen Wein probieren! Und es wäre auch schön dort zu essen.

THOMAS: Gute Idee! Bis dann hab' ich sicher einen Riesenhunger.

AMELIE: Dann sollten wir gleich losfahren.

Tutorial Quiz
Audio Flashcards

Im Hotel

das **Bad, ⁝er** bath; bathroom
  ein Bad nehmen to take a bath
das **Badezimmer, -** bathroom
das **Doppelzimmer, -** double
  room
das **Einzelzimmer, -** single room
die **Dusche, -n** shower
die **Rezeption** reception desk

Verben

**aus·gehen, ging aus, ist
  ausgegangen** to go out
**los·fahren (fährt los), fuhr los,
  ist losgefahren** to depart;
  to start; to leave
merken to notice
probieren to sample, try

Substantive

der/die **Angestellte, -n** employee
der **Ausflug, ⁝e** outing, excursion
der **Bankautomat, -en** cash
  machine, ATM
der **Fußgänger, -** pedestrian
der **Mittag, -e** midday
der **Schlüssel, -** key
der **Stock** floor (of a building)
  der **erste Stock** the second
  floor

im ersten Stock on the second
  floor
das **Ehepaar, -e** married couple
das **Erdgeschoss** first floor,
  ground floor
die **Bank, -en** bank
die **Ehe, -n** marriage
die **Fußgängerzone, -n**
  pedestrian zone
die **Kreditkarte, -n** credit card
die **Nummer, -n** number
die **Speisekarte, -n** menu

Adjektive und Adverbien

gemütlich comfortable, cozy
österreichisch Austrian

Andere Vokabeln

als ob (*sub. conj.*) as if
  (+ *subjunctive*)
  **Du siehst aus, als ob du nicht
  viel geschlafen hättest.**
  You look as if you hadn't slept
  much.
entweder ... oder (*conj.*) either
  . . . or

Nützliche Ausdrücke

bar bezahlen to pay in cash
  das **Bargeld** cash
Das ist mir recht. That's fine
  with me.
Das wäre schön! That would be
  nice!
höchste Zeit high time

Gegensätze

entweder ... oder ≠ weder ... noch
  either . . . or ≠ neither . . . nor
gemütlich ≠ ungemütlich
  comfortable ≠ uncomfortable

Mit anderen Worten

der **Riesenhunger = sehr großer
  Hunger**

Weinberge (*vineyards*) in Grinzing

T. Hansen

A **Persönliche Fragen**

1. Wo ist der nächste Bankautomat? Wie oft benutzen Sie ihn?
2. Zahlen Sie im Lokal mit Kreditkarte oder bar?
3. Haben Sie je in einem Hotel übernachtet? Wo war das?
4. Würden Sie lieber in einer Jugendherberge oder in einem Hotel übernachten, wenn Sie nach Österreich reisen? Warum?
5. Haben Sie ein Doppel- oder ein Einzelzimmer im Studentenwohnheim?
6. Grinzing ist ein Ausflugsziel in der Nähe von Wien. Kennen Sie in Ihrer Gegend ein schönes Ausflugsziel?

German and Austrian dormitories have only singles and doubles. A triple would be called **ein Dreibettzimmer**.

Pronounced with stress on the first syllable: **Go**-liath.

Holger Mette/iStockphoto.com

B **Übung: Was ist ein Riese?** Ein berühmter Riese in der Bibel hieß Goliath. Sie kennen schon das Wort „riesengroß". So nennt man etwas sehr Großes. Jetzt wissen Sie auch: Wenn man sehr hungrig ist, sagt man: „Ich habe Riesenhunger!" Also:

1. Einen riesengroßen Hunger nennt man auch *einen Riesenhunger*.
2. Einen sehr, sehr großen Koffer nennt man auch _____.
3. Eine ganz große Freude ist _____.
4. Wenn viele Menschen zusammen demonstrieren, dann hat man _____.
5. Wenn ein Supertanker einen Unfall hat und sein Öl ins Meer fließt, dann ist das _____.
6. Ein sehr großes Hotel kann man auch _____ nennen.

Das Wiener Riesenrad: This 67-meter-high Ferris wheel dates from 1897 and offers splendid views. It is the location of a famous scene in *The Third Man* (directed by Carol Reed, starring Orson Welles, 1949), a film that unforgettably evokes the divided city of Vienna in the postwar era.

Getty Images

C Partnerarbeit: Wie wäre das? (*How would that be?*)

ins Kino gehen?	uns die Stadt ansehen?
zum Heurigen fahren?	zu Hause sitzen?
Freunde einladen?	das Zimmer aufräumen?
Skifahren gehen?	im Restaurant essen?
Theaterkarten kaufen?	eine Radtour machen?

Sollen wir einen Ausflug machen?

Ja, das wäre toll!

Nein, das wäre blöd!

D Partnerarbeit: entweder ... oder

1. Wohin fährst du im Sommer?
2. Was möchtest du gern essen?
3. Mit wem willst du Tischtennis spielen?
4. Welche Fremdsprache wirst du nächstes Jahr lernen?
5. Weißt du, wer das war?
6. Weißt du, in welchem Stock unser Hotelzimmer ist?
7. Wie kann man im Lokal zahlen?

Was trinkst du heute Abend?

Ich trinke entweder Tee oder Kaffee.

Web Link

🔊 LYRIK ZUM VORLESEN
2–31

The Austrian poet Ernst Jandl was born in Vienna. In the following poem, he shows that it is possible to tell a whole story using only one vowel. Reading it aloud will be a good review of the German long and short **o**! Like many other modern poets, Jandl does not capitalize nouns.

Ernst Jandl

***ottos mops**°*	*pug (dog)*
ottos mops trotzt°	*won't obey*
otto: fort° mops fort	*go away*
ottos mops hopst° fort	*hops*
otto: soso	
otto holt koks°	*charcoal briquettes*
otto holt obst	
otto horcht°	*listens*
otto: mops mops	
otto hofft	
ottos mops klopft°	*knocks*
otto: komm mops komm	
ottos mops kommt	
ottos mops kotzt°	*pukes*
otto: ogottogott	
Ernst Jandl (1925–2000)	

Karikatur von Wilhelm Busch (1832–1908). Busch war ein Zeichner und Dichter, der seine humoristischen Erzählungen mit seinen eigenen Zeichnungen illustrierte. Werke wie **Max und Moritz** (1865) waren die ersten modernen Comics. Diese Zeichnung ist aus dem Jahre 1870.

Ernst Jandl, poetische Werke, hrsg. von Klaus Siblewski © 1997 Luchterhand Literaturverlag, München, in der Verlagsgruppe Random House GmbH

Isolde Ohlbaum/laif/Redux

Grammatik

Tutorial Quiz

Take a look at the following sentences:

Barbara **ist** nicht hier.	*Barbara **isn't** here.*
Ich **habe** Zeit.	*I **have** time.*

Each presents a situation that is definite, certain, and real. Now compare them to the following examples:

Wenn Barbara nur hier **wäre**!	*If only Barbara **were** here!*
Wenn ich mehr Zeit **hätte** ...	*If I **had** more time . . .*

Instead of being definite and real, they are contrary to fact, or hypothetical. Both German and English have two different sets of verb forms to cover these two possibilities. Up until now you have been using verbs in the *indicative* (**der Indikativ**) to talk about things that are definite and real. The verbs in the second set of examples are in the *subjunctive* (**der Konjunktiv**).

In English, the *present* subjunctive uses what look like *past-tense* forms:

*If you **lived** nearby, we would visit you.*	(condition contrary to fact: You *don't* live nearby.)
*If only I **had** more time!*	(wish contrary to fact: I *don't* have more time.)

> A common subjunctive form in English is *were*, as in *if I were you.*

Note that the verbs *lived* and *had* in the examples above are identical to the past indicative in *form*, but have present meaning in the subjunctive.

*If you **lived** nearby . . .* (right now, at the moment)
*If only I **had** more time!* (right now, at the moment)

> In Austria, **Servus** means both *hello* and *so long*. It originally meant "Your servant" in Latin. It is used only by speakers who say **du** to each other.

Servus Österreich

© Cengage Learning

Subjunctive with *würden* + infinitive

By far the most frequent subjunctive construction in German is a form of **würden** (the subjunctive of **werden**) plus infinitive. You already learned this structure in **Kapitel 7** (see page 199) to express intentions, opinions, preferences, and polite requests.

1 **Partnerarbeit: Was würdest du in diesen Situationen tun?** Partner A beschreibt die Situation, Partner B sagt, was er/sie tun würde. Partner B beschreibt die nächste Situation, usw.

> Du fährst auf der Autobahn.

> Ich würde sehr schnell fahren ... Du hast tausend Euro gewonnen.

Credits:
ROW 1: (l) Photo by Maia Fitzstevens
     (c) Brigida Soriano/Shutterstock
     (r) Maridav/iStockphoto.com

ROW 2: (l) Art_man/Shutterstock
     (lc) Robert Kneschke/Shutterstock
     (rc) Catalin Petolea,2009/Used under license from Shutterstock.com
     (r) Steve Debenport/iStockphoto.com

Subjunctive of modal verbs

Like **werden**, the modal verbs form their present subjunctive by simply adding an umlaut to the past tense of the indicative. You have already been using **ich möchte**:

Past indicative		Present subjunctive	
ich konnte	*I was able to*	ich **könnte**	*I could, would be able to*
ich mochte	*I liked*	ich **möchte**	*I would like to*
ich musste	*I had to*	ich **müsste**	*I would have to*

EXCEPTIONS: The present subjunctive of **sollen** and **wollen** is *not* umlauted and therefore looks just like the past indicative:

ich sollte	*I was supposed to*	ich **sollte**	*I ought to*
ich wollte	*I wanted to*	ich **wollte**	*I would want to*

> Note that **sollen** and **wollen** lack an umlaut in their infinitive as well.

2 **Übung: Hören Sie gut zu!** (*Mit geschlossenen Büchern*) With your book closed, listen to each pair of sentences, then say which one is the past indicative and which is the present subjunctive. Then, with your book open, repeat each sentence aloud and give its English equivalent.

> **Lab Manual** Kap. 14, Var. zu Üb. 1, 2.

1. Durfte sie das machen?
   Dürfte sie das machen?

2. Wir könnten ihn abholen.
   Wir konnten ihn abholen.

3. Sie müsste das wissen.
   Sie musste das wissen.

4. Mochte er das Frühstück?
   Möchte er das Frühstück?

NOTE ON USAGE

Using the subjunctive to make suggestions

Wir **könnten** zusammen ausgehen.	*We **could** go out together.*
Wir **sollten** eigentlich hier bleiben.	*We really **ought** to stay here.*

♦♦♦ 3 Gruppenarbeit: Was könnten wir denn unternehmen? (*3 Personen*)

BEISPIEL: A: Wir könnten …

B: Ja, oder wir könnten …

Oper · Operette · Musical · Tanz · Theater
Opera · operetta · musical · dance · theater

her/Fotolia LLC

Staatsoper
1., Opernring 2
1. 5. Fidelio von L. v. Beethoven, 16 Uhr B
2. 5. Premiere: **Das Rheingold** von R. Wagner, 19 Uhr P
3. 5. Ballett: Romeo und Julia von S. Prokofjew, 19 Uhr C
4. 5. La traviata von G. Verdi, 19 Uhr A
5. 5. Das Rheingold, 19 Uhr N
6. 5. Die Walküre von R. Wagner, 17.30 Uhr N
7. 5. La traviata, 19.30 Uhr A
8. 5. Siegfried von R. Wagner, 17 Uhr N
9. 5. Tosca von G. Puccini, 19.30 Uhr A
10. 5. Götterdämmerung von R. Wagner, 17 Uhr N
11. 5. La traviata, 19 Uhr A
12. 5. Tosca, 19.30 Uhr A
13. 5. Madama Butterfly von G. Puccini, 19.30 Uhr B
14. 5. Ballett: Romeo und Julia, 19 Uhr C
15. 5. Madama Butterfly, 20 Uhr B
16. 5. Das Rheingold, 19.30 Uhr N
17. 5. Die Walküre, 17.30 Uhr N
18. 5. Don Giovanni von W. A. Mozart, 19 Uhr A
19. 5. Siegfried, 17.30 Uhr N
20. 5. Werther von J. Massenet, 19.30 Uhr A
21. 5. Götterdämmerung, 17 Uhr N
22. 5. Don Giovanni, 19 Uhr A
23. 5. Eugen Onegin von P. I. Tschaikowskij, 19 Uhr A
24. 5. Werther, 19.30 Uhr A
25. 5. „140 Jahre Haus am Ring" Festprogramm ab 19. 5.: www.events.wien.info Don Giovanni, 19 Uhr A
26. 5. Eugen Onegin, 19 Uhr A
27. 5. Werther, 19.30 Uhr A
28. 5. Lucia di Lammermoor von G. Donizetti, 19 Uhr A
29. 5. Eugen Onegin, 19 Uhr A
30. 5. Werther, 19.30 Uhr A
31. 5. Ballett: Romeo und Julia, 19 Uhr C

24

Theater an der Wien
6., Linke Wienzeile 6, Tel. 588 85
2. 5. „**Mitridate, Re di Ponto**", Oper von W. A. Mozart; 19 Uhr (weiteres Programm: siehe „Wiener Festwochen", S. 25)
www.theater-wien.at

Volksoper
9., Währinger Strasse 78
1. 5. Guys and Dolls von F. Loesser, 19 Uhr D
2. 5. Die Fledermaus von J. Strauss, 19 Uhr A
3. 5. Hoffmanns Erzählungen von J. Offenbach, 19 Uhr A
4. 5. La Bohème von G. Puccini, 19 Uhr A
5. 5. „operettts": 25 Operetten in 2 Stunden, 20 Uhr C
6. 5. Das Land des Lächelns von F. Lehár, 19 Uhr A
7. 5. La Bohème, 19 Uhr A
8. 5. Die lustige Witwe von F. Lehár, 19 Uhr A
9. 5. Anatevka von J. Bock, 19 Uhr D
10. 5. Hoffmanns Erzählungen, 19 Uhr A
11. 5. La Bohème, 19 Uhr
12. 5. Ballett: Der Nussknacker von P. I. Tschaikowskij, 19 Uhr B
13. 5. Stefan Mickisch spielt und erklärt „Fra Diavolo", 19 Uhr V
14. 5. Die lustige Witwe, 19 Uhr A
15. 5. Anatevka, 19 Uhr D
16. 5. Premiere: **Fra Diavolo oder Das Gasthaus zu Terracina** von D.-F.-E. Auber, 19 Uhr A
17. 5. My Fair Lady von F. Loewe, 19 Uhr D
18. 5. Keine Vorstellung
19. 5. „operettts", 20 Uhr C
20. 5. My Fair Lady, 19 Uhr D
21. 5. Fra Diavolo, 19 Uhr A
22. 5. My Fair Lady, 19 Uhr D
23. 5. Die Zauberflöte von W. A. Mozart, 19 Uhr A
24. 5. Das Land des Lächelns, 19 Uhr A
25. 5. My Fair Lady, 19 Uhr D

26. 5. Fra Diavolo, 19 Uhr B
27. 5. My Fair Lady, 19 Uhr A
28. 5. Ballett: Der Nussknacker, 20 Uhr B
29. 5. Fra Diavolo, 19 Uhr A
30. 5. Das Land des Lächelns, 19 Uhr A
31. 5. Die lustige Witwe, 19 Uhr A

Raimund Theater
6., Wallgasse 18, Tel. 58885
„**Rudolf – Affaire Mayerling**", Musical von F. Wildhorn, J. Murphy; Di–Sa 19.30 Uhr, So 18 Uhr www.musicalvienna.at

Tickets & Info

Staatsoper & Volksoper
Tageskassen / Box offices: 1., Operngasse 2 & Burgtheater & Volksoper: Mo - Fr 8 - 18, Sa, So, Ftg 9 - 12 Uhr (Staatsoper: Die zwei teuersten Preiskategorien sind bereits im Verkauf / the most expensive ticket groups are already available. Für alle anderen Preiskategorien / for all other price categories: 1. 4. für / for 1. 5., 2. 4. für / for 2. 5., ...)
Kreditkarte / credit card:
Tel. 513 1 513, täglich / daily 10–21 Uhr (ab dem Tag nach dem ersten Vorverkaufstag / from the day after advance ticket sales start)
Richtpreise / Prices:
Staatsoper: Kategorie A 11–192 €, B 10–168 €, C 8–130 €, N 12–215 €, P 13–240 €.
Volksoper: Kategorie A 4–75 €, B 4–61 €, C 3,50–41 €, D 4–71 €, G 9–150 €
Info: Staatsoper Tel. 51444 2250, Volksoper Tel. 51444 3670 www.staatsoper.at, www.volksoper.at, www.culturall.com

Wiener Festwochen 2009
Kreditkarte / credit card: Tel. 589 22 11, Mo–Fr 10–17 Uhr, ab / as of 4. 5. Mo–Fr 10–17 Uhr, Sa, So, Ftg 10–14 Uhr www.festwochen.at
Tageskassen / Box offices: ab 25. 4. / as of April 25: Wiener Festwochen 6., Lehárgasse 3a; täglich / daily 10–18, Do, Fr 10 - 19 Uhr, Tel. 589 22 456 MuseumsQuartier, Foyer der Halle E + G: Mo–Sa 10–18 Uhr

Izim M. Gulcuk/Shutterstock.com

Fair Use

4 **Partnerarbeit: Was ich möchte und was ich sollte** Erzählen Sie einander, was Sie nächstes Wochenende am liebsten machen möchten und was Sie eigentlich machen sollten. Die Liste gibt Ihnen einige Möglichkeiten.

> Ich möchte am liebsten Karten spielen, aber ich sollte eigentlich mein Zimmer aufräumen.

> Ich möchte am liebsten ...

Ich möchte am liebsten ...
    spazieren gehen
    Karten spielen
    italienisch essen gehen
    einen Ausflug machen
    ins Konzert gehen

Ich sollte eigentlich ...
    das Zimmer aufräumen
    Hausaufgaben machen
    das Auto waschen
    mich auf die Klausur vorbereiten
    Lebensmittel einkaufen

NOTE ON USAGE

Wishes contrary to fact A contrary-to-fact wish uses the introductory phrase **Ich wünschte** followed by the wish in the subjunctive. You can also use a **wenn**-clause (verb last!) with an added **nur**.

Ich wünschte, ich könnte fliegen.   *I wish I could fly.*
Wenn ich nur fliegen könnte!   *If only I could fly!*

5 **Übung: Ich wünschte, es wäre anders!** Ihre Professorin beschreibt eine Situation im Indikativ. Sie wünschen im Konjunktiv, dass es anders wäre.

BEISPIEL: Christine kann nicht gut kochen.
        Ich wünschte, sie könnte gut kochen.

1. Ich kann kein Französisch.
2. Du musst nach Hause.
3. Ich darf nicht länger bleiben.
4. Amelie will nicht nach Grinzing mitkommen.
5. Wir können nicht mitfahren.
6. Du musst abfahren.
7. Ich darf nicht alles sagen.
8. Thomas will nicht helfen.

> **Übung 5:** Note that items 2 and 6 are positive, so the subjunctive wish will be negative.

Subjunctive of irregular and strong verbs

The verbs **haben** and **wissen** also form their subjunctive by adding an umlaut to the simple past of the indicative.

Past indicative		Present subjunctive	
ich hatte	*I had*	ich hätte	*I would have*
ich wusste	*I knew*	ich wüsste	*I would know*

6 **Kettenreaktion: Was hätten Sie gern?** Sagen Sie, was Sie gern hätten. Dann fragen Sie jemand anders.

BEISPIEL: A: Ich hätte gern ein frisches Brötchen. Und du?
B: Ich hätte gern ein/eine/einen _____.

7 **Kettenreaktion: Was wüssten Sie gern?** Sagen Sie, was Sie gern wüssten. Dann fragen Sie jemand anders, was er gerne wüsste.

BEISPIEL: A: Ich wüsste gern, wo ich Geld verdienen könnte. Und du?
B: Ich wüsste gern, _____.

The present subjunctive of strong verbs is also based on their simple past indicative forms (see pp. 283–284), but these forms are modified as follows.

■ *Step 1*: Take the simple past stem of the verb.

kommen → **kam-**   gehen → **ging-**   sein → **war-**

■ *Step 2*: Add an umlaut to the stem vowel whenever possible.

käm-   **ging-**   **wär-**

> Remember that you can only add an umlaut to **a**, **o**, **u**, and **au**.

■ *Step 3*: Add the following personal endings.

ich	wär-e	*I would be*	wir	wär-en	*we would be*
du	wär-est	*you would be*	ihr	wär-et	*you would be*
er	wär-e	*he would be*	sie, Sie	wär-en	*they, you would be*

Note the differences in the endings of the present subjunctive and the past indicative of a strong verb:

Present subjunctive (*would go*)		Past indicative (*went*)	
ich	ginge	ich	ging
du	gingest	du	gingst
sie	ginge	sie	ging
wir	gingen	wir	gingen
ihr	ginget	ihr	gingt
sie, Sie	gingen	sie, Sie	gingen

Only the **wir-** and the plural **sie-, Sie**-endings are the same.
With the exception of **wäre**, most strong verbs in contemporary spoken German use **würde** + *infinitive* instead of the one-word form. **Ich würde Rotwein trinken** (It is highly unlikely that anyone would say: **Ich tränke Rotwein**).

Lab Manual Kap. 14, Var. zu Üb. 8.

Workbook Kap. 14 A, B, C.

8 Übung: Ich wünschte, es wäre anders! Jetzt hören Sie eine Situation im Indikativ. Sie wünschen im Konjunktiv, dass es anders wäre.

BEISPIEL: Meine Gäste gehen nicht nach Hause.
    Ich wünschte, sie gingen nach Hause.

1. Gabi ist nicht mehr hier.
2. Robert kommt nicht um zwölf.
3. Karin geht nicht mit uns spazieren.
4. Wir sind nicht fit.
5. Die Uhr geht nicht richtig.
6. Ich habe keine Kreditkarte.
7. Er ist mir böse.
8. Ich habe keine Freunde in Salzburg.

Conditions contrary to fact: "If *X* were true, *Y* would be true."

In **Kapitel 8** you learned about conditional sentences containing a **wenn**-clause (see p. 224). When the condition is contrary to fact, the verbs must be in the subjunctive.

> Talking about contrary-to-fact situations is a communicative goal.

A **wenn**-clause states the condition contrary to fact: "If *X* were true . . ."

> **Wenn wir jetzt in Deutschland wären ...** *If we were in Germany now . . .*
> **Wenn ich mehr Geld hätte ...** *If I had more money . . .*

The main clause draws the unreal conclusion: ". . . *Y* would be true."

> **... würden wir sehr schnell Deutsch lernen.** *. . . we would learn German very quickly.*
> **... müsste ich nicht so viel arbeiten.** *. . . I wouldn't have to work so much.*

Putting them together:

> **Wenn wir jetzt in Deutschland wären, würden wir sehr schnell Deutsch lernen.**
> **Wenn ich mehr Geld hätte, müsste ich nicht so viel arbeiten.**

Conditional sentences may begin either with the **wenn**-clause (as in the two previous examples) *or* with the conclusion clause.[1]

> Wir **würden** sehr schnell Deutsch lernen, wenn wir jetzt in Deutschland **wären**.
> Ich **müsste** nicht so viel arbeiten, wenn ich mehr Geld **hätte**.

NOTE ON USAGE

One-word subjunctive of weak verbs All weak verbs have a one-word present subjunctive form which is identical to the simple past indicative:

Past indicative		Present subjunctive	
ich wohnte	*I lived*	wenn ich wohnte	*if I lived*
du wohntest	*you lived*	wenn du wohntest	*if you lived*
usw.		usw.	

This form (instead of the present subjunctive with **würde** + infinitive) occurs most frequently in the **wenn**-clause of a conditional sentence.

> **Wenn ich** in Wien **wohnte**, würde ich oft ins Kaffeehaus gehen.

---

[1] The **wenn** is sometimes omitted from the **wenn**-clause. Its verb is then placed at the *beginning* of the clause. Compare the similar structure in English that omits *if:*

> **Hätte** ich das Geld, würde ich mehr kaufen.
> *Had I the money, I would buy more.*

„Wenn ich in Wien
wohnte, würde ich oft
ins Kaffeehaus gehen."
(Café Griensteidl, Wien)

Lab Manual Kap.
14, Üb. 9.

Workbook Kap.
14 D–H.

9   **Übung: Aber wenn es anders wäre ... (*Mit offenen Büchern*)** Jetzt
hören Sie eine Situation im Indikativ. Sie sagen im Konjunktiv, wie es wäre,
wenn die Situation *anders* wäre. (*Note that the logic of these sentences
demands changing positive to negative and vice versa.*)

> Weil es so kalt ist, können
> wir nicht schwimmen.

> Aber wenn es *nicht* so kalt
> *wäre, könnten* wir schwimmen.

1. Weil es so weit ist, können wir nicht zu Fuß gehen.
2. Weil ich kein Geld habe, kaufe ich mir diese Schuhe nicht.
3. Weil dieses Buch langweilig ist, lesen wir es nicht.
4. Weil der Dom geschlossen ist, können wir ihn nicht besuchen.
5. Weil ich keine Zeit habe, kann ich kein Bad nehmen.
6. Weil ich nicht in Wien wohne, kenne ich mich nicht aus.
7. Weil ich keinen Hunger habe, bestelle ich nichts.
8. Weil wir uns nicht für diesen Film interessieren, gehen wir nicht ins Kino.

10   **Übung: Wir kommen zu spät ... (*Mit offenen Büchern*)** Reagieren Sie
wieder auf eine Situation im Indikativ und sagen Sie wieder im Konjunktiv wie es
wäre, wenn die Situation *anders* wäre. Beginnen Sie aber diesmal *nicht* mit **wenn**.

> Wir kommen zu spät, weil
> du nicht schneller fährst.

> Aber wir würden nicht zu
> spät kommen, wenn du
> schneller fahren würdest.

1. Wir bleiben hier, weil er uns braucht.
2. Ich muss einen Bankautomaten finden, weil ich kein Bargeld habe.
3. Wir gehen nicht aus, weil es regnet.
4. Wir fahren mit dem Zug, weil wir keinen Wagen haben.
5. Ich lese die Zeitung nicht, weil ich so müde bin.
6. Er kann mir nicht schreiben, weil er meinen Namen nicht weiß.
7. Wir kommen nicht vorbei, weil wir zu viel zu tun haben.

Lab Manual Kap. 14, Var. zu Gruppenarbeit 11.

11 **Gruppenarbeit: Studentenreise nach Österreich (*4 oder 5 Personen*)**

Sie reisen nächstes Jahr mit einer Studentengruppe nach Österreich. Sie müssen sich jetzt darauf vorbereiten.

1. Was sollte man mitbringen?
2. Was für Bücher und Internetseiten könnte man über Österreich lesen?
3. Was sollte man sich dort ansehen? (Die Fotos in diesem Kapitel geben Ihren einige Ideen.)
4. Was würden Sie am liebsten in Österreich machen?

Mal was Lustiges!

The humor of this cartoon depends on the use of the subjunctive in a hypothetical question and answer. Can you guess the meaning of **einsame Insel** from context?

Polite requests

Note the difference in tone between the following two requests:

Indicative	*Subjunctive*
Können Sie mir bitte helfen?	**Könnten** Sie mir bitte helfen?
Can you please help me?	*Could you please help me?*

In both English and German, the subjunctive in the second sentence softens the request and makes it more polite. Here are some more examples:

Würden Sie mir bitte den Koffer tragen?	*Would you please carry my suitcase?*
Dürfte ich eine Frage stellen?	*Might I ask a question?*

You can also word a polite request as a statement:

Ich **hätte** gern eine Tasse Kaffee.	*I'd like to have a cup of coffee.*
Entschuldigung, ich **wüsste** gern, wo der Bahnhof ist.	*Excuse me, I'd like to know where the train station is.*

Lab Manual Kap. 14, Üb. 12, Var. zu Gruppenarbeit 13

Workbook Kap. 14 I.

12 Übung: Könnten Sie das bitte machen? Benutzen Sie den Konjunktiv statt des Indikativs, um höflicher zu sein.

BEISPIEL: Können Sie mir bitte ein Einzelzimmer zeigen?
Könnten Sie mir bitte ein Einzelzimmer zeigen?

1. Können Sie mir bitte sagen, wann der Zug nach Berlin abfährt?
2. Haben Sie Zeit eine Tasse Kaffee mit mir zu trinken?
3. Darf ich mich hierher setzen?
4. Geben Sie mir bitte das Salz?
5. Ist es möglich eine Zeitung zu kaufen?
6. Können Sie mir meinen Platz zeigen?
7. Haben Sie ein Einzelzimmer mit Dusche?
8. Entschuldigung: Wissen Sie, wo man Karten kaufen kann?

13 Gruppenarbeit: Kellner und Gäste im Lokal (*3 Personen*) Spielen Sie diese Szene gemeinsam. Seien Sie höflich und benutzen Sie den Konjunktiv! Der Kellner fragt die Gäste, was sie bestellen möchten. Die Gäste fragen, ob es verschiedene Gerichte (*dishes*) gibt, und bestellen dann ein großes Essen.

You can use food vocabulary from pages 101 and 234.

2. Subjunctive: Past tense

Now that you have learned to use the present-tense subjunctive, the past subjunctive should prove quite easy. It is used for talking about hypothetical or contrary-to-fact situations *in the past*, e.g., "*I would have waited* for you yesterday." German past subjunctive uses a form of **hätten** or **wären** plus a past participle:

> The subjunctive mood has *only this one past tense*, unlike the indicative, which has three past tenses (simple past, perfect, past perfect).

Past subjunctive				
ich	**hätte** gewartet	*I would have waited*	ich	**wäre** gekommen	*I would have come*
du	**hättest** gewartet	*you would have waited*	du	**wärest** gekommen	*you would have come*
er	**hätte** gewartet	*he would have waited*	sie	**wäre** gekommen	*she would have come*
wir	**hätten** gewartet	*we would have waited*	wir	**wären** gekommen	*we would have come*
ihr	**hättet** gewartet	*you would have waited*	ihr	**wäret** gekommen	*you would have come*
sie, Sie	**hätten** gewartet	*they, you would have waited*	sie, Sie	**wären** gekommen	*they, you would have come*

CAUTION! Note that English uses *would* in both the present and past subjunctive. But German uses **würden** *only* in the present subjunctive, *not* in the past.

Present:	Er **würde** mitkommen.	He **would** come along.
Past:	Er **wäre** mitgekommen.	He **would have** come along.

14 **Übung: Aber *ich* hätte das gemacht.** Ihre Professorin sagt Ihnen, was sie nicht gemacht hat. Sie sagen, dass *Sie* es gemacht hätten.

Ich habe Anna nicht geholfen.

Aber *ich* hätte ihr geholfen.

> 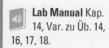 **Lab Manual** Kap. 14, Var. zu Üb. 14, 16, 17, 18.
>
> 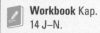 **Workbook** Kap. 14 J–N.

1. Ich habe nicht um Auskunft gebeten.
2. Ich habe keinen Ausflug gemacht.
3. Ich habe die Wurst nicht probiert.
4. Ich bin nicht Ski gefahren.
5. Ich habe mir die Haare nicht gekämmt (*combed*).
6. Ich bin nicht lange geblieben.
7. Ich habe den Plan nicht verstanden.
8. Ich bin nicht tanzen gegangen.

15 **Übung: Wie sagt man das auf Deutsch?**

1. I would have hated that.
2. Bernd wouldn't have waited.
3. We would have bought a piano.
4. I would have gotten up earlier.
5. That would have lasted a long time.
6. That would have cost too much.
7. You wouldn't have been happy.
8. They would have stayed longer.

16 **Gruppenarbeit: Was hättest du gemacht, wenn ...** So ist es *nicht* gewesen, aber es hätte so sein können. Was hättest du gemacht ...

1. ... wenn du dieses Semester nicht studiert hättest?
2. ... wenn du letztes Jahr eine Million Euro bekommen hättest?
3. ... wenn du vor 100 Jahren gelebt hättest?
4. ... wenn du gestern einen Autounfall gehabt hättest?
5. ... wenn du dir das Bein gebrochen hättest?

17 **Gruppenarbeit: Ich wünschte, ich hätte das nicht gemacht.** What do you wish you had done, learned, or had as a child?

Ich wünschte, ich hätte mehr Klavier geübt.

Ich wünschte, ich hätte Skifahren gelernt.

Ich wünschte, ich hätte meine Schwester nicht so oft geärgert.

Now say what you wish you hadn't done.

Past subjunctive of modal verbs

The past subjunctive of modal verbs is formed with the auxiliary **hätten** plus the *double infinitive*.

Du **hättest** doch **anrufen können**.   *You could have called.*
Das **hätte** ich **machen sollen**.   *I should have done that.*

In English, the past subjunctive of modal verbs uses *would have, could have,* or *should have.* Notice how simple and consistent German modals are.

Ich **hätte** kommen **dürfen**.   *I **would have been allowed** to come.*
Ich **hätte** kommen **können**.   *I **could have** come.*
Ich **hätte** kommen **müssen**.   *I **would have had to** come.*
Ich **hätte** kommen **sollen**.   *I **should have** come.*
Ich **hätte** kommen **wollen**.   *I **would have wanted to** come.*

Review the double-infinitive construction in the perfect indicative of modals, p. 169.

18 Übung: Das hätten Sie nicht vergessen sollen. Ihr Professor hat vergessen viele wichtige Dinge zu machen. Sagen Sie ihm, er hätte sie machen sollen.

> Ich habe vergessen meinen Regenschirm mitzubringen.

> Sie hätten ihn doch mitbringen sollen.

1. Ich habe vergessen mein Bett zu machen.
2. Ich habe vergessen meine Bücher mitzubringen.
3. Ich habe vergessen meine Frau anzurufen.
4. Ich habe vergessen eine Zeitung zu kaufen.
5. Ich habe vergessen das Fenster zu schließen.
6. Ich habe vergessen den neuen Wein zu probieren.

19 Übung: Wie sagt man das auf Deutsch?

1. We could have flown.
2. We would have had to buy tickets.
3. Frank should have come along.
4. He wouldn't have wanted to come along.
5. He wouldn't have been allowed to come along.

Ich hätte fliegen können.

Web Search

Tipps zum Vokabelnlernen

Can you guess the meaning of **jahrzehntelang** *and* **jahrhundertelang**?

***Adverbs of time: the suffix* -lang** To form the German equivalents of the English adverbial phrases *for days, for hours,* etc., add the suffix **-lang** to the plural of the noun.

stunden**lang**	*for hours*	monate**lang**	*for months*
tage**lang**	*for days*	jahre**lang**	*for years*
wochen**lang**	*for weeks*		

➤ **Übung: Wie lange hat's gedauert?** Ihre Professorin möchte wissen, ob etwas lange gedauert hat. Wählen Sie ein Zeitadverb mit **-lang** für Ihre Antwort.

Haben Sie lange im Zug von Paris nach Berlin gesessen?

Ja, stundenlang.

1. Hat das Abendessen im Restaurant lange gedauert?
2. Haben Sie lange in Wien gewohnt?
3. War's letzten Sommer sehr heiß?
4. War der Chef lange am Telefon?

>> **Leicht zu merken**

analysieren	analy<u>sie</u>ren
der **Humor**	Hu<u>mor</u>
die **Ironie**	Iro<u>nie</u>
kreativ	krea<u>tiv</u>
kulturell	kultu<u>rell</u>
literarisch	lite<u>ra</u>risch
die **Melancholie**	Melancho<u>lie</u>
der **Patient, -en, -en**	Pati<u>ent</u>
philosophieren	philoso<u>phie</u>ren
die **Psychoanalyse**	Psychoana<u>ly</u>se

🔊 **Lab Manual** Kap. 14, Üb. zur Betonung.

Einstieg in den Text

The two Austrians in the following reading selection use subjunctive mood mainly for conjectural and hypothetical statements. Below is one example of each type. After reading through the text once, write down other examples of subjunctive mood used for these purposes; be sure you understand them and can give English equivalents.

Hypothetical statement: Ich ... **könnte** ... bei meinen Eltern wohnen und an der Musikhochschule in Wien studieren. (lines 2–3)

Conjecture: ... ohne ... Johann Strauß **würde** die Welt wahrscheinlich keine Walzer **tanzen**. (lines 12–13)

>> Wortschatz 2

Tutorial Quiz
Audio Flashcards

Verben

erinnern an (+ *acc.*) to remind of
erwarten to expect
sich konzentrieren auf
  (+ *acc.*) to concentrate on
**statt·finden, fand statt, hat
  stattgefunden** to take place
tanzen to dance
träumen to dream

Substantive

der **Spiegel, --** mirror
der **Witz, -e** joke; wit
das **Gefühl, -e** feeling
das **Klavier, -e** piano
die **Donau** the Danube River
die **Gegenwart** present (time)
die **Hochschule, -n** university;
  institution of higher learning

> **Hochschule** corresponds
> roughly to college, not high
> school (generically called **die
> Oberschule**). **Musikhochschule** =
> *conservatory*; **Technische Hoch-
> schule** = *engineering college*.

Adjektive und Adverbien

außerdem *(adv.)* besides, in
  addition
begeistert von enthusiastic
  about, ecstatic about
ernst serious
  etwas ernst nehmen to take
  something seriously
glücklich happy
witzig witty
zunächst first (of all), to begin
  with

Andere Vokabeln

beide *(pl. pronoun)* both (people)
solch- such, such a

Nützlicher Ausdruck

eine Zeit lang for a time, for a
  while

Gegensätze

ernst ≠ heiter serious ≠ cheerful
glücklich ≠ unglücklich happy ≠
  unhappy

> Learning about the
> culture and history of
> Austria is the cultural
> goal of this chapter.

◀)) Zwei Österreicher stellen sich vor
2–32

Marie-Therese Werdenberg, Musikstudentin in Salzburg

„Ich heiße Marie-Therese Werdenberg und bin Musikstudentin. Ich komme aus Wien
und könnte freilich° dort bei meinen Eltern wohnen und an der Musikhochschule in   = *natürlich*
Wien studieren. Aber ich studiere lieber in Salzburg, weil ich mich hier besser auf
das Klavierspielen konzentrieren kann. In Wien gäbe es zwar mehr Konzerte, in die

5   man gehen könnte, aber hier ist es ruhiger und gemütlicher. Außerdem finden hier
im Sommer die berühmten Festspiele[1] statt und da habe ich die Chance mit vielen
Musikern° in Kontakt zu kommen.   = *Menschen, die Musik,*
     machen / vice versa

     Ja, was wäre Österreich ohne seine Musiktradition? Und umgekehrt°: Was wäre
die Musikgeschichte ohne Österreich? Salzburg ist Mozarts Geburtsort°. Auch Haydn,   = *Ort, wo man geboren ist*

10   Schubert, Bruckner, Mahler und Schönberg sind alle in Österreich geboren.

     Beethoven und Brahms – beide kamen aus Deutschland – haben in Wien ihre
wichtigsten Werke komponiert°. Und ohne solche Werke wie "An der schönen blauen   *composed*
Donau" von Johann Strauß würde die Welt wahrscheinlich keine Walzer° tanzen.   *waltzes*

     Aber ich sollte nicht nur über Musik reden, bloß° weil ich davon so begeistert bin.   = *nur*

15   Die österreichische Kultur hat der Welt sehr viel gegeben. In Wien um 1900 gab es
z.B. ein besonders kreatives kulturelles Leben. Die literarischen Werke von Hugo von
Hofmannsthal und Arthur Schnitzler sind ein Spiegel dieser Epoche. In der Malerei°   *painting*
arbeiteten Künstler wie Gustav Klimt und Oskar Kokoschka. Auch um diese Zeit
gründete° Sigmund Freud die Psychoanalyse. Ich könnte noch viele Namen nennen,   *founded*

20   aber dann müssten wir fast den ganzen Tag hier sitzen."

Dr.Ulrich Kraus, Psychologe° aus Wien   *psychologist*

„Mein Name ist Kraus und ich bin Psychologe. Mit meinen Patienten und ihren
Problemen habe ich mehr als genug zu tun; erwarten Sie also nicht von mir, dass ich
den Durchschnittsösterreicher° analysiere. Ich könnte aber mindestens° versuchen   *average Austrian /* = *wenigstens*
diesen Menschen – den *Homo austriacus* – ein bisschen zu beschreiben.

25   Zunächst etwas Geschichte: Ich möchte Sie daran erinnern, dass wir Österreicher
auf eine sehr alte und große Tradition zurückschauen. Die Habsburger Dynastie
regierte° jahrhundertelang über Deutsche, Ungarn, Tschechen, Polen, Italiener, Serben   *ruled*
und eine Zeit lang sogar über Mexikaner.[2] Was man vom englischen Weltreich sagt,
könnte man auch von Österreich sagen: Die Sonne ging nicht unter° über diesem Reich.   **ging unter** = *set*

30   Heute spielt unser kleines Land nur eine bescheidene° politische Rolle in Europa. Dieser   *modest*
Kontrast zwischen Vergangenheit und Gegenwart hat zu unserem Humor und unserer
Selbstironie beigetragen°. Manchmal habe ich das Gefühl, wir Österreicher sind unglücklich   *contributed*
über unsere verlorene Größe, aber wir sind wenigstens glücklich, dass wir unglücklich sind.
Verstehen Sie diese witzige Melancholie, die sich selbst nicht ganz ernst nimmt?

35   Viele Österreicher würden den Unterschied zwischen sich und den Deutschen so
ausdrücken°: Die Deutschen sind fleißig, aber die Österreicher gemütlich. Die Wiener   *express*
Kaffeehäuser könnten nicht existieren, wenn der Österreicher nicht gern stundenlang
vor seinem Mokka[3] säße und träumte. Er philosophiert gern darüber, wie die Welt sein
könnte. Darum nennt man Österreich manchmal das Land des Konjunktivs: ‚Alles

40   würde hier besser gehen, wenn wir nur ...‘ oder ‚Das wäre möglich, wenn ... ‘ "

---

[1] The **Salzburger Festspiele** are an annual summer festival of drama and classical music.

[2] The Habsburgs ruled the Holy Roman Empire from 1278 to 1806, and Austria (later Austria-Hungary) until 1918. The empire came to include Germans, Hungarians, Czechs, Poles, Italians, and Serbs. In 1864 Archduke Maximilian, brother of the Austrian Emperor, was made Emperor of Mexico. He was executed in 1867 by republican troops.

[3] A strong, aromatic coffee served in demitasse cups, named after a city in Yemen. The drink was introduced into Vienna during the Turkish siege of the city in 1683. Viennese cafés serve dozens of different types of coffee, each with its own name.

Im Café Central, Wien

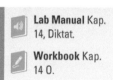

Ankeruhr in der Altstadt Wiens.

Lab Manual Kap. 14, Diktat.

Workbook Kap. 14 O.

>> Nach dem Lesen

A Antworten Sie auf Deutsch.

1. Woher kommt die Musikstudentin im ersten Teil des Textes und was macht sie in Salzburg?
2. Warum studiert sie lieber dort als in Wien?
3. Nennen Sie einen berühmten Menschen, der in Salzburg geboren ist.
4. Kennen Sie andere berühmte Namen aus der Musikgeschichte Österreichs?
5. Warum war Wien um 1900 besonders interessant? Wer hat damals dort gelebt und gearbeitet?
6. Was wissen Sie von der Geschichte Österreichs?
7. Beschreiben Sie den größten Unterschied für die Österreicher zwischen der Vergangenheit und der Gegenwart ihres Landes.
8. Welche Unterschiede findet Dr. Kraus zwischen den Deutschen und seinen Landsleuten?
9. Warum nennt man Österreich manchmal das Land des Konjunktivs?

B Gruppendiskussion: Wie könnten wir das ändern? An Ihrer Uni gibt es sicher Sachen, die Sie gern ändern würden. Machen Sie eine Liste davon. Dann diskutieren Sie, wie man sie ändern könnte.

> Ich finde, die Bibliothek schließt zu früh.

> Ja, sie sollte länger offen bleiben. Und ich finde, das Essen in der Mensa könnte besser sein.

C Übung: Eine witzige Anekdote aus Österreich Provide the missing time words and phrases (according to the English cues in parentheses) in the following anecdote.

_____ (*Many years ago*), _____ (*when*) noch relativ wenige Touristen nach Österreich kamen, erzählte man eine Anekdote über eine reiche Amerikanerin, die _____ (*one month*) in den österreichischen Alpen verbrachte. Sie wohnte in einem gemütlichen Hotel in einem kleinen Dorf, wo die Menschen sie sehr interessant fanden. _____ (*Each morning*), _____ (*when*) sie frühstückte, bestellte sie nur wenig zu essen: ein weich gekochtes Ei [*soft-boiled egg*] und eine Tasse Kaffee. _____ (*Whenever*) das Wetter gut war, verbrachte sie _____ (*the whole day*) draußen und aß Brot und Käse aus ihrem Rucksack, _____ (*when*) sie Hunger hatte. _____ (*When*) die Dame endlich wieder nach Hause musste, sagte sie dem Wirt [*innkeeper*] _____ (*on Sunday*), sie würde _____ (*day after tomorrow*) abfahren. _____ (*On Tuesday*) bestellte sie nach dem Frühstück die Rechnung [*bill*]. Sie las die Rechnung und sagte _____ (*for a while*) nichts. Darauf stand „für 28 Eier: 300 Schilling". Es stimmte, sie hatte _____ (*for weeks*) _____ (*every morning*) ein weiches Ei gegessen, aber sie konnte sich nicht erinnern, _____ (*when*) sie je in ihrem Leben so teure Eier gegessen hatte. Sie ließ sofort den Wirt kommen und bat ihn um eine Erklärung. „_____ (*When*) ich _____ (*in the mornings*) mein Ei bestellte", sagte sie, „wusste ich nicht, dass sie bei Ihnen so selten [*rare*] sind." Der Wirt antwortete: „Ja, wissen Sie, gnädige Frau [*Madam*], die Eier sind bei uns *nicht* so selten, aber *Amerikanerinnen* sehr." Sie lachte, bezahlte die Rechnung und sagte, sie würde _____ (*next year*) wiederkommen. „Hoffentlich sind _____ (*then*) Amerikanerinnen _____ (*no longer*) so selten und die Eier weniger teuer!"

> Austrian currency from 1925 until 2002 was the schilling. **100 Groschen = 1 Schilling**.

D Übung: Partizipien und Adjektive For each pair of sentences below, fill in the past participle cued in English in the first sentence. In the second sentence, fill it in again, but as an attributive adjective. Don't forget the adjective ending!

1. Wer hat das Zimmer _____? (*straightened up*)
   Es ist schön in einem _____ Zimmer zu sitzen.

2. Letztes Jahr habe ich sehr viel Geld _____. (*saved*)
   Mit meinem _____ Geld will ich eine Reise ins Ausland machen.

3. Hat man dir den Rucksack _____? (*stolen*)
   Ja, und meine neue Kamera war leider im _____ Rucksack.

4. Ich habe meine Hemden _____. (*washed*)
   Die _____ Hemden hängen draußen hinter dem Haus.

5. Der Mann, mit dem sie sich verlobt hat, ist immer gut _____. (*dressed*)
   Sie geht nur mit gut _____ Männern aus.

6. Frau Schwarzer hat ihren Wagen selber _____. (*repaired*)
   Ihr _____ Wagen läuft jetzt gut.

E **Gruppenarbeit: Buttje, Buttje, in der See** Es gibt ein bekanntes norddeutsches Märchen („Der Fischer und seine Frau"), in dem ein großer Butt (*flounder*) einem Fischer seine Wünsche erfüllt (*grants*). Der Fischer ruft ihn immer wieder aus dem Meer mit den Worten: „Buttje, Buttje, in der See" und sagt ihm, was er sich wünscht. Jetzt sagen Sie einander, was Sie sich wünschen. Antworten Sie, ob Sie den Wunsch erfüllen können oder nicht.

BEISPIEL: A: Ich wünschte, ich könnte wie ein Vogel fliegen!
B: Das kann ich dir leider nicht erfüllen!

✏ Schreibtipp

Using the subjunctive to write a speculative essay

The essay topic asks you to speculate about what you *would* do *if* you had the power to rule the world. Because you will be writing about a situation contrary to fact, you must use the subjunctive mood. However, a series of sentences all beginning with **"Ich würde ..."** would soon become boring. Here are two strategies for making your essay more interesting:

- Combine subjunctive and indicative clauses:

  Weil viele Menschen nicht genug zu essen **haben**, **würde** ich ...

- Use modal verbs to make your essay more varied:

  Wenn ich noch Zeit hätte, dann **könnte** (or **wollte**) ich ...

➤ **Schreiben wir mal: Wenn ich die Welt regieren könnte.** Stellen Sie sich vor, Sie könnten eine Woche lang die Welt regieren. Was würden Sie für die Völker der Erde tun? Was würden Sie ändern? Schreiben Sie eine Seite darüber.

F **Wie sagt man das auf Deutsch?**

1. Would you like to go out with us tomorrow night?
2. That would be great, but unfortunately I don't feel well.
3. That's a shame! Perhaps we could go on an outing on Saturday.
4. Gladly! My old friend Tim will be here, and maybe he could come along.

5. Max has been in Vienna for weeks.
6. It would be nice to write him a postcard.
7. If only I knew his address.
8. He's either in a hotel or in a youth hostel.

9. Can't you study in your room?
10. No, Marie always disturbs me with her loud music.
11. If you didn't have a piano, you wouldn't have a problem.
12. That's right, but then I would have to look for a new roommate.

Auf Seite 421 sehen Sie die Rezeption in einem Hotel. Unten finden Sie nützliche Vokabeln, die Ihnen meistens schon bekannt sind.

Die Hotelgäste

sich an·melden	to register
das **Gepäck**	
der **Koffer, -**	
der **Reisepass, -pässe**	passport
ein Taxi bestellen	
ein Zimmer reservieren	

An der Rezeption

der/die **Angestellte**	
der **Frühstücksraum**	breakfast room
die **Kasse**	
der **Lift** (oder) der **Aufzug**	elevator
der **Stadtplan, ¨e**	
der **Stadtführer, -**	city guidebook
der **Zimmerschlüssel, -**	

Im Hotelzimmer

das **Bad**	
die **Dusche**	
duschen	to shower
sich um·ziehen	to change clothes

der Föhn · der Spiegel · das Badetuch · die Seife · die Zahnbürste · das Shampoo · die Zahnpasta

© Cengage Learning

††† **A** **Rollenspiele** (*Gruppen von 3 Personen*) Spielen Sie diese beiden Szenen gemeinsam. Improvisieren Sie.

An der Rezeption
Zwei Touristen kommen gerade vom Flughafen im Hotel an. Sie haben schon ein Zimmer reserviert. Sie melden sich an der Rezeption an und stellen Fragen über das Zimmer.

Wolfgang Rattay/Reuters

Eine Stunde später
Die Touristen haben geduscht und sich umgezogen. Jetzt wollen sie ausgehen und sich die Stadt ansehen. An der Rezeption bitten sie um Auskunft. Die Angestellte gibt ihnen viele Informationen über die Stadt, z.B. über das Kulturleben, die Verkehrsmittel, Restaurants usw. Bei ihr bekommen sie auch einen Stadtplan und Broschüren (*brochures*).

Almanach

Web Search

Profile of Austria

AREA:	83,858 square kilometers; 32,377 square miles (slightly smaller than the state of Maine)
POPULATION:	8.4 million; density 100 people per square kilometer (259 people per square mile)
CURRENCY:	der Euro; 1€= 100 Cent
MAJOR CITIES:	Wien (English: Vienna; capital, pop. 1,720,000), Graz, Linz, Salzburg, Innsbruck
RELIGION:	74% Roman Catholic, 5% Protestant, 21% other

Austria consists of nine states (**Bundesländer**). It became a member of the European Union in 1995. In addition to basic industries such as machinery, iron and steel, textiles, and chemicals, tourism provides an important source of income. The literacy rate is 98%.

Austria plays a vital role in the United Nations and Vienna is an important point of contact between eastern and western Europe. With the opening of the "UNO City" in 1979, Vienna became the third seat of the United Nations. It is also the headquarters for OPEC (the Organization of Petroleum Exporting Countries).

▶ Innsbruck mit Blick auf die Nordkette

T. Hansen

◀ Das Palmenhaus im Schönbrunner Park, Wien (erbaut 1882)

T. Hansen

Rückschau: Was habe ich gelernt?

	No problem.	Almost there.	Needs more work.	See pages
1. I know how to form the subjunctive in the present and past tense.				402–403, 406–407, 411–412
2. I can use the subjunctive to talk about things that are contrary to fact or hypothetical.				403, 405, 407
3. I can use the subjunctive to make suggestions and polite requests.				404, 410
4. I have learned some facts about Austria, including Austrians' sense of themselves.				416, 422
5. I have learned some basic vocabulary needed for getting a room in a hotel.				398, 420

Kommunikation

- Talking about relationships

Kultur

- Cultural diversity in the German-speaking countries

In diesem Kapitel

- **Lyrik zum Vorlesen**
  Vier Gedichte von Mascha Kaléko

- **Grammatik**
  1. Passive voice
  2. The present participle

- **Lesestück**
  Zafer Şenocak, „Ich bin das andere Kind"

- **Vokabeln im Alltag**
  Freundschaft, Partnerschaft, Ehe

- **Almanach**
  Foreigners living and working in Germany

Fabrizio Bensch/Reuters

◀ Kreuzberg, Berlin

Dialoge

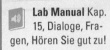

Lab Manual Kap. 15, Dialoge, Fragen, Hören Sie gut zu!

>> Wo liegt die Heimat?

2–33

Emine und Andrej besuchen beide die 9. Klasse in einer Berliner Schule. Heute wird gerade die kulturelle Vielfalt in der Bundesrepublik besprochen. Ihre Diskussionsgruppe spricht über das Thema Muttersprache und Heimat.

ANDREJ: Mein Vater kommt aus Russland und mit ihm spreche ich immer Russisch. Emine, was sprecht ihr denn meistens zu Hause?

EMINE: Ja, mit meinen Geschwistern spreche ich meistens Deutsch. Aber wir sprechen mit den Eltern und Großeltern immer Türkisch.

ANDREJ: Wo fühlst du dich denn zu Hause, in Deutschland oder in der Türkei?

EMINE: Das frag' ich mich auch. In Berlin habe ich viele Freunde, aber viele liebe Verwandte in Istanbul. Eigentlich fühle ich mich in beiden Kulturen zu Hause. Und du?

ANDREJ: Berlin ist meine Heimat. Ich war noch nie in Russland, aber mein Vater erzählt manchmal davon.

verpasste: Notice the adjectival use of this past participle.

>> Die verpasste Geburtstagsfeier

2–34

LILLI: Bei Hülyas Geburtstagsfeier wurde bis drei Uhr früh getanzt. Wo warst denn du?

PAUL: Ich wurde schon eingeladen und ich wäre gern dabei gewesen, aber ich war in den Ferien in Spanien.

LILLI: Du hättest wenigstens anrufen können, um ihr zu gratulieren.

PAUL: Ja, das hätte ich machen sollen.

>> Vor der Post

2–35

Herr und Frau Becker stehen vor der Post und Herr Becker zieht einen Umschlag aus der Tasche.

HERR BECKER: Du, ich brauche Briefmarken. Diese Geburtstagskarte an die Annemarie muss heute abgeschickt werden.

FRAU BECKER: Zeig mal her – aber Hartmanns sind doch umgezogen! Das ist doch ihre alte Adresse.

HERR BECKER: Stimmt! Das hätte ich nicht vergessen sollen.

FRAU BECKER: Keine Sorge! Wir kaufen schnell einen neuen Umschlag.

Hans Becker
Kieler Straße 314
22083 Hamburg

Frau
Annemarie Hartmann
Vogelsangstraße 17
60327 Frankfurt

© Cengage Learning

>> Wortschatz 1

Tutorial Quiz
Audio Flashcards

Auf der Post

ab·schicken to send off, mail
der **Umschlag, ˙-e** envelope
die **Adresse, -n** address
die **Briefmarke, -n** stamp
die **Post** post office; postal
service; mail

Verben

dabei sein to be present, attend
sich fragen to wonder, ask
oneself
Ich frage mich, ob … I wonder
if . . .
gratulieren (+ *dat.*) to
congratulate
**Ich gratuliere dir zum
Geburtstag!** Happy birthday!

Substantive

(das) **Spanien** Spain
die **Feier, -n** celebration, party
die Geburtstagsfeier birthday
party
die **Sorge, -n** worry, concern
die **Vielfalt** variety, diversity

Nützliche Ausdrücke

Keine Sorge. Don't worry
about it.
Zeig mal her. Let's see. Show it
to me.

Fußballfans während der Weltmeisterschaft 2006

A Persönliche Fragen

1. Emine fragt sich, wo sie sich zu Hause fühlt. Wo fühlen *Sie* sich zu Hause: wo Sie jetzt wohnen, wo Ihre Eltern wohnen oder wo Sie geboren sind?

2. Paul hat Hülyas Geburtstagsfeier verpasst. Haben Sie je etwas Wichtiges verpasst? Erzählen Sie davon.

3. Schreiben Sie manchmal Briefe oder Karten an Freunde? Oder benutzen Sie lieber E-Mail, SMS oder Facebook?

4. Wann gehen Sie zur Post? Was lassen Sie dort machen?

5. Herr Becker hätte die neue Adresse nicht vergessen sollen. Was hätten Sie nicht vergessen sollen?

B Gruppenarbeit: Keine Sorge! (*Don't worry!*) Manchmal macht man sich Sorgen um etwas. Worum machen Sie sich manchmal Sorgen?

> Ich mache mir Sorgen um meine Hausarbeit.

> Keine Sorge! Du wirst eine gute Note bekommen.

C Klassendiskussion: Geburtstagstraditionen Was macht man in Ihrer Familie, wenn jemand Geburtstag hat? Gibt es bestimmte Familientraditionen? Feiern Sie zu Hause oder im Restaurant? Lädt man viele Gäste ein oder gibt es nur eine kleine Feier? Darf sich das Geburtstagskind (die Person, die Geburtstag hat) sein Lieblingsessen bestellen?

Emily C. Bell

Web Link

◀)) LYRIK ZUM VORLESEN
2: 36–39

Mascha Kaléko wurde 1907 als Tochter eines russischen Vaters und einer
österreichischen Mutter geboren. Nach dem Ersten Weltkrieg zog die
Familie nach Marburg. Kaléko studierte in Berlin, wo sie in den frühen
30er-Jahren begann, für führende Zeitungen zu schreiben. 1938 verließ sie
Hitlers Drittes Reich und ging nach New York ins Exil. 1960 zog sie nach
Israel. Sie starb 1975.

Kalékos Gedichte, die oft in der Alltagssprache der Großstadt
geschrieben sind, zeigen Witz, Ironie und manchmal etwas Melancholie.
Diese vier kurzen Gedichte erschienen (*appeared*) zuerst in der Sammlung
Kleines Lesebuch für Große (1934).

Von Mensch zu Mensch

Nun, da du fort° bist, scheint mir alles trübe°.   ° = **weg** / ° = **traurig**
Hätt' ich's geahnt°, ich ließe dich nicht gehn.   ° foreseen
Was wir vermissen°, scheint uns immer schön.   ° **Was ...** = **Was uns fehlt**
Woran das liegen mag° –. Ist das nun Liebe?   ° **Woran ...** I wonder why that is

Von Elternhaus und Jugendzeit

Jetzt bin ich groß. Mir blüht kein Märchenbuch.°   ° **Mir ...** Life's not going to be a fairy tale.
Ich muß schon oft „Sie" zu mir selber sagen.
Nur manchmal noch, an jenen stillen° Tagen,   ° **jenen ...** those quiet
Kommt meine Kindheit heimlich° zu Besuch.   ° in secret

Von den Jahreszeiten

Der Frühling fand diesmal im Saale statt°.   ° **fand ...** took place indoors
Der Sommer war lang und gesegnet°.   ° blissful
– Ja, sonst gab es Winter in dieser Stadt.
Und sonntags hat's meistens geregnet ...

Von Reise und Wanderung

Einmal sollte man seine Siebensachen°   ° possessions
Fortrollen aus diesen glatten Geleisen.°   ° **Fortrollen ...** roll off of these smooth tracks
Man sollte sich aus dem Staube machen°   ° **sich ...** hit the road
Und früh am Morgen unbekannt verreisen°.   ° = **wegreisen**

Grammatik

Tutorial Quiz

>> 1. Passive voice (*das Passiv*)

Compare the following sentence pairs:

Viele Studenten kaufen diesen Roman.	*Many students buy this novel.*
Dieser Roman wird von vielen Studenten gekauft.	*This novel is bought by many students.*

Both sentences convey the same information. However, the first emphasizes that people are doing something *actively* (they are buying the novel), while the second emphasizes that something is having the action done to it the (novel is being bought). The verb in the first sentence is in what is called the *active voice* (the students *buy*), while the verb in the second sentence is in the passive voice (the novel *is bought*).

In active sentences, the grammatical subject is the *performer* (called the *agent*) of an action.

Die Studenten *kaufen...*   *The students buy...*

In passive sentences, the grammatical subject is the *object* of the action.

Der Roman *wird gekauft.*   *The novel is being bought.*

<aside>Since the passive voice emphasizes the thing acted upon, most passive sentences do not express the agent at all. For passive sentences with an agent, see p. 433.</aside>

You can think of a sentence in the passive voice as the transformation of an active sentence that has *a transitive verb and a direct object*. Think of the direct object of the active sentence (in the *accusative*) as the *subject* of the passive sentence (in the *nominative*).

	agent		*direct object*
Active:	**Die meisten Studenten**	kaufen	**diesen Roman.**

	subject		*agent*
Passive:	**Dieser Roman**	wird	**von den meisten Studenten** gekauft.

Formation of the passive voice in German

The passive voice in English consists of the auxiliary verb *to be* plus a past participle.

Active voice	→	Passive voice		
			auxiliary	*participle*
They see him.	→	*He*	*is*	*seen.*
We never do that.	→	*That*	*is*	never *done.*
They told jokes.	→	*Jokes*	*were*	*told.*

<aside>You have already learned two other uses of **werden**:

1) as main verb = *to become, get* (Sie **wird** alt.)

2) to form future tense = **werden** + *infinitive* (Sie **wird** dich sehen.)</aside>

The passive voice in German consists of the auxiliary verb **werden** plus a past participle.

Active voice	→	Passive voice		
			auxiliary	*participle*
Sie sehen ihn.	→	Er	**wird**	**gesehen.**
Wir machen das nie.	→	Das	**wird**	nie **gemacht.**
Sie erzählten Witze.	→	Witze	**wurden**	**erzählt.**

1 **Übung: Was wird morgens gemacht, bevor Emine zur Schule geht?** Jeden Morgen, bevor Emine in die Schule geht, werden verschiedene Sachen gemacht. Sagen Sie, was gemacht wird.

Das Frühstück wird ...

Der Tee wird ...

Credits: © Cengage Learning

Below is a table showing the formation of all tenses of **gesehen werden** (*to be seen*).

🔊 **Lab Manual** Kap. 15, Var. zu Üb. 1, 2 und Üb. 3.

✏ **Workbook** Kap. 15, A, B.

Passive voice				
passive infinitive: **gesehen werden** *to be seen*				
present	Sie **wird**	gesehen.	*She **is***	*seen.*
past	Sie **wurde**	gesehen.	*She **was***	*seen.*
future	Sie **wird**	gesehen **werden**.	*She **will be***	*seen.*
perfect	Sie **ist**	gesehen **worden**.	*She **has been***	*seen.*
			*(or: She **was***	*seen.)*
past perfect	Sie **war**	gesehen **worden**.	*She **had been***	*seen.*

Note the following:

- In both the German and the English passive, the past participle (**gesehen/** *seen*) appears in all tenses. The auxiliary verb (**werden** = *to be*) is the conjugated verb.
- The normal past participle of **werden** (**geworden**) is contracted to **worden** in the perfect tenses of the passive voice.
- The word order of the German passive infinitive is the reverse of English:

gesehen **werden**
to be *seen*

Use Appendix 6, pp. 464–466, to review the past participles of strong transitive verbs.

2 **Übung** Change these sentences from the active to the passive. Be careful to keep the same tense as in the active sentence.

Present tense

1. Man sieht ihn oft in der Bibliothek.
2. Morgens lesen wir die Zeitung.
3. Bei uns hört man selten Spanisch.
4. Ich rufe meine Eltern an.
5. Man versteht mich nicht!
6. Wir feiern deinen Geburtstag.
7. Wir räumen das Schlafzimmer auf.
8. Ich schicke dieses Paket ab.

Simple past tense

9. Damals schrieb man mehr Briefe.
10. Überall las man seine Werke.
11. Man zeigte den Film im Ausland.
12. Man erzählte viele Witze.

Future tense

13. Was wird man sagen?
14. Man wird das Plakat nicht sehen.
15. Man wird diese Flaschen recyclen.
16. Man wird dieses Thema besprechen.

Perfect tense

17. Wir haben unsere Wohnung verkauft.
18. Man hat die Briefe abgeschickt.
19. Man hat den Künstler eingeladen.
20. Man hat die Umwelt verschmutzt.

Das moderne Gebäude ist ein Museum und heißt Deutsches Auswandererhaus. Es dokumentiert die deutsche Auswanderung im 19. Jahrhundert.

Fachwerkhaus (*half-timbered house*) und modernes Museumsgebäude (Bremerhaven). Welches wurde früher gebaut?

3 Übung: Das wird sofort gemacht! Sie sind alle Hotelangestellte. Ihre Professorin ist Gast im Hotel und bittet Sie etwas für sie zu machen. Sie sagen, alles wird sofort gemacht.

1. Könnten Sie mir bitte das Gepäck hinauftragen?
2. Könnte ich einen Tisch reservieren?
3. Könnten Sie mir bitte das Zimmer aufräumen?
4. Würden Sie bitte den Fernseher reparieren?
5. Könnten Sie mir bitte diesen Brief abschicken?

> Könnten Sie mir bitte ein Taxi bestellen?

> Ja, es wird sofort bestellt!

Passive voice with an agent

Most passive sentences do not mention the agent performing the action.

Diese Häuser wurden sehr schnell gebaut.	*These houses were built very quickly.*
Das wird oft gesagt.	*That is often said.*

If the person performing the action (the agent) *is* mentioned, **von** + *dative* is used.

Ich wurde **von Hülya** eingeladen.	*I was invited by Hülya.*
Dieses Haus wurde **von meinen Großeltern** gebaut.	*This house was built by my grandparents.*

4 Übung: Lebensgeschichten. Erzählen Sie die „Lebensgeschichten" der folgenden Dinge im Passiv. Das wird so gemacht:

BEISPIEL: Zeitung: Journalisten / schreiben
　　　　　Die Zeitung wird zuerst von Journalisten geschrieben. (usw.)

> You can connect your sentences with **dann**:
> **Die Zeitung wird zuerst von Journalisten geschrieben,** *dann wird sie ...*

1. die Zeitung:　　Journalisten / schreiben
　　　　　　　　am Morgen auf der Straße / verkaufen
　　　　　　　　zwischen sieben und halb acht / lesen
　　　　　　　　im Zug / vergessen
　　　　　　　　alter Mann / finden und lesen
2. der Roman:　　Schriftsteller / schreiben
　　　　　　　　in der Buchhandlung / kaufen
　　　　　　　　zu Hause / lesen
　　　　　　　　einem Freund / leihen
　　　　　　　　vom Freund / verlieren
3. die Wurst:　　Metzger (*butcher*) / machen
　　　　　　　　Restaurant / kaufen
　　　　　　　　in Wasser / kochen
　　　　　　　　zum Mittagessen / servieren
4. die Postkarte:　in Italien / kaufen
　　　　　　　　Barbara / schreiben
　　　　　　　　zur Post / bringen
　　　　　　　　nach Hause / schicken
　　　　　　　　Familie / lesen

T. Hansen

Erzählen Sie weiter von den folgenden Gegenständen (*objects*): das Buch, das Auto, das Brötchen, die Weinflasche, das Foto.

5 **Gruppenarbeit: Berühmte Menschen (*2 Mannschaften*)** Jetzt spielen Sie ein bisschen „Trivial Pursuit". Jede Mannschaft stellt der anderen Fragen über berühmte Musiker, Politiker, Künstler usw. Benutzen Sie das Passiv.

BEISPIEL: Von wem wurde *Faust* geschrieben?
Von wem wurde das Saxofon erfunden?

Modal verbs with the passive voice

If you want to say that something *must* be done, *should* be done, *can* be done, or *may* be done, use the modal verb with a *passive infinitive*.

Active:	Ich muss es	**tun.**	*I have **to do** it.*
Passive:	Es muss	**getan werden.**	*It has **to be** done.*

The table below shows the formation of all tenses of a modal verb with the passive infinitive. However, the following exercises only ask you to use the present and past tenses.

Passive with a modal verb		
present	Das **muss** getan werden.	*That **has** to be done.*
past	Das **musste** getan werden.	*That **had** to be done.*
future	Das **wird** getan werden **müssen**.	*That **will have** to be done.*
perfect	Das **hat** getan werden **müssen**.	*That **had** to be done.*
past perfect	Das **hatte** getan werden **müssen**.	*That **had had** to be done.*

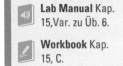

Lab Manual Kap. 15, Var. zu Üb. 6.

Workbook Kap. 15, C.

6 **Übung**. Change the sentences from the active to the passive voice. Be sure to use the same tense in your new sentence as in the active sentence.

Present
1. Wir müssen die Wohnung aufräumen.
2. Wir müssen den Wein kaufen.
3. Du darfst deine Freunde einladen.
4. Ich muss Oma nach Hause bringen.
5. Ich soll diese Gläser waschen.

Past
6. Man musste das Fenster schließen.
7. Man musste die Kinder abholen.
8. Man konnte das Mädchen nicht interviewen.
9. Man durfte keinen Fisch essen.
10. Man sollte das Gemüse nicht zu lange kochen.

7 **Übung: Was muss nachmittags gemacht werden, wenn Emine nach Hause kommt?** Nach der Schule muss vieles gemacht werden. Sagen Sie, was alles gemacht werden muss.

Das Gemüse muss ...

Die Briefmarken müssen ...

Credits: © Cengage Learning

Ein Brief muss ...

††† **8** **Gruppenarbeit: Was könnte gemacht werden?** (*Mit offenen Büchern*) Diskutieren Sie, was gemacht werden könnte, um der Umwelt zu helfen. Unten sind einige Möglichkeiten zum Kombinieren. Match a noun from the left with an appropriate verb from the right.

der Müll	schließen	
das Altglas	finden	Der Müll könnte zum Recycling gebracht werden.
Alternativen	organisieren	
Atomkraftwerke	zum Recycling bringen	
Demonstrationen	bauen	
umweltfreundliche Autos	sammeln	

Impersonal passive

One use of the German passive voice has no parallel in English. You can use the passive to say that some human activity is going on, without specifying who performs it:

Bis drei Uhr früh **wurde getanzt**.	*The dancing went on until 3:00 a.m.*
Hier **wird** schwer gearbeitet.	*People work hard here.*

No subject is expressed at all, and the verb is *always* in the third-person singular. If no other element (such as **Bis drei Uhr** or **Hier**) occupies first position, **es** is used as a place holder.

Es wurde bis drei Uhr früh getanzt.
Es wird hier schwer gearbeitet.

---

9 **Übung: Anders gesagt** Diese Sätze mit **man** kann man auch als unpersönliche Passivsätze formulieren.

BEISPIEL: Heute isst man um neun Uhr.
Heute wird um neun Uhr gegessen.

1. Hier singt man zu laut.
2. Beim Bäcker fängt man früh an.
3. In Leipzig demonstrierte man.
4. Damals arbeitete man schwer.
5. Morgen liest und schreibt man viel.
6. Jetzt kauft man ein.
7. Gestern tanzte man bis zwei Uhr.
8. In unserer Stadt baut man immer mehr.

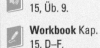
Lab Manual Kap. 15, Üb. 9.

Workbook Kap. 15, D–F.

10 **Partnerarbeit: Was wird hier gemacht?** Sagen Sie einander, was in jedem Foto gemacht wird. (Use passive with or without a subject.)

Hier werden Bücher gelesen.

Hier wird gearbeitet.

ROW 1: (l) wavebreakmedia ltd/Shutterstock
(lc) wavebreakmedia ltd/Shutterstock
(c) Lichtmeister/Shutterstock.com
(rc) Patrizia Tilly/Shutterstock.com
(r) Monkey Business Images/Shutterstock

ROW 2: (l) iofoto/AlamyCreativity/Alamy
(lc) Miszaqq/Dreamstime
(c) AP Photo/Miguel Villagran
(rc) Fotokostic/Shutterstock
(r) STOCK4B/Jupiter Images

>> 2. The present participle (*das Partizip Präsens*)

The present participle in English ends in -*ing*: *sleeping*, *thinking*, *following*, *reading*, etc.). German simply adds **-d** to the infinitive:

schlafend	*sleeping*	**denkend**	*thinking*
folgend	*following*	**lesend**	*reading*

The present participle is used:

- as an adjective:

Wir wollen das **schlafende** Kind nicht stören.	*We don't want to disturb the sleeping child.*
Lesen Sie die **folgenden** Seiten.	*Read the following pages.*

> Remember that past participles can also be used as adjectives. See p. 329.

- sometimes as an adverb:

Das Kind lief **weinend** ins Zimmer.	*The child ran into the room crying.*

The German present participle is *not* used as a verbal noun (see p. 204). German uses the infinitive for this purpose: *No Parking* = **Parken verboten.**

Schlafende Hunde soll man nicht wecken.

© Cengage Learning

11 **Übung** Add the present participle to the sentence as an adjective.

BEISPIEL: Wir können die Preise nicht mehr zahlen. (steigend)
Wir können die steigenden Preise nicht mehr zahlen.

1. Jeder Mensch weiß das. (denkend)
2. Was meinen die Politiker? (führend)
3. Die Arbeitslosigkeit ist ein Problem. (wachsend)
4. Sie hörte die Kinder. (lachend)
5. Bitte stören Sie meinen Mitbewohner nicht. (schlafend)
6. Die Kinder wollten nicht aufhören. (tanzend)
7. Die Studenten gingen nicht nach Hause. (feiernd)

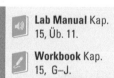

Lab Manual Kap. 15, Üb. 11.

Workbook Kap. 15, G–J.

Tipps zum Vokabelnlernen

***German equivalents for* to think** The English verb *to think* has several meanings, for which German has various verbs (rather than just one). You have already learned most of these verbs as separate vocabulary items.

- When *to think = to have an opinion*, use **glauben**, **meinen**, or **finden**.

Ich **finde** das toll.	*I think that's great.*
Ich **meine**, das stimmt nicht.	*I think that's incorrect.*
Ich **glaube** schon.	*I think so.*
Ich **glaube** nicht.	*I don't think so.*

- When *to think = to think of, keep in mind*, use **denken an**.

Er **dachte an** seine Jugend.	*He was thinking of his youth.*
Denken Sie **an** die anderen.	*Think of the others.*

- When *to think = to think X is . . . , to take X for . . .* , use **halten für**.

Ich **hielt** sie **für** eine Deutsche.	*I thought she was a German.*
Ich **halte** das **für** zu schwer.	*I think that's too difficult.*

- When *to think = to think about, ponder*, use **sich etwas überlegen**.

Das muss ich mir **überlegen**.	*I have to think about that.*
Ich werde mir die Alternativen **überlegen**.	*I'll think about the alternatives.*

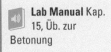
In contemporary German, **denken** is frequently also used instead of **meinen** or **glauben** in these expressions.

Workbook Kap. 15, K, L

➤ **Übung: Wie sagt man das auf Deutsch?**

1. I often think of you.
2. What do *you* think?
3. I have to think about the answer.
4. I think that's a good idea!
5. I'm thinking of my vacation.
6. I don't think so.

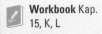
Lab Manual Kap. 15, Üb. zur Betonung

>> **Leicht zu merken**

der **Autor**, -en	
emigrieren	emi<u>grie</u>ren
der **Essay**, -s	
die **Identität**, -en	Identi<u>tät</u>
interkulturell	interkultu<u>rell</u>
konfrontieren	konfron<u>tie</u>ren
die **Nationalität**, -en	Nationali<u>tät</u>

Austauschstudenten lernen sich auf dem Campus kennen.

Einstieg in den Text

Recognizing the passive voice in context The following text contains four passive constructions. You will recognize them by the fact that they all have some form of **werden** plus a past participle. Here is the first occurrence of the passive voice (lines 5–6):

> ... *seine Gedichte, Essays, Artikel und Erzählungen sind in viele Sprachen übersetzt worden.*

As you encounter the others, jot them down and make sure you understand them. The other passive constructions are in lines 10, 16, and 22.

>> Wortschatz 2

Tutorial Quiz
Audio Flashcards

Verben

aus·sprechen (spricht aus), sprach aus, hat ausgesprochen to pronounce
erkennen, erkannte, hat erkannt to recognize
schütteln to shake
  den Kopf schütteln to shake one's head
trennen to separate
übersetzen to translate

Substantive

der **Ausländer, -** foreigner (*m.*)
der / die **Erwachsene, -n** (*adj. noun*) adult, grown-up
der **Sinn** sense
  Das hat keinen Sinn. That makes no sense. It's pointless.

der **Streit** argument, conflict
der **Türke, -n, -n** Turk (*m.*)
(das) **Türkisch** Turkish (language)
die **Ausländerin, -nen** foreigner (*f.*)
die **Kindheit, -en** childhood
die **Rede, -n** talk; speech
  die Rede ist von ... They're talking about . . .
die **Ruhe** rest, quiet, peace
  jemand(en) in Ruhe lassen to leave someone in peace, leave alone
die **Türkin, -nen** Turk (*f.*)

Adjektive

brav well-behaved, good
erwachsen adult, grown-up
unschuldig innocent

Andere Vokabel

vieles (*sing. pron.*) many things

Gegensätze

den Kopf schütteln ≠ **nicken** shake one's head (meaning no) ≠ nod (meaning yes)
unschuldig ≠ **schuldig** innocent ≠ guilty

Ich bin das andere Kind

Markus Kirchgessner/laif/Redux Pictures

*Zafer Şenocak ist 1961 in Ankara (Türkei) geboren. 1970 emigrierte seine
Familie nach München, wo er auch das Gymnasium besuchte. Also wuchs
er nicht nur in der Türkei auf, sondern nach dem neunten Lebensjahr auch in
Deutschland, wo er später Germanistik, Politik und Philosophie studierte.*

5   *Heute schreibt er auf Deutsch und seine Gedichte, Essays, Artikel und
Erzählungen sind in viele Sprachen übersetzt worden.*

    *Die Hauptthemen dieses Autors sind die deutsch-türkische Literatur und
die Probleme der interkulturellen Integration in Europa. Besonders wichtig sind
ihm Momente des menschlichen Kontakts zwischen den Kulturen, denn erst*
10 *dort werden wichtige Fragen zur Definition der eigenen Nationalität gestellt.*

    Im folgenden Ausschnitt° denkt Kamile, eine junge türkisch-deutsche Frau,   *excerpt*
*an ihre Kindheit und stellt sich Fragen zur eigenen Identität. Was wird aus
einem Menschen, der seine ersten Jahre in der türkischen Kultur verbringt,
aber später in die deutsche Sprache und Kultur hineinwächst°? Kamile*   *grows into*
15 *ist mit dem Problem konfrontiert, wie sich ihre Identität ändert, wenn ihre
Muttersprache Türkisch allmählich° durch Deutsch ersetzt° wird.*   *gradually / replaced*

    Ich war zweimal Kind. Einmal auf Türkisch, einmal auf Deutsch. Als türkisches
Kind konnte ich noch kein Deutsch, als deutsches Kind schon Türkisch. So lernte das
türkische Kind Deutsch. Das deutsche Kind aber hat nie Türkisch lernen müssen.

20   Wenn von meiner Kindheit die Rede ist, weiß ich niemals° genau, welche gemeint   *= nie*
ist, die türkische oder die deutsche. Wenn ich ein Wort geschrieben sehe wie „ruh",
muss ich erst hören, wie es ausgesprochen wird, um zu verstehen, was damit gemeint
ist. Das türkische Kind übersetzt es dem deutschen als „ruch", „Seele", das deutsche
Kind aber schüttelt den Kopf, es weiß genau, was mit „ruh" gemeint ist. Es heißt doch
25 nur ruhig sein, Ruhe haben, gib endlich Ruh'.

    Ich will in den Streit der beiden nicht eingreifen°. Es hätte keinen Sinn. Ein jedes   *intervene*
soll glauben, was es will, verstehen, was es will, erzählen, was es will. Ein jedes° in   *= Ein jedes Kind*
seiner Sprache.

    Das türkische Kind ist verschüchtert°. Es ist vielen Fremden begegnet°. Es wurde   *intimidated / encountered*
30 nie erwachsen. Es lebt. Das deutsche Kind aber musste denken und sterben, um groß zu
werden. So bin ich jetzt Kind auf Türkisch und erwachsen auf Deutsch. Ich kann reden,
was ich will, schreiben, was ich will, in welcher Sprache auch immer°, jedes meiner Worte   *in … in whichever language*
hat eine türkische Kindheit. Wenn die Deutsche vergisst, erinnert sich das türkische Kind.
Wenn das türkische Kind nicht versteht, erklärt die Deutsche. Ob das gut geht?°   *Ob … I wonder if that will work out.*

35   „Die Deutschen sind Fremde", sagt mein Vater. „Wir verstehen sie nicht", sagt
meine Mutter. „Vieles trennt uns." Sie hegen und pflegen° das türkische Kind, sorgen   *hegen … lavish love upon*
dafür°, dass es niemals groß wird. Es soll immer so bleiben, wie sie es sich vorstellen,   *sorgen … make sure*
brav, unschuldig, schüchtern°. Vor der Deutschen haben sie Angst. Sie ist ihnen fremd.   *shy*
Als Kind haben sie sie nicht weiter beachtet°. Sie waren sich unsicher, ob sie ihr   *= gesehen*
40 eigenes Kind war.

    „Ich bin es", sage ich immer, wenn ich sie besuche. Als genügte ihnen nicht
meine Erscheinung°, um mich zu erkennen. Ja, ich bin es noch. „Wir haben dich nicht   *Als … As if my physical presence*
verloren, Mädchen, du bist zurück", ruft meine Mutter. Mein Vater singt. Ich könnte   *weren't enough for them*
alles verstehen, das Gefühl haben, zu Hause zu sein. Aber ich nicke nur flüchtig°, wie   *= kurz und schnell*
45 eine, die andeuten° will, dass sie wenig Zeit hat und nicht bleiben kann.   *convey*

    Ich möchte meine Eltern über meine deutsche Kindheit ausfragen°. Sie aber   *ask about, quiz*
erinnern sich nur an das türkische Kind. In ihren Augen bin ich nur das eine Kind.
Mein deutsches Ich° reagiert gelassen°. Es lässt das türkische Kind in Ruhe. Das   *ego, identity / calmly*
türkische Kind wurde sieben Jahre alt. Dann wurde es unsterblich°. Es führt   *immortal*
50 Selbstgespräche°. Manchmal schreibt es auch Briefe an alte Bekannte. Briefe, die es   *= Monologe*
nicht abschicken kann, weil es nicht weiß, wo jene abgeblieben sind°.   *wo … = was aus ihnen geworden ist*

>> **Nach dem Lesen**

A Antworten Sie auf Deutsch.

1. Was meint die Frau, wenn sie sagt: „Ich war zweimal Kind"?
2. Was ist ihre Muttersprache und was ist ihre Zweitsprache?
3. Warum musste das deutsche Kind in ihr „sterben", obwohl das türkische Kind „unsterblich" ist?
4. In welcher Sprache ist sie eine Erwachsene?
5. Wie wird sie von ihren Eltern angesehen?
6. Sind ihre Eltern in die deutsche Gesellschaft integriert?
7. Leben Sie jetzt in einer anderen Kultur als in Ihrer Kindheit?
8. Wie stark ist Ihre kindliche Identität noch?

B Schreiben wir mal. Retell the story of Kamile below, but make all the sentences passive.

1. Die Familie brachte Kamile nach Deutschland.
2. Sie musste die neue Sprache lernen.
3. Sie muss das Wort „ruh" hören.
4. Erst dann versteht sie es.
5. Das türkische Kind übersetzt es als „Seele".
6. Jedes Kind versteht das Wort anders.
7. Kamiles Eltern verstehen die Deutschen nicht.
8. Wenn Kamile zu Besuch kommt, singen sie Lieder.

Schreibtipp

Choosing between the subjunctive and the indicative
Look at the three topics given below.

- *Topic 1* asks you to reflect upon a real situation. Use the present indicative here.
- *Topic 2* asks you to speculate about the present. You thus need to use the present subjunctive.
- *Topic 3* asks you to speculate about the past (e.g., how *would* you have lived if you *had been* . . .). Use the past subjunctive here.

➤ **Schreiben wir mal.**

1. Kommen Sie aus einem anderen Land oder haben Sie Bekannte, die aus dem Ausland kommen? Welche kulturellen Unterschiede erkennen Sie?
2. Was für Schwierigkeiten hätten Sie in einem Land, wo Sie die Landessprache nicht verstehen? Beschreiben Sie einige typische Situationen.
3. Wählen Sie eine historische Person und stellen Sie sich vor, Sie wären dieser Mensch gewesen. Wie hätten Sie gelebt? Hätten Sie etwas anders gemacht?

BEISPIEL: Wenn ich Einstein gewesen wäre ...

Library of Congress Prints and Photographs Division(LC-USZ62-60242c)

Albert Einstein (1879–1955)

C Wie sagt man das auf Deutsch?

1. Would you like to have lived in the nineteenth century?
2. I have to think about that.
3. Would your life have been different back then?
4. Naturally I would have had to work without a computer.

5. My paper has to be written soon.
6. When are you going to start? (*Use the future tense.*)
7. Either today or the day after tomorrow.
8. What are you writing about?
9. About foreigners in the EU.
10. That's a current topic that interests me too.

Freundschaft ist eine langsam wachsende Blume.

▷ VOKABELN IM ALLTAG: FREUNDSCHAFT, PARTNERSCHAFT, EHE

Freundschaft

Timm und Oskar kennen sich seit dem Kindergarten und sind die besten Freunde.

Partnerschaft

Sonja und Tina wohnen zusammen. Tina ist geschieden und hat eine Tochter, Mona, aus einer früheren Beziehung.

Partnerschaft (Freund und Freundin)

Rita und Noah sind ineinander verliebt, aber denken noch nicht ans Heiraten. Zuerst wollen sie studieren.

Alleinerziehende Mutter°   **Alleinerziehende . . . =** *single mother (raising her child by herself)*

Christine ist geschieden und hat einen zehnjährigen Sohn namens° Oliver.   *by the name of*

Ehe

Max und Susanne sind seit 20 Jahren verheiratet und wohnen mit ihren Kindern in Innsbruck.

Alleinstehende Seniorin°   *senior citizen living alone*

Frau Meier ist 67 Jahre alt und seit 3 Jahren Witwe°. Sie wohnt   *a widow* allein in Zürich und wird oft von ihren Kindern und Enkeln besucht.

Einige Vokabeln zu diesem Thema kennen Sie schon, andere sind neu:

lieben

heiraten	*to marry*	**geschieden sein**	*to be divorced*
verheiratet sein (mit)	*to be married (to)*	die **Beziehung, -en**	*relationship*
verliebt sein (in + *acc.***)**	*to be in love (with)*	die **Ehe, -n**	*marriage*

mein Freund / meine Freundin (*depending on context*) *my boyfriend, my girlfriend*

ledig   *unmarried*

A   **Gruppendiskussion: Was suchen Sie in einem idealen Partner?**
Was ist Ihnen in einer Freundschaft am wichtigsten? Und in einer Ehe? Besprechen Sie die Eigenschaften (*characteristics*), die Ihr idealer Partner oder Ihre ideale Partnerin haben sollte.

> intelligent
>   schön
> hat Humor   religiös
>   kinderlieb°
> hat ähnliche Interessen wie ich
> reich
>   tierlieb°

kinderlieb = liebt Kinder

tierlieb = liebt Tiere

B   **Beste Freunde – warum wir uns mögen**   Beschreiben Sie Ihren besten Freund oder Ihre beste Freundin. Warum mögen Sie diesen Menschen besonders? Was finden Sie sympathisch an ihm?

Web Search

Foreigners Living and Working in Germany

With this chapter you have completed the last third of *Neue Horizonte*. For a concise review of the grammar and idiomatic phrases in chapters 11–15, you may consult the *Zusammenfassung und Wiederholung 3* (*Summary and Review 3*) in the Workbook section of the SAM. The review is followed by a self-correcting test.

Since the early 1960s, Germany has attracted large numbers of people from other countries. Today, about 16 million residents of Germany (out of a total population of almost 82 million) are of foreign or immigrant descent and about 7 million of those do not have German citizenship.

In the economic recovery following World War II, manpower shortages existed in the industrialized countries of northern Europe. From the 1960s to the early 1970s, workers from Italy, Yugoslavia, Greece, Spain, Portugal, and Turkey were brought to West Germany. Many of these workers and their families have lived in Germany for years and changes in the law have made it easier for them to become citizens.

Another large class of foreigners in Germany are those seeking asylum from political persecution in their native countries. The German Basic Law (**Grundgesetz**) of 1949 stated that "those being persecuted politically have a right to asylum." In 2010, some 48,500 individuals applied for asylum.

The "graying" of German society and the extremely low—and even negative—birth rate in the Federal Republic have led to an increasingly urgent debate about how best to attract to Germany young, educated immigrants with advanced education and skills.

The result of all these trends has been to make German society increasingly ethnically diverse.

Sibel Kekili, türkisch-deutsche Schauspielerin

David McAllister, schottisch-deutscher Politiker, seit 2010 Ministerpräsident von Niedersachsen

AP Photo/Eckehard Schulz

Xavier Naidoo, deutscher Sänger, dessen
Eltern aus Sri Lanka und Südafrika kamen

Pressefoto Ulmer ullstein bild /Glow Images, Inc.

Lukas Podolski, polnisch-deutscher
Fußballspieler

Rückschau: Was habe ich gelernt?

	No problem.	Almost there.	Needs more work.	See pages
1. I understand the concept of the passive voice and can form passive sentences in German.				430–431 433–434
2. I can use the impersonal passive construction to say that human activities are going on.				436
3. I know how to form the present participle and use it as a descriptive adjective or an adverb.				437
4. I know something about the role of immigrants and foreign residents in Germany.				426, 440, 444
5. I have enough basic vocabulary to talk about friendships and other close relationships.				442–443

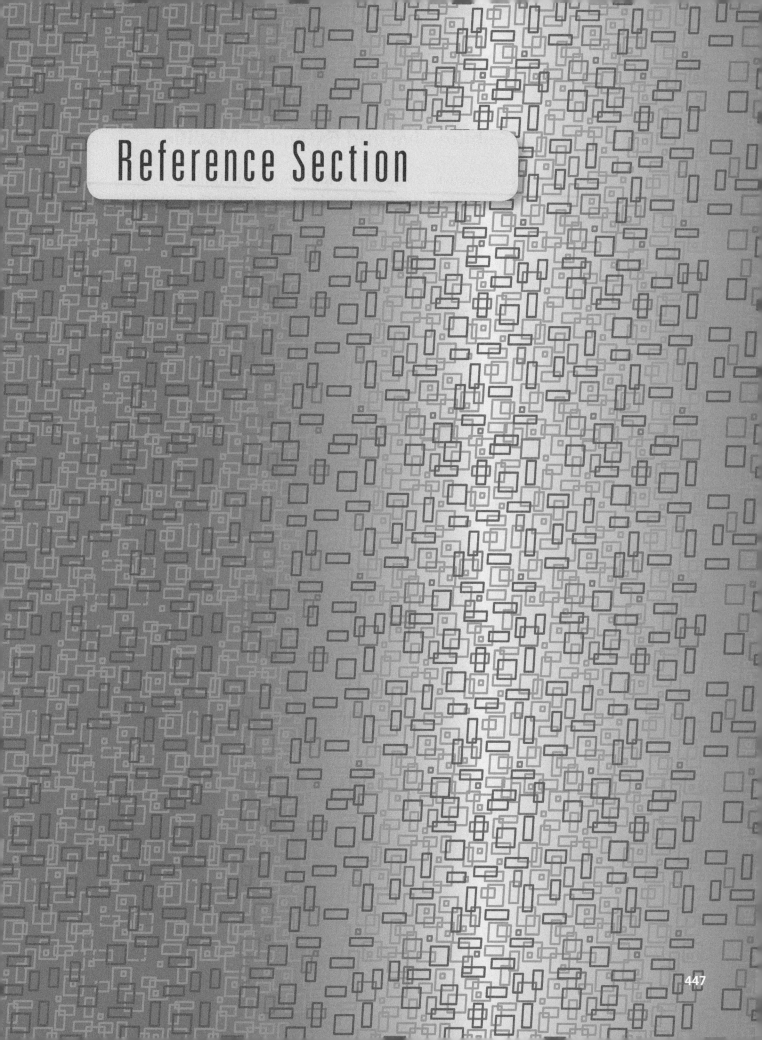

Reference Section

447

Special Subjunctive and Extended Modifiers

A. Special Subjunctive (*Konjunktiv I*) for Indirect Quotation

Speech is usually reported using indirect rather than direct quotation. Compare the following sentences:

> *John said, "I'm tired."* (direct quotation)
>
> *John said he was tired.* (indirect quotation)

In formal written and spoken German (as in a term paper, newspaper article, or television news report), indirect quotation of spoken or written material is expressed with a special subjunctive form of the verb. This special subjunctive occurs predominantly in the third person singular, where it is formed by adding the ending **-e** to the unchanged infinitive stem of all verbs except **sein**, which lacks the ending.

The following sentences contain examples of the special subjunctive as you might encounter it in the media. Note the elegant simplicity of using this form to indicate that someone is being quoted indirectly. English needs verbs such as "he continued" or "she said" to make the same thing clear.

> Bei ihrem Besuch in Rostock sagte die Bundeskanzlerin, sie **wisse** noch nicht, wie man dieses Problem lösen **werde**, aber sie **glaube**, dass etwas bald entschieden werden **müsse**. Man **habe** nicht mehr viel Zeit.

> *On her visit to Rostock, the chancellor said that she did not yet know how they would solve this problem but that she believed that something would have to be decided soon. (She continued that) there wasn't much time left.*

> In einem exklusiven Interview mit unserem Reporter sagte der junge Tennisstar, er **hoffe** noch eine lange Karriere vor sich zu haben. Er **sei** noch jung und **fühle** sich sehr fit, besonders seit er sich von einer schlimmen Erkältung erholt **habe**.

> *In an exclusive interview with our reporter, the young tennis star said that he hoped to have a long career still ahead of him. (He said) he was still young and felt very fit, especially since recovering from a bad cold.*

The special subjunctive is also sometimes used instead of the regular subjunctive in an **als ob** clause: **Sie sah aus, als ob sie krank sei.**

B. Extended Modifiers

Both German and English can extend noun phrases by inserting a series of adjectives and adverbs between a limiting word (**diese**) and its noun (**Schriftstellerin**). In German, however, such a series can be continued much further than in English. English tends to use a relative clause for such extended modifiers.

diese deutsche Schriftstellerin	*this German writer*
diese bekannte deutsche Schriftstellerin	*this well-known German writer*
diese sehr bekannte deutsche Schriftstellerin	*this very well-known German writer*
diese unter jungen Lesern sehr bekannte deutsche Schriftstellerin	*this German writer who is very well-known among young readers*
diese unter jungen Lesern in Europa sehr bekannte deutsche Schriftstellerin	*this German writer who is very well-known among young readers in Europe*
diese heute unter jungen Lesern in Europa sehr bekannte deutsche Schriftstellerin	*this German writer who is very well-known among young readers in Europe today*

Such extended modifiers are encountered primarily in written German, and their use or avoidance is a matter of stylistic preference. The extended modifier is a substitute for a relative clause:

> diese **unter Studenten bekannte** Schriftstellerin = diese Schriftstellerin, **die unter Studenten bekannt ist**

Extended modifiers often contain a present or past participle functioning as an attributive adjective. This participle would be the conjugated verb in the corresponding relative clause:

> Die Schüler freuen sich auf **die in zwei Tagen** *beginnenden* **Ferien.** = Die Schüler freuen sich auf die Ferien, **die in zwei Tagen** *beginnen*.

> **Eine so gut** *bezahlte* **Stelle** ist schwer zu finden. = Eine Stelle, **die so gut** *bezahlt wird*, ist schwer zu finden.

English Equivalents of the *Dialoge*

Note that English translations are idiomatic, not always word-for-word.

Kapitel 1 (p. 18)

In a Hurry

MR. L:	Good morning, Mrs. Hauser.
MRS. H:	Morning, Mr. Lehmann. Forgive me, but I'm in a hurry. I'm flying to Vienna at eleven.
MR. L:	When are you coming back?
MRS. H:	I'll be back in the office on Wednesday. Well then, good-bye.
MR. L:	Bye! Have a good trip!

The University Cafeteria

KARIN:	Hi, Michael!
MICHAEL:	Hello, Karin! How's the soup today?
KARIN:	It's pretty good. By the way, are you working a lot at the moment?
MICHAEL:	No, not very much. Why do you ask?
KARIN:	I'm going to Alex's tonight. You too?
MICHAEL:	Yes, of course.
KARIN:	Great! Well, so long, until then.

Typical for September

MRS. B:	Hello, Mrs. Kuhn. How are you today?
MRS. K:	Hi, Mrs. Bachmann. Very well, thanks, and you?
MRS. B:	Thanks, I'm fine too. What are the kids doing today?
MRS. K:	They're playing out in the yard—the weather is so nice.
MRS. B:	Yes, the sun is finally shining. But maybe it will rain again tomorrow.
MRS. K:	That is typical for September.

Kapitel 2 (p. 44)

Who's Reading the Newspaper?

FATHER:	Niklas, I'm looking for my newspaper. Do you know where it is?
SON:	Your newspaper? Sorry, I'm reading it right now.
FATHER:	That's okay. What are you reading?
SON:	I'm reading an article about our school.

I've Got a Question

ANNA:	Katrin, I've got a question. Do you know that man over there?
KATRIN:	Whom do you mean?
ANNA:	He's talking to Stefan. I see he knows you.
KATRIN:	Of course I know him—that's my brother, Max!
ANNA:	Oh right, you have a brother too! I only know your sister.

Paul Is Looking for a Room

PAUL:	Do you know many people in Munich?
SARAH:	Yes, my family lives there. Why?
PAUL:	I'm studying there next semester and I need a room.
SARAH:	Our house is pretty big. I'm sure my parents have a room available.
PAUL:	Fantastic! Thanks a lot!
SARAH:	You're welcome.

Kapitel 3 (p. 68)

You've Got It Made!

Luisa is visiting her friend Sophie in Hinterwalden.

SOPHIE:	You've got it made in Frankfurt, Luisa.
LUISA:	What do you mean? I think it's so pretty and peaceful here in Hinterwalden.
SOPHIE:	That's right, but it's always deadly dull.
LUISA:	Then you have to visit me soon. Or don't you want to?
SOPHIE:	Sure I do. I would really like to go to Frankfurt, but unfortunately I don't have any money.
LUISA:	I certainly understand that, but can't you earn enough by June?

A Break

Leon and Stefan are driving to Innsbruck.

STEFAN:	How long do we still have to drive?
LEON:	Just one more hour to Innsbruck.
STEFAN:	Can we take a break now? I'd like to walk a bit.
LEON:	Me too. We can stop over there, can't we?
STEFAN:	Yes. (*They stop.*) Man, the mountain is really steep!
LEON:	What's the matter? Aren't you in shape?
STEFAN:	Of course I am! I can manage that easily.

There's No Chemistry Class Today

ANJA:	Hey, Klaus, have you heard this yet? There's no chemistry class today!
KLAUS:	How come we don't have class?
ANJA:	Frau Helmholtz has a cold.
KLAUS:	Great! Then we don't have to take the test!
ANJA:	Right! Want to have coffee?
KLAUS:	Sure. Then we can go home early.

Kapitel 4 (p. 98)

At Starnbergersee

MRS. M:	Shall we go swimming again, Mrs. Brinkmann?
MRS. B:	You know, I'm a little tired and just want to take it easy. You go without me.
MRS. M:	Well, let's not then. And the water's so terribly cold this summer.
MRS. B:	Would you like to play cards?
MRS. M:	Gladly.

Winter Vacation in Austria

ELIAS:	Where would you like to go this winter?
EVA:	Let's go to Kitzbühel in January!
ELIAS:	I hope we can still get a hotel room.
EVA:	I don't think it's too late yet.

Nine-Thirty in the Morning

ANITA:	So long then. I've got to go now.
SOPHIE:	Wait a second! Not without breakfast! Eat a roll at least.
ANITA:	Unfortunately I'm out of time. Every Monday I have my seminar. It begins at ten. Before that, I have to buy a notebook, and I would like to be on time.
SOPHIE:	Take the roll with you. You're sure to get hungry later.
ANITA:	Yes, you're right. Well, see you later!

Kapitel 5 (p. 128)

The New Baker's Apprentice

Six AM. Georg is opening the bakery.

LUKAS:	Morning. My name is Lukas Holst. I'm starting here today.
GEORG:	Pleased to meet you. My name is Georg. You'll meet the boss soon.
LUKAS:	Okay. How long have you been working here?
GEORG:	Only for a year. Now come with me and I'll show you the shop.

At the Baker's

CLERK:	May I help you?
CUSTOMER:	Give me six rolls and one loaf of dark bread, please.
CLERK:	(*She gives her the bread.*) There you are. Anything else?
CUSTOMER:	Are these pretzels fresh?
CLERK:	Of course, from this morning.
CUSTOMER:	Then give me six of those. How much is that, please?
CLERK:	Together that comes to six euros and seventy-five cents, please.
CUSTOMER:	Thank you. Good-bye.
CLERK:	Bye.

School or Profession?

FATHER:	Why do you want to leave school now? Your grades are pretty good and you've only got one more year.
TOM:	But I don't need the *Abitur*. I want to be an auto mechanic.
FATHER:	Don't be so dumb. You won't earn much as an apprentice.
TOM:	But I'm just fed up. I'd rather work with my hands.
FATHER:	Nonsense! You pass your Abitur and I'll give you a motorcycle. Is it a deal?
TOM:	Hmmm.

(p. 156)

Alina Is Looking for a Room

DANIEL:	Have you finally found a room?
ALINA:	I'm afraid not: I'm still looking. I didn't get a place in the dorm.
DANIEL:	Hey! Do you know Nora in our living group? She moved out last weekend.
ALINA:	Will there be a room available at your place? Do you need a new roommate?
DANIEL:	Do you want to come live with us?
ALINA:	Really? Is that a possibility?
DANIEL:	Of course.

At the Beginning of the Semester

KLARA:	Where were you for so long?
EMILIA:	In the library and afterwards at the supermarket.
KLARA:	Did you bring us a newspaper?
EMILIA:	Yes, and your gummi bears too. I put them on the desk.
KLARA:	Oh yeah, there they are under the newspaper. That was nice of you. Thanks.

At the University in Tübingen

LEONIE:	Tell me, have you met Peter yet?
KLAUS:	Is that the exchange student from Canada?
LEONIE:	Yes. He speaks fantastic German, doesn't he?
KLAUS:	I think he's already spent two semesters in Konstanz.
LEONIE:	So that's why!

(p. 188)

At the Train Station

A student sees an elderly lady with lots of luggage and wants to help her.

STUDENT:	May I help you?
TOURIST:	Yes, please. Would you carry my suitcase?
STUDENT:	Gladly. Where do you have to go?
TOURIST:	Track thirteen. My train leaves at 11:27.

Before the Vacation Trip

LAURA:	Are you looking for your water bottle?
FELIX:	No, not the bottle, but the guide book. I think I put it on the table.
LAURA:	Aha, there it is, under your jacket.
FELIX:	I'll hang up the jacket, then we'll have more room. We've got to plan our trip to Italy.
LAURA:	But don't forget your passport's in the pocket.

On the Telephone

Laura and Felix have been on a road trip for three weeks. Now they're back home, and Laura calls her father in the afternoon. It rings for a long time, but finally Mr. Krogmann comes to the phone.

MR. K:	Krogmann.
LAURA:	Hello, Dad. This is Laura. Why didn't you answer right away?
MR. K:	Oh, Laura, are you back? I was lying on the sofa and fell asleep.
LAURA:	Oh, sorry, Dad. I woke you up.
MR. K:	Doesn't matter. I wanted to get up anyway. How was your trip?
LAURA:	Everything was wonderful.

Kapitel 8 (p. 216)

A Stroll Through Town

Marianne is visiting her friend Fabian in Cologne. He hasn't shown her around the center of town yet because it's been raining.

FABIAN:	Hey look, the rain's finally stopped! Do you feel like doing something now?
MARIANNE:	Sure. Now we can take a walk through town, but can we eat something first? I'm really hungry!
FABIAN:	Of course. Near the cathedral there's a place where we can eat Greek food.
MARIANNE:	That sounds delicious!
FABIAN:	Then we can visit the cathedral afterwards, and from there it's not far to the art museum.

In a Restaurant: Check Please!

PATRON:	Check please!
WAITRESS:	Just a moment please . . . (*She comes to the table.*) How was everything?
PATRON:	Excellent!
WAITRESS:	Would you like to order anything else?
PATRON:	No thanks. I'd like the check, please.
WAITRESS:	You had a cutlet, French fries, a salad, and a beer, right?
PATRON:	Yes, and also a cup of coffee.
WAITRESS:	All together that comes to € 13.50 please.
PATRON:	(*Gives her 20 euros*) 14 euros.
WAITRESS:	Thank you, and six euros change.

The Shopping List

DORA:	Max told me he was coming by this evening and I invited him for supper.
FRANZ:	Do you know when he's coming?
DORA:	At 7:30. So I need to run around the corner to buy a few things. What's on the shopping list?
FRANZ:	A kilo of potatoes, 500 grams of sausage, 300 grams of cheese, a bottle of red wine, and fruit for dessert.
DORA:	Got it. That should certainly be enough.

Recycling in the Dorm

At the beginning of the semester the American exchange student Emily has cooked
supper with her German roommate Lina. Now they're cleaning up the kitchen.

LINA:	We'll have it all cleaned up in a few minutes, Emily.
EMILY:	Fine! Hey, what should I do with these empty bottles?
LINA:	You can put them over there in the corner, and afterwards we'll throw them into the container in the courtyard.
EMILY:	Do you collect used paper too?
LINA:	Sure do, we recycle almost everything. The blue bin for paper is out by the stairs. When it's full we carry it down there too.
EMILY:	You guys are really organized.

An Ecological Birthday Present

DANIEL:	Hi, Frank! Is that a new bicycle?
FRANK:	Yes, Marianne gave it to me for my birthday because I've sold my old car. I hardly ever used it.
DANIEL:	How come?
FRANK:	Since we moved to the city, I can ride my bike to work and in the winter I take the streetcar.
DANIEL:	Then you're saving a lot of money!

Do You Like to Play Sports?

BOY:	Hey, do you like to play sports?
GIRL:	Sure. I spend all weekend on the tennis court. Do you play tennis too?
BOY:	Yes, that's my favorite sport, but I'm not a good player.
GIRL:	Then I can recommend a wonderful tennis instructor to you.

Back Then

Two senior citizens are sitting on a bench in the afternoon.

MR. Z:	How long have you lived here, Mrs. Planck?
MRS. P:	Since last year. Before that, I lived in Mainz.
MR. Z:	Really? I didn't know that. When I was a child, I always spent the whole summer there with my grandparents.
MRS. P:	Well of course back then before the war, the city was quite different.

That Annoys Me!

MARTIN:	Philipp, what's wrong? You look so worried.
PHILIPP:	Oh, Barbara loaned me her new iPad two days ago . . .
MARTIN:	So? You haven't lost it, have you?
PHILIPP:	No idea. I had it in my backpack, but then an hour ago I suddenly couldn't find it.
MARTIN:	You think somebody took it?
PHILIPP:	No, I don't think so, because my wallet wasn't missing . . . Man, that annoys me.

Tough Times

As a homework assignment, Steffi (age 14) has to interview her grandmother.

STEFFI:	Grandma, for school we're supposed to interview our grandparents about the war years.
GRANDMA:	Well, what do you want to know, Steffi?
STEFFI:	Let's see . . . when were you born, anyway?
GRANDMA:	In 1935. When the war began I was still a little girl.
STEFFI:	Please tell me what it was like for you back then.
GRANDMA:	We weren't rich, but we still had it relatively good because we lived in the country. At least we had enough to eat.
STEFFI:	What happened after that?
GRANDMA:	In 1943 my brother was killed in action in Russia and a year later my mother died.

Kapitel 11   (p. 308)

At the Brandenburg Gate

Helen from the USA was in Berlin in 1989. Now she's there again and is standing at the Brandenburg Gate with her old friend Anke.

ANKE:	Do you remember what it looked like here at the Wall in 1989?
HELEN:	I'll never forget the day the GDR opened the border.
ANKE:	People were so happy.
HELEN:	Today you see nothing at all of the Wall anymore. The difference is unbelievable!
ANKE:	Yes, the city has really changed. But a piece of the Wall still exists in the East Side Gallery. We can go see it.
HELEN:	Just imagine, for children today all that is history.

An Accident: Stefan Breaks His Leg

11:00 PM. Stefan's father is already in bed. His mother is talking on the telephone. Suddenly she runs into the bedroom.

MOTHER:	Markus, get dressed quickly and come along! Something bad has happened.
FATHER:	What's wrong?
MOTHER:	Stefan hurt himself riding his bike! I'm afraid he's broken his leg.
FATHER:	For heaven's sake! Let's hurry!

Anna Visits Stefan in the Hospital

ANNA:	Hi Stefan!
STEFAN:	Hi, Anna! Nice of you to come.
ANNA:	How are you today, you poor guy? Does your leg still hurt?
STEFAN:	Oh, it's not so bad. I feel better already, but I can't wash myself yet.
ANNA:	Too bad. Look, I've brought you chocolate and flowers.
STEFAN:	Oh, those are pretty. Thanks, that's really nice of you!
ANNA:	Don't mention it. Get well soon!

Memories

*Klaus and Anja have been best friends since fifth grade. Now they're both students at the University of Mainz. Today they've met in the **Mensa** and begin to talk about their school days.*

KLAUS: Do you still remember Mrs. Helmholtz?

ANJA: The chemistry teacher in 11ᵗʰ grade? Of course. She was the best teacher I ever had.

KLAUS: Yes, she was really great, but I was pretty weak in chemistry. That's why I liked Mr. Körner better.

ANJA: Oh my gosh! The teacher who made us read the longest novels! But I thought he was a nice guy too.

Gossip

MAJA: Who was the guy Rita left with yesterday?

LUKAS: The man who was dressed so funny?

MAJA: Exactly. He's the one I mean.

LUKAS: That was Rudi. Guess what, he's her new boyfriend!

MAJA: At least he looks more intelligent than the last one.

At the Front Door

Ms. Schwarzer, who has recently moved into the building, is talking to her neighbor Mr. Beck after work.

MS. S: Oh, Mr. Beck, I wanted to ask you something. Where can I get my old VW repaired around here?

MR. B: I recommend Mr. Haslinger in the next street over. He's the best mechanic but unfortunately not the cheapest.

MS. S: Hmm . . . At the moment I'm somewhat short of cash. I think I'll do it myself this time.

MR. B: Well, have fun . . . Then I'll wish you a good evening.

MS. S: Thanks, you too.

Skiing in Switzerland

Shortly before the end of the semester, two students are talking about their vacation plans.

EMMA: I'm really looking forward to the semester break!

ALICE: Do you plan to go skiing again?

EMMA: Yes, I'm spending two weeks in Switzerland. Tomorrow morning I fly to Zurich.

ALICE: Really? Didn't you always use to be afraid of flying?

EMMA: Yes I was, but now I've simply gotten used to it.

Problems in the Group Apartment: The Living Room Is Messy

Nina is reading in her room. Luis and Leni knock on her door.

NINA:	Come in! (*They go in.*) Morning!
LUIS:	Hi, Nina. Can we have a quick word with you about something?
NINA:	Sure. What is it?
LENI:	Listen. When are you finally going to straighten up your things in the living room?
NINA:	Oh, sorry! I'll do it right away.
LUIS:	Yeah, you always say that.
LENI:	We're really fed up by now.
NINA:	Don't be mad at me. From now on I'll take better care of my stuff.

At the Information Counter in Basel

TOURIST:	Excuse me. May I ask you for some information?
LADY BEHIND THE COUNTER:	Gladly. How can I help you?
TOURIST:	I'm only in Basel for a day, and I don't know my way around here. What can you recommend (to me)?
LADY:	It depends on what you want to see. If you're interested in the Middle Ages, you mustn't miss the new exhibition in the Historical Museum.
TOURIST:	That sounds interesting. How do I get there?
LADY:	Go out through that exit and you'll see the streetcar stop right in front of the train station. Get on the number 8 streetcar. Then get off at the museum.
TOURIST:	May I take a city map too?
LADY:	But of course. *Uff Wiederluege!*

Kapitel 14 (p. 398)

On Vacation in Salzburg

Mr. and Mrs. Burckhardt from Bern have done a lot in Salzburg this morning. Now it's noontime and they're getting tired and hungry.

MR. B:	Ursula, could we take a break and eat something before we visit Mozart's birthplace?
MRS. B:	Sure we can. How about that restaurant over there? It looks very inviting.
MR. B:	That's fine with me. I got us a couple hundred euros from the ATM in the pedestrian zone.
MRS. B:	Then we can pay either by credit card or with cash.
MR. B:	Maybe we should take a look at the menu first.

At the Reception Desk

TOURIST:	Hello, do you still have a room free for tonight?
CLERK:	Do you want a single or a double room?
TOURIST:	I'd prefer a single room with a shower.
CLERK:	I could have given you one two hours ago, but at the moment there is only a double room with bath available.

TOURIST:	What would that cost?
CLERK:	70 euros with breakfast. It's a quiet room and very comfortable.
TOURIST:	May I please have a look at the room?
CLERK:	Of course. (*Hands him the key.*) Go up the stairs here. That would be room number 14 on the second floor.

Outing to a *Heuriger*

THOMAS:	Hi, Amelie! You look as if you hadn't slept much.
AMELIE:	Oh, is it obvious? Yes, yesterday was pretty stressful.
THOMAS:	If you aren't too tired tonight, then maybe we could go to a *Heuriger* in Grinzing.
AMELIE:	Yes, high time that we try the new wine! And it would be nice to eat there too.
THOMAS:	Good idea! By then I'm sure I'll be famished.
AMELIE:	Then we ought to leave right away.

Kapitel 15 (p. 426)

Where Is Home?

Emine and Andrej are both ninth-graders in a school in Berlin. Today's discussion is about cultural diversity in the Federal Republic. Their discussion group is talking about the topic "First Language and Homeland."

ANDREJ:	My father is from Russia and I always speak Russian with him. What do you usually speak at home, Emine?
EMINE:	Well, with my siblings I usually speak German. But we always speak Turkish with my parents and grandparents.
ANDREJ:	Where do you actually feel at home, in Germany or Turkey?
EMINE:	I ask myself that too. I have a lot of friends in Berlin, but also many nice relatives in Istanbul. Actually, I feel at home in both cultures. What about you?
ANDREJ:	Berlin is my home. I've never been to Russia, but my father often talks about it.

The Missed Birthday Party

LILLI:	At Hülya's birthday party people were dancing until 3:00 AM. Where were you?
PAUL:	I was invited, and I'd really like to have been there, but I was in Spain on vacation.
LILLI:	At least you could have called to wish her a happy birthday.
PAUL:	Yes, I should have done that.

In Front of the Post Office

Mr. and Mrs. Becker are standing in front of the post office and Mr. Becker takes an envelope out of his pocket.

Mr. B.	Just a second, I need stamps. This birthday card for Annemarie has to be mailed today.
MRS. B:	Let's see it. But the Hartmanns have moved! That's their old address.
MR. B:	Right! I shouldn't have forgotten that.
MRS. B:	Don't worry! We'll just buy a new envelope.

Verbs with Dative Objects

antworten to answer (a person)

> Antworten Sie mir, bitte. Ich kann Ihnen leider nicht antworten.
>
> *Please answer me. Unfortunately, I can't answer you.*

danken to thank

> Hast du deinem Freund gedankt? Ja, ich habe ihm gestern gedankt.
>
> *Have you thanked your friend? Yes, I thanked him yesterday.*

erlauben to allow

> Mein Arzt erlaubt mir nicht, mehr als ein Glas Wein zu trinken.
>
> *My doctor won't let me drink more than one glass of wine.*

folgen, ist gefolgt to follow

> Folgen Sie mir bitte. Ist gut, ich folge Ihnen um die Ecke.
>
> *Follow me please. All right, I'll follow you around the corner.*

gefallen (gefällt), gefiel, hat gefallen to please, appeal to

> Hoffentlich hat dir das Essen gefallen. Ja, und deine Gäste haben mir auch gefallen.
>
> *I hope you liked the food. Yes, and I liked your guests too.*

gehören to belong to (a person)

> Wem gehört dieser Rucksack? Keine Ahnung, aber mir gehört er nicht.
>
> *Whom does this backpack belong to? No idea, but it doesn't belong to me.*

glauben to believe (a person)

> Glauben Sie mir nicht? Doch, ich glaube Ihnen schon.
>
> *Don't you believe me? Sure, I believe you.*

gratulieren to congratulate, wish [e.g., a happy birthday]

> Wir sollten ihm zum Abitur gratulieren. Ich habe ihm schon gratuliert.
>
> *We should congratulate him on his Abitur. I've already congratulated him.*

helfen (hilft), half, hat geholfen to help

> Helfen Sie mir bitte. Gerne, wie kann ich Ihnen helfen?
>
> *Please help me. Gladly, how can I help you?*

schaden to harm, damage

> Schadet uns zu viel Sonnenschein? Mir hat er noch nicht geschadet.
>
> *Does too much sunlight harm us? It hasn't hurt me yet.*

verbieten, verbot, hat verboten to forbid

> Was haben dir deine Eltern verboten? Sie haben mir verboten, auf der Straße zu spielen.
>
> *What did your parents forbid you to do? They forbade me to play in the street.*

weh·tun, tat weh, hat wehgetan to hurt

> Hast du dir weh getan? Ja, mein Finger tut mir immer noch weh.
>
> *Did you hurt yourself? Yes, my finger still hurts.*

zu·hören to listen (to)

> Hörst du mir zu? Tut mir leid, aber niemand hört dir zu.
>
> *Are you listening to me? Sorry, but nobody is listening to you.*

Verbs with Dative Reflexive Pronouns

sich etwas an·sehen (sieht an), sah an, hat angesehen to take a look at something
>Sehen Sie sich doch meine Fotos an. Ich hab Sie mir gestern angesehen.
>
>*Take a look at my photos. I looked at them yesterday.*

sich etwas an·ziehen to put something on
>Was soll ich mir heute anziehen? Zieh dir doch etwas Warmes an.
>
>*What should I put on today? Put on something warm.*

sich die Haare kämmen to comb one's hair
>Hast du dir die Haare schon gekämmt? Nein, ich muss sie mir noch kämmen.
>
>*Have you already combed your hair? No, I still have to comb it.*

sich etwas leisten können to be able to afford something
>Kannst du dir diese Tasche leisten? Nein, ich kann sie mir nicht leisten.
>
>*Can you afford this bag? No, I can't afford it.*

sich etwas überlegen to consider, ponder, think something over
>Hast du dir meinen Plan überlegt? Nein, ich muss ihn mir noch überlegen.
>
>*Have you thought about my plan? No, I still have to think about it.*

sich etwas vor·stellen to imagine something
>Stell dir vor, Rita hat einen neuen Freund. Das kann ich mir nicht vorstellen.
>
>*Just imagine, Rita has a new boyfriend. I can't imagine that.*

sich die Zähne putzen to brush one's teeth
>Hast du dir die Zähne schon geputzt? Nein, ich muss sie mir noch putzen.
>
>*Have you already brushed your teeth? No, I still have to brush them.*

Verbs with Prepositional Complements

Angst haben vor (+ *dat.*) to be afraid of

Wovor hast du Angst? Ich habe Angst vor Spinnen.

What are you afraid of? I'm afraid of spiders.

bitten, bat, hat gebeten um to ask for, request

Worum hat sie dich gebeten? Sie hat mich um 2 Euro gebeten.

What did she ask you for? She asked me for 2 euros.

denken, dachte, hat gedacht an (+ *acc.*) to think of, about

Woran denkst du? Ich denke an unsere Reise nach Wien.

What are you thinking about? I'm thinking about our trip to Vienna.

sich erholen von to recover (*from*)

Hat er sich von der Grippe erholt? Nein, er braucht ein paar Tage, um sich davon zu erholen.

Has he gotten over the flu? No, he needs a couple of days to recover from it.

erinnern an (+ *acc*) to remind of

An wen erinnert dich Herr Beck? Er erinnert mich an meinen Opa.

Whom does Herr Beck remind you of? He reminds me of my granddad.

sich erinnern an (+ *acc.*) to remember

Kannst du dich an Prof. Hans erinnern? Natürlich erinnere ich mich an sie.

Do you remember Prof. Hans? Of course I remember her.

sich freuen auf (+ *acc.*) to look forward to

Ich freue mich sehr auf heute Abend. Warum freust du dich darauf?

I am really looking forward to this evening. Why are you looking forward to it?

sich gewöhnen an (+ *acc.*) to get used to

Ich kann mich nicht an die Kälte gewöhnen. Ich kann mich auch nicht daran gewöhnen.

I can't get used to the cold. I can't get used to it either.

sich interessieren für to be interested in

Ich interessiere mich sehr für dieses Thema. Interessieren Sie sich auch dafür?

I'm very interested in this topic. Are you interested in it too?

klopfen an (+ *acc.*) to knock on

Soll ich an sein Fenster klopfen? Nein, klopf lieber an die Tür.

Shall I knock on his window? No, knock on/at the door instead.

sich konzentrieren auf (+ *acc*) to concentrate on

Worauf konzentrierst du dich so sehr? Ich konzentriere mich auf die Hausaufgabe in Chemie.

What are you concentrating on so hard? I'm concentrating on the chemistry homework.

sich kümmern um to look after, take care of

Wer kümmert sich um die Katze während der Ferien? Meine Mutter kümmert sich um sie.

Who's looking after the cat during the vacation? My mother will look after it.

nach·denken, dachte nach, hat nachgedacht über (+ *acc.*) to think about

Worüber denkst du so lange nach? Ich denke immer noch über meine Hausarbeit nach.

What have you been thinking about for so long? I'm still thinking about my paper.

reagieren auf (+ *acc.*) to react to

Wie wird sie auf diese Idee reagieren? Sie hat immer positiv darauf reagiert.

How will she react to this idea? She has always reacted positively to it.

studieren an (+ *dat.*) to study at

Ich studiere seit zwei Semestern an der Uni Freiburg. Und ich an der Uni Mainz.

I've been studying at the University of Freiburg for two semesters. And I've been at the University of Mainz.

sich verlassen auf (+ *acc.*) to rely on, count on

Hoffentlich kann man sich auf ihn verlassen. Ich konnte mich immer auf ihn verlassen.

I hope one can rely on him. I've always been able to rely on him.

warten auf (+ *acc.*) to wait for

Wie lange wartest du schon auf den Bus? Ich warte erst zehn Minuten darauf.

How long have you been waiting for the bus? I've only been waiting for it for ten minutes.

sich wundern über (+ *acc.*) to be surprised at

Ich habe mich über die hohen Preise gewundert. Darüber habe ich mich auch gewundert!

I was amazed at the high prices. I was surprised at them too!

Principal Parts of Strong and Irregular Verbs

The following table contains the principal parts of all the strong, mixed, and irregular verbs in *Neue Horizonte*. With a few exceptions, only the basic stem verbs are listed, e.g., **gehen**, **bringen**, and **kommen**. Verbs formed by adding a prefix—e.g., **weggehen**, **verbringen**, and **ankommen**—change their stems in the same way as the basic verb.

Infinitive	Third-person sing. present	Simple past	Perfect	English
anfangen	fängt an	fing an	hat angefangen	begin
anrufen		rief an	hat angerufen	call up
beginnen		begann	hat begonnen	begin
bitten		bat	hat gebeten	ask for, request
bleiben		blieb	ist geblieben	stay
brechen	bricht	brach	hat gebrochen	break
bringen		brachte	hat gebracht	bring
denken		dachte	hat gedacht	think
dürfen	darf	durfte	hat gedurft	may, be allowed to
einladen	lädt ein	lud ein	hat eingeladen	invite
empfehlen	empfiehlt	empfahl	hat empfohlen	recommend
entscheiden		entschied	hat entschieden	decide
essen	isst	aß	hat gegessen	eat
fahren	fährt	fuhr	ist gefahren	drive
fallen	fällt	fiel	ist gefallen	fall
finden		fand	hat gefunden	find
fliegen		flog	ist geflogen	fly
fließen		floss	ist geflossen	flow
geben	gibt	gab	hat gegeben	give
gehen		ging	ist gegangen	go
genießen		genoss	hat genossen	enjoy
gewinnen		gewann	hat gewonnen	to win
haben	hat	hatte	hat gehabt	have
halten	hält	hielt	hat gehalten	hold, stop
hängen[1]		hing	hat gehangen	be hanging
heißen		hieß	hat geheißen	be called
helfen	hilft	half	hat geholfen	help
kennen		kannte	hat gekannt	know, be acquainted with
klingen		klang	hat geklungen	sound
kommen		kam	ist gekommen	come
können	kann	konnte	hat gekonnt	can, be able to
lassen	lässt	ließ	hat gelassen	leave; let; allow to; cause to be done
laufen	läuft	lief	ist gelaufen	run
leihen		lieh	hat geliehen	lend

[1]When it is transitive, **hängen** is weak: **hängte, hat gehängt**.

Infinitive	Third-person sing. present	Simple past	Perfect	English
lesen	liest	las	hat gelesen	read
liegen		lag	hat gelegen	lie
mögen	mag	mochte	hat gemocht	like
müssen	muss	musste	hat gemusst	must, have to
nehmen	nimmt	nahm	hat genommen	take
nennen		nannte	hat genannt	name, call
raten	rät	riet	hat geraten	guess
scheinen		schien	hat geschienen	shine, seem
schlafen	schläft	schlief	hat geschlafen	sleep
schließen		schloss	hat geschlossen	close
schneiden		schnitt	hat geschnitten	cut
schreiben		schrieb	hat geschrieben	write
schweigen		schwieg	hat geschwiegen	be silent
schwimmen		schwamm	ist geschwommen	swim
sehen	sieht	sah	hat gesehen	see
sein	ist	war	ist gewesen	be
singen		sang	hat gesungen	sing
sitzen		saß	hat gesessen	sit
sollen	soll	sollte	hat gesollt	should
sprechen	spricht	sprach	hat gesprochen	speak
stehen		stand	hat gestanden	stand
stehlen	stiehlt	stahl	hat gestohlen	steal
steigen		stieg	ist gestiegen	climb
sterben	stirbt	starb	ist gestorben	die
tragen	trägt	trug	hat getragen	carry, wear
treiben		trieb	hat getrieben	drive, propel
trinken		trank	hat getrunken	drink
treffen	trifft	traf	hat getroffen	to meet
tun		tat	hat getan	do
verbieten		verbot	hat verboten	to forbid
vergessen	vergisst	vergaß	hat vergessen	forget
vergleichen		verglich	hat verglichen	compare
verlassen	verlässt	verließ	hat verlassen	leave
verlieren		verlor	hat verloren	lose
verschwinden		verschwand	ist verschwunden	disappear
wachsen	wächst	wuchs	ist gewachsen	grow
waschen	wäscht	wusch	hat gewaschen	wash
werden	wird	wurde	ist geworden	become
werfen	wirft	warf	hat geworfen	throw
wissen	weiß	wusste	hat gewusst	know (a fact)
wollen	will	wollte	hat gewollt	want to
ziehen		zog	hat gezogen	pull

German-English Vocabulary

The following list contains all the words introduced in **Neue Horizonte** except for definite and indefinite articles, personal and relative pronouns, possessive adjectives, cardinal and ordinal numbers, and words glossed in the margins of the **Lesestücke.** The code at the end of each entry shows where the word or phrase is introduced in the text:

12-1	Kapitel 12, Wortschatz 1
9-2	Kapitel 9, Wortschatz 2
Einf.	Einführung (Introductory Chapter)
2-G	Kapitel 2, Grammatik
5-Lzm	Kapitel 5, (*in the* Leicht zu merken *section* of Tipps zum Lesen und Lernen)
8-TLL	Kapitel 8, Tipps zum Lesen und Lernen
10-ViA	Kapitel 10, Vokabeln im Alltag

Strong and irregular verbs are listed with their principal parts: **nehmen (nimmt), nahm, hat genommen.** Weak verbs using **sein** as their auxiliary are shown by inclusion of the perfect: **reisen, ist gereist.**

Separable prefixes are indicated by a raised dot between prefix and verb stem: **ab·fahren.** This dot is *not* used in German spelling.

When a verb has a prepositional complement, the preposition follows all the principal parts. If it is a two-way preposition, the case it takes with this verb is indicated in parentheses: **denken, dachte, hat gedacht an** (+ *acc.*).

Adjectival nouns are indicated thus: der/die **Verwandte, -n.**

Masculine N-nouns like **der Student** and irregular nouns like **der Name** are followed by both the genitive singular and the plural endings: der **Student, -*en*, -en;** der **Name, -*ns*, -n.**

Adjectives followed by a hyphen may only be used before a noun, not as a predicate adjective: **eigen-.**

If an adjective or adverb requires an umlaut in the comparative and superlative degrees, or if these forms are irregular, this is indicated in parentheses: **arm (ärmer); gern (lieber, am liebsten).**

The following abbreviations are used here and throughout **Neue Horizonte.**

acc.	accusative	*intrans.*	intransitive
adj.	adjective	*m.*	masculine
adj. noun	adjectival noun	*neut.*	neuter
adv.	adverb	*pers.*	person
colloq.	colloquial	*pl.*	plural
conj.	conjunction	*prep.*	preposition
coor. conj.	coordinating conjunction	*sing.*	singular
dat.	dative	*sub. conj.*	subordinating conjunction
f.	feminine	*trans.*	transitive
gen.	genitive	*usw.*	(= **und so weiter**) etc.

A

der **Abend, -e**   evening, 1-1, 8-1

  gestern Abend   yesterday evening, 12-G

  Guten Abend! (**'n Abend**) Good evening, *Einf.*

  heute Abend   this evening, tonight, 1-1

das **Abendessen, -**   supper, evening meal, 8-1

  zum Abendessen   for supper, 8-1

abends   (in the) evenings, every evening, 5-2

aber   (1) but (*coor. conj.*), 1-1; (2) (*flavoring particle*), 9-1

ab·fahren (fährt ab), fuhr ab, ist abgefahren   to depart, leave (by vehicle), 7-1

ab·holen   to pick up, fetch, get, 5-2

das **Abi**   (*slang*) = **Abitur,** 5-1

das **Abitur**   final secondary school examination, 5-1

ab·schicken   to send off; mail, 15-1

ach   oh, ah, 2-1

das **Adjektiv, -e**   adjective

die **Adjektivendung, -en**   adjective ending, 9-G

der **Adler, -**   eagle, 10-ViA

die **Adresse, -n**   address, 15-1

das **Adverb, -ien**   adverb

ähnlich   (+ *dat.*) similar (to), 3-2

  Sie ist ihrer Mutter ähnlich.   She's like her mother.

die **Ahnung**   notion, inkling, hunch

  (Ich habe) keine Ahnung. (I have) no idea. 10-1

der **Akkusativ**   accusative case, 2-G

aktiv   active, 9-Lzm

aktuell   current, topical, 5-2

alle   (*pl.*) all; everybody, 2-2

allein   alone, 1-2

alles   everything, 6-2

alles klar   all right, 5-1

der **Alltag**   everyday life, 8-2

der **Almanach, -e**   almanac

die **Alpen**   (*pl.*) the Alps, 4-Lzm

als   (1) when (*sub. conj.*), 10-1; (2) as a, 5-1; (3) than (*with comparative degree*), 12-1

  als ob   (+ *subjunctive*) as if, as though, 14-1

also   (1) well . . . 1-1; (2) thus, 3-2

alt (älter)   old, 2-2

die **Alternative, -n**   alternative, 2-Lzm

altmodisch   old-fashioned, 4-2

die **Altstadt, ¨e**   old city center, 5-2

(das) **Amerika**   America, 3-Lzm

der **Amerikaner, -**   American (*m.*), 1-2

die **Amerikanerin, -nen**   American (*f.*), 1-2

amerikanisch   American, 3-2

an   (*prep.* + *acc.* or *dat.*) to, toward; at, alongside of, 6-1

analysieren   to analyze, 14 Lzm

ander-   other, different, 11-1

ändern   to change (*trans.*), 11-1

  sich ändern   to change (*intrans*), 11-1

anders   different, 2-2

der **Anfang, ¨e**   beginning, 6-1

  am Anfang   at the beginning, 6-1

an·fangen (fängt an), fing an, hat angefangen   to begin, start, 5-1

der **Anfänger, -**   beginner, 5-TLL

angenehm   pleasant; pleasure to meet you, 13-ViA

der/die **Angestellte, -n**   (*adj. noun*) employee, 14-1

die **Anglistik**   English studies, 6-ViA

die **Angst, ¨e**   fear, 3-2

  Angst haben   to be afraid, 3-2

  Angst haben vor   (+ *dat.*) to be afraid of, 13-1

an·kommen, kam an, ist angekommen   to arrive, 5-1, 7-1

an·kommen auf   (+ *acc.*) to depend on, be contingent on

  Es kommt darauf an.   It depends. 13-1

sich an·melden   to register (at a hotel, at the university, etc.), 14-ViA

an·rufen, rief an, hat angerufen   to call up, 5-1

ansehen: sich etwas an·sehen (sieht an), sah an, hat angesehen   to take a look at something, 11-1

anstatt   (*prep.* + *gen.*) instead of, 8-G

die **Antwort, -en**   answer, 2-1

antworten   (+ *dat.*) to answer (a person), 1-1

an·ziehen, zog an, hat angezogen   to dress

  sich anziehen   to get dressed, 11-1

  sich etwas anziehen   to put something on, 11-G

der **Anzug, ¨e**   suit, 3-ViA

der **Appetit**   appetite

  Guten Appetit! *Bon appétit!* Enjoy your meal! 8-1

(der) **April**   April, 1-1

die **Arbeit**   work, 2-2

arbeiten   to work, 1-1

der **Arbeiter, -**   worker (*m.*), 5-2

die **Arbeiterin, -nen**   worker (*f.*), 5-2

arbeitslos   unemployed, 10-2

die **Arbeitslosigkeit**   unemployment, 10-2

das **Arbeitszimmer, -**   study, 15-ViA

der **Architekt, -en, -en**   architect (*m.*), 8-Lzm

die **Architektin, -nen**   architect (*f.*), 8-Lzm

ärgern   to annoy; offend, 10-1

sich ärgern   (**über** + *acc.*) to get annoyed (at), be annoyed (about), 13-2

arm (ärmer)   poor, 10-1

der **Arm, -e**   arm, 10-2

die **Armbanduhr, -en**   wristwatch, 3-ViA

der **Artikel, -**   article, 2-1

der **Arzt, ¨e**   doctor (*m.*), 5-ViA; 11-1

die **Ärztin, -nen**   doctor (*f.*), 5-ViA; 11-1

der **Aspekt, -e**   aspect, 8-Lzm

das **Atom, -e**   atom, 9-Lzm

das **Atomkraftwerk, -e**   atomic power plant, 9-2

auch   also, too, 1-1

auf   (*prep.* + *acc.* or *dat.*) onto; on, upon, on top of, 6-1

die **Aufgabe, -n**   task, assignment, 8-2

auf·hängen   to hang up, 7-1

auf·hören (mit etwas)   to cease, stop (doing something), 5-1

auf·machen   to open, 5-1

auf·räumen   to tidy up, straighten up, 9-1

der **Aufsatz, ¨e**   essay

das **Aufsatzthema, -themen**   essay topic

der **Aufschnitt**   (*no pl.*) cold cuts, 4-G

auf·stehen, stand auf, ist aufgestanden   (1) to stand up; to get up; (2) to get out of bed, 5-1

auf·wachen, ist aufgewacht   to wake up (*intrans.*), 7-1

auf·wachsen (wächst auf), wuchs auf, ist aufgewachsen   to grow up, 8-2

der **Aufzug , ¨e**   elevator, 14-ViA

das **Auge, -n**   eye, 11-1

der **Augenblick, -e**   moment

  (Einen) Augenblick, bitte.   Just a moment, please. 8-1

  im Augenblick   at the moment, 12-1

(der) **August**   August, 1-1

aus   (*prep.* + *dat.*) out of; from, 5-1

aus·brechen (bricht aus), brach aus, ist ausgebrochen   to break out

der **Ausdruck, ¨e**   expression

der **Ausflug, ¨e**   outing, excursion, 14-1

aus·geben (gibt aus), gab aus, hat ausgegeben   to spend (money), 6-2

aus·gehen, ging aus, ist ausgegangen   to go out, 14-1

ausgezeichnet   excellent, 8-1

sich aus·kennen, kannte aus, hat ausgekannt   to know one's way around, 13-1

die **Auskunft**   information, 13-1

das **Ausland**   (*sing.*) foreign countries, 7-2

  im Ausland   abroad (*location*), 7-2

  ins Ausland   abroad (*destination*), 7-2

der **Ausländer, -** foreigner (m.), 15-2

die **Ausländerin, -nen** foreigner (f.), 15-2

ausländisch foreign, 10-2

aus·sehen (sieht aus), sah aus, hat ausgesehen to appear, look (like), 5-2

außer (*prep. + dat.*) except for; besides; in addition to, 5-1

außerdem (*adv.*) besides, in addition, 14-2

aus·sprechen (spricht aus), sprach aus, hat ausgesprochen to pronounce, 15-2

aus·steigen, stieg aus, ist ausgestiegen to get out (of a vehicle), 7-2

die **Ausstellung, -en** exhibition, 10-2

der **Austauschstudent, -en, -en** exchange student (m.), 6-1

die **Austauschstudentin, -nen** exchange student (f.), 6-1

aus·wandern, ist ausgewandert to emigrate, 11-2

der **Ausweis, -e** I.D. card, 6-2

aus·ziehen, zog aus, ist ausgezogen to move out, 6-1

   sich ausziehen to get undressed, 11-1

das **Auto, -s** car, 2-2

die **Autobahn, -en** expressway, high-speed highway, 7-2

der **Automechaniker, -** auto mechanic (m.), 5-1

die **Automechanikerin, -nen** auto mechanic (f.), 5-1

der **Autor, -en** author, 15-Lzm

B

der **Bäcker, -** baker (m.), 5-1

die **Bäckerei, -en** bakery, 5-1

die **Bäckerin, -nen** baker (f.), 5-1

das **Bad, ¨er** bath, 14-1

   ein Bad nehmen to take a bath, 14-1

   (sich) baden to take a bath, 11-G

   das **Badetuch, ¨er** bath towel, 14-ViA

das **Badezimmer, -** bathroom, 14-1, 15-ViA

die **Bahn** railroad, railway system, 7-2

der **Bahnhof, ¨e** train station, 7-1

bald soon, 1-2

die **Bank, ¨e** bench, 10-1

die **Bank, -en** bank, 14-1

der **Bankautomat, -en** automatic teller machine, 14-1

bar bezahlen to pay in cash, 14-1

der **Bär, -en, -en** bear, 10-ViA

barbarisch barbaric, 4-Lzm

das **Bargeld** cash, 14-1

die **Barriere, -n** barrier, 13-Lzm

bauen to build, 8-2

der **Bauer, -n, -n** farmer (m.), 5-1

die **Bäuerin, -nen** farmer (f.), 5-1

das **Bauernbrot** country rye bread, 5-1

der **Baum, ¨e** tree, 4-2

der **Beamte, -n** (*adj. noun*) official, civil servant (m.), 11-G

die **Beamtin, -nen** official, civil servant (f.), 11-G

bedeuten to mean, signify, 2-2

die **Bedeutung, -en** meaning, significance, 10-2

sich beeilen to hurry, 11-1

begeistert von enthusiastic about, 14-2

beginnen, begann, hat begonnen to begin, 4-1

bei (*prep. + dat.*) (1) at the home of; near; at, 5-1; (2) during, while -ing, 11-G

beide (*pl. pronoun*) both (people), 14-2

beides (*sing. pronoun*) both things, 13-2

das **Bein, -e** leg, 11-1

das **Beispiel, -e** example, 9-2

   zum Beispiel for example, 1-2

bekannt known; well known, 7-2

der/die **Bekannte, -n** (*adj. noun*) acquaintance, friend, 11-1

bekommen, bekam, hat bekommen to receive, get, 4-1

belegen to take (a university course), 6-2

benutzen to use, 9-1

das **Benzin** gasoline, 7-2

bequem comfortable, 4-2

der **Berg, -e** mountain, 3-1

bergig mountainous, 4-ViA

berichten to report, 5-2

der **Beruf, -e** profession, vocation, 2-2

   Was sind Sie von Beruf? What is your profession? 5-ViA

berufstätig employed, 5-2

berühmt famous, 11-2

beschreiben, beschrieb, hat beschrieben to describe, 4-2

besitzen, besaß, hat besessen to own, 2-2

besonders especially, 5-2

besorgt worried, concerned, 10-1

besprechen (bespricht), besprach, hat besprochen to discuss, 3-2

besser better, 12-G

die **Besserung: Gute Besserung!** Get well soon! 11-1

best- best, 12-G

bestellen to order, 8-1

der **Besuch, -e** visit, 12-2

besuchen to visit, 3-1

die **Betriebswirtschaft** management, business, 6-ViA

das **Bett, -en** bed, 6-1

   ins Bett gehen to go to bed, 7-1

bevor (*sub. conj.*) before, 10-2

bezahlen to pay, 6-2

die **Bibliothek, -en** library, 6-1

das **Bier, -e** beer, 4-2

das **Bild, -er** picture; image, 5-2

billig inexpensive, cheap, 6-2

die **Biodiversität** biodiversity, 9-Lzm

die **Biologie** biology, 6-ViA

bis (*prep. + acc.*) until, *Einf.*; by, 1-1

   bis dann until then, 1-1

   Bis morgen. Until tomorrow, *Einf.*

   Bis nachher! See you later!, 4-1

ein bisschen a little; a little bit; a little while, 3-1

bitte (sehr) (1) you're welcome, 2-1; (2) please, 1-2; (3) here it is, there you are, 5-1

bitten, bat, hat gebeten um to ask for, request, 13-1

   Er bittet mich um das Geld. He's asking me for the money.

blau blue, 3-2

bleiben, blieb, ist geblieben to stay, remain, 2-2

der **Bleistift, -e** pencil, *Einf.*

blitzschnell quick as lightning, 3-2

blöd dumb, stupid, 5-1

die **Blume, -n** flower, 11-1

die **Bluse, -n** blouse, 3-ViA

der **Boden, ¨** floor, 6-ViA

böse (*+ dat.*) angry, mad (at); bad, evil, 13-1

die **Boutique, -n** boutique, 5-Lzm

brauchen to need, 2-1

braun brown, 3-2

brav well-behaved, good, 15-2

die **BRD** (**= Bundesrepublik Deutschland**) the FRG (= the Federal Republic of Germany), 2-2

brechen (bricht), brach, hat gebrochen to break, 11-1

die **Brezel, -n** soft pretzel, 5-1

der **Brief, -e** letter, 6-2

die **Briefmarke, -n** postage stamp, 15-1

der **Briefträger, -** letter carrier, mailman, 5-TLL

die **Briefträgerin, -nen** letter carrier (f.)

die **Brille** (*sing.*) (eye)glasses, 3-ViA

bringen, brachte, hat gebracht to bring, 6-1

das **Brot, -e** bread, 5-1

das **Brötchen, -** roll, 4-1

die **Brücke, -n** bridge, 8-2

der **Bruder, ¨** brother, 2-1

das **Buch, ¨er** book, *Einf.*

das **Bücherregal, -e** bookcase, 6-ViA

die **Buchhandlung, -en** bookstore, 5-2

der **Bummel, -** stroll, walk, 8-1

   einen Stadtbummel machen to take a stroll through town, 8-1

die **Bundesrepublik Deutschland** the Federal Republic of Germany

bunt colorful, multicolored, 3-2

das **Büro, -s** office, 1-1

der **Bus, -se** bus, 7-ViA

die **Butter** (*no pl.*) butter, 4-G

C

das **Café, -s** café, 5-Lzm; 8-ViA
campen to camp, 5-Lzm
die **CD, -s** CD (compact disk), 6-ViA
der **CD-Spieler** CD player, 6-ViA
die **Chance, -n** chance, 9-Lzm
der **Chef, -s** boss (*m.*), 5-1
die **Chefin, -nen** boss (*f.*), 5-1
die **Chemie** chemistry, 6-ViA
die **Chemiestunde** chemistry
    class, 3-1
(das) **China** China, 9-Lzm
der **Chinese, -n, -n** Chinese (*m.*),
    11-TLL
die **Chinesin, -nen** Chinese (*f.*),
    11-TLL
chinesisch Chinese (*adj.*), 11-TLL
(das) **Chinesisch** Chinese (language),
    13-TLL
der **Computer, -** computer, 5-Lzm
der **Container, -** large trash
    container, 9-1
der **Cousin, -s** cousin (*m.*), 2-2
die **Cousine, -n** cousin (*f.*), 2-2

D

da (1) there, 1-1; (2) then, in that case,
    9-1; (3) since (*sub. conj., causal*),
    8-G
  da drüben over there, 2-1
dabei sein to be present, be there,
    15-1
dahin: Wie komme ich dahin? How
    do I get there? 13-1
damals at that time, back then, 6-2
die **Dame, -n** lady, 10-2
damit (*sub. conj.*) so that, 9-2
der **Dank** thanks
  Vielen Dank! Many thanks! Thanks
    a lot, 2-1
danke thanks, thank you, *Einf.*;
    1-1
  Danke, gleichfalls. You too. Same
    to you. *Einf.*; 12-1
danken (*+ dat.*) to thank, 7-1
  Nichts zu danken! Don't mention
    it! 2-1
dann then, 1-1
darf (*see* **dürfen**)
darum therefore, for that reason,
    3-2
das sind (*pl. of* **das ist**) those are,
    2-2
dass that (*sub. conj.*), 8-1
der **Dativ** dative case, 5-G
das **Datum,** *pl.* **Daten** date, 9-G
dauern to last; to take (time), 10-1
die **DDR (= Deutsche Demokratische**
    Republik) the GDR (= the
    German Democratic Republic),
    11-1
die **Decke, -n** ceiling, 6-ViA

die **Demokratie, -n** democracy,
    10-Lzm
demokratisch democratic, 10-Lzm
die **Demonstration, -en**
    demonstration (for or
    against something)
demonstrieren to demonstrate (for
    or against something)
denken, dachte, hat gedacht to
    think, 13-2
  denken an (*+ acc.*) to think of,
    13-2
das **Denkmal, ¨er** monument,
    memorial 11-1
denn (1) (*flavoring particle in
    questions*), 2-1; (2) (*coor. conj.*)
    for, because, 7-G
deutlich clear
deutsch (*adj.*) German, 2-2
(das) **Deutsch** German language,
    3-2
  auf Deutsch in German, 1-2
der/die **Deutsche, -n** (*adj. noun*)
    German (person), 1-2
die **Deutsche Demokratische**
    Republik German Democratic
    Republic (GDR), 11-1
(das) **Deutschland** Germany, 1-2
deutschsprachig German-
    speaking, 9-2
die **Deutschstunde, -n** German
    class, 3-1
(der) **Dezember** December, 1-1
d.h. (= **das heißt**) i.e. (= that is),
    6-2
der **Dialekt, -e** dialect, 13-Lzm
der **Dialog, -e** dialogue
der **Dichter, -** poet
(der) **Dienstag** Tuesday, *Einf.*
dies- this, these, 4-1
diesmal this time, 12-1
das **Ding, -e** thing, 7-2
direkt direct(ly), 13-1
der **Direktor, -en** director, 10-Lzm
die **Diskussion, -en** discussion, 2-2
doch (1) (*stressed, contradictory*)
    yes I do, yes I am, yes he is, etc.,
    3-1; (2) (*unstressed flavoring
    particle with commands*), 4-1;
    (3) (*unstressed flavoring particle
    with statements*), 10-1
der **Dom, -e** cathedral, 8-1
die **Donau** Danube River, 14-2
(der) **Donnerstag** Thursday, *Einf.*
das **Doppelzimmer, -** double
    room, 14-1
das **Dorf, ¨er** village, 5-2
dort there, 2-1
draußen outside, 1-1
drinnen 5-1
dritt- third, 9-G
drüben over there, 2-1
der **Druck** pressure, 13-2
dumm (dümmer) dumb, 5-1

dunkel dark, 3-2
durch (*prep. + acc.*) through, 4-1
dürfen (darf), durfte, hat
    gedurft may, to be allowed
    to, 3-1
  Was darf es sein? What'll it be?
    May I help you? 5-1
der **Durst** thirst, 8-1
  Durst haben to be thirsty, 8-1
die **Dusche, -n** shower, 14-1
(sich) duschen to take a shower,
    11-G; 14-ViA

E

echt genuine; really (*colloq.*), 3-2
die **Ecke, -n** corner, 8-1
  an der Ecke at the corner, 8-1
  um die Ecke around the
    corner, 8-1
egal: Das ist (mir) egal. It doesn't
    matter (to me). I don't care. 7-1
die **Ehe, -n** marriage, 14-1
das **Ehepaar, -e** married couple,
    14-1
ehrlich honest, 3-2
das **Ei, -er** egg, 4-G
eigen- own, 9-2
eigentlich actually, in fact, 3-2
die **Eile** hurry
  in Eile in a hurry, 1-1
einander (*pronoun*) each other, 1-2
der **Eindruck, ¨e** impression, 8-2
einfach simple, easy, 5-1
einige some, 6-2
ein·kaufen to shop for, 5-2
  einkaufen gehen to go
    shopping, 5-2
die **Einkaufsliste, -n** shopping list, 8-1
ein·laden (lädt ein), lud ein, hat
    eingeladen to invite, 8-1
einmal once, 4-1
  noch einmal once again, once
    more, 4-1
ein paar a couple (of), a few, 5-2
eins one, *Einf.*
ein·schlafen (schläft ein), schlief
    ein, ist eingeschlafen to fall
    asleep, 7-1
ein·steigen, stieg ein, ist
    eingestiegen to get in (a
    vehicle), 7-2
der **Einstieg, -e** entrance, way in
einverstanden Agreed. It's a deal.
    O.K. Okay. 5-1
ein·wandern, ist eingewandert to
    immigrate, 11-2
das **Einzelzimmer, -** single room,
    14-1
ein·ziehen, zog ein, ist
    eingezogen to move in, 6-1
einzig- single, only, 12-2
das **Eis** (1) ice; (2) ice cream, 8-ViA
das **Eishockey** ice hockey, 9-ViA

der **Elefant, -en, -en** elephant, 10-ViA

die **Elektrotechnik** electrical engineering, 6-ViA

der **Elektrotechniker, -** electrical engineer (*m.*), 5-ViA

die **Elektrotechnikerin, -nen** electrical engineer (*f.*), 5-ViA

die **Eltern** (*pl.*) parents, 2-1

die **E-Mail, -s** e-mail, 1-Lzm

emigrieren to emigrate, 15-Lzm

empfehlen (empfiehlt), empfahl, hat empfohlen to recommend, 9-1

das **Ende, -n** end, 6-2

  am Ende at the end, 6-1

  Ende Februar at the end of February

  zu Ende sein to end, be finished, be over, 10-2

endlich finally, 1-1

die **Energie, -n** energy, 9-Lzm

der **Engel, -** angel, 11-2

der **Engländer, -** Englishman, 11-TLL

die **Engländerin, -nen** Englishwoman, 11-TLL

englisch English, 11-TLL

(das) **Englisch** English language, 3-Lzm

der **Enkel, -** grandson, 2-1

die **Enkelin, -nen** granddaughter, 2-1

die **Enkelkinder** grandchildren, 2-1

enorm enormous, 9-Lzm

entscheiden, entschied, hat entschieden to decide, 3-2

Entschuldigung! Pardon me! Excuse me! 1-1

entweder ... oder either . . . or, 11-1

entwickeln to develop, 11-2

die **Epoche, -n** epoch, 10-Lzm

die **Erde** earth, 12-2

das **Erdgeschoss** ground floor, first floor, 14-1 (*see* **Stock**)

erfinden, erfand, hat erfunden to invent, 11-2

sich erholen (von) (1) to recover (from), get well; (2) to have a rest, 13-2

erinnern an (+ *acc.*) to remind of, 14-2

  sich erinnern an (+ *acc.*) to remember, 12-1

die **Erinnerung, -en** memory, 12-1

erkältet sein to have a cold, 3-1

sich erkälten to catch a cold, 11-1

erkennen, erkannte, hat erkannt to recognize, 11-2

erklären to explain, 10-2

erlauben to allow, 11-2

ernst serious, 9-2

  etwas ernst nehmen to take something seriously, 14-2

erst (*adv.*) not until; only, 5-1

erst- (*adj.*) first, 9-G

erstaunlich astounding, 9-2

erwachsen adult, grown-up, 15-2

der / die **Erwachsene, -n** (*adj. noun*) adult, grown-up, 15-2

erwarten to expect, 14-2

erzählen to tell, recount, 6-2

die **Erzählung, -en** story, narrative, 12-2

der **Esel, -** donkey, 10-ViA

der **Essay, -s** essay, 15-Lzm

essen (isst), aß, hat gegessen to eat, 2-1

das **Essen** food; meal, 2-1

das **Esszimmer, -** dining room, 15-ViA

etwas (1) (*pronoun*) something, 3-1; (2) (*adj. & adv.*) some, a little; somewhat, 12-1

der **Euro, -s** euro (€), 5-1

(das) **Europa** Europe, 3-Lzm

der **Europäer, -** European (*m.*), 3-2

die **Europäerin, -nen** European (*f.*), 3-2

europäisch European

  die **Europäische Union (EU)** European Union

existieren to exist, 11-1

das **Experiment, -e** experiment, 9-Lzm

extrem extreme, 10-Lzm

F

die **Fabrik, -en** factory, 8-2

fahren (fährt), fuhr, ist gefahren to drive, go (by vehicle), 3-1

die **Fahrkarte, -n** ticket (for bus, train, streetcar, etc.), 7-2

das **Fahrrad, ̈er** bicycle, 7-2

fallen (fällt), fiel, ist gefallen (1) to fall; (2) to die in battle, 10-1

falsch false, incorrect, wrong, *Einf.*; 3-1

die **Familie, -n** family, 2-1

fantastisch fantastic, 2-1

die **Farbe, -n** color, 3-2

die **Fassade, -n** façade, 11-Lzm

fast almost, 2-2

faul lazy, 5-2

faulenzen to be lazy, take it easy, 4-1

(der) **Februar** February, 1-1

fehlen to be missing; to be absent, 10-1

die **Feier, -n** celebration, party, 15-1

feiern to celebrate, party 6-2

das **Fenster, -** window, *Einf.*

die **Ferien** (*pl.*) (university and school) vacation, 6-2

fern distant, far away, 12-2

fern·sehen (sieht fern), sah fern, hat ferngesehen to watch TV, 5-2

der **Fernseher, -** television set, 2-2

fertig (mit) (1) done, finished (with); (2) ready, 5-1

der **Film, -e** film, movie, 6-Lzm

finanzieren to finance, 6-Lzm

finden, fand, hat gefunden to find, 2-2

  Das finde ich auch. I think so, too. 3-2

der **Finger, -** finger, 11-1

die **Firma**, *pl.* **Firmen** firm, company, 5-2

fit in shape, *Einf.*; 3-1

flach flat, 4-2

die **Flasche, -n** bottle, 7-1

das **Fleisch** meat, 2-1

fleißig industrious, hard-working, 5-2

fliegen, flog, ist geflogen to fly, 1-1

fließen, floss, ist geflossen to flow, 4-2

der **Flughafen, ̈** airport, 7-ViA

das **Flugzeug, -e** airplane, 7-2

der **Fluss, ̈e** river, 4-2

der **Föhn, -e** hair dryer, 14-ViA

folgen, ist gefolgt (+ *dat.*) to follow, 8-2

die **Form, -en** form, 10-Lzm

formell formal, 1-Lzm

formulieren to formulate

das **Foto, -s** photograph, 6-Lzm; 7-Lzm

  ein Foto machen to take a picture, 7-2

die **Frage, -n** question, 2-1

  eine Frage stellen to ask a question, 10-2

der **Fragebogen** questionnaire

fragen to ask, 1-1

  sich fragen to wonder, ask oneself, 15-1

(das) **Frankreich** France, 7-2, 11-TLL

der **Franzose, -n, -n** Frenchman, 11-TLL

die **Französin, -nen** Frenchwoman, 11-TLL

französisch French, 11-TLL; 13-2

die **Frau, -en** woman; wife, 1-1, 2-1

  Frau Kuhn Mrs./Ms. Kuhn, *Einf.*

frei free; unoccupied, 2-1

die **Freiheit, -en** freedom, 7-2

(der) **Freitag** Friday, *Einf.*

die **Freizeit** free time, leisure time, 5-2

fremd (1) strange; (2) foreign, 3-2

die **Fremdsprache, -n** foreign language, 3-2

die **Freude, -n** joy, 12-2

freuen (Es) freut mich. Pleased to meet you. 5-1

  sich freuen to be happy, 11-1

  sich freuen auf (+ *acc.*) to look forward to, 13-1

der **Freund, -e** friend (*m.*), 2-1

die **Freundin, -nen** friend (*f.*), 3-1

freundlich friendly, 1-2

der **Frieden** peace, 6-2

frisch fresh, 5-1

froh happy, glad, 8-2

früh early, 3-1

der **Frühling** spring, 4-1

das **Frühstück** breakfast, 4-1

zum Frühstück for breakfast, 4-1

das **Frühstücksraum** breakfast room, 14-ViA

frühstücken to eat breakfast, 4-1

der **Fuchs, ⸚e** fox, 10-ViA

sich fühlen to feel (*intrans.*), 11-1

sich wohl fühlen to feel well

führen to lead, 8-2

der **Führerschein** driver's license, 7-2

den Führerschein machen to get a driver's license, 7-2

für (*prep. + acc.*) for, 1-1, 4-1

furchtbar terrible, 1-ViA

fürchten to fear, 11-1

der **Fuß, ⸚e** foot, 4-2

zu Fuß on foot, 4-2

der **Fußball** soccer; soccer ball, 5-2

Fußball spielen to play soccer, 9-ViA

der **Fußballspieler, -** soccer player (*m.*), 9-ViA

die **Fußballspielerin, -nen** soccer player (*f.*), 9-ViA

der **Fußgänger, -** pedestrian, 14-1

die **Fußgängerzone, -n** pedestrian zone, 8-ViA; 14-1

das **Futur** future tense, 13-G

G

die **Gabel, -n** fork, 8-ViA

ganz quite, fairly, rather, 3-2; entire, whole, 9-1

ganz gut pretty good, 1-1

das ganze Wochenende all weekend, the whole weekend 9-1

den ganzen Sommer (Tag, Nachmittag usw.) all summer (day, afternoon, etc.), 10-1

gar

gar nicht not at all, 3-2

gar kein no . . . at all, not a . . . at all, 11-1

die **Garage, -n** garage, 15-ViA

der **Garten, ⸚** garden, 1-2

der **Gast, ⸚e** guest; patron, 8-1

das **Gebäude, -** building, 8-1

geben (gibt), gab, hat gegeben to give, 2-2

es gibt (*+ acc.*) there is, there are, 2-2

das **Gebirge, -** mountain range, 4-TLL

geboren born

Wann bist du/sind Sie geboren? When were you born? 10-1

der **Geburtstag, -e** birthday, 7-2

Ich gratuliere dir zum Geburtstag! Happy birthday! 15-1

Wann hast du Geburtstag? When is your birthday? 7-2

zum Geburtstag for (one's) birthday, 9-1

die **Geburtstagsfeier, -n** birthday party, 15-1

der **Gedanke, -ns, -n** thought

das **Gedicht, -e** poem

die **Gefahr, -en** danger, 9-2

gefährlich dangerous, 9-2

gefallen (gefällt), gefiel, hat gefallen (*+ dat. of person*) to please, appeal to, 7-1

das **Gefühl, -e** feeling, 14-2

gegen (*prep. + acc.*) (1) against, (2) around, about (*with time*), 4-1

die **Gegend, -en** area, region, 12-1

der **Gegensatz, ⸚e** opposite

die **Gegenwart** present (time), 14-2

gehen, ging, ist gegangen (1) to go; (2) to walk, 1-1

Es geht. It's all right. 4-1

Es geht nicht. Nothing doing. It can't be done. 4-1

Wie geht es Ihnen/dir? How are you? *Einf.*, 1-1

Wie geht's? How are you? *Einf.*, 1-1

gehören (*+ dat. of person*) to belong to (a person), 7-1

gelaunt

gut gelaunt in a good mood, 7-2

schlecht gelaunt in a bad mood, 7-2

gelb yellow, 3-2

das **Geld** money, 2-2

der **Geldbeutel, -** wallet, change purse, 10-1

das **Gemüse** vegetables, 2-1

gemütlich cozy, comfortable; quiet, relaxed, 14-1

genau exact, precise, 11-1

genauso ... wie just as . . . as, 12-G

die **Generation, -en** generation, 11-Lzm

genießen, genoss, genossen to enjoy, 5-2

der **Genitiv** genitive case, 8-G

genug enough, 3-1

die **Geographie** geography, 4-Lzm

geographisch geographical, 4-Lzm

das **Gepäck** luggage, 7-1

gerade just, at this moment, 6-2

geradeaus straight ahead, 8-2

die **Germanistik** German studies, 6-ViA

gern(e) (lieber, am liebsten) gladly, with pleasure, 2-1

verb + **gern** to like to do something, 4-G

verb + **lieber** prefer to, would rather, 4-1

Lieber nicht. I'd rather not. No thanks. Let's not. 4-1

das **Geschäft, -e** business; store, 5-2

die **Geschäftsfrau, -en** businesswoman, 5-ViA

der **Geschäftsmann,** *pl.* **Geschäftsleute** businessman, 5-ViA

das **Geschenk, -e** present (*gift*), 9-1

die **Geschichte, -n** (1) story; (2) history, 6-2, 6-ViA

geschieden separated, divorced, 2-2

geschlossen closed (*see* **schließen**), 11-2

die **Geschwister** (*pl.*) siblings, brothers and sisters, 2-2

die **Gesellschaft, -en** society, 9-2

das **Gesicht, -er** face, 11-1

das **Gespräch, -e** conversation, 13-2

gestern yesterday, 6-1

gestern Abend yesterday evening, 12-G

gestern früh yesterday morning, 12-G

gesund healthy, 3-1

die **Gesundheit** health, 9-2

gewinnen, gewann, hat gewonnen to win, 10-2

sich gewöhnen an (*+ acc.*) to get used to, 13-1

das **Glas, ⸚er** glass, 8-1

der **Glaube, -ns, -n** belief, faith, 11-2

glauben (*+ dat. of person*) (1) to believe; (2) to think, 4-1

gleich right away, immediately, 5-1

das **Gleis, -e** track, 7-1

die **Globalisierung** globalization, 13-Lzm

das **Glück** (1) happiness; (2) luck, 6-2

Glück haben to be lucky, 6-2

glücklich happy, 14-2

der **Gott, ⸚er** god

Gott sei Dank thank goodness, 4-1

Grüß Gott hello (in southern Germany and Austria), *Einf.*

Um Gottes Willen! For heaven's sake! Oh my gosh! 9-1

das **Gramm** gram, 8-1

die **Grammatik** grammar

gratulieren (*+ dat. of person*) to congratulate, 15-1

Ich gratuliere (dir) congratulations, 15-1

grau gray, 3-2

grausam terrible, gruesome; cruel, 12-2

die **Grenze, -n** border, 11-1

(das) **Griechenland** Greece

griechisch (*adj.*) Greek, 8-1

groß (größer, am größten) big, tall, 2-1

(das) **Großbritannien** Great Britain, 8-TLL

die **Größe, -n** size; greatness, 12-2

die **Großeltern** (*pl.*) grandparents, 2-2

die **Großmutter, ⸚** grandmother, 2-2

der **Großvater, -** grandfather, 2-2
grün green, 3-2
der **Grund, -e** reason
die **Gruppe, -n** group, 2-2
grüßen to greet, say hello, 1-2
   Grüß dich! Hello! (*informal,*
    in southern Germany and
    Austria), 1-2
   Grüß Gott hello (in southern
    Germany and Austria), *Einf.*
gut (besser, am besten) good, well,
   Einf.; 1-1
   ganz gut pretty good, 1-1
   Guten Abend! Good evening! *Einf.*
   Guten Morgen! Good morning!
    Einf.
   Gute Reise! Have a good trip! 1-1
   Guten Tag! Hello! *Einf.*
   Schon gut Fine. It's okay. No
    problem 2-1
das **Gymnasium,** *pl.* **Gymnasien**
   secondary school (prepares pupils
   for university), 3-2

H

das **Haar, -e** hair, 6-2
   sich die Haare kämmen to comb
    one's hair, 11-G
haben (hat), hatte, hat gehabt to
   have, *Einf.*; 2-1
der **Hafen, -** port, harbor, 8-2
halb (*adv.*) half
   halb acht seven-thirty, *Einf.*
die **Hälfte, -n** half, 11-2
Hallo! Hello! *Einf.*
halten (hält), hielt, hat
   gehalten (1) to stop (*intrans.*);
   (2) to hold, 3-1
die **Haltestelle, -n** (streetcar or bus)
   stop, 8-ViA; 13-1
die **Hand, -e** hand, 5-1
der **Handschuh, -e** glove, 3-ViA
das **Handy, -s** cell phone; mobile
   phone, 3-ViA
hängen (*trans.*) to hang, 7-1
hängen, hing, hat gehangen
   (*intrans.*) to be hanging, 7-G
hart (härter) hard; tough; harsh, 10-2
der **Hass** hatred, 11-2
hassen to hate, 3-2
hässlich ugly, 1-1
Haupt- (*noun prefix*) main, chief,
   primary, most important, 4-TLL
das **Hauptfach, -er** major field (of
   study), 6-2
die **Hauptstadt, -e** capital city, 4-TLL;
   10-2
das **Haus, -er** house; building, 2-1
   nach Hause home (*as destination
    of motion*), 3-1
   zu Hause at home, 2-2
die **Hausarbeit** 1) housework, 2)
   term paper, 6-2

die **Hausaufgabe, -n** homework
   assignment, 3-2
die **Hausfrau, -en** housewife, 2-2
der **Hausmann, -er** househusband,
   5-ViA
das **Heft, -e** notebook, *Einf.*
die **Heimat** native place or country,
   homeland, 8-2
die **Heimatstadt** hometown, 8-2
heiß hot, 1-1.
heißen, hieß, hat geheißen to be
   called, *Einf.*
   das heißt that means, in other
    words, 6-2
   Ich heiße ... My name is . . . *Einf.*
   Wie heißen Sie?/Wie heißt
    du? What's your name? *Einf.*
heiter cheerful, 14-2
hektisch hectic, 8-Lzm
helfen (hilft), half, hat geholfen
   (+ *dat.*) to help, 7-1
hell bright, light, 3-2
das **Hemd, -en** shirt, 3-2
her- (*prefix*) *indicates motion
   toward the speaker*, 15-G
heraus·finden, fand heraus, hat
   herausgefunden to find out, 11-2
der **Herbst** fall, autumn, 4-1
Herein! Come in! 13-1
der **Herr, -n, -en** man, gentleman, 1-1
   Herr Lehmann Mr. Lehmann, *Einf.*
herrlich great, terrific, marvelous, 7-2
Herzlich willkommen! Welcome!
   Nice to see you! 6-2
heute today, *Einf.*
   heute Abend this evening,
    tonight, 1-1
   heute Morgen this morning, 5-1
   heute Nachmittag this afternoon,
    12-G
hier here, 1-1
die **Hilfe** help, aid, 11-2
hin- (*prefix*) *indicates motion away
   from speaker*, 15-G
hinein- (*prefix*) in, into, 15-1
hinein·gehen, ging hinein, ist
   hineingegangen to go in, 13-1
hinter (*prep. + acc. or dat.*)
   behind, 6-1
hinunter downward, down, 9-1
historisch historic, 8-Lzm
hoch (*predicate adj.*), **hoh-** (*attributive
   adj.*) **(höher, am höchsten)** high,
   4-2
   höchste Zeit high time, 14-1
das **Hochland** highlands, 4-TLL
die **Hochschule, -n** university;
   institution of higher learning, 14-2
Hockey spielen to play hockey, 9-ViA
der **Hockeyspieler, -** hockey player
   (*m.*), 9-ViA
die **Hockeyspielerin, -nen** hockey
   player (*f.*), 9-ViA
hoffen to hope, 7-2

hoffentlich (*adv.*) I hope, 4-1
höflich polite, 1-2
hoh-, höher (*see* **hoch**)
holen to fetch, get, 12-2
der **Honig** honey, 4-G
hören to hear; to listen, 1-2
der **Horizont, -e** horizon, 7-Lzm
die **Hose, -n** trousers, pants, 3-2
das **Hotel, -s** hotel, 4-1
hübsch pretty, handsome, 11-1
der **Hügel, -** hill, 4-2
hügelig hilly, 4-ViA
der **Humor** humor, 14-Lzm
der **Hund, -e** dog, 11-G
hundert hundred, 2-G
der **Hunger** hunger, 8-1
   Hunger haben to be hungry, 8-1
hungrig hungry, 4-1
der **Hut, -e** hat, 3-ViA

I

die **Idee, -n** idea, 10-2
die **Identität, -en** identity, 15-Lzm
ideologisch ideological, 10-Lzm
illegal illegal, 10-Lzm
immer always, 3-1
   immer größer bigger and bigger,
    12-G
   immer noch still, 4-2
der **Imperativ** imperative mood, 4-G
das **Imperfekt** simple past tense, 6-G
in (*prep. + acc. or dat.*) in, into,
   1-1, 6-1
der **Indikativ** indicative, 14-G
industrialisiert industrialized,
   9-Lzm
die **Industrie, -n** industry, 9-Lzm
der **Infinitiv** infinitive, 1-G
der **Infinitivsatz, -e** infinitive
   phrase, 8-G
die **Inflation** inflation, 10-Lzm
die **Informatik** computer science,
   6-ViA
der **Ingenieur, -e** engineer (*m.*),
   5-ViA
die **Ingenieurin, -nen** engineer (*f.*),
   5-ViA
die **Insel, -n** island, 4-ViA
das **Instrument, -e** instrument,
   7-Lzm
intelligent intelligent, 12-1
intensiv intensive, 9-Lzm
interessant interesting, 3-1
interessieren to interest, 13-1
   sich interessieren für (+ *acc.*) to
    be interested in, 13-1
interkulturell intercultural,
   15-Lzm
international international,
   3-Lzm
interviewen to interview, 10-1
der **iPod, -s** iPod, 10-1
irgend- (*prefix*)

irgendwann sometime or other, 12-TLL

irgendwie somehow or other, 12-TLL

irgendwo somewhere or other, 12-TLL

die **Ironie** irony, 14-Lzm

(das) **Italien** Italy, 4-2

der **Italiener, -** Italian (*m.*), 11-TLL

die **Italienerin, -nen** Italian (*f.*), 11-TLL

italienisch (*adj.*) Italian, 7-2

J

ja (1) yes; (2) (*unstressed flavoring particle*), 1-1

die **Jacke, -n** jacket, 3-2

das **Jahr, -e** year, 4-1

  im Jahr(e) 1996 in 1996, 8-2

jahrelang (*adv.*) for years, 14-TLL

die **Jahreszeit, -en** season, 4-1

das **Jahrhundert, -e** century, 8-2

jahrhundertelang (*adv.*) for centuries, 14-TLL

(der) **Januar** January, 1-1

je ever, 6-2

die **Jeans** (*pl.*) jeans, 3-Lzm, 3-ViA

jed- each, every, 4-1

jeder (*pronoun*) everyone

jemand somebody, someone, 2-2

jetzt now, 3-1

  von jetzt an from now on, 13-1

der **Job, -s** job, 5-1

der **Joghurt, -s** yogurt, 4-G

der **Journalist, -en, -en** journalist (*m.*), 5-Lzm

die **Journalistin, -nen** journalist (*f.*), 5-ViA

jüdisch Jewish, 12-2

die **Jugend** (*sing.*) youth; young people, 3-1

die **Jugendherberge, -n** youth hostel, 7-2

(der) **Juli** July, 1-1

jung (jünger) young, 2-2

der **Junge, -n, -n** boy, 9-1

(der) **Juni** June, 1-1

Jura (study of) law, 6-ViA

K

der **Kaffee** coffee, 3-1

kalt (kälter) cold, 1-1

die **Kamera, -s** camera, 7-Lzm

kämmen to comb

  sich die Haare kämmen to comb one's hair, 11-G

der **Kanadier, -** Canadian (*m.*), 11-TLL

die **Kanadierin, -nen** Canadian (*f.*), 11-TLL

kanadisch (*adj.*) Canadian, 11-TLL

das **Kännchen, -** small (coffee or tea) pot, 8-ViA

der **Kapitalismus** capitalism, 10-Lzm

das **Kapitel, -** chapter

die **Karte, -n** (1) card; (2) ticket; (3) map, 4-1

die **Kartoffel, -n** potato, 8-1

der **Käse** cheese, 2-1

katastrophal catastrophic, 10-Lzm

die **Katastrophe, -n** catastrophe, 8-Lzm

die **Katze, -n** cat, 11-G

kaufen to buy, 4-1

kein not a, not any, no, 3-1

  kein ... mehr no more . . .; not a . . . any longer, 4-G

der **Kellner, -** waiter, 5-ViA; 8-1

die **Kellnerin, -nen** waitress, 5-ViA; 8-1

kennen, kannte, hat gekannt to know, be acquainted with, 2-1

kennen·lernen to get to know; to meet, 5-1

die **Kette, -n** chain

die **Kettenreaktion, -en** chain reaction

das **Kilo** (*short for* das **Kilogramm**), 8-1

das **Kilogramm** kilogram, 8-1

der **Kilometer, -** kilometer

das **Kind, -er** child, 1-1

die **Kindheit** childhood, 9-TLL, 15-2

das **Kino, -s** movie theater, 6-2

die **Kirche, -n** church, 8-2

klar (1) clear; (2) (*colloq.*) sure, of course, 8-1

die **Klasse, -n** class; grade, 3-1

klasse (*colloq.*) great, terrific, wonderful, 6-2

die **Klassenarbeit** written test, in-class examination, 3-1

der **Klatsch** gossip, 12-1

klauen (*colloq.*) to rip off, steal, 10-1

die **Klausur, -en** written test (university), 6-2

das **Klavier, -e** piano, 14-2

der **Kleiderschrank, ¨e** clothes cupboard, wardrobe, 6-ViA

die **Kleidung** clothing, 3-2

klein little, small; short, 2-1

das **Klima** climate, 4-1

klingeln to ring, 7-1

klingen, klang, hat geklungen to sound, 8-1

das **Klischee, -s** cliché, 2-2

klopfen (an + *acc.*) to knock (on), 13-1

klug (klüger) smart, bright, 5-1

knapp scarce, in short supply, 12-1

  knapp bei Kasse short of cash, 12-1

die **Kneipe, -n** tavern, bar, 6-2

kochen to cook, 2-2

der **Koffer, -** suitcase, 7-1

die **Kohle** coal, 9-2

der **Kollege, -n, -n** colleague (*m.*), 5-2

die **Kollegin, -nen** colleague (*f.*), 5-2

(das) **Köln** Cologne, 8-1

die **Kolonie, -n** colony, 4-Lzm

komisch peculiar, odd; funny, 12-1

kommen, kam, ist gekommen to come, *Einf.*; 1-1

  kommen aus to come from, *Einf.*

der **Kommunismus** Communism, 10-Lzm

der **Komparativ** comparative degree, 12-G

der **Konflikt, -e** conflict, 2-Lzm

konfrontieren to confront, 15-Lzm

die **Konjunktion, -en** conjunction, 7-G

  die **koordinierende Konjunktion** coordinating conjunction, 7-G

  die **subordinierende Konjunktion** subordinating conjunction, 8-G

der **Konjunktiv** subjunctive mood, 14-G

können (kann), konnte, hat gekonnt can, be able to, 3-1

  Ich kann Deutsch. I can speak German. 3-G

konservativ conservative, 13-Lzm

der **Kontakt, -e** contact, 7-Lzm

der **Kontrast, -e** contrast, 4-Lzm

sich konzentrieren auf (+ *acc.*) to concentrate on, 14-2

das **Konzert, -e** concert, 6-Lzm

der **Kopf, ¨e** head, 11-1

  Das geht mir nicht aus dem Kopf. I can't forget that. 12-2

der **Körperteil, -e** part of the body, 11-1

der **Korrespondent, -en, -en** correspondent, 5-Lzm

(das) **Korsika** Corsica

kosten to cost, 5-1

  Wie viel kostet das bitte? How much does that cost, please?

die **Kraft, ¨e** power; strength, 9-2

das **Kraftwerk, -e** power plant, 9-2

krank (kränker) sick, *Einf.*

das **Krankenhaus, ¨er** hospital, 11-1

der **Krankenpfleger, -** nurse (*m.*), 5-ViA

die **Krankenschwester, -n** nurse (*f.*), 5-ViA

die **Krankheit, -en** sickness, 9-2

die **Krawatte, -n** tie, 3-ViA

kreativ creative, 14-Lzm

die **Kreditkarte, -n** credit card, 14-1

die **Kreide** chalk, *Einf.*

(das) **Kreta** Crete

das **Kreuz, -e** cross, 8-2

der **Krieg, -e** war, 6-2

kritisch critical, 13-Lzm

die **Küche, -n** kitchen, 9-1

der **Kuchen, -** cake, 8-ViA

der **Kugelschreiber, -** ballpoint pen

kühl cool, 1-1

der **Kuli, -s** (*colloq.*) ballpoint pen, *Einf.*

die **Kultur, -en** culture, 4-Lzm

kulturell cultural, 14-Lzm

das **Kulturzentrum** cultural center, 8-Lzm

sich **kümmern um** (+ *acc.*) to look after, take care of, deal with, 13-1

der **Kunde, -n, -n** customer (*m.*), 5-1

die **Kundin, -nen** customer (*f.*), 5-1

die **Kunst, ⸚e** art, 8-1

die **Kunstgeschichte** art history, 6-ViA

der **Künstler, -** artist (*m.*), 5-ViA; 8-2

die **Künstlerin, -nen** artist (*f.*), 5-ViA; 8-2

kurz (kürzer) short; for a short time, 4-1

die **Küste, -n** coast, 4-TLL

L

das **Labor, -s** laboratory, 6-ViA

lachen to laugh, 3-2

der **Laden, ⸚** shop, store, 5-1

die **Lampe, -n** lamp, 6-ViA

das **Land, ⸚er** country, 4-2

  auf dem Land in the country, 8-2

  aufs Land to the country, 8-2

die **Landkarte, -n** map, *Einf.*

die **Landschaft, -en** landscape, 4-2

die **Landsleute** (*pl.*) compatriots

der **Landwirt, -e** farmer (*m.*), 5-ViA

die **Landwirtin, -nen** farmer (*f.*), 5-ViA

lang(e) (länger) long; for a long time, 4-1

langsam slow, *Einf.*, 3-2

sich **langweilen** to be bored, 13-1

langweilig boring, 3-1

der **Laptop, -s** laptop computer, 3-ViA

lassen (lässt), ließ, hat gelassen (1) to leave (something or someone); to leave behind; (2) to let, allow; (3) to cause to be done, 12-1

laufen (läuft), lief, ist gelaufen (1) to run; (2) (*colloq.*) to go on foot, walk, 3-1, 9-ViA

der **Läufer, -** runner (*m.*), 9-ViA

die **Läuferin, -nen** (*f.*), 9, ViA

laut loud, *Einf.*

leben to live, be alive, 2-2

das **Leben** life, 4-2

die **Lebensmittel** (*pl.*) groceries, 5-2

der **Lebensstandard** standard of living, 9-Lzm

die **Lebensweise** way of life, 9-2

lecker tasty, delicious, 8-1

leer empty, 5-1

legen to lay, put down, 6-1

der **Lehrer, -** teacher (*m.*), *Einf.*

die **Lehrerin, -nen** teacher (*f.*), *Einf.*

der **Lehrling, -e** apprentice, 5-1

leicht (1) light (in weight); (2) easy, 3-1

das **Leid** suffering

  Das tut mir leid. I'm sorry about that. *Einf.*

  Es tut mir leid. I'm sorry. 7-1

leider unfortunately, 3-1

leihen, lieh, hat geliehen (1) to lend, loan; (2) to borrow, 10-1

leise quiet, soft, *Einf.*

leisten: sich etwas leisten können to be able to afford something, 11-1

die **Leitfrage, -n** guiding question

lernen to learn, 3-2

lesen (liest), las, hat gelesen to read, 2-1

lesen über (+ *acc.*) to read about, 2-1

das **Lesestück, -e** reading selection

letzt- last, 10-1

  letzte Woche last week, 6-2

die **Leute** (*pl.*) people, 1-2

Lieber Fritz! Dear Fritz, (salutation in letter), 6-TLL

die **Liebe** love, 11-2

lieben to love, 3-2

lieber (+ *verb*) preferably, would rather (*see* **gern**), 4-1

  Lieber nicht. I'd rather not. No thanks. Let's not. 4-1

Lieblings- (*noun prefix*) favorite, 9-1

  der **Lieblingssport** favorite sport, 9-1

liebsten: am liebsten most like to, like best of all to (*see* **gern**), 12-G

das **Lied, -er** song, 4-2

liegen, lag, hat gelegen to lie; to be situated, 4-2

der **Lift, -s** elevator, 14-ViA

lila violet, lavender, 3-2

die **Limnologie** limnology

die **Linguistik** linguistics, 6-ViA

die **Linie, -n** (streetcar or bus) line, 13-1

links to the left; on the left, 8-2

die **Liste, -n** list

der **Liter** liter, 8-1

literarisch literary, 14-Lzm

der **Löffel, -** spoon, 8-ViA

das **Lokal, -e** neighborhood restaurant or tavern, 8-1

los: Was ist los? (1) What's the matter? (2) What's going on? 3-1

lösen to solve, 9-2

los·fahren (fährt los), fuhr los, ist losgefahren to depart; to start; to leave, 14-1

die **Lösung, -en** solution, 9-2

der **Löwe, -n, -n** lion, 10-ViA

die **Luft** air, 4-ViA; 9-2

die **Lust** desire

  Ich habe keine Lust. I don't want to. 3-1

  Lust haben (etwas zu tun) to want to do (something), 8-1

lustig fun; humorous, 3-2

die **Lyrik** poetry

M

machen (1) to make; (2) to do, 1-1

  Das macht (mir) Spaß. That is fun (for me). 7-1

  Das macht nichts. That doesn't matter. 7-1

  Das macht zusammen ... All together that comes to . . . 5-1

die **Macht, ⸚e** power, might, 9-2

das **Mädchen, -** girl, 9-1

mag (*see* **mögen**)

(der) **Mai** May, 1-1

mal (*flavoring particle with commands, see p. 106*), 4-1

das **Mal, -e** time (in the sense of occurrence), 12-1

  das nächste Mal (the) next time, 12-G

  jedes Mal every time, 12-1

  zum ersten Mal for the first time, 12-1

man one (*indefinite pronoun*), 1-2, 3-G

manchmal sometimes, 2-2

manipulieren to manipulate, 10-Lzm

der **Mann, ⸚er** (1) man; (2) husband, 2-1

das **Märchen, -** fairy tale, 4-2

der **Markt, ⸚e** market; market square, 8-ViA

das **Marketing** marketing, 5-Lzm

die **Marmelade** jam, 4-G

(das) **Marokko** Morocco

(der) **März** March, 1-1

der **Maschinenbau** mechanical engineering, 6-ViA

die **Mathematik** mathematics, 6-ViA

die **Mauer, -n** (freestanding or exterior) wall, 11-1

der **Mechaniker, -** mechanic (*m.*)

die **Mechanikerin, -nen** mechanic (*f.*)

die **Medizin** (field of) medicine, 6-ViA

das **Meer, -e** ocean, 4-2

mehr more, 2-2

  nicht mehr no longer, not any more, 2-2

mehrere several, a few, 11-1

meinen (1) to be of the opinion, think, 1-2; (2) to mean, 2-1

die **Meinung, -en** opinion

meist- most (*see* **viel**)

meistens mostly, usually, 5-2

die **Melancholie** melancholy, 14-Lzm

die **Mensa** university cafeteria, 1-1

der **Mensch, -en, -en** person, human being, 6-1

  Mensch! Man! Wow! 3-1

menschlich human, 15-2

merken to notice, 14-1
    leicht zu merken easy to remember

das **Messer, -** knife, 8-ViA

die **Methode, -n** method, 9-Lzm

die **Milch** milk, 8-ViA; 12-2

mild mild, 4-Lzm

die **Minute, -n** minute, 3-1

minutenlang (*adv.*) for minutes, 14-TLL

mit (*prep. + dat.*) with, 2-1; (*adv.*) along with, 4-1

der **Mitbewohner, -** fellow occupant, roommate, housemate (*m.*), 6-1

die **Mitbewohnerin, -nen** fellow occupant, roommate, housemate (*f.*), 6-1

mit·bringen, brachte mit, hat mitgebracht to bring along, take along, 6-1

miteinander with each other, together, 1-2

mit·kommen, kam mit, ist mitgekommen to come along, 5-1

mit·nehmen (nimmt mit), nahm mit, hat mitgenommen to take along, 13-1

der **Mittag** midday, 14-1

das **Mittagessen** midday meal, lunch, 5-2

die **Mitte** middle, 5-2
    Mitte August in mid-August, 5-2

das **Mittelalter** the Middle Ages, 13-1

(der) **Mittwoch** Wednesday, *Einf.*

die **Möbel** (*pl.*) furniture, 6-ViA

möbliert furnished, 6-ViA

das **Modalverb, -en** modal verb, 3-G

modern modern, 4-2

mögen (mag), mochte, hat gemocht to like, 4-1
    möchten would like to, 3-1

möglich possible, 6-1

der **Moment, -e** moment
    im Moment at the moment, 1-1

die **Monarchie, -n** monarchy, 10-Lzm

der **Monat, -e** month, 10-1

monatelang (*adv.*) for months, 14-TLL

der **Mond, -e** moon, 4-1

(der) **Montag** Monday, *Einf.*

morgen tomorrow, *Einf.*
    morgen Abend tomorrow evening, 12-G
    morgen früh tomorrow morning, 12-G
    morgen Nachmittag tomorrow afternoon, 12-G

der **Morgen, -** morning, 1-1
    Guten Morgen! Good morning! *Einf.*

morgens (*adv.*) in the morning(s), every morning, 4-1; 5-TLL

das **Motorrad, ¨er** motorcycle, 5-1

müde tired, weary, *Einf.*, 1-2

das **Müesli** (*no pl.*) cereal, 4-G

(das) **München** Munich, 7-2

der **Mund, ¨er** mouth, 11-1

das **Museum,** *pl.* **Museen** museum, 8-1

die **Musik** music, 3-Lzm

die **Musikwissenschaft** musicology, 6-ViA

müssen (muss), musste, hat gemusst must, to have to, 3-1

die **Mutter, ¨** mother, 2-1

die **Muttersprache, -n** native language, 5-2

die **Mutti, -s** mama, mom, 2-2

die **Mütze, -n** cap, 3-ViA

N

na well . . . 12-1
    Na und? And so? So what? 10-1

nach (*prep. + dat.*) (1) after, 5-1; (2) to (with cities and countries), 1-1
    nach Hause home (as destination of motion), 3-1

der **Nachbar, -n, -n** neighbor (*m.*), 9-1

die **Nachbarin, -nen** neighbor (*f.*), 9-1

nachdem (*sub. conj.*) after, 10-1

nachher (*adv.*) later on, after that, 4-1

der **Nachmittag, -e** afternoon, 7-1
    am Nachmittag in the afternoon, 7-1

nachmittags (in the) afternoons, every afternoon, 5-TLL

nächst- next; nearest, 11-2
    nächstes Semester next semester, 2-1

die **Nacht, ¨e** night, 1-1, 12-1
    Gute Nacht. Good night. 12-1
    in der Nacht in the night, at night, 12-1

der **Nachtisch, -e** dessert, 8-1
    zum Nachtisch for dessert, 8-1

nachts at night, every night, 5-TLL

nagelneu brand-new, 3-2

nah(e) (näher, am nächsten) near, 8-1

die **Nähe** nearness; vicinity
    in der Nähe (von or **+ gen.)** near, nearby, 8-1

der **Name, -ns, -n** name, 5-1
    Wie ist Ihr Name? What is your name? 5-1

die **Nase, -n** nose, 5-1
    Ich habe die Nase voll. I'm fed up. I've had it up to here. 5-1

nass wet, damp, 4-ViA

die **Nationalität, -en** nationality, 15-Lzm

die **Natur** nature, 9-Lzm

natürlich natural, naturally; of course, 1-1

der **Nebel** fog, mist, 4-ViA

neben (*prep. + acc. or dat.*) beside, next to, 6-1

das **Nebenfach, ¨er** minor field (of study), 6-2

der **Nebensatz, ¨e** subordinate clause, 8-G

neblig foggy, misty, 1-2

nehmen (nimmt), nahm, hat genommen to take, 2-1

nein no, *Einf.*; 1-1

nennen, nannte, hat genannt to name, call, 8-2

nerven (*colloq.*) to annoy, 10-1

nett nice, 6-1

neu new, 3-2

neutral neutral, 13-Lzm

nicht not, *Einf.*; 1-1
    gar nicht not at all, 3-2
    nicht mehr no longer, not any more, 2-2, 4-1
    nicht nur ... sondern auch not only . . . but also, 7-2
    nicht wahr? isn't it? can't you? doesn't she? etc., 3-1

nichts nothing, 3-1
    Das macht nichts. It doesn't matter. 7-1

nicken to nod, 15-2

nie never, 3-1

niedrig low, 9-2

niemand nobody, no one, 2-2

noch still, 1-2
    noch ein another, an additional, 2-2
    noch einmal once again, once more, 4-1
    noch etwas something else, anything more, 8-1
    noch immer still, 4-2
    noch jemand someone else
    noch kein- not a . . . yet, not any . . . yet, 4-G
    noch nicht not yet, 4-1

der **Nominativ** nominative case, 1-G

der **Norden** the north, 4-2

normal normal, 2-Lzm

die **Note, -n** grade, 3-2

(der) **November** November, 1-1

die **Nummer, -n** number, *Einf.*, 14-1

nun (1) now; (2) well . . ., well now, 10-1

nur only, 2-1

nützlich useful

O

ob (*sub. conj.*) if, whether, 8-G

oben (*adv.*) above; on top

das **Objekt, -e** object
    das direkte Objekt direct object, 2-G
    das indirekte Objekt indirect object, 5-G

das **Obst** fruit, 2-1
der **Obstsalat, -e** fruit salad, 4-G
obwohl (*sub. conj.*) although, 9-2
oder (*coor. conj.*) or, 1-2
offen open, 11-2
offiziell official, 13-Lzm
öffnen to open, 11-1
oft (öfter) often, 1-2
ohne (*prep. + acc.*) without, 4-1
  ohne ... zu without . . . -ing, 8-G
das **Ohr, -en** ear, 11-1
Oje! Geez! Oh my! 12-1
(der) **Oktober** October, 1-1
das **Öl** oil, 9-2
die **Oma, -s** grandma, 2-2
der **Onkel, -** uncle, 2-2
der **Opa, -s** grandpa, 2-2
die **Opposition, -en** opposition, 10-Lzm
orange (*adj.*) orange, 3-2
der **Orangensaft, ⸚e** orange juice, 4-G
ordentlich tidy, orderly, 13-1
die **Ordinalzahl, -en** ordinal number, 9-G
organisieren organize, 9-1
der **Ort, -e** (1) place; (2) town, 13-2
der **Osten** the east, 4-2
(das) **Österreich** Austria, 4-1
der **Österreicher, -** Austrian (*m.*), 11-TLL
die **Österreicherin, -nen** Austrian (*f.*), 11-TLL
österreichisch Austrian, 11-TLL, 14-1

P

paar: ein paar a couple (of), a few, 5-2
packen to pack, 7-Lzm
die **Pädagogik** (field of) education, 6-ViA
der **Papa, -s** papa, dad, 2-2
das **Papier, -e** paper, *Einf.*, 9-1
parken to park, 7-2
der **Parkplatz, ⸚e** parking space, 7-2
das **Partizip** participle
  das **Partizip Präsens** present participle, 15-G
der **Partner, -** partner, 5-Lzm
die **Party, -s** party, 6-Lzm
passieren, ist passiert to happen, 9-2
das **Passiv** passive voice, 15-G
der **Patient, -en, -en** patient, 14-Lzm
die **Pause, -n** break; intermission, 3-1
  eine Pause machen to take a break, 3-1
Pech haben to have bad luck, be unlucky, 6-2
perfekt perfect, 5-Lzm

das **Perfekt** perfect tense, 6-G
die **Person, -en** person
das **Personalpronomen, -** personal pronoun, 1-G
persönlich personal
der **Pfeffer, -** pepper, 8-ViA
die **Pflanze, -n** plant, 9-2
die **Philosophie** philosophy, 6-Lzm; 6-ViA
philosophieren philosophize, 14-Lzm
die **Physik** physics, 6-ViA
die **Pizza, -s** pizza, 3-Lzm
das **Plakat, -e** (political) poster, 10-2
planen to plan, 7-1
das **Plastik** plastic, 9-Lzm
der **Platz, ⸚e** (1) place; (2) space; (3) city square, 6-1; (4) seat, 7-2
plötzlich suddenly, 10-1
der **Plural** plural, 1-G
das **Plusquamperfekt** past perfect tense, 10-G
die **Politik** (1) politics; (2) policy, 10-2
die **Politikwissenschaft** political science, 6-ViA
politisch political, 10-2
die **Pommes frites** (*pl.*) French fries, 3-2
die **Portion, -en** order, helping (of food), 8-ViA
die **Post** (1) post office; postal service; (2) mail, 15-1
das **Poster, -** poster, *Einf.*
die **Postkarte, -n** postcard, 5-2
das **Prädikat** predicate, 3-G
praktisch practical, 6-Lzm
die **Präposition, -en** preposition, 4-G
das **Präsens** present tense, 1-G
der **Präsident, -en, -en** president, 10-Lzm
das **Präteritum** simple past tense, 10-G
der **Preis, -e** price, 9-2
prima terrific, great, *Einf.*, 1-1
privat private, 6-Lzm
probieren to sample, try, 14-1
das **Problem, -e** problem, 2-2
produzieren to produce, 9-Lzm
der **Professor, -en** professor (*m.*), *Einf.*
die **Professorin, -nen** professor (*f.*), *Einf.*
das **Programm, -e** program, 6-Lzm
die **Prüfung, -en** examination
die **Psychoanalyse** psychoanalysis, 14-Lzm
die **Psychologie** psychology, 6-ViA
der **Pulli, -s** (*slang*) = **Pullover**, 3-2
der **Pullover, -** pullover, sweater, 3-2
putzen to clean, 11-G

Q

Quatsch! Nonsense! 5-1
quatschen (*colloq.*) (1) to talk nonsense; (2) to chat, 7-2

die **Quelle, -n** source, 9-2
die **Querstraße, -n** cross street, 12-1

R

das **Rad, ⸚er** (1) wheel; (2) bicycle, 7-2
Rad fahren (fährt Rad), ist Rad gefahren to bicycle, 7-2, 9-ViA
der **Radfahrer, -** bicyclist (*m.*), 9-ViA
die **Radfahrerin, -nen** bicyclist (*f.*), 9-ViA
der **Radiergummi** eraser, *Einf.*
das **Radio, -s** radio, 6-ViA
sich rasieren to shave, 11-G
raten (rät), riet, hat geraten to guess
  Raten Sie mal! Take a guess!
das **Rathaus, ⸚er** town hall, 8-ViA
reagieren auf (+ *acc.*) to react to, 13-2
die **Reaktion, -en** reaction
realistisch realistic, 5-Lzm
recht
recht haben (hat recht), hatte recht, hat recht gehabt to be right, 4-1
  Du hast recht. You're right. 4-1
  Das ist mir recht. That's fine with me. 14-2
rechts (*adv.*) to the right; on the right, 8-2
der **Rechtsanwalt, ⸚e** lawyer (*m.*), 5-ViA; 13-2
die **Rechtsanwältin, -nen** lawyer (*f.*), 5-ViA; 13-2
das **Recycling** recycling; recycling center, 9-1
recyceln to recycle, 9-1
reden to talk, speak, 12-1
die **Rede, -n** talk; speech, 15-2
  die Rede ist von ... They're talking about . . .
das **Referat, -e** oral report, 6-2
  ein Referat halten to give a report, 6-ViA
das **Reflexivpronomen** reflexive pronoun, 11-G
das **Reflexivverb** reflexive verb, 11-G
das **Regal** shelf
die **Regel, -n** rule, 11-2
der **Regen** rain, 4-ViA
der **Regenschirm, -e** umbrella, 3-ViA
die **Regierung, -en** government in power, administration (U.S.), 10-ViA; 11-2
die **Region, -en** region, 4-Lzm
regnen to rain, 1-1
  Es regnet. It's raining. *Einf.*
regnerisch rainy, 4-ViA
reich rich, 10-1
das **Reich, -e** empire; realm, 10-2

die **Reise, -n** trip, journey, 1-2
   eine Reise machen to take a trip, 1-2
   Gute Reise! Have a good
      trip! 1-1
der **Reiseführer, -** (travel)
   guidebook, 7-1
reisen, ist gereist to travel, 5-2
der **Reisepass, ¨e** passport, 7-1
der **Reisescheck, -s** traveler's
   check, 14-1
relativ (*adj. and adv.*) relative, 2-Lzm
das **Relativpronomen** relative
   pronoun, 12-G
der **Relativsatz** relative clause, 12-G
renovieren to renovate, 11-Lzm
die **Reparation, -en** reparation,
   10-Lzm
reparieren to repair, 12-1
repressiv repressive, 11-Lzm
die **Republik, -en** republic, 10-Lzm
die **Residenz** (1) residence; (2) royal
   seat or capital, 8-Lzm
das **Restaurant, -s** restaurant, 8-1
die **Restauration, -en** restoration,
   8-Lzm
retten to save, rescue, 9-2
die **Rezeption** hotel reception desk,
   14-1
der **Rhein** the Rhine River, 4-Lzm
richtig right, correct, 3-1
der **Riese, -n, -n** giant
riesen- (*noun and adj. prefix*)
   gigantic
   riesengroß huge, gigantic, 8-2
   Ich habe Riesenhunger. I'm
      famished (*or*) hungry as a bear. 14-1
der **Rock, ¨e** skirt, 3-ViA
die **Rolle, -n** role, 2-2
der **Roman, -e** novel, 5-2
romantisch romantic, 13-Lzm
rosa pink, 3-2
rot (röter) red, 3-2
der **Rucksack, ¨e** rucksack,
   backpack, 3-G, 7-2
rufen, rief, hat gerufen to call,
   shout
die **Ruhe** rest, quiet, peace, 15-2
   jemand in Ruhe lassen to leave
      someone in peace, leave alone, 15-2
ruhig calm, peaceful, 3-1
die **Ruine, -n** ruin, 8-Lzm
der **Russe, -n, -n** Russian (*m.*),
   11-TLL
die **Russin, -nen** Russian (*f.*), 11-TLL
russisch Russian, 11-TLL
(das) **Russland** Russia, 11-TLL

S

der **Saft, ¨e** juice, 8-ViA
sagen to say; to tell, 1-2
   Sag mal, ... Tell me, . . .
die **Sahne** cream, 8-ViA
der **Sakko, -s** sport coat, 3-ViA

der **Salat, -e** (1) salad; (2) lettuce, 8-1
das **Salz, -e** salt, 8-ViA
sammeln to collect, 9-1
(der) **Samstag** Saturday, *Einf.*
die **Sandale, -n** sandal, 3-ViA
der **Satz, ¨e** sentence; clause, 1-G
sauber clean, 9-1
sauer (*colloq.*) (1) ticked off, annoyed,
   4-1; (2) sour, acidic, 7-2
die **S-Bahn** light rail, 8-ViA
schade too bad, 11-1
   Das ist schade! That's a shame!
      What a pity! 11-1
schaden (+ *dat.*) to harm, damage, 9-2
schaffen to handle, manage, get
   done, 3-1
der **Schalter, -** counter, window, 13-1
schauen to look, 11-1
   Schau mal. Look. Look here. 11-1
das **Schaufenster, -** store window, 5-2
der **Scheck, -s** check, 14-1
scheinen, schien, hat
   geschienen (1) to shine; (2) to
   seem, 1-1
schenken to give (as a gift), 5-1
schicken to send, 6-2
das **Schiff, -e** ship, 12-2
der **Schinken** ham, 8-ViA
schlafen (schläft), schlief, hat
   geschlafen to sleep, 3-1
das **Schlafzimmer, -** bedroom, 11-1;
   15-ViA
schlampig (*colloq.*) messy, disorderly,
   13-1
die **Schlange, -n** snake, 10-ViA
schlecht bad, *Einf.*; 1-1
schließen, schloss, hat
   geschlossen to close, 5-2
schlimm bad, 6-2
das **Schloss, ¨er** palace, 8-2
der **Schlüssel, -** key, 6-ViA; 14-1
schmecken (1) to taste (*trans. and*
   intrans.); (2) to taste good, 8-1
sich schminken to put on make-up,
   11-G
schmutzig dirty, 9-1
der **Schnee** snow, 4-2
schneiden, schnitt, hat
   geschnitten to cut, 11-1
schneien to snow, 1-2
schnell fast, *Einf.*, 3-2
   schnell machen (*colloq.*) to hurry,
      11-1
das **Schnitzel, -** cutlet, chop, 8-1
die **Schokolade** chocolate, 11-1
schon (1) already, yet, 1-2; (2)
   (*flavoring particle; see p. 65*)
   schon lange for a long time, 10-G
schön beautiful, 1-1
schrecklich terrible, 4-2
schreiben, schrieb, hat
   geschrieben to write, 1-2
   Wie schreibt man das? How do
      you write (spell) that? *Einf.*

der **Schreibtisch, -e** desk, 6-1
der **Schriftsteller, -** writer (*m.*),
   5-ViA; 10-2
die **Schriftstellerin, -nen** writer (*f.*),
   5-ViA; 10-2
der **Schuh, -e** shoe, 3-2
die **Schuld** guilt; fault, 10-2
schuldig guilty, 15-2
die **Schule, -n** school, 1-2
der **Schüler, -** grade school pupil or
   secondary school student (*m.*),
   Einf., 1-1
die **Schülerin, -nen** grade school
   pupil or secondary school student
   (*f.*), *Einf.*, 1-1
das **Schulsystem, -e** school system,
   3-Lzm
schütteln to shake, 15-2
schwach (schwächer) weak, 8-2
schwarz (schwärzer) black, 3-2
schweigen, schwieg, hat
   geschwiegen to be silent, 12-1
die **Schweiz** Switzerland, 4-2
der **Schweizer, -** Swiss (*m.*), 11-TLL;
   13-2
die **Schweizerin, -nen** Swiss (*f.*),
   11-TLL; 13-2
schweizerisch Swiss, 11-TLL; 13-2
schwer (1) heavy; (2) hard,
   difficult, 3-1
die **Schwester, -n** sister, 2-1
schwierig difficult, 5-1
die **Schwierigkeit, -en** difficulty, 13-2
das **Schwimmbad, ¨er** swimming
   pool, 8-ViA
schwimmen, schwamm, ist
   geschwommen to swim, 4-1,
   9-ViA
der **Schwimmer, -** swimmer (*m.*),
   9-ViA
die **Schwimmerin, -nen** (*f.*), 9-ViA
der **See, -n** lake, 4-1
   am See at the lake, 4-1
die **Seele, -n** soul, 11-2
segeln to sail, 8-2
sehen (sieht), sah, hat gesehen to
   see, 2-1
die **Sehenswürdigkeit, -en** sight,
   attraction, place of interest, 8-2
sehr very, 1-1
die **Seife, -n** soap, 14-ViA
sein (ist), war, ist gewesen to be,
   Einf.; 1-1
   dabei sein to be present,
      attend, 15-1
seit (*prep. + dat., sub. conj.*)
   since, 5-1
   seit einem Jahr for the past
      year, 5-1
   seit langem for a long time, 10-G
die **Seite, -n** page; side
selber (*or*) **selbst** (*adv.*) by
   oneself (myself, yourself,
   ourselves, etc.), 6-2

selbstverständlich It goes without saying that . . .; of course, 4-1

selten seldom, 1-2

das **Semester, -** semester, 2-1

nächstes Semester next semester, 2-1

die **Semesterferien** (*pl.*) semester break, 6-2

das **Seminar, -e** (university) seminar, 4-1

der **Senior, -en, -en** senior citizen, 10-1

(der) **September** September, 1-1

die **Serviette, -n** napkin, 8-ViA

setzen to set (down), put, 7-1

sich setzen to sit down, 11-1

das **Shampoo** shampoo, 14-ViA

sich (*3rd person reflexive pronoun*) himself, herself, themselves; (*formal 2nd person*) yourself, yourselves, 11-1

sicher certain(ly), sure(ly), 2-1

die **Sicherheit** security, safety; certainty, 9-TLL

siebt- seventh, 9-G

singen, sang, hat gesungen to sing, 3-2

der **Sinn** sense, 15-2

Das hat keinen Sinn. That makes no sense. It's pointless. 15-2

die **Situation, -en** situation, 10-Lzm

sitzen, saß, hat gesessen to sit, 5-2

(das) **Skandinavien** Scandinavia

Ski fahren (fährt Ski), ist Ski gefahren (*pronounced "Schifahren"*) to ski, 9-ViA; 13-1

der **Skifahrer, -** skier (*m.*), 9-ViA

die **Skifahrerin, -nen**, skier (*f.*), 9-ViA

so (1) like this, 3-2; (2) so, 7-2

sogar even, in fact, 2-2

der **Sohn, ⁻e** son, 2-1

solcher, -es, -e such, such a

sollen (soll), sollte, hat gesollt should, be supposed to, 3-1

der **Sommer** summer, 4-1

im Sommer in the summer, 4-1

das **Sommersemester** spring term (usually May–July), 6-ViA

sondern (*coor. conj.*) but rather, instead, 7-1

nicht nur ... sondern auch not only . . . but also, 7-2

(der) **Sonnabend** Saturday, *Einf.*

die **Sonne** sun, 1-1

sonnig sunny, 1-2

(der) **Sonntag** Sunday, *Einf.*

sonst (*adv.*) otherwise, apart from that, 6-2

Sonst noch etwas? Will there be anything else? 5-1

die **Sorge, -n** worry, concern, 15-1

Keine Sorge Don't worry about it.

sowieso anyway, 7-1

sozial social, 2-Lzm

der **Sozialarbeiter, -** social worker (*m.*), 8-Lzm

die **Soziologie** sociology, 6-ViA

(das) **Spanien** Spain, 15-1

sparen to save (money *or* time), 7-2

der **Spaß** fun

Das macht (mir) Spaß. That is fun (for me). 7-1

Viel Spaß. Have fun. 12-1

spät late, 3-1

Wie spät ist es? What time is it? *Einf.*

später later, 4-1

spazieren gehen, ging spazieren, ist spazieren gegangen to go for a walk, 5-2

die **Speise, -n** food, dish (menu item)

die **Speisekarte, -n** menu, 14-2

der **Speisesaal** (hotel) dining room, 14-ViA

der **Spiegel, -** mirror, 14-2

das **Spiel, -e** game, 11-2

spielen to play, 1-1

spontan spontaneous, 7-Lzm

der **Sport** sport, 3-Lzm; 9-1

Sport treiben to play sports, 9-1

der **Sportschuh, -e** sneaker, gym shoe, 3-2

die **Sprache, -n** language, 3-2

sprechen (spricht), sprach, hat gesprochen to speak, talk, 1-2

sprechen über (*+ acc.*) to talk about, 2-1

der **Staat, -en** state, 10-2

die **Stadt, ⁻e** city, 4-2

der **Stadtbummel, -** stroll through town, 8-1

der **Stadtführer, -** city guidebook, 14-ViA

der **Stadtplan, ⁻** city map, 5-2, 14-ViA

das **Stadtzentrum** city center, 8-1

die **Stammform, -en** principal part of a verb, 10-G

stark (stärker) strong, 8-2

statt (*prep. + gen.*) instead of, 8-G

statt·finden, fand statt, hat stattgefunden to take place, 14-2

stecken to put (into), insert; to be (inside of), 7-1

stehen, stand, hat gestanden to stand, 5-1

stehlen (stiehlt), stahl, hat gestohlen to steal, 10-1

steigen, stieg, ist gestiegen to climb, 10-2

steil steep, 3-1

der **Stein, -e** stone, 12-2

die **Stelle, -n** job, position

stellen to put, place, 7-1

eine Frage stellen to ask a question, 10-2

sterben (stirbt), starb, ist gestorben to die, 8-2

die **Stimme, -n** voice, 2-2

stimmen to be right (*impersonal only*)

das stimmt that's right, that's true, 1-2

Stimmt nicht. That's wrong. 3-2

Stimmt schon. That's right. 3-2

das **Stipendium**, *pl.* **Stipendien** scholarship, stipend, 6-2

der **Stock** floor (of a building), 14-1

der erste Stock the second floor, 14-1 (*see* **Erdgeschoss**)

im ersten Stock on the second floor, 14-1

stolz auf (*+ acc.*) proud of, 13-2

stören to disturb, 10-2

die **Straße, -n** street; road, 1-1

die **Straßenbahn, -en** streetcar, 8-ViA; 13-1

der **Streit** argument, conflict, 15-2

streng strict, 11-2

der **Stress** stress, 5-Lzm

stressig stressful, 5-2

das **Stück, -e** piece, 5-1

ein Stück Kuchen a piece of cake, 8-G

sechs Stück six (of the same item), 5-1

der **Student, -en, -en** university student (*m.*), *Einf.*; 1-2

der **Studentenausweis, -e** student I.D., 6-2

das **Studentenwohnheim, -e** student dormitory, 6-1

die **Studentin, -nen** university student (*f.*), *Einf.*, 1-2

studieren to attend a university; to study (a subject); to major in, 1-2

studieren an (*+ dat.*) to study at, 6-ViA

das **Studium** university studies, 6-2

der **Stuhl, ⁻e** chair, *Einf.*

die **Stunde, -n** (1) hour; (2) class hour, 3-1

stundenlang (*adv.*) for hours, 14-TLL

das **Substantiv, -e** noun

suchen to look for, seek, 2-1

der **Süden** the south, 4-2

super super, great, terrific, 4-1

der **Superlativ** superlative degree, 12-G

der **Supermarkt, ⁻e** supermarket, 11-Lzm

die **Suppe, -n** soup, 1-1

süß sweet, 7-2

das **Sweatshirt, -s** sweatshirt, 3-ViA

das **Symbol, -e** symbol, 11-Lzm

symbolisch symbolic, 8-Lzm

sympathisch friendly; congenial, likeable, 7-2

das **System, -e** system, 3-Lzm

T

die **Tafel, -n**   blackboard, *Einf.*

der **Tag, -e**   day, 1-1, 12-1

   eines Tages   some day (in the future); one day (in the past or future), 13-2

   Guten Tag!   Hello! *Einf.*

   jeden Tag   every day, 4-G

   Tag!   Hi! Hello! *Einf.*

tagelang   (*adv.*) for days, 14-TLL

das **Tal, ⸚er**   valley, 4-2

die **Tante, -n**   aunt, 2-2

tanzen   to dance, 14-2

die **Tasche, -n**   (1) pocket, (2) hand or shoulder bag, 3-2

die **Tasse, -n**   cup, 8-1

tatsächlich   actually, really, 10-1

die **Taube, -n**   dove, pigeon, 10-ViA

tausend   thousand, 2-G

das **Taxi, -s**   taxicab, 8-ViA

der **Tee**   tea, 4-G

der **Teil, -e**   part, 11-1

teilen   to divide; share, 11-2

das **Telefon, -e**   telephone, 6-ViA; 7-1

telefonieren   to telephone, make a phone call, 14-G

telefonisch   (*adv.*) on the telephone, 15-1

die **Telefonnummer, -n**   telephone number, *Einf.*

der **Teller, -**   plate, 8-ViA

das **Tempo**   pace, tempo, 6-2

das **Tennis**   tennis, 9-1

der **Tennisplatz, ⸚e**   tennis court, 9-1

der **Teppich, -e**   rug, 6-ViA

die **Terrasse, -n**   terrace, 15-ViA

terroristisch   terrorist (*adj.*), 10-Lzm

teuer   expensive, 6-2

der **Text, -e**   text

das **Theater, -**   theater, 3-Lzm

das **Theaterstück, -e**   play

das **Thema,** *pl.* **Themen**   topic, subject, theme, 9-2

die **Thermosflasche, -n**   thermos bottle, 7-1

das **Ticket, -s**   ticket, 7-ViA

das **Tiefland**   lowlands, 4-TLL

das **Tier, -e**   animal, 9-2

der **Tipp, -s**   tip, hint, suggestion

der **Tisch, -e**   table, *Einf.*

die **Tochter, ⸚**   daughter, 2-1

todlangweilig   deadly boring, 3-1

todmüde   (*colloq.*) dead tired, 4-1

die **Toilette, -n**   lavatory, 15-ViA

toll   (*colloq.*) great, terrific, 3-1

der **Ton, ⸚e**   tone, 11-Lzm

die **Tonne, -n**   barrel, bin, 9-1

das **Tor, -e**   gate, 11-1

die **Tour, -en**   tour, 7-Lzm

der **Tourist, -en, -en**   tourist (*m.*), 1-Lzm

die **Touristin, -nen**   tourist (*f.*), 1-Lzm

die **Tradition, -en**   tradition, 11-Lzm

traditionell   traditional, 2-Lzm

tragen (trägt), trug, hat getragen   (1) to carry; (2) to wear, 3-1

träumen,   to dream, 14-2

traurig   sad, 13-2

sich treffen (trifft), traf, hat getroffen   to meet, 11-1

treiben, trieb, hat getrieben   to drive, force, propel, 9-1

   Sport treiben   to play sports, 9-1

trennen   to separate, 11-2

die **Trennung, -en**   separation, 11-2

die **Treppe**   staircase, stairs, 9-1; 15-ViA

   auf der Treppe   on the stairs, 9-1

trinken, trank, hat getrunken   to drink, 3-1

trocken   dry, 4-ViA

trotz   (*prep. + gen.*) in spite of, despite, 8-G

trotzdem   (*adv.*) in spite of that, nevertheless, 10-1

Tschüs!   So long! *Einf.*

das **T-Shirt, -s**   T-shirt, 3-G

tun, tat, hat getan   to do, 7-1

   Das tut mir weh.   That hurts (me). 11-1

   Er tut, als ob… (+ *subjunctive*) He acts as if … 14-G

   Es tut mir Leid.   I'm sorry (about that). 7-1

die **Tür, -en**   door, *Einf.*

der **Türke, -n, -n**   Turk (*m.*), 15-2

die **Türkei**   Turkey, 5-2

die **Türkin, -nen**   Turk (*f.*), 15-2

türkisch   Turkish, 5-2

(das) **Türkisch**   Turkish (language), 15-2

der **Typ, -en**   (1) type; (2) (*slang*) guy, 12-1

typisch   typical, 1-1

U

die **U-Bahn** (= **Untergrundbahn**)   subway train, 8-ViA

üben   to practice, *Einf.*

über   (1) (*prep. + acc.*) about, 2-1; (2) (+ *acc.* or *dat.*) over, across; above, 6-1

überall   everywhere, 2-2

sich etwas überlegen   to consider, ponder, think something over, 13-2

übermorgen   the day after tomorrow, 12-1

übernachten   to spend the night, 7-2

übersetzen   to translate, *Einf.*, 15-2

übrigens   by the way, 1-1

die **Übung, -en**   exercise

die **Uhr, -en**   clock; watch, *Einf.*

   9 Uhr   9 o'clock, *Einf.*

   Wie viel Uhr ist es?   What time is it? 7-G

um   (1) at (with times), 1-1; (2) around (the outside of), 4-1

   um … zu   in order to …, 8-1

der **Umschlag, ⸚e**   envelope, 15-1

um·steigen, stieg um, ist umgestiegen   to transfer, change (trains, buses, etc.), 7-ViA

die **Umwelt**   environment, 3-2

umweltfreundlich   environmentally safe, nonpolluting, 9-1

um·ziehen, zog um, ist umgezogen   to move, change residence, 9-1

   sich um·ziehen, hat sich umgezogen   to change clothes, 14-ViA

unbekannt   unknown, 7-2

unbequem   uncomfortable, 4-2

unbesorgt   unconcerned, carefree, 10-1

und   (*coor. conj.*) and, 1-1

der **Unfall, ⸚e**   accident, 9-2

ungefähr   approximately, 9-2

ungemütlich   unpleasant, not cozy, 14-1

unglaublich   unbelievable, 11-1

unglücklich   unhappy, 14-2

die **Uni, -s**   (*colloq.*) = **Universität**, 6-1

die **Universität, -en**   university, 1-Lzm; 6-1

   an der Universität/Uni   at the university, 6-1

unmenschlich   inhuman, 15-2

unmöglich   impossible, 6-1

unordentlich   messy, disorderly, 13-1

unruhig   restless, troubled, 3-1

unschuldig   innocent, 15-2

unsympathisch   unlikable; unfriendly, 7-2

unten   (*adv.*) below, on the bottom

unter   (+ *acc.* or *dat.*) (1) under, beneath; (2) among, 6-1

unterbrechen (unterbricht), unterbrach, hat unterbrochen   to interrupt, 10-2

unternehmen (unternimmt), unternahm, hat unternommen   to do, start (an activity), undertake, 8-1

   Hast du Lust etwas zu unternehmen?   Do you want to do something?, 8-1

der **Unterricht**   instruction, teaching; class, 3-1

unterrichten   to instruct, teach

der **Unterschied, -e**   difference, 11-1

unterwegs   on the way, en route; on the go, 7-1

unwichtig   unimportant, 2-2

uralt   ancient, 3-2

der **Urlaub, -e**   vacation (from a job), 4-1

   Urlaub machen   to take a vacation

   auf (*or*) **im Urlaub sein**   to be on vacation

in Urlaub gehen (*or*) **fahren** to go on vacation

die **USA** (*pl.*) the USA, 5-Lzm

usw. (= **und so weiter**) etc. (= and so forth), 1-1

V

die **Variation, -en** variation

der **Vater, ⸚** father, 2-1

der **Vati, -s** papa, dad, 2-2

das **Verb, -en** verb, 1-G

verbieten, verbot, hat verboten to forbid, prohibit, 11-2

verbringen, verbrachte, hat verbracht to spend (time), 7-2

verdienen to earn, 2-2

vereinen to unite, 11-2

die **Vereinigung** unification, 11-2

die **Vergangenheit** past (time), 9-2

vergessen (vergisst), vergaß, hat vergessen to forget, 5-2

vergleichen, verglich, hat verglichen to compare, 12-2

verkaufen to sell, 4-1

der **Verkäufer, -** salesman, 5-1

die **Verkäuferin, -nen** saleswoman, 5-1

der **Verkehr** traffic, 7-ViA

das **Verkehrsmittel, -** means of transportation, 8-ViA

verlassen (verlässt), verließ, hat verlassen to leave (a person or place), 5-1

sich verletzen to injure oneself, get hurt, 11-1

verlieren, verlor, hat verloren to lose, 5-2

verpassen to miss (an event, opportunity, train, etc.), 13-1

verrückt crazy, insane, 7-2

verschieden different, various, 11-2

verschmutzen to pollute; to dirty, 9-2

die **Verschmutzung** pollution

verschwenden to waste, 9-2

verschwinden, verschwand, ist verschwunden to disappear, 11-2

sich verspäten to be late, 11-1

verstehen, verstand, hat verstanden to understand, 3-1

versuchen to try, attempt, 10-2

der/die **Verwandte, -n** (*adj. noun*) relative, 11-1

viel (mehr, am meisten) much, a lot, 1-1

viele many, 1-2; (*pronoun*) many people, 7-2

vielen Dank many thanks, 2-1

die **Vielfalt** variety, diversity, 15-1

vielleicht maybe, perhaps, 1-1

das **Viertel** quarter

Viertel vor/nach sieben quarter to/past seven, *Einf.*

der **Vogel, ⸚** bird

die **Vokabel, -n** word

das **Volk, ⸚er** people, nation, folk, 10-2

das **Volkslied, -er** folk song, 4-2

voll full, 5-1

der **Volleyball** volleyball, 9-ViA

der **Volleyballspieler, -** volleyball player (*m.*), 9-ViA

die **Volleyballspielerin, -nen** volleyball player (*f.*), 9-ViA

von (*prep. + dat.*) from, 5-1

vor (*prep. + acc. or dat.*) in front of, 6-1

vor einem Jahr a year ago, 10-G

vorbei·kommen, kam vorbei, ist vorbeigekommen to come by, drop by, 8-1

vorgestern the day before yesterday, 12-1

vor·haben (hat vor), hatte vor, hat vorgehabt to plan, have in mind, 13-1

vorher (*adv.*) before that, previously, 4-1

vor·lesen (liest vor), las vor, hat vorgelesen to read aloud

die **Vorlesung, -en** university lecture, 6-2

der **Vorschlag, ⸚e** suggestion

die **Vorstadt, ⸚e** suburb, 11-2

vor·stellen to introduce, present, 13-2

sich vor·stellen to introduce oneself

sich etwas vor·stellen to imagine something, 11-1

das **Vorurteil, -e** prejudice, 13-ViA

W

wachsen (wächst), wuchs, ist gewachsen to grow, 10-2

der **Wagen, -** car, 7-1

die **Wahl, -en** (1) choice; (2) election, 10-2

wählen (1) to choose; (2) to vote; to elect, 10-2

der **Wähler, -** voter, 10-2

wahnsinnig (*adv. colloq.*) extremely, incredibly, 3-1

wahr true, 3-1

nicht wahr? isn't it? can't you? doesn't she? etc., 3-1

während (*prep. + gen.*) during, 8-G

wahrscheinlich probably, 1-2

der **Wald, ⸚er** forest, 4-2

die **Wand, ⸚e** (interior) wall, *Einf.*

die **Wanderlust** wanderlust, 7-Lzm

wandern, ist gewandert to hike, wander, 4-2

die **Wanderung, -en** hike, 5-2

wann? when? *Einf.*, 1-1; 10-G

warm (wärmer) warm, 1-1

warten to wait, 4-1

warten auf (+ *acc.*) to wait for, 13-1

Warte mal! Wait a second! Hang on! 4-1

warum? why? 1-1

was? what? *Einf.*

was für? what kind of? 9-1

Was ist los? What's the matter? What's going on? 3-1

waschen (wäscht), wusch, hat gewaschen to wash, 11-1

das **Wasser** water, 4-1

wecken to wake up (*trans.*), 7-1

der **Wecker, -** alarm clock, 6-ViA

weder ... noch neither . . . nor, 11-2

weg (*adv.*) away, gone, 4-1

wegen (*prep. + gen.*) because of, on account of, 8-G

weg·gehen, ging weg, ist weggegangen to go away, leave, 12-1

weg·werfen (wirft weg), warf weg, hat weggeworfen to throw away, 9-1

weh·tun, tat weh, hat wehgetan (+ *dat. of person*) to hurt, 11-1

das **Weihnachten** Christmas, 11-2

weil (*sub. conj.*) because, 8-G

der **Wein, -e** wine, 4-2

weinen to cry, 3-2

weiß white, 3-2

die **Wende, -n** turning point; German reunification in 1989-90

weit far, far away, 8-1

weiter·gehen, ging weiter, ist weitergegangen to go on, continue

welcher, -es, -e which, 7-1

die **Welt, -en** world, 3-2

wem? (*dat.*) to whom? for whom? 5-1

wen? (*acc.*) whom? 2-1

wenig little bit, not much, 1-1

wenige few, 11-1

wenigstens at least, 2-2

wenn (*sub. conj.*) (1) if, 8-G; (2) when, whenever, 10-G

wer? (*nom.*) who? *Einf.*

werden (wird), wurde, ist geworden to become, get (*in the sense of* become), 4-1

werden aus to become of, 12-2

Was ist aus ihnen geworden? What became of them? 12-2

werfen (wirft), warf, hat geworfen to throw, 9-1

das **Werk, -e** work (of art), musical composition, 13-2

wessen? whose? 2-1

der **Westen** the west, 4-2

das **Wetter** weather, *Einf.*; 1-1

die **WG, -s** (= **Wohngemeinschaft**) communal living group, shared apartment, 6-1

wichtig important, 2-2

wie (1) how, *Einf.*; (2) like, as, 1-1
Wie bitte? I beg your pardon? What did you say? *Einf.*
wie lange? how long? 3-1
Und wie! And how! 15-1

wieder again, 1-1

wiederholen to repeat, *Einf.*

die **Wiederholung, -en** repetition; review

wieder·sehen (sieht wieder), sah wieder, hat wieder gesehen to see again, meet again, 12-2
Auf Wiedersehen! Good-bye! *Einf.*

die **Wiedervereinigung, -en** reunification, 11-2

(das) **Wien** Vienna, 1-1

wieso? How come? How's that?; What do you mean? 3-1

wie viel? how much? 5-1
Wie viel Uhr ist es? What time is it? 7-G

wie viele? how many? *Einf.*

Wievielt-: Den Wievielten haben wir heute?/Der Wievielte ist heute? What's the date today? 9-G

wild wild, 4-Lzm

willkommen welcome
Herzlich willkommen! Welcome! Nice to see you!, 6-2

der **Wind** wind, 4-ViA

windig windy, 1-2

der **Winter, -** winter, 4-1
im Winter in the winter, 4-1

das **Wintersemester** fall term (usually Oct.–Feb.), 6-ViA

wirklich real, 6-1

die **Wirtschaftswissenschaft** economics, 6-ViA

der **Wischer, -** (blackboard) eraser

wissen (weiß), wusste, hat gewusst to know (a fact), 2-1
Weißt du noch? Do you remember? 11-1

die **Wissenschaft, -en** (1) science; (2) scholarship; field of knowledge, 6-ViA

der **Witz, -e** (1) joke; (2) wit, 14-2

witzig witty, 14-2

wo? where? *Einf.*

die **Woche, -n** week, 1-2

das **Wochenende, -n** weekend, 5-2
am Wochenende on the weekend, 5-2
Schönes Wochenende! (Have a) nice weekend! *Einf.*

wochenlang (*adv.*) for weeks, 14-TLL

woher? from where? *Einf.*

wohin? to where? 3-1

wohl probably, 6-2

wohnen to live, dwell, 1-1

die **Wohngemeinschaft, -en** communal living group, shared apartment, 6-1

die **Wohnung, -en** apartment, 6-2

das **Wohnzimmer, -** living room, 13-1, 15-ViA

die **Wolke, -n** cloud, 4-ViA

wolkig cloudy, 1-2

wollen (will), wollte, hat gewollt to want to, intend to, 3-1

worden (*special form of the past participle of* **werden** *used in the perfect tenses of the passive voice*), 15-G

das **Wort** word (*2 plural forms:* **die Worte** = words in context; **die Wörter** = words in a list, as in a dictionary), 5-2

das **Wörterbuch, ¨er** dictionary, 5-2

der **Wortschatz** vocabulary

die **Wortstellung** word order, 1-G

das **Wunder, -** miracle

wunderbar wonderful, 7-1

sich wundern (über + *acc.*) to be surprised, amazed (at), 13-1

wunderschön very beautiful, 1-1

wünschen to wish, 12-1

die **Wurst, ¨e** sausage, 8-1

Z

die **Zahl, -en** number, *Einf.*

zahlen to pay, 8-1
Zahlen bitte! Check please! 8-1

zählen to count, 10-2

der **Zahn, ¨e** tooth, 11-1
sich die Zähne putzen to brush one's teeth, 11-G

die **Zahnbürste, -n** toothbrush, 14-ViA

die **Zahnpasta** toothpaste, 14-ViA

zeigen to show, 5-1
Zeig mal her. Let's see. Show it to me. 15-1

die **Zeile, -n** line (of text)

die **Zeit, -en** time, 3-2
eine Zeit lang for a time, for a while, 14-2
höchste Zeit high time, 14-1

die **Zeitschrift, -en** magazine, 5-2

die **Zeitung, -en** newspaper, 2-1

zerstören to destroy, 8-2

die **Zerstörung** destruction

ziehen, zog, hat gezogen to pull, 6-1

ziemlich fairly, quite, 1-2

das **Zimmer, -** room, 2-1

der **Zimmerschlüssel, -** room key, 14-ViA

zirka circa, 4-Lzm

zu to; too, 1-1; (*prep.* + *dat.*) to, 5-1
zu Fuß on foot, 4-2
zu Hause at home, 2-2

zueinander to each other, 1-2

zufällig by chance, 14-1

zufrieden satisfied, 5-2

der **Zug, ¨e** train, 7-1

zu·hören (+ *dat.*) to listen (to), 13-1

die **Zukunft** future, 9-2
in Zukunft in the future, 9-2

zu·machen to close, 5-1

zunächst first (of all), to begin with, 14-2

zurück back, 1-1

zurück·bringen, brachte zurück, hat zurückgebracht to bring back

zurück·kommen, kam zurück, ist zurückgekommen to come back

zusammen together, 1-2

die **Zusammenfassung** summary

zweimal twice, 12-G

zwischen (*prep.* + *acc.* or *dat.*) between, 2-2, 6-1

Strong and irregular verbs are marked by an asterisk: *brechen, *können, *bringen. Their principal parts can be found in Appendix 6.

A

able: be able to *können
about über (*prep. +acc.*)
  about (with time) gegen (*prep. + acc.*)
above oben (*adv.*); über (*prep. + dat. or acc.*)
abroad im Ausland (*location*); ins Ausland (*destination*)
absent: be absent fehlen
accident der Unfall, ⸚e
account: on account of wegen (*+ gen.*)
accusative case der Akkusative
acidic sauer
acid rain der saure Regen
acquaintance der/die Bekannte, -n (*adj. noun*)
acquainted: be acquainted with *kennen
across über (*prep. + dat. or acc.*)
act: He acts as if . . . Er tut, als ob …
active aktiv
actually eigentlich, tatsächlich
acute akut
address die Adresse, -n
adjective das Adjektiv, -e
  adjective ending die Adjektivendung, -en
administration, government in power die Regierung, -en
adult erwachsen (*adj.*); der / die Erwachsene, -n (*adj. noun*)
adverb das Adverb, -ien
affair (matter) die Sache, -n
afford: be able to afford something sich etwas leisten können
afraid: be afraid (of) Angst haben (vor + *dat.*)
after nach (*prep. + dat.*); nachdem (*sub. conj.*)
afternoon der Nachmittag, -e
  every afternoon jeden Nachmittag
  in the afternoon am Nachmittag
  (in the) afternoons nachmittags
  this afternoon heute Nachmittag (*adv.*)
afterwards, after that nachher (*adv.*)
again wieder
against gegen (*prep. + acc.*)
ago vor (+ *dat.*)
  a year ago vor einem Jahr
agreed einverstanden
ah ach

aid die Hilfe
air die Luft
  air pollution die Luftverschmutzung
airplane das Flugzeug, -e
airport der Flughafen, ⸚
alarm clock der Wecker, -
alive: be alive leben
all alle (*pl.*)
  all right alles klar
  all summer (day, afternoon, etc.) den ganzen Sommer (Tag, Nachmittag usw.)
allow erlauben; *lassen
allowed: be allowed to *dürfen
almanac der Almanach, -e
almost fast
alone allein
  leave alone in Ruhe lassen
along with mit (*adv.*)
alongside of an (*prep. + acc. or dat.*)
a lot viel (mehr, am meisten)
Alps die Alpen (*pl.*)
already schon
also auch
alternative die Alternative, -n
although obwohl (*sub. conj.*)
always immer
amazed
  be amazed (at) sich wundern (über + *acc.*)
America (das) Amerika
American amerikanisch (*adj.*); der Amerikaner, -; die Amerikanerin, -nen
among unter (*prep. + acc. or dat.*)
amusing witzig
analyze analysieren
ancient uralt
and und (*coor. conj.*)
angel der Engel, -
angry (at) böse (+ *dat.*)
animal das Tier, -e
annoy ärgern; nerven (*colloq.*)
  be annoyed sauer sein
  get annoyed sich ärgern (über)
another (an additional) noch ein
answer die Antwort, -en
  answer (a person) antworten (+ *dat.*)
  answer (something) antworten auf (+ *acc.*)
anything
  Anything more/else? (Sonst) noch etwas?
  Will there be anything else? Sonst noch etwas?
anyway sowieso
apart from that sonst

apartment die Wohnung, -en
appeal to *gefallen
appear *aus·sehen
appetite der Appetit
apprentice der Lehrling, -e
approximately ungefähr
April (der) April
architect der Architekt, -en, -en; die Architektin, -nen
area die Gegend, -en
argument (conflict) der Streit
arm der Arm, -e
around (with time) gegen (*prep. + acc.*)
around (the outside of) um (*prep. + acc.*)
arrive *an·kommen
art die Kunst, ⸚e
  art history die Kunstgeschichte
article der Artikel, -
artist der Künstler, -; die Künstlerin, -nen
as wie
  as a als
  as if, as though als ob (+ *subjunctive*)
ask fragen; **ask oneself** sich fragen
  ask a question eine Frage stellen
ask for *bitten um
aspect der Aspekt, -e
assignment die Aufgabe, -n
astounding erstaunlich
at bei (*prep. + dat.*); an (*prep. + acc. or dat.*); (*with times*) um (*prep. + acc.*)
at least wenigstens
athletic sportlich
atom das Atom, -e
atomic power plant das Atomkraftwerk, -e
attempt versuchen
attend (be present) dabei *sein
attraction (place of interest) die Sehenswürdigkeit, -en
August (der) August
aunt die Tante, -n
Austria (das) Österreich
Austrian österreichisch (*adj.*); der Österreicher, -; die Österreicherin, -nen
author der Autor, -en; die Autorin, -nen
automatic teller machine (ATM) der Bankautomat, -en
auto mechanic der Automechaniker, -; die Automechanikerin, -nen
automobile das Auto, -s; der Wagen, -
autumn der Herbst
away weg (*adv.*)

B

back   zurück (*adv.*)
backpack   der Rucksack, ¨e
bad   schlecht; schlimm; böse (*evil*)
bag   die Tüte, -n
baker   der Bäcker, -; die Bäckerin, -nen
bakery   die Bäckerei, -en
ballpoint pen   der Kuli, -s (*colloq. for* der Kugelschreiber)
bank   die Bank, -en
bar (tavern)   die Kneipe, -n
barbaric   barbarisch
barrel   die Tonne, -n
barrier   die Barriere, -n
bath   das Bad, ¨er
   take a bath   ein Bad *nehmen; (sich) baden
bathroom   das Badezimmer, -
bath towel   das Badetuch, ¨er
be   *sein
be (inside of)   stecken
bear   der Bär, -en, -en
beautiful   schön
   very beautiful   wunderschön
because   weil (*sub. conj.*)
   because, for   denn (*coor. conj.*)
   because of   wegen (+ *gen.*)
become, get   *werden
bed   das Bett, -en
   get out of bed   *auf·stehen
   go to bed   ins Bett *gehen
bedroom   das Schlafzimmer, -
beer   das Bier, -e
before   bevor (*sub. conj.*)
before that   vorher (*adv.*)
begin   *an·fangen; *beginnen
beginner   der Anfänger, -
beginning   der Anfang, ¨e
   at/in the beginning   am Anfang
behind   hinter (*prep.* + *acc.* or *dat.*)
belief   der Glaube, -ns, -n
believe   glauben (+ *dat. of person*)
belong to (a person)   gehören (+ *dat.*)
below   unten (*adv.*); unter (*prep.* + *acc.* or *dat.*)
bench   die Bank, ¨e
beneath   unter (*prep.* + *acc.* or *dat.*)
beside   neben (*prep.* + *acc.* or *dat.*)
besides (*adv.*)   außerdem
besides, in addition to (*prep.*)   außer (+ *dat.*)
best   best-
   like best of all to   am liebsten (+ *verb*)
better   besser
between   zwischen (*prep.* + *acc.* or *dat.*)
bicycle   das Fahrrad, ¨er; das Rad, ¨er (*colloq.*)
   ride a bicycle   Rad *fahren
bicyclist   der Radfahrer, -; die Radfahrerin, -nen
big   groß (größer, größt-)

bigger and bigger   immer größer
bin   die Tonne, -n
biodiversity   die Biodiversität
biology   die Biologie
bird   der Vogel, ¨
birthday   der Geburtstag, -e
   birthday party   die Geburtstagsfeier, -n
   for one's birthday   zum Geburtstag
   Happy birthday!   Ich gratuliere dir zum Geburtstag!
   When is your birthday?   Wann hast du Geburtstag?
black   schwarz (schwärzer)
blackboard   die Tafel, -n
blouse   die Bluse, -n
blue   blau
book   das Buch, ¨er
bookcase   das Bücherregal, -e
bookstore   die Buchhandlung, -en
border   die Grenze, -n
bored: be bored   sich langweilen
boring   langweilig
   extremely boring   todlangweilig (*colloq.*)
born   geboren
borrow   *leihen
boss   der Chef, -s; die Chefin, -nen
bottle   die Flasche, -n
both (people)   beide (pl.pronun)
both (things)   beides (sing.pronun)
bottom: at the bottom   unten (*adv.*)
boutique   die Boutique, -n
boy   der Junge, -n, -n
brand-new   nagelneu
bread   das Brot, -e
   country rye bread   das Bauernbrot
break, intermission   die Pause, -n
   take a break   eine Pause machen
break   *brechen
   break out   *aus·brechen
breakfast   das Frühstück, -e
   eat breakfast   frühstücken
   for breakfast   zum Frühstück
breakfast room   der Frühstücksraum, ¨e
bridge   die Brücke, -n
bright (light)   hell
bright (intelligent)   klug (klüger)
bring   *bringen
   bring along   *mit·bringen
   bring back   *zurück·bringen
broken   kaputt (*colloq.*)
brother   der Bruder, ¨
brown   braun
brush one's teeth   sich die Zähne putzen
build   bauen
building   das Gebäude, -; das Haus, ¨er
bus   der Bus, -se
   business   das Geschäft, -e

business (field of study)   die Betriebswirtschaft
   business people   die Geschäftsleute
businessman   der Geschäftsmann
businesswoman   die Geschäftsfrau, -en
but   aber (*coor. conj.*)
   but rather   sondern (*coor. conj.*)
butter   die Butter
buy   kaufen
by
   by (a certain time)   bis (*prep.* + *acc.*)
   by chance   zufällig
   by oneself (myself, yourself, etc.)   selbst *or* selber (*adv.*)
   by the way   übrigens

C

café   das Café, -s
cafeteria (at the university)   die Mensa
cake   der Kuchen, -
call   *nennen
   be called   *heißen
   call up   *an·rufen
   What do you call that?   Wie nennt man das?
calm, peaceful   ruhig
camera   die Kamera, -s
camp   campen
can, be able to   *können
Canadian   kanadisch (*adj.*); der Kanadier, -; die Kanadierin, -nen
cap   die Mütze, -n
capitalism   der Kapitalismus
car   das Auto, -s; der Wagen, -
card   die Karte, -n
care: I don't care.   Das ist mir egal.
   take care of   sich kümmern um
carefree   unbesorgt
carry   *tragen
cash   das Bargeld
cat   die Katze, -n
catastrophe   die Katastrophe, -n
catastrophic   katastrophal
cathedral   der Dom, -e
cause to be done   *lassen (+ *infinitive*)
CD (compact disc)   die CD, -s
   CD player   der CD-Spieler, -
cease   auf·hören (mit etwas)
ceiling   die Decke, -n
celebrate   feiern
celebration   die Feier, -n
cellular phone   das Handy
cellar   der Keller, -
century   das Jahrhundert, -e
   for centuries   jahrhundertelang
cereal   das Müesli (*no pl.*)
certain, sure   sicher
certainty   die Sicherheit
chain   die Kette, -n

chain reaction   die Kettenreaktion, -en

chair   der Stuhl, ⸚e

chalk   die Kreide

chance   die Chance, -n

  by chance   zufällig

change   ändern (*trans.*); sich ändern (*intrans.*)

  change (clothes)   sich *um·ziehen

  change (trains, buses, etc.)   *um·steigen

change purse   der Geldbeutel, -

chapter   das Kapitel, -

chat   quatschen (*colloq.*)

cheap (inexpensive)   billig

check   der Scheck, -s; die Rechnung, -en (*restaurant bill*)

  Check please!   Zahlen bitte!

check   kontrollieren

cheerful   munter, heiter

cheese   der Käse

chemistry   die Chemie

  chemistry class   die Chemiestunde

chief   Haupt- (*noun prefix*)

child   das Kind, -er

childhood   die Kindheit

China   (das) China

Chinese   (das) Chinesisch (*language*); chinesisch (*adj.*); der Chinese, -n, -n; die Chinesin, -nen

chocolate   die Schokolade

choice   die Wahl, -en

choose   wählen

chop, cutlet   das Schnitzel, -

Christmas   (das) Weihnachten

  at/for Christmas   zu Weihnachten

church   die Kirche, -n

circa   zirka

city   die Stadt, ⸚e

  capital city   die Hauptstadt, ⸚e

  city center   das Stadtzentrum

  city guidebook   der Stadtführer, -

  city map   der Stadtplan, ⸚e

  city square   der Platz, ⸚e

  old city center   die Altstadt, ⸚e

  small city (*population 5,000 to 20,000*)   die Kleinstadt, ⸚e

civil servant   der Beamte (*adj. noun, m.*); die Beamtin, -nen (*f.*)

claim to   *wollen

class   die Klasse, -n; der Unterricht

class hour   die Stunde, -n

clean   sauber (*adj.*); putzen (*verb*)

clear   klar; deutlich

clerk   der Verkäufer, -; die Verkäuferin, -nen

cliché   das Klischee, -s

climate   das Klima

climb   *steigen

clock   die Uhr, -en

close   *schließen, zu·machen

closed   geschlossen

cloth   das Tuch

clothes   die Kleider (*pl.*)

  clothes cupboard   der Kleiderschrank, ⸚e

clothing   die Kleidung

cloud   die Wolke, -n

cloudy   wolkig

coal   die Kohle, -n

coast   die Küste, -en

coffee   der Kaffee

cold   kalt (kälter)

  catch a cold   sich erkälten

  have a cold   erkältet sein

cold cuts   der Aufschnitt (*no pl.*)

colleague   der Kollege, -n, -n; die Kollegin, -nen

collect   sammeln

Cologne   (das) Köln

colony   die Kolonie, -n

color   die Farbe, -n

colorful   bunt

comb   kämmen

  comb one's hair   sich die Haare kämmen

come   *kommen

  All together that comes to . . .   Das macht zusammen . . .

  come along   *mit·kommen

  come back   *zurück·kommen

  Come in!   Herein!

  come by   *vorbei·kommen

  I come from . . .   Ich komme aus …

  Where do you come from?   Woher kommst du?

comfortable   bequem; gemütlich

communal living group   die Wohngemeinschaft, -en; die WG, -s

Communism   der Kommunismus

company   die Firma, (*pl.*) Firmen

comparative degree   der Komparativ

compare   *vergleichen

compatriots   die Landsleute (*pl.*)

computer   der Computer, -

  computer science   die Informatik

concentrate on   sich konzentrieren auf (+ *acc.*)

concern   die Sorge, -n

concerned   besorgt

concert   das Konzert, -e

conclusion   der Schluss, ⸚e

  in conclusion   zum Schluss

conflict   der Konflikt, -e, der Streit

confront   konfrontieren

congenial   sympathisch

congratulate   gratulieren (+ *dat. of person*)

  Congratulations.   Ich gratuliere (dir/Ihnen).

conjunction   die Konjunktion, -en

conservative   konservativ

consider something   sich etwas überlegen

contact   der Kontakt, -e

contingent: be contingent on (depend on)   *an·kommen auf (+ *acc.*)

contrast   der Kontrast, -e

conversation   das Gespräch, -e

converse with   sich *unterhalten mit

cook   kochen

cool   kühl

cooperate   mit·machen

corner   die Ecke, -n

  around the corner   um die Ecke

  at/on the corner   an der Ecke

correct   richtig

correspondent   der Korrespondent, -en, -en

Corsica   (das) Korsika

cost   kosten

  How much does that cost, please?   Wie viel kostet das bitte?

count   zählen

  count on   sich verlassen auf (+ *acc.*)

counter, window   der Schalter, -

country   das Land, ⸚er

  in the country   auf dem Land

  to the country   aufs Land

couple

  a couple (of)   ein paar

  married couple   das Ehepaar, -e

course: of course   selbstverständlich

cousin   der Cousin, -s; die Cousine, -n

cozy, relaxed   gemütlich

crazy   verrückt

cream   die Sahne

creative   kreativ

credit card   die Kreditkarte, -n

Crete   (das) Kreta

critical   kritisch

cross   das Kreuz, -e

cross street   die Querstraße, -n

cruel   grausam

cry   weinen

cultural   kulturell

cultural center   das Kulturzentrum

culture   die Kultur, -en

cup   die Tasse, -n

current   aktuell (*adj.*)

customer   der Kunde, -n, -n; die Kundin, -nen

cut   *schneiden

cutlet   das Schnitzel, -

D

dad   der Vati, -s; der Papa, -s

damage   schaden (+ *dat.*)

damp   nass

dance   tanzen

danger   die Gefahr, -en

dangerous   gefährlich

Danube River   die Donau

dark dunkel
date das Datum, *pl.* Daten
  What's the date today? Der
    Wievielte ist heute? Den Wievielten
    haben wir heute?
dative case der Dativ
daughter die Tochter, ¨
day der Tag, -e
  day after tomorrow übermorgen
  day before yesterday
    vorgestern
  for days tagelang
  in those days damals
  one day (in the past or
    future) eines Tages
  some day (in the future) eines
    Tages
deal with sich kümmern um
dear lieb
December (der) Dezember
decide *entscheiden
defend verteidigen
delicious lecker
democracy die Demokratie, -n
democratic demokratisch
demonstrate (for or against
    something) demonstrieren
demonstration (for or against
    something) die Demonstration, -en
depart *ab·fahren; *los·fahren
depend on *an·kommen auf (+ *acc.*)
describe *beschreiben
desire die Lust
desk der Schreibtisch, -e
despite trotz (+ *gen.*)
dessert der Nachtisch, -e
  for dessert zum Nachtisch
destroy zerstören
destruction die Zerstörung
develop entwickeln
dialect der Dialekt, -e
dialogue der Dialog, -e
dictionary das Wörterbuch, ¨er
die *sterben
  die in battle *fallen
difference der Unterschied, -e
different (other) ander-
    (*attributive adj.*); anders
    (*predicate adj.*)
different (various) verschieden
difficult schwer; schwierig
difficulty die Schwierigkeit, -en
dining room das Esszimmer, -; der
    Speisesaal, (*pl.*) Speisesäle
direct(ly) direkt
director der Direktor, -en
disappear *verschwinden
discuss *besprechen
discussion die Diskussion, -en
dish (menu item) die Speise, -n
disorderly schlampig (*colloq.*);
    unordentlich
distant fern

disturb stören
diversity die Vielfalt
divide teilen
divorced geschieden
do machen; *tun; *unternehmen
doctor der Arzt, ¨e; die Ärztin, -nen
dog der Hund, -e
done fertig
  get done schaffen (*colloq.*)
donkey der Esel, -
door die Tür, -en
dove die Taube, -n
dream träumen
dress: get dressed sich *an·ziehen
drink *trinken
drive (a vehicle) *fahren
drive (force) *treiben
driver's license der Führerschein, -e
drop by *vorbei·kommen
dry trocken
dumb (stupid) dumm (dümmer); blöd
during während (+ *gen.*)
during . . . (while . . . -ing) bei ...
dwell wohnen

E

each jed-
  each other einander
eagle der Adler, -
ear das Ohr, -en
early früh
earn verdienen
earth die Erde
east der Osten
easy (simple) einfach; leicht
eat *essen
economics die
    Wirtschaftswissenschaft
economy die Wirtschaft
ecstatic about begeistert von
educated gebildet
education (as field of study) die
    Pädagogik
egg das Ei, -er
either . . . or entweder ... oder
elect wählen
election die Wahl, -en
electrical engineer der
    Elektrotechniker, -; die
    Elektrotechnikerin, -nen
electrical engineering die
    Elektrotechnik
electrician der Elektrotechniker, -;
    die Elektrotechnikerin, -nen
elephant der Elefant, -en, -en
elevator der Aufzug, ¨e; der Lift, -s
e-mail die E-Mail, -s
emigrate aus·wandern, emigrieren
empire das Reich, -e
employed berufstätig
employee der/die Angestellte, -n (*adj.*
    noun)

empty leer
end das Ende, -n; der Schluss, ¨e
  at the end am Ende
  at the end of February Ende
    Februar
  end (be finished) zu Ende *sein
energy die Energie
engaged
  become engaged to sich
    verloben mit
engineer der Ingenieur, -e; die
    Ingenieurin, -nen
English (*adj.*) englisch
  English (language) (das) Englisch
  English studies die Anglistik
Englishman der Engländer, -
Englishwoman die Engländerin, -nen
enjoy *genießen
enormous enorm
enough genug
en route unterwegs
enthusiasm die Begeisterung
enthusiastic about begeistert von
entire ganz
entrance, way in der Einstieg, -e
envelope der Umschlag, ¨e
environment die Umwelt
environmentally
  safe umweltfreundlich
epoch die Epoche, -n
eraser der Radiergummi (*pencil*); der
    Wischer, - (*blackboard*)
especially besonders
essay der Aufsatz, ¨e; der Essay, -s
  essay topic das Aufsatzthema, *pl.*
    -themen
etc. usw. (= und so weiter)
euro der Euro, -s
Europe (das) Europa
Eastern Europe (das) Osteuropa
European europäisch (*adj.*); der
    Europäer, -; die Europäerin, -nen
  European Union die Europäische
    Union
even (in fact) sogar
evening der Abend, -e
  evening meal das Abendessen
  every evening jeden Abend
  good evening guten Abend;
    (*colloq.*) 'n Abend
  in the evening am Abend
  (in the) evenings abends
  this evening heute Abend
  yesterday evening gestern
    Abend
ever je
every jed-
  every time jedes Mal (*adv.*)
everybody alle (*pl. pron.*)
everyday life der Alltag
everyone jeder (*sing. pron.*)
everything alles
everywhere überall

evil   böse (*adj.*)

exact   genau

examination   die Prüfung, -en; das Abitur (*final secondary school exam*); das Abi (*slang*)

   in-class examination   die Klassenarbeit, -en, die Klausur, -en

example   das Beispiel, -e

   for example   zum Beispiel

excellent   ausgezeichnet

except for   außer (+ *dat.*)

exchange student   der Austauschstudent, -en, -en; die Austauschstudentin, -nen

excursion   der Ausflug, ⁻e

Excuse me.   Entschuldigung.

exercise   die Übung, -en

exhausted   kaputt (*colloq.*)

exhibition   die Ausstellung, -en

exist   existieren

expect   erwarten

expensive   teuer

experience   die Erfahrung, -en

experiment   das Experiment, -e

explain   erklären

expression   der Ausdruck, ⁻e

expressway   die Autobahn, -en

extreme   extrem

extremely   wahnsinnig (*colloq. adv.*)

eye   das Auge, -n

eyeglasses   die Brille (*sing.*)

F

façade   die Fassade, -n

face   das Gesicht, -er

fact: in fact   eigentlich; **in fact (even)** sogar

factory   die Fabrik, -en

fairly   ziemlich; ganz

fairy tale   das Märchen, -

fall (*season*)   der Herbst

   fall term   das Wintersemester

fall   *fallen

   fall asleep   *ein·schlafen

false (incorrect)   falsch

family   die Familie, -n

famous   berühmt

fantastic   fantastisch

far, far away   weit; fern

farmer   der Bauer, -n, -n; die Bäuerin, -nen; der Landwirt, -e; die Landwirtin, -nen

fast   schnell

father   der Vater, ⁻

fault   die Schuld

favorite   Lieblings- (*noun prefix*)

   favorite sport   der Lieblingssport

fear   die Angst, ⁻e; Angst haben (vor + *dat.*); fürchten

February   (der) Februar

Federal Republic of Germany (FRG)   die Bundesrepublik Deutschland (BRD)

fed up: I'm fed up.   Ich habe die Nase voll.

feel   sich fühlen (*intrans.*)

   to feel well   sich wohl fühlen

feeling   das Gefühl, -e

fetch   holen

fetch, pick up   ab·holen

few   wenige

   a few   ein paar, mehrere

film   der Film, -e

finally   endlich; zum Schluss; zuletzt

finance   finanzieren

find   *finden

   find out   *heraus·finden

fine

   Fine by me.   Ist gut. (*colloq.*)

   That's fine with me. Das ist mir recht.

finger   der Finger, -

finish: finished with   fertig mit; **be finished**   zu Ende *sein

firm (company)   die Firma, *pl.* Firmen

first   erst- (*adj.*)

   first (of all)   zunächst

fish   der Fisch, -e

flat   flach

floor (of a building)   der Stock

   ground floor (= first floor)   das Erdgeschoss

   on the second floor   im ersten Stock

   second floor   der erste Stock

floor (of a room)   der Boden, ⁻

flow   *fließen

flower   die Blume, -n

fly   *fliegen

fog   der Nebel

foggy   neblig

folk   das Volk, ⁻er

   folk song   das Volkslied, -er

follow   folgen, ist gefolgt (+ *dat.*)

food   das Essen

foot   der Fuß, ⁻e

   on foot   zu Fuß

for   für (*prep.* + *acc.*)

   for (because)   denn (*coor. conj.*)

   for a long time   lange; seit langem; schon lange

   for years   seit Jahren

forbid   *verbieten

forbidden   verboten

force (propel)   *treiben

foreign   ausländisch

   foreign, strange   fremd

   foreign countries   das Ausland (*sing.*)

   foreign language   die Fremdsprache, -n

foreigner   der Ausländer, -; die Ausländerin, -nen

forest   der Wald, ⁻er

forget   *vergessen

   I can't forget that.   Das geht mir nicht aus dem Kopf.

fork   die Gabel, -n

form   die Form, -en

formal   formell

formulate   formulieren

fox   der Fuchs, ⁻e

France   (das) Frankreich

free

   free, unoccupied   frei

   free of charge   kostenlos

   free time   die Freizeit

freedom   die Freiheit, -en

French   (*adj.*) französisch

French fries   die Pommes frites (*pl.*)

Frenchman   der Franzose, -n, -n

Frenchwoman   die Französin, -nen

fresh   frisch

Friday   (der) Freitag

friend   der Freund, -e; die Freundin, -nen; der/die Bekannte, -n (*adj. noun*)

friendly   freundlich; sympathisch

from   aus (+ *dat.*); von (+ *dat.*)

front: in front of   vor (*prep.* + *dat.* or *acc.*)

fruit   das Obst

   fruit salad   der Obstsalat, -e

full   voll

fun   der Spaß; lustig (*adj.*)

   Have fun.   Viel Spaß.

   make fun of   sich lustig machen über (+ *acc.*)

   That is fun (for me).   Das macht (mir) Spaß.

funny (peculiar)   komisch

furnished   möbliert

furniture   die Möbel (*pl.*)

future   die Zukunft

   in the future   in Zukunft

   future tense   das Futur

G

game   das Spiel, -e

garage   die Garage, -n

garden   der Garten, ⁻

gasoline   das Benzin

gate   das Tor, -e

Geez!   Oje!

generation   die Generation, -en

genitive case   der Genitiv

gentleman   der Herr, -n, -en

genuine   echt

geographical   geographisch

geography   die Geographie

German   deutsch (*adj.*); der/die Deutsche, -n (*adj. noun*)
  German class   die Deutschstunde, -n
  German Democratic Republic (GDR)   die Deutsche Demokratische Republik (DDR)
  German (language)   (das) Deutsch
  German reunification (in 1990)   die Wende
  German studies   die Germanistik
  in German   auf Deutsch
  German-speaking   deutschsprachig
Germany   (das) Deutschland
get (receive)   *bekommen
  get (become)   *werden
  get (fetch)   holen
  get (pick up)   ab·holen
  get in (a vehicle)   *ein·steigen
  get done   schaffen
  get out (of a vehicle)   *aus·steigen
  get there: How do I get there?   Wie komme ich dahin?
  get up (get out of bed)   *auf·stehen
giant   der Riese, -n, -n
gigantic   riesengroß; riesen- (*noun and adj. prefix*)
girl   das Mädchen, -
give   *geben
give (as a gift)   schenken
glad   froh
  I'm glad.   Das freut mich.
gladly, with pleasure   gern(e) (*adv.*)
glass   das Glas, ¨er
glasses   die Brille (*sing.*)
globalization   die Globalisierung
glove   der Handschuh, -e
go   *gehen
  go (by vehicle)   *fahren
  go away   *weg·gehen
  go in   *hinein·gehen
  go on foot   laufen
  go out   *aus·gehen
  on the go   unterwegs
god   der Gott, ¨er
gone   weg
good   gut (besser, best-); brav (= well-behaved)
  Good-bye!   Auf Wiedersehen!
  Good evening!   Guten Abend!
  Good morning!   Guten Morgen!
  Have a good trip!   Gute Reise!
  pretty good   ganz gut
gossip   der Klatsch
government in power   die Regierung, -en
grade, class   die Klasse, -n
grade (on a test, paper, etc.)   die Note, -n
gram   das Gramm
grammar   die Grammatik
grandchildren   die Enkelkinder

granddaughter   die Enkelin, -nen
grandfather   der Großvater, ¨
grandma   die Oma, -s
grandmother   die Großmutter, ¨
grandpa   der Opa, -s
grandparents   die Großeltern (*pl.*)
grandson   der Enkel, -
gray   grau
great (terrific)   herrlich; prima, toll, klasse (*colloq.*)
Great Britain   (das) Großbritannien
greatness   die Größe
Greece   (das) Griechenland
Greek   griechisch (*adj.*)
green   grün
greet   grüßen
groceries   die Lebensmittel (*pl.*)
group   die Gruppe, -n
grow   *wachsen
  grow up   *auf·wachsen
  grown up   erwachsen (*adj.*); der/die Erwachsene, -n (*adj. noun*)
gruesome   grausam
guess   *raten
  Take a guess!   Raten Sie mal!
guest   der Gast, ¨e
guidebook   der Reiseführer, -
guilt   die Schuld
guilty   schuldig
guy   der Typ, -en (*slang*)
gym shoe   der Sportschuh, -e

H

hair   das Haar, -e
  hair drier   der Föhn, -e
half   die Hälfte, -n (*noun*); halb (*adv.*)
ham   der Schinken
hand   die Hand, ¨e
handle (manage, get done)   schaffen (*colloq.*)
handsome   hübsch
hang   hängen (*trans.*); *hängen (*intrans.*)
  hang up   auf·hängen
happen   passieren, ist passiert
happiness   das Glück
happy   glücklich, froh
  be happy   sich freuen
  Happy birthday.   Ich gratuliere dir zum Geburtstag.
harbor   der Hafen, ¨
hard   hart (härter)
hard, difficult   schwer
hard-working   fleißig
harm   schaden (+ *dat.*)
harsh   hart (härter)
hat   der Hut, ¨e
hate   hassen
hatred   der Hass
have   *haben
  have in mind   *vor·haben
  have to (must)   *müssen

head   der Kopf, ¨e
health   die Gesundheit
healthy   gesund (gesünder)
hear   hören
heavy   schwer
hectic   hektisch
hello   Grüß Gott! Grüß dich! (*in southern Germany and Austria*); Guten Tag! Hallo!
  say hello to   grüßen
help   die Hilfe; *helfen (+ *dat.*)
helping (portion)   die Portion, -en
here   hier (*location*); her (*destination*)
  Here it is.   Bitte.
Hi!   Tag!
high   hoch (*pred. adj.*), hoh- (*attributive adj.*) (höher, höchst-)
  High time!   Höchste Zeit! Na endlich!
highway   die Autobahn, -en
hike   die Wanderung, -en; wandern
hill   der Hügel, -
hilly   hügelig
hint   der Tipp, -s
historic   historisch
history   die Geschichte, -n
hockey   das Hockey
hold   *halten
home (as destination of motion)   nach Hause
  at home   zu Hause
  in/at the home of   bei (+ *dat.*)
homeland   die Heimat
homesickness   das Heimweh
hometown   die Heimatstadt
homework assignment   die Hausaufgabe, -n
honest   ehrlich
honey   der Honig (*no pl.*)
hope   hoffen
  I hope   hoffentlich (*adv.*)
horizon   der Horizont, -e
hospital   das Krankenhaus, ¨er
hot   heiß
hotel   das Hotel, -s
hour   die Stunde, -n
  for hours   stundenlang
house   das Haus, ¨er
househusband   der Hausmann, ¨er
housemate   der Mitbewohner, -; die Mitbewohnerin, -nen
housewife   die Hausfrau, -en
housework   die Hausarbeit
how?   wie?
  How come?   Wieso?
  how long?   wie lange?
  how many?   wie viele?
  how much?   wie viel?
  And how!   Und wie!
however   aber
huge, gigantic   riesengroß
human   (*adj.*) menschlich
human being   der Mensch, -en, -en

humor   der Humor
humorous   lustig
hunch   die Ahnung, -en
hundred   hundert
hunger   der Hunger
hungry   hungrig
   be hungry   Hunger haben
hurry   die Eile; sich beeilen, schnell machen (*colloq.*)
   in a hurry   in Eile
hurt   *weh·tun (+ *dat. of person*)
   get hurt   sich verletzen
   That hurts (me).   Das tut (mir) weh.
husband   der Mann, ̈er; der Ehemann, ̈er

I

ice   das Eis
   ice cream   das Eis
   ice hockey   das Eishockey
idea   die Idee, -n
   (I have) no idea.   (Ich habe) keine Ahnung.
I.D. card   der Ausweis, -e
identity   die Identität, -en
ideological   ideologisch
idiot-proof   idiotensicher
i.e. (= that is)   d.h. (= das heißt)
if   wenn (*sub. conj.*)
if (= whether)   ob (*sub. conj.*)
illegal   illegal
image   das Bild, -er
imagine something   sich etwas vor·stellen
immediately   gleich
immigrate   ein·wandern
imperative mood   der Imperativ
important   wichtig
   most important   Haupt- (*noun prefix*)
impossible   unmöglich
impression   der Eindruck, ̈e
in   in (*prep. + acc. or dat.*); hinein- (*prefix*)
in addition   außerdem
incorrect (false)   falsch
incredibly   wahnsinnig (*colloq. adv.*)
indicative   der Indikativ
indoors   drinnen
industrialized   industrialisiert
industrious   fleißig
industry   die Industrie, -n
inexpensive   billig
infinitive   der Infinitiv
   infinitive phrase   der Infinitivsatz, ̈e
inflation   die Inflation
information   die Auskunft
inhuman   unmenschlich
injure oneself   sich verletzen
inkling   die Ahnung, -en
innocent   unschuldig

insane   verrückt
insert   stecken
inside   drinnen (*adv.*)
instead   sondern (*coor. conj.*)
   instead of   anstatt (+ *gen.*); statt (+ *gen.*)
institution of higher learning   die Hochschule, -n
instruction (teaching)   der Unterricht
instrument   das Instrument, -e
intelligent   intelligent
intend to   *wollen
intensive   intensiv
intercultural   interkulturell
interest   interessieren
   be interested in   sich interessieren für
interesting   interessant
intermission   die Pause, -n
international   international
interrupt   *unterbrechen
interview   interviewen
into   in (*prep. + acc.*); hinein- (*prefix*)
introduce   vor·stellen
   introduce oneself   sich vor·stellen
invent   *erfinden
invite   *ein·laden
iPod   der iPod, -s
irony   die Ironie
island   die Insel, -n
Italian   italienisch (*adj.*); der Italiener, -; die Italienerin, -nen
Italy   (das) Italien

J

jacket   die Jacke, -n
jam   die Marmelade
January   (der) Januar
jeans   die Jeans (*pl.*)
Jewish   jüdisch
Job   der Job, -s; die Stelle, -n
joke   der Witz, -e
journalist   der Journalist, -en, -en; die Journalistin, -nen
journey   die Reise, -n
joy   die Freude, -n
juice   der Saft, ̈e
   orange juice   der Orangensaft, ̈e
July   (der) Juli
June   (der) Juni
just, at the moment   gerade
just as . . . as   genauso ... wie

K

kaput   kaput (*colloq.*)
key   der Schlüssel, -
kilogram   das Kilogramm; das Kilo (*colloq.*)
kilometer   der Kilometer, -
kitchen   die Küche, -n

knife   das Messer, -
knock (on)   klopfen (an + *acc.*)
know (a fact)   *wissen
   get to know   kennen·lernen
   know (= be acquainted with)   *kennen
   know one's way around   sich *aus·kennen
known   bekannt

L

lab(oratory)   das Labor, -s
lady   die Dame, -n
lake   der See, -n
   at the lake   am See
lamp   die Lampe, -n
landscape   die Landschaft, -en
language   die Sprache, -n
laptop   der Laptop, -s
last   letzt-
   last, take time   dauern
late   spät
   be late   sich verspäten
   I'm late.   Ich bin spät dran.
   later on   nachher (*adv.*)
laugh   lachen
lavatory   die Toilette, -n
lavender   lila
law (study of)   Jura
lawyer   der Rechtsanwalt, ̈e; die Rechtsanwältin, -nen
lay (put down)   legen
lazy   faul
   be lazy, take it easy   faulenzen
lead   führen
learn   lernen
leave (something, someone)   *lassen
   leave behind   *lassen
   leave (a person or place)   *verlassen
   leave (by vehicle)   *ab·fahren; *los·fahren
   leave (go away)   *weg·gehen
lecture (university)   die Vorlesung, -en
left: to the left   links (*adv.*) **on the left**   links (*adv.*)
leg   das Bein, -e
leisure time   die Freizeit
lend   *leihen
let   *lassen
letter   der Brief, -e
   letter carrier   der Briefträger, -; die Briefträgerin, -nen
lettuce   der Salat, -e
library   die Bibliothek, -en
lie, be situated   *liegen
life   das Leben
   way of life   die Lebensweise, -n
light (in color)   hell
light (in weight)   leicht
light rail   die S-Bahn (Stadtbahn)

like *mögen; wie (*conj.*)
  I like that. Das gefällt mir.
  like something etwas gern haben; etwas mögen
  like this so
  like to (do something) gern (+ *verb*)
  would like to möchten
likeable sympathisch
limnology die Limnologie
line (of text) die Zeile, -n
line (streetcar, bus) die Linie, -n
linguistics die Linguistik
lion der Löwe, -n, -n
list die Liste, -n
listen (*to people*) zu·hören (+ *dat.*); (*to music*) hören
liter der Liter
literary literarisch
little klein (*adj.*); wenig (*pronoun*)
  a little etwas
  a little; a little bit; a little while ein bisschen
live leben
live (dwell) wohnen
lively munter
loan *leihen
long lang(e) (länger)
  for a long time lange; (*stretch of time continuing in the present*) schon lange, seit langem
  for such a long time so lange
  no longer nicht mehr
look schauen
  look after sich kümmern um
  look (appear) *aus·sehen
  look for (seek) suchen
  look forward to sich freuen auf (+ *acc.*)
  Look here. Schau mal.
  take a look at something sich etwas *an·sehen
lose *verlieren
lots of viel
loud laut
love die Liebe; lieben
low niedrig
luck das Glück
  be lucky Glück haben
  be unlucky (have bad luck) Pech haben
luggage das Gepäck
lunch, midday meal das Mittagessen

M

mad (at) böse (+ *dat.*)
magazine die Zeitschrift, -en
mail die Post; abschicken
mailman der Briefträger, -
main Haupt- (*noun prefix*)
major field (of study) das Hauptfach, ¨er

major in (a subject) studieren
make machen
make-up: put on make-up sich schminken
mama (die) Mutti, -s
man der Mann, ¨er
Man! Mensch!
manage schaffen (*colloq.*)
management (field of study) die Betriebswirtschaft
manipulate manipulieren
many viele (*adj.*)
  many a manch-
  many people viele (*pl. pron.*)
map die Karte, -n; die Landkarte, -n
March (der) März
market; market square der Markt, ¨e
marketing das Marketing
marmalade die Marmelade
marriage die Ehe, -n
married man der Ehemann, ¨er
married woman die Ehefrau, -en
marvelous herrlich
mathematics die Mathematik (*sing.*)
matter (affair) die Sache, -n
matter
  It doesn't matter. Es macht nichts.
  It doesn't matter (to me). Das ist (mir) egal. I don't care.
  That doesn't matter. Das macht nichts
  What's the matter? Was ist los?
May (der) Mai
may, be allowed to *dürfen
maybe vielleicht
meal das Essen
mean, signify bedeuten
mean (think) meinen
  that means, in other words das heißt
  What do you mean? Wieso?
meaning die Bedeutung, -en
meat das Fleisch
mechanic der Mechaniker, -; die Mechanikerin, -nen
mechanical engineering der Maschinenbau
medicine die Medizin
meet (for the first time) kennen·lernen
  meet again wieder *sehen
  meet (by appointment) *treffen
melancholy die Melancholie
memorial das Denkmal, ¨e
memory die Erinnerung, -en
menu die Speisekarte, -n
messy schlampig (*colloq.*); unordentlich
method die Methode, -n
midday der Mittag, -e
middle die Mitte

Middle Ages das Mittelalter (*sing.*)
might die Macht
mild mild
milk die Milch
minor field (of study) das Nebenfach, ¨er
minute die Minute, -n
  for minutes minutenlang
miracle das Wunder, -
mirror der Spiegel, -
miss (an event, opportunity, train, etc.) verpassen
missing: be missing fehlen
mist der Nebel
misty neblig
mobile phone das Handy
modal verb das Modalverb, -en
modern modern
mom die Mutti, -s; die Mama, -s
moment der Augenblick, -e; der Moment, -e
  at the moment im Augenblick; im Moment
  at the moment, just gerade
  Just a moment, please. (Einen) Augenblick, bitte.
monarchy die Monarchie, -n
Monday (der) Montag
money das Geld
month der Monat, -e
  for months monatelang
monument das Denkmal, ¨er
mood die Laune, -n
  in a good/bad mood gut/schlecht gelaunt
moon der Mond, -e
more mehr
not any more nicht mehr
morning der Morgen, -
  Good morning! Guten Morgen!
  in the morning(s) morgens (*adv.*)
  this morning heute Morgen
Morocco (das) Marokko
most meist-
  most like to am liebsten (+ *verb*)
mostly meistens
mother die Mutter, ¨
motorcycle das Motorrad, ¨er
mountain der Berg, -e
  mountain range das Gebirge, -
mountainous bergig
mouth der Mund, ¨er
move, change residence *um·ziehen
  move in *ein·ziehen
  move out *aus·ziehen
movie der Film, -e
  movie theater das Kino, -s
Mr. Herr
Mrs. Frau
Ms. Frau
much viel (mehr, meist-)
  not much wenig

Munich   (das) München
museum   das Museum, *pl.* Museen
music   die Musik
musicology   die Musikwissenschaft
must   *müssen

N

name   der Name, -ns, -n; *nennen
  My name is . . .   Ich heiße ...
  What's your name?   Wie heißen Sie? / Wie heißt du? / Wie ist Ihr Name?
napkin   die Serviette, -n
narrative   die Erzählung, -en
nation (folk)   das Volk, ¨er
nationality   die Nationalität, -en
native
  native language   die Muttersprache, -n
  native place or country   die Heimat
natural   natürlich
nature   die Natur
near   nah (näher, nächst-)
  near(by)   in der Nähe (von, *or* + *gen.*)
nearness   die Nähe
need   brauchen
neighbor   der Nachbar, -n, -n; die Nachbarin, -nen
neither . . . nor   weder ... noch
neutral   neutral
never   nie
nevertheless   trotzdem
new   neu
  brand-new   nagelneu
newspaper   die Zeitung, -en
next   nächst-
  next to   neben
nice   nett; lieb
night   die Nacht, ¨e
  every night, nights   nachts
  Good night.   Gute Nacht.
  in the night, at night   in der Nacht; nachts
no   nein
  no, not a   kein (*negative article*)
  no more . . .   kein ... mehr
no one   niemand
nobody   niemand
nod   nicken
nominative case   der Nominativ
nonpolluting   umweltfreundlich
Nonsense!   Quatsch!
normal   normal
north   der Norden
nose   die Nase, -n
not   nicht
  not a   kein (**negative article**)
  not a . . . at all   gar kein
  not a . . . any longer   kein ... mehr

not any   kein
not any more, no longer   nicht mehr
not any . . . yet   noch kein ...
not at all   gar nicht
not much   wenig
not only . . . but also   nicht nur ... sondern auch
not until   erst
not yet   noch nicht
notebook   das Heft, -e
nothing   nichts
notice   merken
notion   die Ahnung
noun   das Substantiv, -e
novel   der Roman, -e
November   (der) November
now   jetzt; nun
  from now on   von jetzt an
number   die Nummer, -n; die Zahl, -en
nurse   der Krankenpfleger, - (*m.*); die Krankenschwester, -n (*f.*)

O

object, thing   die Sache, -n; Objekt, -e
objective   objektiv
ocean   der Ozean, -e
o'clock   Uhr (3 o'clock = 3 Uhr)
October   (der) Oktober
odd   komisch
of   von (*prep.* + *dat.*)
  of course   natürlich
  of course, sure   klar (*colloq.*)
offend   ärgern
office   das Büro, -s
official   offiziell (*adj.*); der Beamte (*adj. noun, m.*); die Beamtin, -nen (*f.*)
often   oft (öfter)
oh   ach
Oh my!   Oje!
oil   das Öl
O.K.   einverstanden; okay (*colloq.*)
old   alt (älter)
old-fashioned   altmodisch
on   auf (*prep.* + *acc. or dat.*)
once   einmal
once again (once more)   noch einmal
one   eins
one   (*indefinite pronoun*) man
oneself: by oneself (myself, yourself, etc.)   selber, selbst
only   nur (*adv.*)
only, single   einzig- (*adj.*)
onto   auf (*prep.* + *acc. or dat.*)
open   offen (*adj.*); auf·machen, öffnen (*verb*)
opinion   die Meinung, -en
  be of the opinion (think)   meinen
opposite   der Gegensatz, ¨e
opposition   die Opposition, -en

or   oder (*coor. conj.*)
orange   orange (*adj.*)
  orange juice   der Orangensaft
order   die Portion, -en (*of food*); bestellen
  in order to   um ... zu
orderly   ordentlich
organize   organisieren
other   ander-
otherwise   sonst
outing   der Ausflug, ¨e
out of   aus (*prep.* + *dat.*)
outside   draußen (*adv.*)
over   über (*prep.* + *dat. or acc.*)
  over there   drüben; da drüben
  over: be over   zu Ende *sein
own   eigen- (*adj.*); *besitzen

P

pace   das Tempo
pack   packen
page   die Seite, -n
palace   das Schloss, ¨er; die Residenz
pants   die Hose, -n
papa   der Vati, -s
paper   das Papier, -e
  write a paper   eine Hausarbeit schreiben
Pardon me.   Entschuldigung.
  I beg your pardon?   Wie bitte?
parents   die Eltern (*pl.*)
park (verb)   parken
parking space   der Parkplatz, ¨e
part   der Teil, -e
  part of the body   der Körperteil, -e
take part in   *teil·nehmen an (+ *dat.*)
participate   mit·machen
participle   das Partizip
partner   der Partner, -
party   die Party, -s
passive voice   das Passiv
passport   der Reisepass, ¨e
past (time)   die Vergangenheit
  past perfect tense   das Plusquamperfekt
patient   der Patient, -en, -en
patron   der Gast, ¨e
pay   bezahlen; zahlen
  pay in cash   bar bezahlen
peace   der Frieden; die Ruhe
  leave someone in peace   jemand in Ruhe lassen
peaceful (calm)   ruhig
peculiar   komisch
pedestrian   der Fußgänger, -
  pedestrian zone   die Fußgängerzone, -n
pen (ballpoint)   der Kugelschreiber, -
pencil   der Bleistift, -e
people   die Leute (*pl.*)
people (nation, folk)   das Volk, ¨er

pepper der Pfeffer, -
perfect perfekt
  perfect tense das Perfekt
perhaps vielleicht
permit erlauben
person der Mensch, -en, -en; die Person, -en
personal persönlich
  personal pronoun das Personalpronomen
philosophize philosophieren
philosophy die Philosophie
photograph das Foto, -s
physics die Physik (*sing.*)
piano das Klavier, -e
pick up ab·holen
picture das Bild, -er
  take a picture ein Foto machen
piece das Stück, -e
pigeon die Taube, -n
pink rosa
pitch in mit·machen
pity: What a pity! Das ist schade!
pizza die Pizza, -s
place der Ort, -e; der Platz, ⸚e
place (put) stellen
plan *vor·haben
plan, make plans planen
plant die Pflanze, -n
plastic das Plastik
plate der Teller, -
play spielen; das Theaterstück, -e
  play sports Sport *treiben
pleasant angenehm
please bitte
please, appeal to *gefallen (+ *dat.*)
  Pleased to meet you. Sehr erfreut. *or* Es freut mich.
  Pleasure to meet you. Angenehm.
pocket die Tasche, -n
poem das Gedicht, -e
poet der Dichter, -; die Dichterin, -nen
poetry die Lyrik
police die Polizei (*sing. only*)
policy die Politik
polite höflich
political politisch
  political science die Politikwissenschaft
politics die Politik
pollute verschmutzen
  non-polluting, ecologically beneficial umweltfreundlich
pollution die Verschmutzung
ponder something sich etwas überlegen
poor arm (ärmer)
port der Hafen, ⸚
portion die Portion, -en
position, job die Stelle, -n
possible möglich
postage stamp die Briefmarke, -n

postal service die Post
postcard die Postkarte, -n
poster das Poster, -
poster (political) das Plakat, -e
post office die Post
pot: small (coffee or tea) pot das Kännchen, -
potato die Kartoffel, -n
power die Kraft, ⸚e; die Macht, ⸚e
power plant das Kraftwerk, -e
practical praktisch
practice üben
precise genau
prefer (to do something) lieber (+ *verb*)
preferably lieber
prejudice das Vorurteil, -e
present (gift) das Geschenk, -e
present (time) die Gegenwart
be present, be there dabei *sein
president der Präsident, -en, -en
pressure der Druck
pretty hübsch
pretzel die Brezel, -n
previously vorher
price der Preis, -e
primary Haupt- (*noun prefix*)
private privat
probably wahrscheinlich; wohl
problem das Problem, -e
produce produzieren
profession der Beruf, -e
  What is your profession? Was sind Sie von Beruf?
professor der Professor, -en; die Professorin, -nen
program das Programm, -e
progress der Fortschritt, -e
prohibit *verbieten
prohibited verboten
pronounce *aus·sprechen
propel *treiben
proud of stolz auf (+ *acc.*)
psychoanalysis die Psychoanalyse
psychology die Psychologie
pull *ziehen
pullover der Pullover, -; der Pulli, -s (*colloq.*)
pupil der Schüler, -; die Schülerin, -nen
put stellen
  put down (lay) legen
  put down (set) setzen
  put (into) stecken

Q

quarter das Viertel, -
  quarter to/past Viertel vor/nach
question die Frage, -n
  ask a question eine Frage stellen
  guiding question die Leitfrage, -n

questionnaire der Fragebogen
quick as lightning blitzschnell
quiet (rest, peace) die Ruhe
quiet (*adj.*) leise
quite ziemlich; ganz

R

radio das Radio, -s
railroad (railroad system) die Bahn
rain regnen
rainy regnerisch
rather
  I'd rather not. No thanks. Let's not. Lieber nicht.
  would rather (do something) lieber (+ *verb*)
reaction die Reaktion, -en
react to reagieren auf (+ *acc.*)
read *lesen
  read about lesen über
  read aloud *vor·lesen
reading selection das Lesestück, -e
ready (= finished) fertig
real wirklich, echt
realistic realistisch
really tatsächlich, echt (*colloq.*)
  really fun(ny) echt lustig
realm das Reich, -e
reason der Grund, ⸚e
receive *bekommen
reception desk die Rezeption
recognize * erkennen
recommend *empfehlen
recover (from) sich erholen von
recycle recyceln
recycling (recycling center) das Recycling
red rot (röter)
regard as *halten für
regime das Regime
region die Gegend, -en; die Region, -en
register (at a hotel, the university, etc.) sich an·melden
  register for, take (a university course) belegen
relative relativ (*adj. and adv.*); der/die Verwandte, -n (*adj. noun*)
relaxed gemütlich
remain *bleiben
remember sich erinnern an (+ *acc.*)
  Do you remember? Weißt du noch?
remind of erinnern an (+ *acc.*)
renovate renovieren
repair reparieren
reparation die Reparation, -en
repeat wiederholen
repetition die Wiederholung, -en
report berichten
  give a report ein Referat *halten
  oral report das Referat, -e

repressive repressiv
republic die Republik, -en
request *bitten um
rescue retten
residence, seat of a court die Residenz
respond to antworten auf (+ *acc.*)
rest (quiet, peace) die Ruhe
  have a rest sich erholen
restaurant das Restaurant, -s; das Lokal, -e
restless unruhig
restoration die Restauration, -en
reunification die Wiedervereinigung, -en
review die Wiederholung
Rhine River der Rhein
rich reich
right (correct) richtig
  be right Recht *haben (*with person as subject*); stimmen (*impersonal only*)
  right away gleich
  That's right. Das stimmt. Stimmt schon.
  to the right, on the right rechts (*adv.*)
  You're right. Sie haben Recht.
ring klingeln
rip off (steal) klauen (*colloq.*)
river der Fluss, ¨e
road die Straße, -n
role die Rolle, -n
roll das Brötchen, -
romantic romantisch
room das Zimmer, -
  dining room das Esszimmer, -; der Speisesaal, (*pl.*) Speisesäle
  double room das Doppelzimmer, -
  living room das Wohnzimmer, -
  single room das Einzelzimmer, -
roommate der Mitbewohner, -; die Mitbewohnerin, -nen
rubble die Trümmer (*pl.*)
rucksack der Rucksack, ¨e
rug der Teppich, -e
ruin die Ruine, -n
rule die Regel, -n
run *laufen
Russia (das) Russland
Russian russisch (*adj.*); der Russe, -n, -n; die Russin, -nen

S

sad traurig
safety die Sicherheit
sail segeln
salad der Salat, -e
salesman der Verkäufer, -
saleswoman die Verkäuferin, -nen
salt das Salz, -e
sample probieren
sandal die Sandale, -n

satisfied zufrieden
Saturday (der) Samstag, (der) Sonnabend
sausage die Wurst, ¨e
save (rescue) retten
save (money, time) sparen
say sagen
  What did you say? Wie bitte?
  saying: It goes without saying that . . . selbstverständlich
Scandinavia (das) Skandinavien
scarce, in short supply knapp
scarf das Tuch, ¨er
scholarship die Wissenschaft
scholarship (stipend) das Stipendium, *pl.* Stipendien
school die Schule, -n; das Gymnasium, *pl.* Gymnasien (*prepares pupils for university*)
  elementary school pupil or secondary school student der Schüler, -; die Schülerin, -nen
  school system das Schulsystem, -e
science die Wissenschaft, -en
sea das Meer, -e
season die Jahreszeit, -en
seat der Platz, ¨e
second zweit-
security die Sicherheit
see *sehen
  Let's see. Zeig mal her.
  see again wieder *sehen
  See you later! Bis nachher!
seek (look for) suchen
seem *scheinen
seldom selten
self: by oneself (myself, yourself, etc.) selbst *or* selber (*adv.*)
sell verkaufen
semester das Semester, -
  semester break die Semesterferien (*pl.*)
seminar das Seminar, -e
send schicken; abschicken (a letter, e-mail, etc.)
senior citizen der Senior, -en, -en
sense der Sinn
  That makes no sense. Das hat keinen Sinn.
sentence der Satz, ¨e
separate (*verb*) trennen
separate (*adj.*) separat
separated (=divorced) geschieden
separation die Trennung, -en
September (der) September
serious ernst
  take something seriously etwas ernst *nehmen
set (down) setzen
seventh siebt-
several mehrere, einige
shake schütteln

shame: That's a shame! Das ist schade!
shampoo das Shampoo
shape
  in shape fit
share teilen
shared apartment die Wohngemeinschaft, -en; die WG, -s
shave sich rasieren
shelf das Regal, -e
shine *scheinen
ship das Schiff, -e
shirt das Hemd, -en
shoe der Schuh, -e
shop, store der Laden, ¨
shop, shop for ein·kaufen
  go shopping einkaufen gehen
shopping list die Einkaufsliste, -n
short kurz (kürzer); klein (*short in height*)
  short of cash knapp bei Kasse
should *sollen
shoulder bag die Tasche, -n
show zeigen
  Show it to me. Zeig mal her.
shower die Dusche, -n
  take a shower (sich) duschen
siblings die Geschwister (*pl.*)
sick krank (kränker)
sickness die Krankheit, -en
side die Seite. -n
sight, place of interest die Sehenswürdigkeit, -en
significance die Bedeutung, -en
silent: be silent *schweigen
similar (to) ähnlich (+ *dat.*)
simple (easy) einfach; leicht
since (causal) da (*sub. conj.*)
since (temporal) seit (*prep.* + *dat.* & *sub. conj.*)
sing *singen
single, only einzig- (*adj.*)
sister die Schwester, -n
sit *sitzen
  sit down sich setzen
  Sit down! Setz dich! Setzen Sie sich!
situated: be situated *liegen
situation die Situation, -en
size die Größe, -n
ski Ski *fahren
skirt der Rock, ¨e
sleep *schlafen
slow langsam
small klein
smart klug (klüger)
snake die Schlange, -n
sneaker der Sportschuh, -e
snow der Schnee; schneien
so so
soap die Seife, -n
So long! Tschüs!
so that damit (*sub. conj.*)
So what? Na und?

soccer   (der) Fußball
   soccer ball   der Fußball, ̈-e
social   sozial
society   die Gesellschaft, -en
sociology   die Soziologie
soft (quiet)   leise
solidarity   die Solidarität
solution   die Lösung, -en
solve   lösen
some   etwas (*sing.*); einige (*pl.*);
   manche (*pl.*)
somebody   jemand
somehow or other   irgendwie
someone   jemand
something   etwas
sometime or other   irgendwann
sometimes   manchmal
somewhat   etwas
somewhere or other   irgendwo
son   der Sohn, ̈-e
song   das Lied, -er
soon   bald
sore (ticked off)   sauer (*colloq.*)
sorry: I'm sorry about that.   Das tut
   mir leid.
   I'm sorry.   Es tut mir leid.
soul   die Seele, -n
sound   *klingen
soup   die Suppe, -n
sour (acidic)   sauer
source   die Quelle, -n
south   der Süden
space   der Platz, ̈-e
Spain   (das) Spanien
speak   reden; *sprechen
   I can speak German.   Ich kann
   Deutsch.
speech   die Rede, -n
speed   das Tempo
spell: How do you spell that?   Wie
   schreibt man das?
spend (money)   *aus·geben
spend (time)   *verbringen
spend the night   übernachten
spite: in spite of   trotz (+ *gen.*)
   in spite of that
   (nevertheless)   trotzdem (*adv.*)
spontaneous   spontan
spoon   der Löffel, -
sport   der Sport
   play sports   Sport *treiben
sport coat   der Sakko, -s
spouse   die Ehefrau, -en (*f.*); der
   Ehemann, ̈-er (*m.*)
spring   der Frühling
   spring term   das Sommersemester
square: city square   der Platz, ̈-e
staircase   die Treppe, -n
stairs   die Treppe, -n
stamp   die Briefmarke, -n
stand   *stehen
   stand up   *auf·stehen
standard of living   der
   Lebensstandard

start   *an·fangen
start, depart (by vehicle)
   *los·fahren
state   der Staat, -en
stay   *bleiben
steal   stehlen
   steal, rip off   klauen (*colloq.*)
steep   steil
still   (*adv.*) noch; noch immer; immer
   noch
stipend   das Stipendium, *pl.*
   Stipendien
stone   der Stein, -e
stop (for streetcar or bus)   die
   Haltestelle, -n
   stop   *halten (*intrans.*)
   stop (doing something)   auf·hören
   (mit etwas)
store   das Geschäft, -e
store, shop   der Laden, ̈-
story   die Geschichte, -n
story (narrative)   die Erzählung, -en
straight ahead   geradeaus
straighten up   auf·räumen
strange (foreign)   fremd
street   die Straße, -n
streetcar   die Straßenbahn, -en
strength   die Kraft, ̈-e
stress   der Stress
stressful   stressig
strict   streng
stroll   der Bummel, -
   stroll through town   der
   Stadtbummel, -
   take a stroll   einen Bummel
   machen
strong   stark (stärker)
student (at university)   der Student,
   -en, -en; die Studentin, -nen
   student dormitory   das
   Studentenwohnheim, -e
   student I.D.   der
   Studentenausweis, -e
studies (at university)   das
   Studium
study   das Arbeitszimmer, -
study (a subject), major
   in   studieren
study at   studieren an (+ *dat.*)
stupid   blöd; dumm
subject (topic)   das Thema, *pl.*
   Themen
subjective   subjektiv
subjunctive mood   der Konjunktiv
suburb   die Vorstadt, ̈-e
subway train   die Untergrundbahn;
   die U-Bahn
success   der Erfolg, -e
such   solcher, -es, -e
suddenly   plötzlich
suggestion   der Vorschlag, ̈-e; der
   Tipp, -s
suit   der Anzug, ̈-e
suitcase   der Koffer, -

summary   die Zusammenfassung, -en
summer   der Sommer
   in the summer   im Sommer
sun   die Sonne
Sunday   (der) Sonntag
sunny   sonnig
super   super
supermarket   der Supermarkt, ̈-e
supper   das Abendessen
   for supper   zum Abendessen
supposed: be supposed to   *sollen
sure (certain)   sicher
   sure, of course   klar (*colloq.*)
be surprised (about)   sich wundern
   (über + *acc.*)
sweater   der Pullover, -; der Pulli, -s
   (*colloq.*)
sweet   süß, lieb
   That's sweet of you!   Das ist lieb
   von dir!
swim   *schwimmen
swimming pool   das Schwimmbad, ̈-er
Swiss   schweizerisch (*adj.*); der
   Schweizer, -; die Schweizerin, -nen
Switzerland   die Schweiz
symbol   das Symbol, -e
symbolic   symbolisch
system   das System, -e

T

T-shirt   das T-Shirt, -s
table   der Tisch, -e
take   *nehmen
   take along   *mit·bringen; *mit·
   nehmen
   take (a university
   course)   belegen
   take for   *halten für
   take it easy   faulenzen
take place   *statt·finden
talk   die Rede, -n
talk   reden; *sprechen
   talk about   sprechen über (+ *acc.*)
   talk nonsense   quatschen (*colloq.*)
tall   groß; (**building**) hoch (höher,
   höchst-)
task   die Aufgabe, -n
taste; taste good   schmecken
tasty   lecker
tavern   die Kneipe, -n; das Lokal, -e
taxicab   das Taxi, -s
tea   der Tee
teacher   der Lehrer, -; die Lehrerin,
   -nen
teaching (instruction)   der Unterricht
technology   die Technik
telephone   das Telefon, -e;
   telefonieren
   on the telephone   telefonisch
   (*adv.*)
television set   der Fernseher, -
   watch television   *fern·sehen

tell sagen
   tell, recount erzählen
   tell me sag mal
tempo das Tempo
tennis das Tennis
   tennis court der Tennisplatz, -̈e
term paper die Hausarbeit, -en
terrace die Terrasse, -n
terrible furchtbar; grausam;
   schrecklich
terrific herrlich; prima; toll, klasse
   (*colloq.*)
terrorist terroristisch (*adj.*)
test die Prüfung, -en
   written test die Klausur, -en; die
   Klassenarbeit, -en
text der Text, -e
than (*with comparative degree*) als
thank danken (+ *dat.*)
   thank goodness Gott sei Dank
   thanks der Dank
   thanks (thank you) danke
   **thanks a lot (many
   thanks)** vielen Dank
that dass (*sub. conj.*)
theater das Theater, -
theme das Thema, *pl.* Themen
then dann
then (in that case) da (*adv.*)
there da, dort
   How do I get there? Wie komme
   ich dahin?
   there is, there are es gibt (+ *acc.*)
   There/here you are. Bitte (sehr)
therefore darum
thermos bottle die Thermosflasche,
   -n
thing das Ding, -e
   thing, item die Sache, -n
   things der Kram (*colloq.*)
think *denken; meinen, glauben
   I think so too. Das finde ich auch.
   think of *denken an (+ *acc.*)
   think something over sich etwas
   überlegen
third dritt-
thirst der Durst
thirsty Durst haben
this, these dies-
thought der Gedanke, -ns, -n
through durch (*prep.* + *acc.*)
throw *werfen
   throw away *weg·werfen
Thursday (der) Donnerstag
thus also
ticked off (sore) sauer (*colloq.*)
ticket die Karte, -n; die Fahrkarte, -n
   (*bus, train, streetcar, etc.*)
tidy ordentlich
tidy up auf·räumen
tie die Krawatte, -n
time die Zeit, -en
   for a long time (schon) lange

for a short time, briefly kurz
high time höchste Zeit
take time, last dauern
What time is it? Wie spät ist es?
   or Wie viel Uhr ist es?
**time (in the sense of
   "occurrence")** das Mal, -e
at that time, back then damals
for the first time zum ersten Mal
the next time das nächste Mal
this time diesmal (*adv.*)
tip der Tipp, -s
tired, weary müde
dead tired todmüde
to (*prep.*) an (*prep.* + *acc.* or *dat.*);
   nach (+ *dat.*, *with cities and
   countries*); zu (+ *dat.*, *with people
   and some places*)
   to each other zueinander
today heute
together zusammen; miteinander
tomorrow morgen
   tomorrow afternoon morgen
   Nachmittag
   tomorrow evening morgen
   Abend
   tomorrow morning morgen früh
tone der Ton, -̈e
tonight heute Abend
too auch; zu
   too bad schade
tooth der Zahn, -̈e
toothbrush die Zahnbürste, -n
toothpaste die Zahnpasta
top: on top oben (*adv.*)
topic das Thema, *pl.* Themen
topical aktuell
tough hart (härter)
tour die Tour, -en
tourist der Tourist, -en, -en; die
   Touristin, -nen
toward an (*prep.* + *acc.* or *dat.*)
town der Ort, -e
town hall das Rathaus, -̈er
track das Gleis, -e
tradition die Tradition, -en
traditional traditionell
traffic der Verkehr
train der Zug, -̈e
   train station der Bahnhof, -̈e
transfer (trains, buses)
   *um·steigen
translate übersetzen
   trash container der Container, -
travel reisen
   travel agency das Reisebüro, -s
   traveler's check der Reisescheck, -s
tree der Baum, -̈e
trip die Reise, -n
   Have a good trip! Gute Reise!
   take a trip eine Reise machen
trousers die Hose, -n
true wahr

try versuchen (*attempt*); probieren
   (*sample*)
Tuesday (der) Dienstag
Turk der Türke, -n, -n; die Türkin,
   -nen
Turkey die Türkei
Turkish türkisch
turning point die Wende, -n
twice zweimal
type der Typ, -en
typical typisch

U

ugly hässlich
umbrella der Regenschirm, -e
unbelievable unglaublich
uncle der Onkel, -
uncomfortable unbequem
unconcerned unbesorgt
under unter (*prep.* + *acc.* or *dat.*)
understand *verstehen
undertake *unternehmen
undress: get undressed sich *aus·
   ziehen
unemployed arbeitslos
unemployment die Arbeitslosigkeit
unfortunately leider
unfriendly unsympathisch
unhappy unglücklich
unification die Vereinigung
unimportant unwichtig
unite vereinen
university die Universität, -en; die
   Uni, -s (*colloq.*); die Hochschule, -n
   attend a university studieren
   at the university an der
   Uni(versität)
   university studies das Studium
unknown unbekannt
unlikable unsympathisch
unoccupied frei
unpleasant ungemütlich
until bis
   Until tomorrow. Bis morgen.
   not until erst
upon auf (*prep.* + *acc.* or *dat.*)
USA die USA (*pl.*)
use benutzen
   used to: get used to sich
   gewöhnen an (+ *acc.*)
useful nützlich
usually meistens

V

**vacation (from university or
   school)** die Ferien (*pl.*)
   be on vacation auf (*or*) im Urlaub
   sein
   go on vacation in Urlaub gehen/
   fahren
   take a vacation Urlaub machen

vacation (from a job) der Urlaub, -e
valley das Tal, ¨-er
variation die Variation, -en
variety die Vielfalt
various verschieden
vegetables das Gemüse (*sing.*)
verb das Verb, -en
very sehr
vicinity die Nähe
Vienna (das) Wien
village das Dorf, ¨-er
violet lila
visit der Besuch, -e; besuchen
vocabulary der Wortschatz
voice die Stimme, -n
volleyball der Volleyball
vote wählen
voter der Wähler, -

W

wait (for) warten (auf + *acc.*)
  Wait a second! Hang on! Warte mal!
waiter der Kellner, -
waitress die Kellnerin, -nen
wake up wecken (*trans.*); auf·wachen (*intrans.*)
walk der Bummel, -; *gehen; *laufen (*colloq.*)
  go for a walk spazieren *gehen
wall (freestanding or exterior) die Mauer, -n
wall (interior) die Wand, ¨-e
wallet der Geldbeutel, -
wander wandern
wanderlust die Wanderlust
want to *wollen
  I don't want to. Ich habe keine Lust.
  want to do something Lust haben, etwas zu tun
war der Krieg, -e
wardrobe der Kleiderschrank, ¨-e
warm warm (wärmer)
wash *waschen
waste verschwenden
watch die Uhr, -en
  wristwatch die Armbanduhr, -en
watch zu·schauen (+ *dat.*)
  watch television *fern·sehen

water das Wasser
way
  on the way unterwegs
  way of life die Lebensweise, -n
weak schwach (schwächer)
wear *tragen
weary (tired) müde
weather das Wetter
Wednesday (der) Mittwoch
week die Woche, -n
  for weeks wochenlang (*adv.*)
weekend das Wochenende, -n
  on the weekend am Wochenende
welcome willkommen (*adj.*)
  Welcome! Nice to see you! Herzlich willkommen!
  You're welcome. Bitte (sehr).
well . . . also . . . ; na ... ; nun ...
well (*adv.*) gut
  get well sich erholen von
  Get well soon. Gute Besserung.
well-behaved brav
well known bekannt
west der Westen
wet nass
what? was?
  what kind of? was für?
wheel das Rad, ¨-er
when als (*sub. conj.*); wann (*question word*); wenn (*sub. conj.*)
whenever wenn (*sub. conj.*)
where? wo?
  from where? woher?
  to where? wohin?
whether, if ob (*sub. conj.*)
which? welch-?
while während (*sub. conj.*)
  for a while eine Zeit lang
  while . . . -ing bei ...
white weiß
who? wer?
whole ganz
whose? wessen?
why? warum?
wild wild
win *gewinnen
wind der Wind
window das Fenster, -
  store window das Schaufenster, -
window, counter der Schalter, -
windy windig

wine der Wein, -e
winter (der) Winter
  in the winter im Winter
wish wünschen
wit der Witz, -e
with mit
  with each other miteinander
without ohne
  without . . . -ing ohne ... zu
witty witzig
woman die Frau, -en
  young unmarried woman das Fräulein, -
wonder, ask oneself sich fragen
wonderful wunderbar, klasse (*colloq.*)
word das Wort; *two plural forms:* die Worte (*in context*), die Wörter (*unconnected*); die Vokabel, -n
work die Arbeit
  work (of art) das Werk, -e
work arbeiten
worker der Arbeiter, -; die Arbeiterin, -nen
world die Welt, -en
worried besorgt
worry die Sorge, -n
  Don't worry about it. Keine Sorge.
Wow! Mensch!
write *schreiben
writer der Schriftsteller, -; die Schriftstellerin, -nen
wrong falsch
  That's wrong. Das stimmt nicht.

Y

year das Jahr, -e
  for years jahrelang
yell *schreien
yellow gelb
yes ja
  yes I do, yes I am, etc. doch
yesterday gestern
  yesterday evening gestern Abend
  yesterday morning gestern früh
yogurt der Joghurt, -s
young jung (jünger)
young people die Jugend (*sing.*)
youth die Jugend
youth hostel die Jugendherberge, -n

INDEX

abbreviations, 10, 35, 467
aber
    as conjunction, 30, 194
    as flavoring particle, 250
academic disciplines, 182
accusative case, 182, 48–50
    in time phrases, 104
    of N-nouns, 174
    of personal pronouns, 50
    of possessive adjectives, 55
    of question word **wen**, 50
    of reflexive pronouns, 312
    with **es gibt**, 49
    with prepositions, 102, 170–172
active voice, 430
adjectival nouns, 321–324
    as superlative adjectives, 349
    neuter, 324
    referring to people, 321–322
adjectives,
    city names as, 296
    comparison of, 346–354
    descriptive, 254
    endings for, 254–257
    of indefinite number, 320
    of nationality, 328
    past participles as, 329
    possessive, 54–55
    predicate, 72
    superlative of, 349
adverbs, 19, 33
    comparison of, 346–354
    of definite/indefinite time, 81
    present participles as, 437
    sentence, 115
    superlative degree of, 349
    word order of, 33, 261
agent *(in passive construction)*,
    433
agent nouns, 143
ago, 293
alphabet, 10
als
    meaning *when*, 290
    with comparative, 354
antecedent, 356, 360
Austria, 416–17; 422
auxiliary verbs, 160
    haben, 160
    sein, 160; 164
    subjunctive of, 411
    werden, 383, 430–431

bei, 137, 326
breakfast vocabulary, 101
buildings, city, 243

capitalization,
    of nouns, 7, 204, 322
    of ordinal numbers, 263
    of pronouns, 22, 55
case, 28. *See cases by name.*
city,
    living in, 240–241

names as adjectives, 296
    vocabulary for, 243
classroom vocabulary, 7, 13
clauses, 194
    order of, 223
    relative, 355–357; 360
    See also subordinate clauses.
climate,
    German, 118–119
    vocabulary, 38–39
clothing, 80, 91–92
cognates, 124–125
color vocabulary, 87, 93
commands. *See* imperative.
comparative degree, 346–347
comparison, 346, 354
compass points, 116
complement, 72
    prepositional, 378–379
    See also predicate adjectives;
        predicate nominatives.
compound
    nouns, 58
    sentence, 194
    tense, 160
computer, German characters on, 121
conditional sentences, 224, 407
conjunctions, 194
    coordinating, 194–195
    subordinating, 220, 222
contractions, 137, 171
contrary-to-fact
    situations, 405, 407. *See also*
        conditional sentences.
    wishes, 405
coordinating conjunctions, 194–195
country names, 328, 333

da-compounds, 381
dates, 180, 262–263
dative, personal, 198, 318
dative case, 132–133, 135
    prepositions with, 137, 170–172
    reflexive pronouns in, 316–318
    time expressions in, 293–294
    verbs with dative objects, 196–197
    with clothing and parts of the body,
        318
days
    of the week, 9
    parts of, 363
decades, 326
definite article, 8, 26
    accusative, 48
    as pronoun, 308
    dative, 133
    genitive, 229
    nominative, 26
    plural, 26
    with proper names, 156
    with the superlative, 349
dependent infinitive, 74
der-words, 192, 254
descriptive adjectives, 254, 320

destination, prepositions showing, 170,
    240–241
dies-, 192
diminutive suffixes, 267
directional prefixes, 384
directions, asking for, 243
direct object, 48, 313
double infinitive, 169, 412
duration, expressing, 128, 294–295

ein-words, 192
    possessive adjectives as, 192
    See also indefinite article; limiting
        words.
e-mails, 38
environment, 270, 274–275
European Union, 304–305, 332–333, 338

fairy tales, 118, 120, 287
familiar vs. formal forms, 5, 22
family, 45, 59–60, 62
flavoring particles, 18, 68, 250
    with commands, 106
    with questions, 44
    with statements, 250, 278
food vocabulary, 45, 101, 217, 234
furniture, 181
future
    meaning, 25
    tense, 383

gender, 8, 26
    of compound nouns, 58
    of relative pronouns, 356
    of verbal nouns, 204
    suffixes indicating. *See* suffixes,
        gender of.
genitive case, 229–230, 232
geography, 116–119, 122
German language
    on the computer, 121
    statistics on, 15
Germany, Federal Republic of, 40–41
    foreigners in, 444
    geography and climate of, 116–119
    history of, 297–300, 338
    politics of, 304–305
greetings, 4, 14

haben, 47
    as auxiliary verb in perfect and past
        perfect, 161, 292
helping verbs. *See* auxiliary verbs.
hotel vocabulary, 420
house vocabulary, 392. *See also* room.
hypothetical situations, 402

-ieren verbs, 162
ihr *(pronoun),*
    imperative for, 109
    vs. **du, Sie,** 22
imperative, 105–110
impersonal passive, 436
-in *(suffix),* 34

indefinite
    adverbs, 364
    amounts, 320
    article, 28, 48, 328. *See also* **ein**-
        words.
    pronouns, 85, 320
indicative vs. subjunctive, 402
indirect object, 132–133. *See also* dative
        case.
infinitive, 23
    as verbal noun, 204
    double, 169, 142
    in future tense, 393
    passive, 431, 434
    with **gehen,** 98
    with **lassen,** 361
    with modal verbs, 74
    with **zu,** 225–227
information questions, 31–32. *See also*
        question words.
inseparable-prefix verbs, 142, 167
interrogative pronouns. *See* question
        words.
intransitive verbs, 69n, 164, 313
irgend-, 364
-ismus, 296

ja
    as flavoring particle, 18

kein, 82–83
know, equivalents of, 53

landscape vocabulary, 117, 122
leave, equivalents of, 362
leisure activities, 152–153
letter writing, 180
like, equivalents of, 112–113, 197
limiting words, 254, 320. *See also* **der**-
        words; **ein**-words.
linking verbs, 29, 254
location, prepositions showing, 170. *See
        also* adverbs of time, manner, or
        place.

man, 85
manner, adverbs of, 261
measure, nouns of, 233
mixed verbs, 167, 286
modal verbs, 72–74
    omission of infinitive with, 76
    perfect tense of, 169
    simple past tense of, 285
    subjunctive forms of, 403
    with passive infinitive, 434
    writing with, 90
months, 19, 116
monuments, 366–367, 370–371
motion, verbs of, 76, 384

names
    of cities as adjectives, 296
    proper, in genitive, 229

nationality, 328
negation, 81–84
    with **kein,** 82
    with **nicht,** 81
    with prefix **un-,** 329
N-nouns, 174, 229, 328
nominative case, 28–29
    personal pronouns in, 22
    vs. dative and accusative, 135
noun phrase, 254
nouns, 26
    adjectival, 321–324
    agent, 143
    capitalization of, 7, 204, 322
    compound, 58
    dative plural ending of, 133
    diminutive, 267
    gender of, 8, 26, 116, 143, 266–267
    in genitive, 229
    N-, 174, 229, 328
    of measure, weight, and number,
        233
    of nationality, 328
    plural forms of, 27, 34, 86
    verbal, 204, 326, 437
    word order of, 136
numbers
    cardinal, 11, 56–57
    for decades, 326
    ordinal, 262–263
    telephone, 11

only, equivalents of, 386
ordinal numbers, 262–263

passive
    impersonal, 436
    infinitive, 431, 434
    voice, 430–434
past participle, 160–163, 165–167
    as adjective, 329
    in passive voice, 430
past perfect tense, 292–293
past subjunctive, 411–412
past tense, simple. *See* simple past
        tense.
people, equivalents of, 297
perfect tense, 160–167
personal dative, 198, 318
personal pronouns
    accusative, 50
    dative, 135, 198, 318
    nominative, 6, 22
    order of, 136. *See also* word order.
    reciprocal, 312
    reflexive, 312–313
    replaced by definite article,
        308
plural
    of articles, 26, 28
    of dative, 124
    of nouns, 27, 34, 86
polite requests, 199, 410

politics
    and the European Union, 304–305
    vocabulary for, 302–303
possessive adjectives, 54–55. *See also*
        ein-words.
postcards, writing, 61
predicate, 72
predicate adjective, 72, 81, 349
predicate nominative, 29, 72, 81
prefixes
    inseparable, 142, 167
    separable, 139, 166, 222, 225
prepositional complements, 378–379
prepositional phrases, 30, 81, 102
prepositions, 102
    contractions of, 137, 171
    in **da**-compounds, 381
    in **wo**-compounds, 379, 382
    showing destination, 170, 240
    two-way, 170–172, 201
    with accusative case, 102, 170–172
    with dative case, 137, 170–172
    with genitive case, 232
present participle, 437
present tense, 23
    to express duration, 128, 294
    with future meaning, 25
preterite. *See* simple past tense.
principal parts of verbs, 283–284
professions, 150
pronouns,
    accusative, 50
    dative, 135, 198, 318
    definite article as, 308
    indefinite, 85
    interrogative. *See* question words.
    nominative, 6, 22
    of indefinite number, 320
    reflexive, 312–317
    relative, 355–360
    word order of, 136
    See also personal pronouns.
proper names in genitive, 229
punctuation
    before coordinating conjunctions, 194
    before subordinate clauses, 220
    of dates, 61
    with numbers, 57, 263

questions
    direct/indirect, 290
    information, 31–32
    tag, 278
    with flavoring particle **denn,** 44
    yes/no, 31
question words, 8, 14, 32, 79, 258
    as subordinating conjunctions, 222
    in the accusative case, 50
    in the dative case, 133
    in the genitive case, 56
    in the nominative case, 8
    was für...? 258
    wo-compounds, 379, 382

reciprocal pronouns, 312
reflexive
    pronouns, 312
    verbs, 312–317
relative clauses and pronouns, 355–360
result clauses, 224
rooms
    furniture for, 181
    house or apartment, 392
    student, 181

salutations (in post cards, e-mails, &
    letters), 61, 178, 180
school
    subjects vocabulary, 95
    system, 94
seasons, 99, 116
second-person forms: *See you*,
    equivalents of.
sein, 25, 160
    as auxiliary verb, 164, 292, 411
    as linking verb, 29, 254
    imperative of, 110
    simple past of, 160
sentences, 30–32
    adverbs modifying, 115
    definition of, 30
    order of clauses in, 223, 292
    simple vs. compound, 194
separable-prefix verbs, 139, 166, 222,
    225
    vs. prepositional complements, 379
    with directional prefixes as, 384
Sie: *See you*, equivalents of.
simple past tense, 282–287
    of mixed verbs, 286
    of modal verbs, 285
    of **sein,** 160
    uses of, 287
    with **als,** 288
spend, equivalents of, 204
sports vocabulary, 273
stem-vowel changes, 51, 79
strong verbs, 161, 163, 283–284
    principal parts of, 284
student
    life, 177–179, 182, 184
    room vocabulary, 181
subject, grammatical, 22, 29
subject pronouns, 22
subjects, academic, 182
subjunctive, 402–407, 410–412
    for hypothetical and contrary-to-fact
        situations, 402, 405, 407

for polite requests, 410
for suggestions and wishes, 404, 405,
    410
of modal verbs, 403, 412
of strong verbs, 406
of weak verbs, 407
past tense, 411–412
special. *See* Appendix 1
subordinate clauses, 220–225
    relative clauses as, 357
    word order in, 220, 222
subordinating conjunctions, 220
suffixes, gender of,
    feminine, 34, 143, 266
    masculine, 86, 143
    neuter, 267
superlative degree, 346, 349, 351–352
Switzerland, 387–389, 394

telephone numbers, 11
tense, definition of, 23
think, equivalents of, 438
time
    adverbs of, 33, 144, 261
    decades, 326
    definite vs. indefinite, 81
    phrases in accusative case, 104
    telling, 12, 203
time expressions, 293–295
    with **Mal,** 343
    word order and, 33, 261
    vor + dative, 293
to, equivalents of, 240–241
transitive verbs, 313
transportation vocabulary, 189, 206,
    209, 243
travel, 207–209
twenty-four-hour clock, 203
two-way prepositions, 170–172, 201

umlaut, 10
    on the computer, 121
university system, 184. *See also*
        academic disciplines; student life.
unstressed **-e,** dropping, 44

verbs, 23
    auxiliary, 160, 383, 430
    intransitive, 313
    mixed, 167
    modal, 72–74
    principal parts of, 283–284 and
        Appendix 6
    reflexive, 312–317

strong, 163, 165
transitive, 313
weak, 161
with stem-vowel change, 51, 79
See also word order.
verb stems, 23
    spelling changes in, 51, 79

was, as relative pronoun, 360
weak verbs, 161
weather vocabulary, 38–39, 122
weight, nouns of, 233
Weimar Republic, 297–300
werden, 111, 430
    as future auxiliary, 383
    as passive auxiliary, 430
    simple past tense of, 286
    subjunctive of, 199, 402
when, equivalents of, 290
wishes, contrary-to-fact, 405
wo-compounds, 379, 382
word order
    after coordinating conjunctions,
        194
    after subordinating conjunctions,
        220
    in dates, 263
    in genitive case, 229
    in infinitive phrases, 225
    in questions, 31–32
    in statements, 30
    of adverbs, 33, 261
    of **nicht,** 81
    verb-last, 220
    verb-second, 30
work, 146–147
writing
    a narrative in simple past tense,
        302
    brainstorming ideas for, 242
    creative, 368
    e-mails, 38
    free, 121, 208
    interview questions, 391
    letters, 180
    postcards, 61
    style, 336
    using adjectives in, 272
    with mosal verbs, 90
    with subjunctive, 419, 441

yes/no questions, 31
you, equivalents of, 5–6, 22, 36
youth hostels, 212

Die deutschsprachigen Länder

DÄNEMARK

Nordsee

Ostsee

Rügen

Die Friesischen Inseln

Kiel

Rostock

Lübeck

Neubrandenburg

Wilhelmshaven
Bremerhaven
Hamburg
Schwerin

Oldenburg

LÜNEBURGER

Bremen

HEIDE

Elbe

Havel

Oder

POLEN

NIEDERLANDE

Amsterdam

Rhein

Ems

Weser

Osnabrück

Hannover

Brandenburg

Berlin

Frankfurt/Oder

Warthe

Braunschweig

Potsdam

Münster

Bielefeld

BUNDESREPUBLIK

Magdeburg

Dessau

Cottbus

Oder

Bochum
Dortmund

HARZ

Göttingen

Halle

Neiße

Krefeld Essen
Duisburg
Düsseldorf Wuppertal
Solingen

Ruhr

Kassel

DEUTSCHLAND

Leipzig

Spree

Köln

Rhein

Eisenach Gotha
Erfurt

Weimar
Jena

Dresden

Aachen

Bonn

THÜRINGER
WALD

Gera

Chemnitz

BELGIEN

Koblenz

Suhl

ERZGEBIRGE

Elbe

LUXEMBURG

Mosel

Wiesbaden Frankfurt am Main

Prag

TSCHECHISCHE
REPUBLIK

Luxemburg
Trier

Mainz

Darmstadt

Würzburg

Bamberg

Bayreuth

Main

Worms

Pilsen

Saarbrücken

Mannheim

Nürnberg

Brünn

Mosel

Nancy

Heidelberg

Rhein

Heilbronn

Karlsruhe

Regensburg

BAYERISCHER WALD

Strassburg

Baden-
Baden

Stuttgart

SCHWÄBISCHE ALB

Donau

FRANKREICH

SCHWARZ-
WALD

Tübingen

Neckar

Ulm

Augsburg

Isar

Linz

Wien

St. Pölten

Freiburg

Konstanz

München

Inn

Salzburg

Berchtesgaden

ÖSTERREICH

Basel

Rhein

Bodensee

Zürich

Garmisch-
Partenkirchen

Innsbruck

Mur

Graz

UNGARN

Luzern

Vaduz

Bern

LIECHTENSTEIN

SCHWEIZ

ALPEN

Klagenfurt

Genfer See

Rhone

SLOWENIEN

Genf

ITALIEN

Ljubljana

Zagreb

Mailand

Venedig

Triest

KROATIEN

Grenoble

0   50   100 km
0   50   100 mi

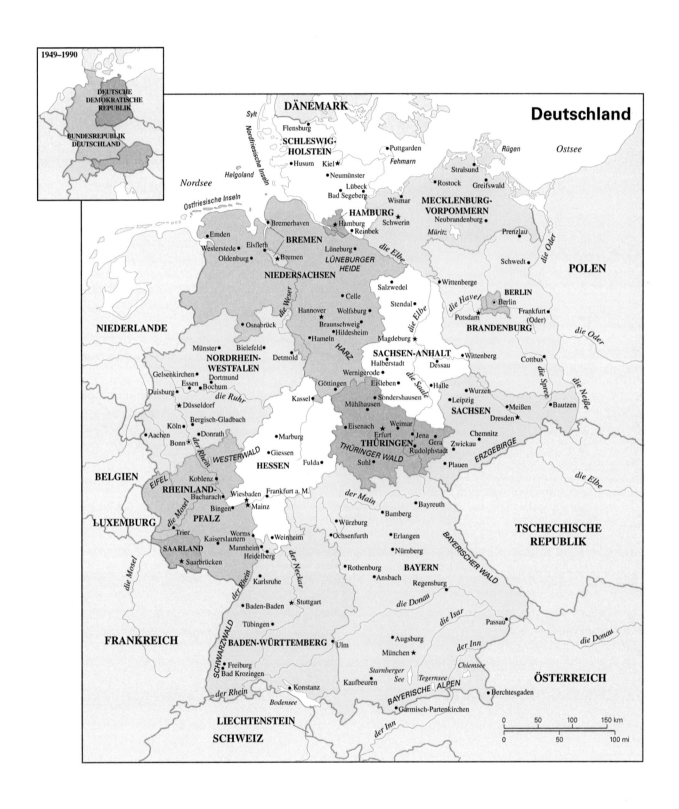

Deutschland

1949–1990

DEUTSCHE DEMOKRATISCHE REPUBLIK

BUNDESREPUBLIK DEUTSCHLAND

DÄNEMARK

Sylt

Flensburg

Nordfriesische Inseln

SCHLESWIG-HOLSTEIN

• Husum   Kiel ★

• Puttgarden

Fehmarn

Helgoland

• Neumünster

Rügen   *Ostsee*

Stralsund •

Greifswald •

• Rostock

Nordsee

Lübeck •

• Bad Segeberg

Wismar •

MECKLENBURG-VORPOMMERN

Ostfriesische Inseln

HAMBURG   Schwerin ★

Hamburg ★ •

• Reinbek

Neubrandenburg •

Bremerhaven •

BREMEN

• Emden

Müritz

Prenzlau •

• Westerstede   Elsfleth •

Lüneburg •

die Elbe

Schwedt •

die Oder

Oldenburg •   ★ Bremen

NIEDERSACHSEN

LÜNEBURGER HEIDE

Wittenberge •

POLEN

• Celle

Salzwedel •

• Osnabrück

Hannover   Wolfsburg •

die Havel

BERLIN

★   Berlin ★

Stendal •

die Elbe

Potsdam •

Frankfurt (Oder) •

NIEDERLANDE

Braunschweig •

★ Hildesheim

• Hamelin

Magdeburg ★

BRANDENBURG

die Oder

• Münster   Bielefeld •

HARZ

Cottbus •

die Spree

NORDRHEIN-WESTFALEN

Detmold •

Wernigerode •

SACHSEN-ANHALT

• Wittenberg

die Neiße

• Gelsenkirchen

Göttingen •

Halberstadt •

Dessau •

Dortmund •

Eisleben •

• Halle

Essen • Bochum •

die Saale

• Wurzen

• Leipzig

• Bautzen

Duisburg •

die Ruhr

Kassel •

Mühlhausen •

Sondershausen •

• Meißen

SACHSEN

★ Düsseldorf

• Köln

Bergisch-Gladbach •

Marburg •

Eisenach •

Erfurt •   Weimar ★

Jena •

Dresden ★

• Aachen   • Donrath

Giessen •

THÜRINGEN

Gera •

Chemnitz •

Bonn ★

WESTERWALD

der Rhein

Fulda •

THÜRINGER WALD

Rudolphstadt •

Zwickau •

HESSEN

Suhl •

Plauen •

ERZGEBIRGE

die Elbe

BELGIEN

EIFEL

Koblenz •

Frankfurt a. M. •

der Main

RHEINLAND-   Bacharach •

Wiesbaden •

• Bayreuth

PFALZ

Bingen •   ★ Mainz

• Bamberg

LUXEMBURG

die Mosel

PFALZ

• Würzburg

• Erlangen

TSCHECHISCHE REPUBLIK

Trier •

Worms •

Ochsenfurth •

• Kaiserslautern

Weinheim •

• Nürnberg

SAARLAND

Mannheim •

Rothenburg •

BAYERN

BAYERISCHER WALD

★ Saarbrücken

Heidelberg •

• Ansbach

Regensburg •

der Mosel

Karlsruhe •

der Neckar

FRANKREICH

SCHWARZWALD

• Baden-Baden   ★ Stuttgart

die Donau

Passau •

die Isar

die Donau

Tübingen •

BADEN-WÜRTTEMBERG

Ulm

• Augsburg

der Inn

• Freiburg

Bad Krozingen •

München ★

Starnberger See

Tegernsee

Chiemsee

ÖSTERREICH

der Rhein

Konstanz •

Kaufbeuren •

• Berchtesgaden

LIECHTENSTEIN

Bodensee

BAYERISCHE ALPEN

SCHWEIZ

der Inn

Garmisch-Partenkirchen •

0   50   100   150 km

0   50   100 mi